▲金山《かなやま》と瀬戸大橋の島(坂出市《さかいでし》)　手前の山が金山。瀬戸大橋が架《か》かる中ほどの島が与島《よしま》。旧石器時代の山伝い，海が生まれてからの島伝い，金山のサヌカイトを求める道，水稲文化が渡ってきた道は，いま瀬戸大橋となった。

►井手東Ⅰ遺跡の木器群(弥生時代中期，高松市)　弥生新文化は優れた木工技術を備えていた。水稲農耕に必須の農具が木製だったからである。本遺跡では他に長さ56.8cmの琴，男根《だんこん》状，船形，鳥形の祭祀製品も知られる。

►高松城下図屏風　北西の海上から高松城および城下町を描いた彩色の俯瞰《ふかん》図。寛文10(1670)年に造営した天守閣，翌11年の普請以前の高松城が描かれていることから，天守閣の完成を記念して作成したとの説がある。作者不明。

▲鶴尾《つるお》神社４号墳(高松市，全長40ｍ・後円部高約3.5ｍ・前方部高約0.6ｍ)　石清尾《いわせお》山の東南隅に位置する積石塚《つみいしづか》。手前の石列は前方部端を示す。最古の前方後円墳か，最後の弥生墳丘墓か。卑弥呼《ひみこ》の時代に属する。

▼川上古墳と武人像(さぬき市長尾町，長さ3.65ｍ・深さ0.74ｍ)　上に開く壁，木蓋《きぶた》など特殊な竪穴《たてあな》式石室をもつが，東西の主軸は伝統を継ぐ。東端の須恵器《すえき》壺は頭位を指す。副葬《ふくそう》された鉄製武器・武具は中期後半の支配者の変質を示すものである。

▲王墓山《おうはかやま》古墳と冠帽《かんぼう》(善通寺《ぜんつうじ》市)　県下最後の前方後円墳で最初の横穴式石室。玄《げん》室《しつ》西壁に接して長さ1.8mの石屋形が設けられる。第一棺安置施設で，肥後《ひご》中心に分布する。豊富な馬具・武具などの副葬品のなかでも冠帽が注目される。最後の王の装いである。

►金銅錫杖頭《こんどうしゃくじょうとう》　弘法大師空海《こうぼうだいしくうかい》が唐より持ち帰った品と伝える。鋳銅《ちゅうどう》製で鍍金《ときん》を施し，阿弥陀《あみだ》如来を中尊とする。表裏二面に舟形光背《こうはい》を負う阿弥陀三尊と四天王像を量感豊かに表している。昭和56(1981)年に国宝に指定された。

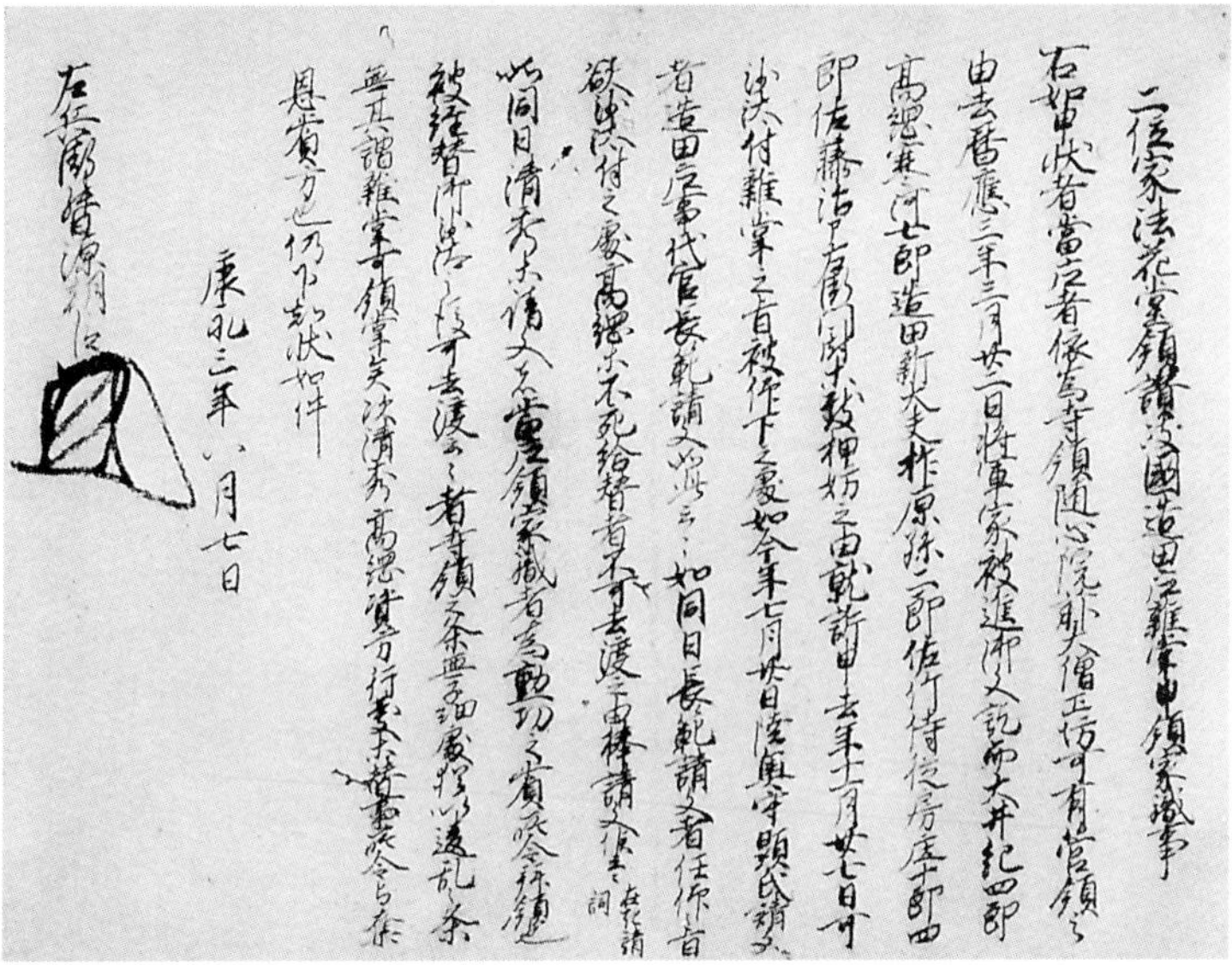

▲足利直義下知状《あしかがただよしげちじょう》　南北朝時代初めの康永3（1344）年8月，兄足利尊氏《たかうじ》とともに幕政をとっていた直義が，讃岐国寒川《さんがわ》郡造田《ぞうた》荘をめぐる領家随心院門跡と寒川氏などの武家方の武士たちとの争いを裁定した文書。

▼田村大社壁書《たむらたいしゃかべがき》　讃岐守護《しゅご》細川勝元《かつもと》が，長禄4（1460）年12月に讃岐国一宮《いちのみや》田村大社へ下した制札《せいさつ》で，勝元のほか守護代安富智安《やすとみちあん》などの花押《かおう》が据えられている。黒《くろ》漆《うるし》を塗った板に条文を陰刻し，文字に胡粉《ごふん》を塗り込めてある。高松市指定文化財。

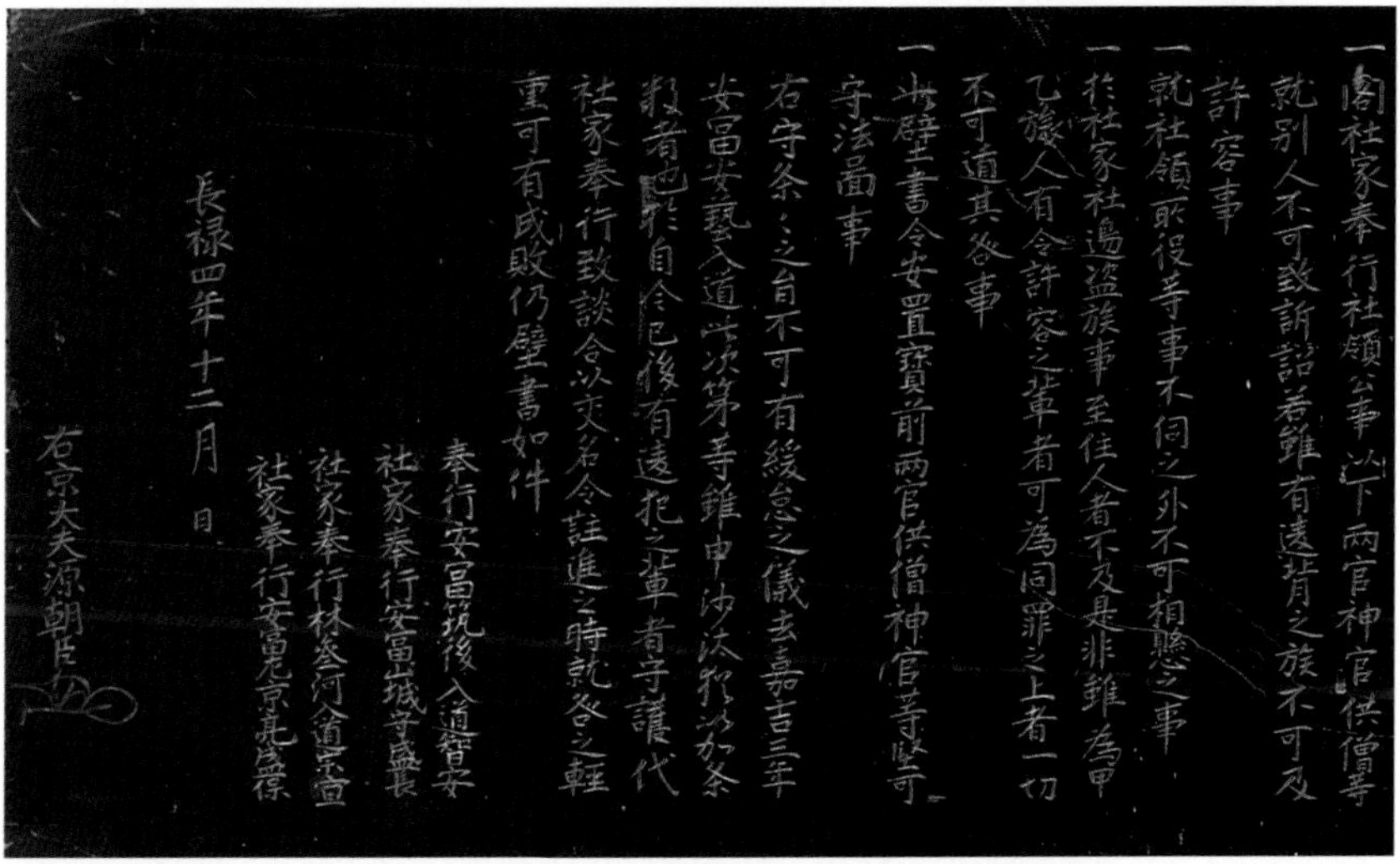
一　閣社家奉行社領公事以下両官神官供僧等
就別人不可致訴詔若雖有違背之族不可及
許容事
一　就社領所役等事不伺之外不可相懸之事
一　於社家社邊盗族事至住人者不及是非雖為甲
乙旅人有令許容之輩者可為同罪之上者一切
不可遁其咎事
一　此壁書令安置寶前両官供僧神官等堅可
守法當事
右守条々之旨不可有緩怠之儀去嘉吉三年
安富安藝入道以次第等雖申沙汰於加条
數者也於自今已後有違犯之輩者守護代
社家奉行致談合以交名令註進之時就咎之軽
重可有成敗仍壁書如件
長禄四年十二月　日
奉行安富筑後入道智安
社家奉行安富山城守盛長
社家奉行林参河入道宗壹
社家奉行安富左京亮盛保
右京大夫源朝臣（花押）

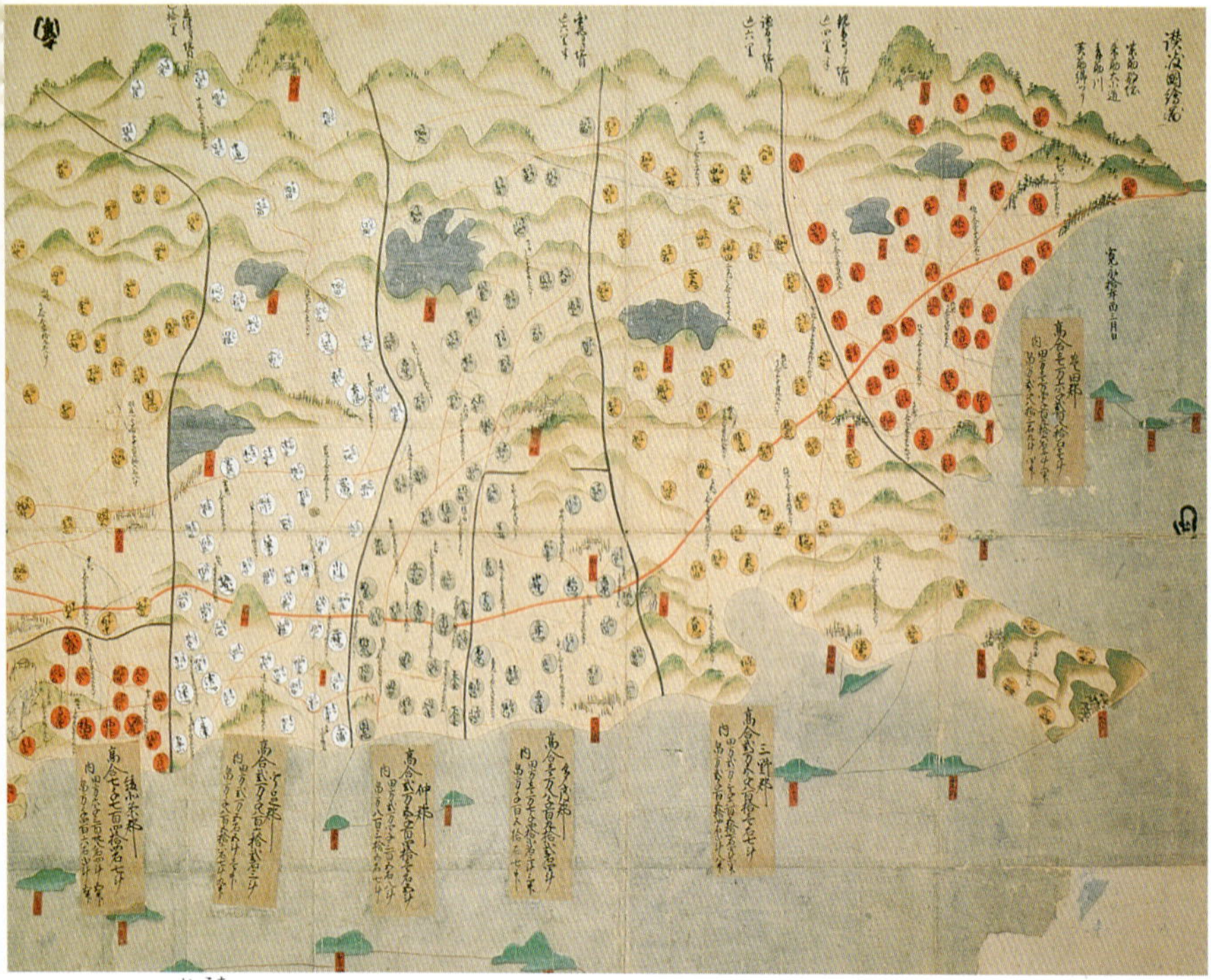

の全図。高松生駒《いこま》
年3月に作成され，
れた。郡別に郷・
時の大池も書き込
余であるが，この
なっている。

▼高松藩飛龍丸《ひりゅうまる》　高松藩の御座船《ござぶね》で，寛文９（1669）年に建造され，宝暦元(1751)年と寛政元(1789)年の新造が確認できる。諸大名の御座船のなかでも豪華な作りであった。側面図・平面図なども残されている。

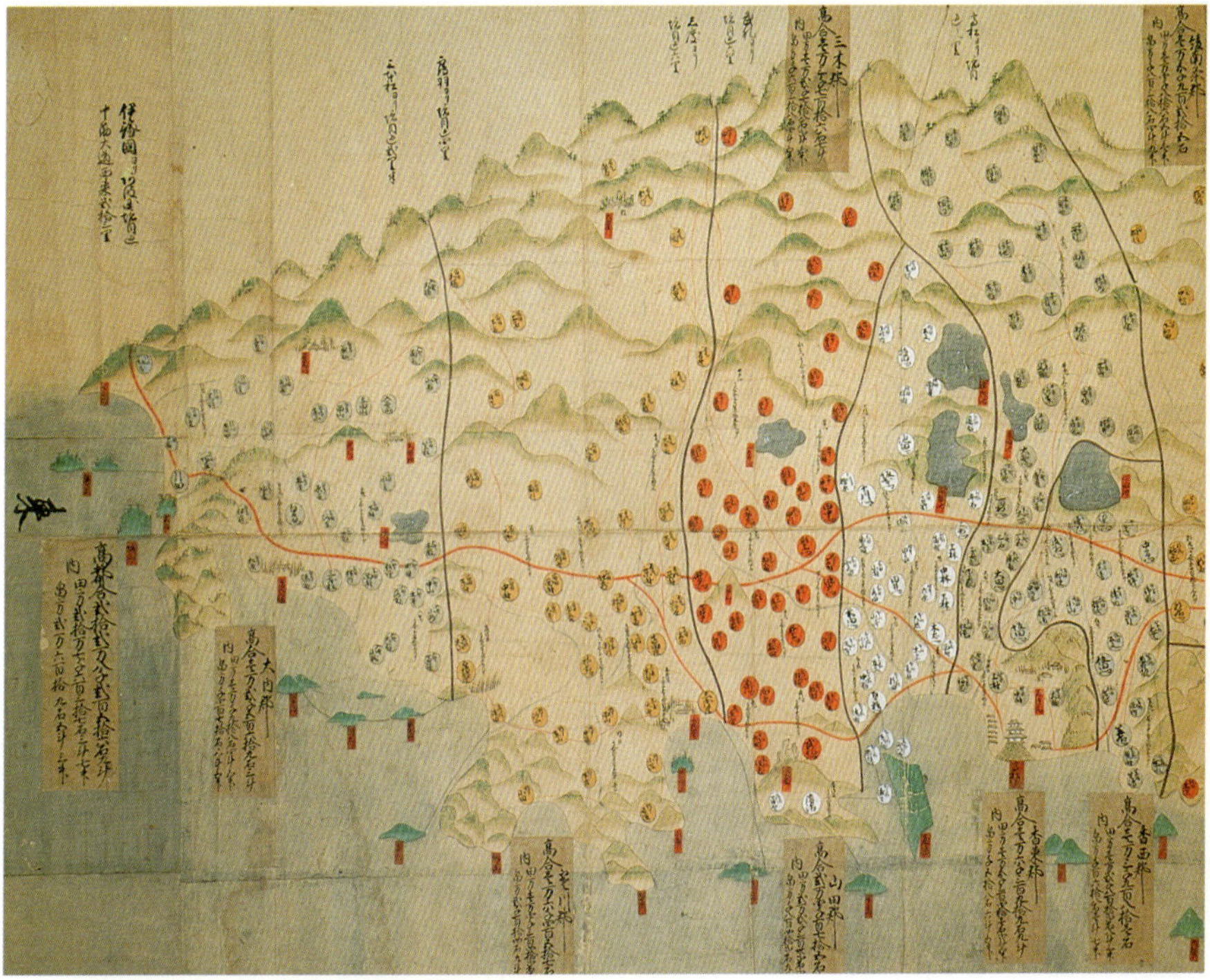

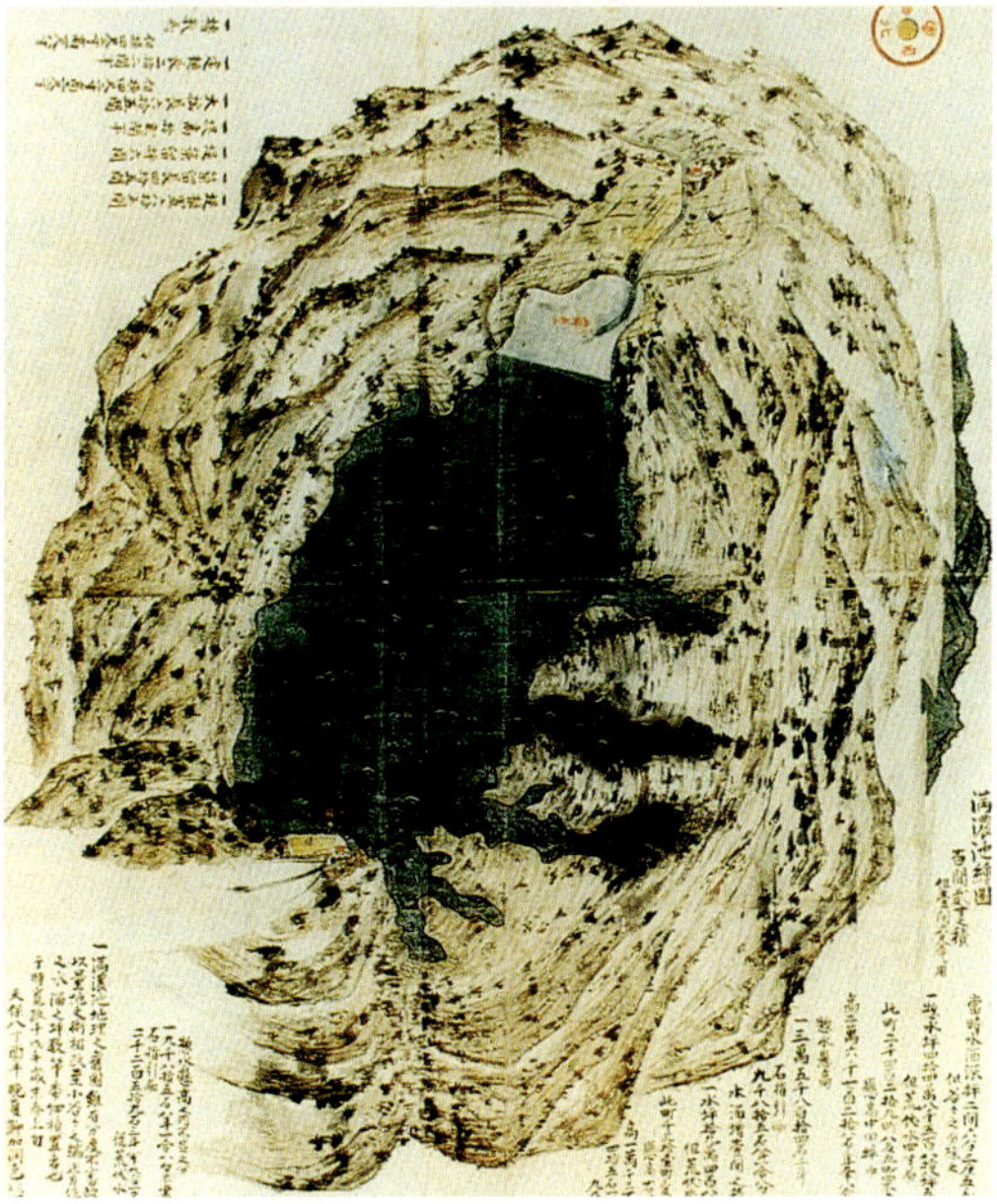

▲寛永10年「讃岐国絵図」　最古の讃岐国
藩4代藩主生駒高俊の命により寛永10(1633)
同17年にその写が金毘羅《こんぴら》大権現に寄進さ
庄・村ごとの石高と小地名が記され，当
まれている。生駒藩の表高は17万1800石
絵図では讃岐の総石高は22万8256石余と

◄満濃池絵図　弘法大師空海が築いたが，その後池内村となっていた満濃池を寛永8(1631)年に西島八兵衛が再築した。水掛かり高3万5814石余の大池であった。書き込みによると，寛政10(1798)年の図を天保8(1837)年に写したもの。

▲金毘羅高灯籠(仲多度郡琴平町)　金刀比羅《ことひら》宮の北神苑にある。万延元(1860)年に完成。発起人は寒川郡の砂糖会所引請人上野甚左衛門と岡田達蔵で，同郡中の寄付などによって建立された。海上を航行する船から望見できたという。重要文化財。

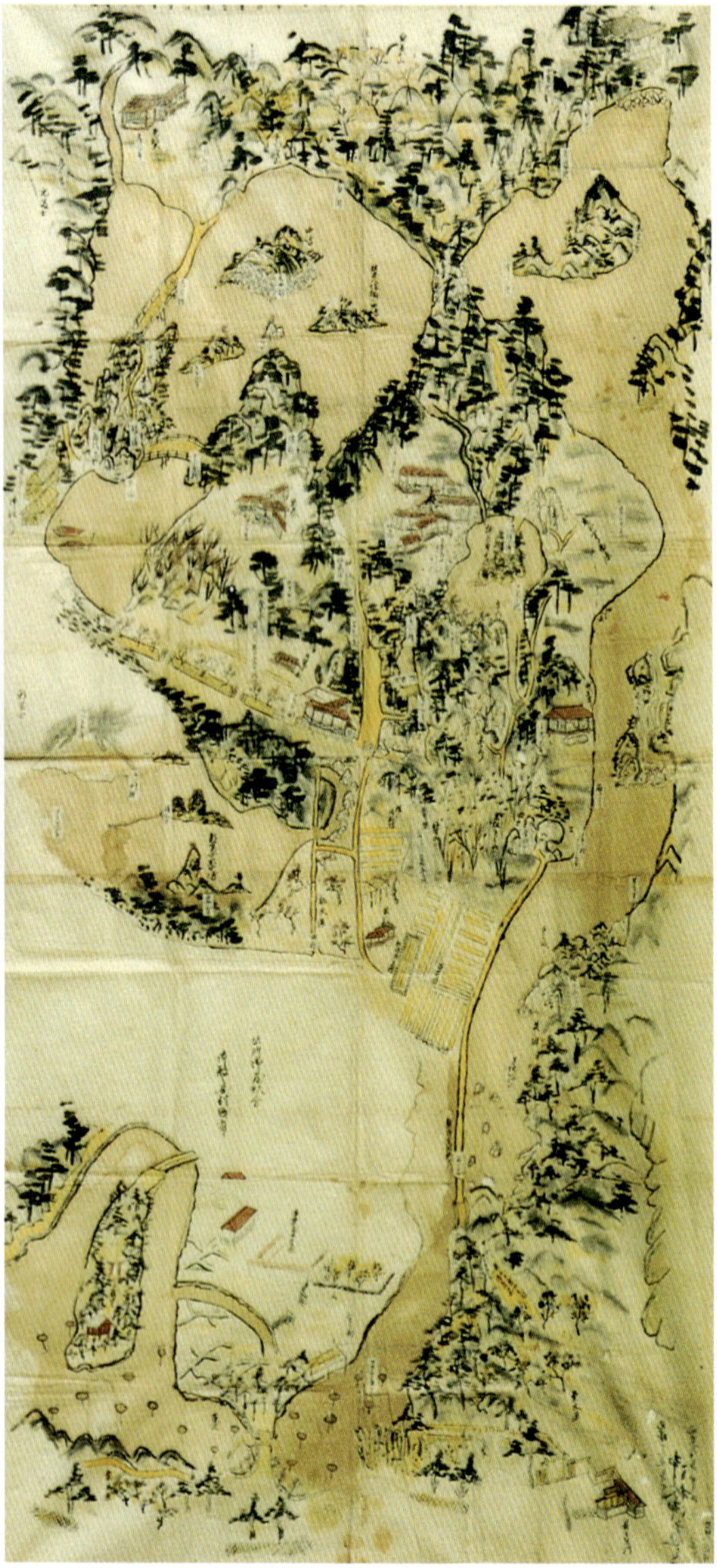

▲栗林《りつりん》荘図　栗林荘は高松藩主松平家の別邸で，江戸時代の回遊《かいゆう》式大名庭園として著名。高松藩2代藩主松平頼常《よりつね》のときに修築して整えられたという。この図の裏書に「元禄十三辰年ヨリ　御林御庭之図」とある。

▲明治20年頃の第百十四国立銀行(三井淳生画「第百十四国立銀行盛業之図」) 松本貫四郎や福家《ふけ》清太郎らによって，明治11(1878)年11月1日，第百十四国立銀行が高松丸亀町22番邸に設立された。

▼高松市街繁栄(「錦絵讃岐名所」のうち) 明治27(1894)年，高松市内町《うちまち》に香川県庁舎が新築落成。翌28年には高松電灯会社が市内659灯の電灯に送電をはじめた。図は明治30年前後の高松市街。

▲高松市水道資料館　大正10(1921)年,高松市営の御殿浄水場(高松市鶴市町)が竣工した。その建物は現在,高松市水道資料館として使われている。平成9(1997)年2月,国の登録文化財として指定された。

►瀬戸大橋　昭和63(1988)年，約10年の歳月をかけて完成した。6つの橋から成り,海峡部9368m,道路鉄道併用橋。吊《つ》り橋・斜張橋《しゃちょうきょう》・トラス橋などを組み合せ，景観との調和をはかっている。

地方史研究協議会名誉会長
学習院大学名誉教授
児玉幸多 監修

企画委員 熱田公―川添昭二―西垣晴次―渡辺信夫

香川県の歴史 目次

木原溥幸―丹羽佑一―田中健二―和田仁

風土と人間瀬戸内海に育まれた讃岐

香川ルネサンス計画

付録　索引／年表／沿革表／祭礼・行事／参考文献

企画委員　熱田公／川添昭二／西垣晴次／渡辺信夫

香川県の歴史

風土と人間――瀬戸内海に育まれた讃岐

讃岐の自然●

香川県は讃岐国《さぬきのくに》一国よりなり、四国の北東部に位置して東部瀬戸内海に面している。東は播磨灘《はりまなだ》、北は備《び》讃瀬戸《さんせと》、西は燧灘《ひうちなだ》を望み、南は讃岐山脈によって徳島県と接している。面積は一八八二・六平方キロと全国でもっともせまい県であるが、平野部は県土のほぼ半分を占めその率は高い。讃岐山脈を底辺に東西九二・一キロ、南北六一・二キロの扇型の半円形をなし、海岸線は六九七キロあり、小豆島《しょうどしま》・直島《なおしま》諸島・塩飽《しわく》諸島など備讃瀬戸の一〇〇余の島々を含んでいる。

讃岐山脈は竜王山《りゅうおうざん》の一〇五九・九メートルがもっとも高いが、五〇〇～八〇〇メートルの丘陵状であるため、徳島県側との往き来も各地の峠越しに盛んに行われた。平野部は讃岐平野と総称され、扇状に末広に展開しているが、讃岐山脈から流れでる河川が放射流出しているので、川が小さく平野も小型のものが東西に五つほどある。東から湊《みなと》川と鴨部《かもべ》川の大川平野、新川・春日《かすが》川と香東《こうとう》川の高松平野、綾《あや》川と大《だい》束《そく》川の坂出《さかいで》平野、土器《どき》川と金倉《かねくら》川の丸亀平野、高瀬《たかせ》川と財田《さいた》川の三豊《みとよ》平野である。比較的大きな川として香東川・綾川・土器川があるが、いずれも全長約三三～三八キロで水流に乏しい。

このような河川状況のもとでは、河川からの水の利用は不安定なものにならざるをえなかった。ここに讃岐では古代以来土地開発が盛んであったこともあり、古くから多くのため池がきずかれた。現在香川県のため池は一万六〇〇〇余あり、数では全国で三位、密度で一位となっている。なかでも満濃池《まんのういけ》は全国一の規模のため池として著名である。しかし水利をめぐって多くの紛争が激しくおこったことも忘れてはならない。

瀬戸内式の気候状況のもとにある讃岐では、晴天日数が多く雨量が少ないことが大きな特徴である。県都高松の日照時間数は年間二一〇〇時間前後で、全国とくらべると常に上位を占めている。この長い日照時間が讃岐において塩業を発展させ、近代になって「塩田王国香川」の名を高からしめたのである。しかし他方、少雨の傾向は水不足を引きおこすことが多く、古来讃岐は旱魃《かんばつ》にあうこと数知れなかった。また日常的に雨が少ないということから、水害に対する備えが十分でなく、大雨になるとすぐに河川が氾濫《はんらん》して洪水《こうずい》がおこるということもしばしばであった。

こうした香川県の風土を背景としてその歴史が刻まれたが、香川県の歴史の特徴を大きく整理してみると、瀬戸内海との関係、これに深くかかわる政治的風土、讃岐の経済発展をささえた諸産業の三つに分けることができるといえよう。以下これらの観点から香川県の歴史をみてみよう。なお、県名は讃岐のほぼ中央にあたり、古代以来の郡名である香川からとってつけられた。

瀬戸内の海上交通●

瀬戸内海が近畿《きんき》と九州、さらに朝鮮・中国を結ぶ海上交通の動脈として、古くから日本の歴史上重要な役割を果たしてきたのはよく知られている。天智天皇六（六六七）年に唐《とう》・新羅《しらぎ》の進攻にそなえて大和《やまと》の高《たか》安城《やすじょう》、対馬《つしま》の金田城《かねだ》とともに山田郡に屋島城《やしま》がきずかれたが（『日本書紀』）、これは讃岐が瀬戸内海の海上交通の要所として軍事的に注目されていたからであった。こうして讃岐は畿内地域との政治的結び付きが強まり、文化的交流が盛んに行われたと思われる。それを示しているのは、讃岐では白鳳《はくほう》から奈良時代にかけての古代寺院が多く建立されたことである。その数は二一カ所ともいわれ、南海道・山陽道では播磨の四〇カ所についで多い。のち平安時代に真言宗《しんごんしゅう》の開祖弘法大師《こうぼうだいし》空海《くうかい》や天台宗の智証《ちしょう》大師円珍《えんちん》をはじめ数多くの高僧をうみだしたのは、こうしたことを基としてであった。

重要伝統的建造物群保存地区の湊町の家並(塩飽本島の笠島, 上下とも)

鎌倉時代にはいった寛元四（一二四六）年に讃岐の御家人《ごけにん》藤左衛門尉が海賊《かいぞく》を捕らえている（『吾妻鏡』）。これは藤左衛門尉が海上に大きな勢力を有していたことを物語るものである。一説には藤左衛門尉は香西《こうざい》資茂《すけしげ》であるという（『南海通記』）。南北朝から室町時代に讃岐を支配した守護《しゅご》大名細川氏は讃岐の水軍の掌《しょう》握《あく》につとめている。西讃岐の燧灘に面する三野郡仁尾浦《におうら》は守護の直轄領となっていて、そのころ讃岐の有力国人《こくじん》となっていた香西氏が代官であった。また当時備前国《びぜんのくに》（岡山県）に属していた小豆島や、備讃瀬戸に位置する塩飽諸島も細川氏の直轄領であり、雨滝《あめたき》城に本拠をおく東讃岐の守護代の安富《やすとみ》氏の統轄下にあった。

徳川幕府は塩飽諸島・小豆島・直島諸島を幕領とし、備讃瀬戸を中心とする諸島を支配下におさめたが、これはいうまでもなく東部瀬戸内の海上交通権をにぎるためであった。幕府は東北地方の幕府年貢米（城米《じょうまい》という）を江戸に運ぶために、河村瑞賢《ずいけん》に命じて寛文十一（一六七一）年に東廻り航路、翌年に西廻り航路を開発させたが、西廻り航路開発にさいしては塩飽と直島の船も輸送に従事した。以後塩飽廻船は幕府直雇いの城米船としておおいに活躍したが、とくに牛島の大船持丸尾五左衛門《まるおござえもん》は著名である。のち幕府の廻米政策の変更によって、享保六（一七二一）年ころからしだいに衰えていった。

この塩飽本島の北東にある笠島《かさしま》の集落が、江戸時代に海運業で栄えた島の湊町の面影をよく残しているとして、昭和六十（一九八五）年に重要伝統的建造物群保存地区に選定され、老朽化の激しい伝統的建造物の保存修理が進められている。町屋形式をもった商家的屋並もあり、近世の塩飽の歴史を物語る建造物群として重要なものである。

歴史的な政治状況●

つぎに政治的な面についてみると、『倭名類聚抄《わみょうるいじゅうしょう》』（『和名抄』）によると十世紀はじめころの讃岐の耕地面積は一万八六四六町（約一万八四九三ヘクタール）で、南海道ではもっとも広く、全国的にみても九州をのぞいて一二番目であった。国の面積の割に耕地が広く土地開発の進んだ地域として、近畿に近いということもあって律令政府に政治的に注目されたと思われる。

鎌倉時代の讃岐の守護は十三世紀中ころ以降、鎌倉幕府《かまくらばくふ》の執権北条家《しっけんほうじょうけ》の一族に伝えられているが、これは讃岐が幕府によって瀬戸内海の海上交通権の点から重視されていたことを示すものであろう。南北朝の中ころから讃岐を支配したのは、のち室町《むろまち》幕府の将軍補佐役たる管領《かんれい》の家柄となった有力守護大名細川氏（京兆家《けいちょうけ》）であった。細川京兆家は常時在京していたので、讃岐の武士たちは主君にしたがって在京するものが多く、そのなかには寒川《さんがわ》氏・十河《そごう》氏・牟礼《むれ》氏・香西《こうざい》氏らがいた。十河氏や香西氏は細川氏の分国である丹波《たんば》国（兵庫県）の守護代にもなった。香西氏は讃岐内でも大きな勢力をもち讃岐を代表する武将であったが、その一族香西元長《もとなが》は十五世紀末に室町幕府の直轄領山城《やましろ》国の守護代にもなっていた。のち元長は主君細川政元を倒して一時細川家の実権をにぎったがまもなく滅ぼされた。

江戸時代にはいって、生駒《いこま》家改易後の寛永十九（一六四二）年に高松城にはいった松平頼重《よりしげ》は御三家水戸藩出身の家門大名であり、江戸城の控の間が譜代《ふだい》大名筆頭の井伊《いい》家と並ぶ、溜間《たまりのま》詰の家格であったことにみられるように、徳川幕府のなかで重きをなす大名であったが、これも海上交通権と関係していたと思われる。このようにみてくると、讃岐の統治は政治的には時の支配者と深くかかわっていたという歴史的特徴が指摘できよう。

他方、讃岐在地の民衆の動きをみると、地侍・農民らが抵抗したといわれる土一揆《つちいっき》が明応四（一四九五）年に東讃岐でおこっており、牟礼氏一族が殺害されたという（『大乗院寺社雑事記』）。近世中期の寛延三（一七五〇）年におこった丸亀藩領の大百姓一揆は、全国的に注目されるものであり、その後明和六（一七六九）年には塩飽で大工《だいく》の打ちこわしがあった。天保五（一八三四）年に高松藩の坂出一揆と金毘羅《こんぴら》領・幕領の打ちこわし、慶応三（一八六七）年に小豆島の百姓一揆がおこっている。

明治にはいると三（一八七〇）年に高松藩領で綾北《あやきた》山林騒動・川津村騒動、四年に同じく高松藩領で藩主帰京阻止《そし》を名目とする蓑笠《みのかさ》騒動があり、六年には徴兵令に反対する血税一揆が西讃岐でおこっているように、明治維新《いしん》前後には民衆による騒動が多かった。のち大正末から昭和はじめにかけての伏石《ふせいし》事件・金《こん》蔵寺《ぞうじ》事件・土器《どき》事件は、当時のわが国の農民運動を代表する小作争議であった。こうした民衆の動きは讃岐の政治のありかたにかかわっておこってきたものであり、讃岐民衆の意思表示として注目しなければならない。

塩と綿・砂糖●

讃岐では瀬戸内海に面しているということから、古くから製塩が行われており、弥生後期から古墳時代の製塩遺跡が沿岸各地にあるが、律令国家の下では阿野《あや》郡・山田郡・小豆島などから塩が税としておさめられていた。このほか当時讃岐から上納されていたものには絹と須恵器《すえき》がある。正倉院《しょうそういん》に鵜足《うたり》郡からおさめられた絁《あしぎぬ》（ふとぎぬのこと）が現存しており、綾・白絹・緋絹《ひぎぬ》や、瓫・壺・瓶《かめ》などがおさめられていた（『延喜式』）。

製塩はその後中世にはいっても続けられており、小豆島の内海《うちのみ》町に明応九（一五〇〇）年ころの塩浜経営を示す貴重な古文書が残っている。近世になると、藩営の大規模な塩田として丸亀藩では十七世紀終わりころに三野郡の蟻ノ首浜《ありのくびはま》がきずかれた。高松藩では宝暦五（一七五五）年に山田郡の屋島で梶原景山《かじわらけいざん》によって亥ノ浜《いのはま》、文政十二（一八二九）年に久米栄左衛門《くめえいざえもん》によって坂出大浜が築造された。坂出大浜は当時わが国を代表する塩田であり、明治以後も発展し、坂出は塩の町として栄えた。明治中ころから終わりにかけて坂出に隣接する宇多津《うたづ》に広大な塩田がきずかれ、香川県は全国有数の塩の生産地となった。

塩とともに讃岐三白《さんぱく》といわれた綿と砂糖の生産が江戸時代に発展した。綿は大衆衣料として江戸時代にはいってから需要の高まった木綿の原料であり、十八世紀前後の元禄（一六八八～一七〇四）ころから丸亀藩で盛んになり、繰綿《くりわた》や木綿としておもに丸亀藩から当時天下の台所といわれた大坂へ送りだされた。砂糖は十八世紀終わりの寛政元（一七八九）年に高松藩で向山周慶《さきやましゅうけい》によって製造がはじまり、のち讃岐の白砂糖として評判を博した。丸亀藩にも広まったが中心は高松藩であり、天保初め（一八三〇ころ）に大坂に各地からはいってきた砂糖の五割強が高松藩産の砂糖であった。幕末期には、砂糖・綿が高松藩・丸亀藩の経済をささえる重要な産業に発展したが、いずれも明治二十年代にはいってから急速に衰えていった。

以上、香川県の歴史について三つの点からその概略をのべたが、讃岐の風土とそこで育まれた歴史の流れのなかに、多くの先人たちの活躍をみることができる。今の香川の発展は、こうした先人たちの功績の上にあることを忘れてはならないし、また讃岐という地域の歴史に大きく影響をうけているのはいうまでもない。したがってこれまでの讃岐の歴史を大切にし、それをつぎの世代に伝えていくことが、現在香川県に生きているわれわれの責務であろう。そして讃岐の歴史を大事にすることから、つぎの時代に向けて香川県が発展する方向が見いだされてくると思うのである。

1章

讃岐の夜明け

有舌尖頭器(高松市大池遺跡出土，表〈左〉と裏　長さ6.8㎝)

1　ゾウをみた日

不思議な石器●

香川県の最古の遺跡は国分台《こくぶだい》遺跡群（高松市国分寺町《こくぶんじ》）である。高松市と坂出《さかいで》市の境界に南北にのびる五色台《ごしきだい》の南部、朱雀台《すじゃくだい》・国分台、蓮光寺山《れんこうじやま》のゆるやかな起伏をみせる台地状の山塊の標高四一〇メートルの山頂部および周辺の斜面部に立地する。

遺跡からは、サヌカイト製のナイフ形石器、尖頭器《せんとうき》、楕円形《だえんけい》石器、船底形《ふなぞこがた》石器、錐《きり》などの日常生活に必要とする石器が多量に出土し、ここに二万年前ころから旧石器人が長期間住み着いたことが知られている。それ以前の生活は県下では知られていないから、彼らはどこからかやってきたのである。中国山地には二万年をさかのぼる遺跡が発見されていること、そこにも同種の石器が認められることから、彼らの故郷は中国山地であった可能性が高い。しかしなぜ国分台周辺を選んだのであろう。

その理由の一つは、国分台周辺が石器材料のサヌカイトの原産地であったからである。瀬戸内を中心とする中・四国、近畿地方の石器のほとんどがサヌカイト製であったことを考えると、その産地は絶好の住地であった。ところが、サヌカイトの原産地は西方四キロの坂出市・金山《かなやま》にも求めることができる。たしかに金山のサヌカイトも新しい段階に至ると石器に用いられるようになる。しかし古い段階では国分台周辺にかぎられるのである。国分台を選んだ理由に原石地以上のものがあった。それは主要な石器、すなわちナイフ形石器を製作する特殊な技術である。その技術は瀬戸内《せとうち》技法、石器は国府《こう》型ナイフ形石器とよばれる。

人類が製作した最古の石器は東アフリカで発見され、二〇〇万年前ころの年代があたえられている。すでに二種の石器があった。石核《せっかく》石器と剝片《はくへん》石器である。石核石器とは素材となる石（母岩《ぼがん》）を打ち割り、形をととのえ、刃をつけた石器で、剝片石器とは母岩から破片（剝片）を割り取り（剝離《はくり》）、剝片の形をととのえ、割れ目を刃に利用したものである。

国府型ナイフ形石器は剝片石器の一種であるが、調整石核連続剝片剝離技法に属する旧石器最新の技術で製作されている。剝片の形、大きさを一定にするために母岩の形をあらかじめ整えておき、しかも一個の母岩から連続して多量の剝片を剝離する技術を用いている。

この調整石核連続剝片剝離技法でもっ

瀬戸内技法とナイフ形石器(左から石核・翼状剝片２点・ナイフ形石器２点，右端長さ6.4cm，上は表，下は裏。国分台遺跡)

ともよく知られているのが石刃《せきじん》技法で、世界各地に広がっている。石刃という両側辺に刃をもつ縦長剥片を剥離し、形をととのえて種々の石器がつくりだされる。日本列島でも東北地方では石刃の基部を加工して仕上げる杉久保《すぎくぼ》型ナイフ形石器、関東・中部地方、九州地方では二辺を加工して仕上げる茂呂《もろ》型、九州型ナイフ形石器が知られる。

しかし近畿・中国・四国の国府型ナイフ形石器だけは別で、側面形が翼《つばさ》の形をした翼状《よくじょう》剥片という横長剥片をもとにその一片を加工して仕上げている。この翼状剥片をつくりだす技術は瀬戸内技法とよばれ、世界の後期旧石器文化のなかでこの地方で特殊に発達したものなのである。

このような石器製作技術の地域差は、杉久保型ナイフ形石器は頁岩《けつがん》を、茂呂型・九州型ナイフ形石器は黒曜石《こくようせき》を、国府型ナイフ形石器はサヌカイトをおもな素材としているところから、一面では素材の差異、岩質に由来することが認められる。

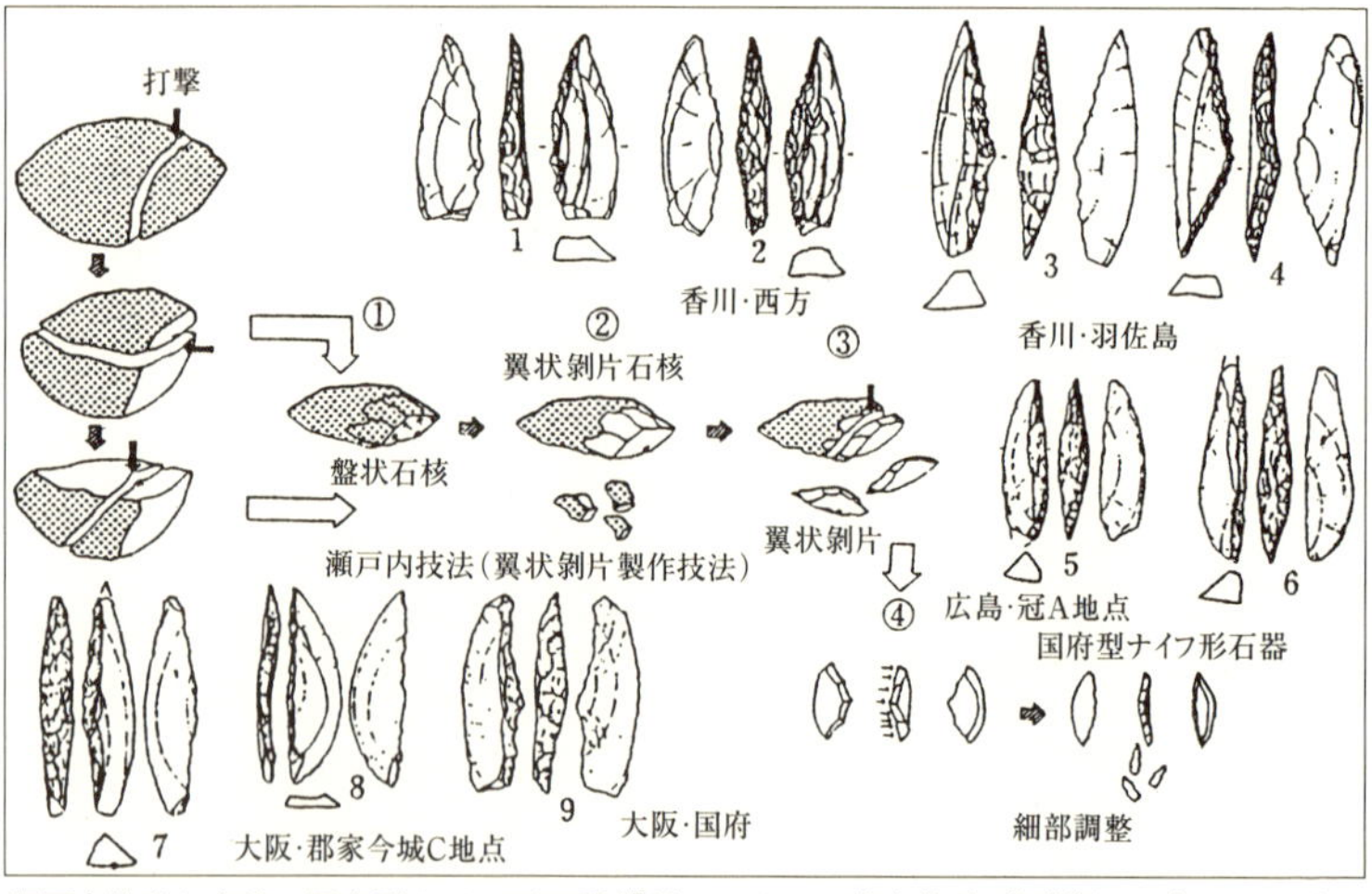

瀬戸内技法と各地の国府型ナイフ形石器(『語りかける埋蔵文化財・備讃瀬戸の島々V』香川県教育委員会，1985年に加筆)

また国府型ナイフ形石器は南関東・北陸・東北地方にも知られているが、織笠昭氏の研究では刃の角度が本場のものと異なること、素材にサヌカイト以外の石材が用いられていることが明らかにされている（「石器に見る文化との出会い」『えびなの歴史』五号）。

刃角は翼状剥片剥離の段階で決定されること、石器の形態・機能の差をもたらすことから、この国府型ナイフ形石器は、厳密にいえば瀬戸内技法に類似の技術によって製作された、国府型類似ナイフ形石器ということになる。石器製作工程が複雑になればなるほど、つまり高度になればなるほど、技術に適した素材の選択幅は狭くなるのである。

瀬戸内技法はサヌカイトを要求する。しかも国分台周辺のサヌカイトでなければならなかった。金山産サヌカイトからは関連するけれども異種の技術―交互並列剥離技法によって瀬戸内技法のものとは形が異なる横長剥片が製作される。瀬戸内技法にあわない石質だったのである（藤好史郎「備讃瀬戸におけるナイフ形石器文化終末期の様相」『旧石器考古学』三八）。瀬戸内技法はすでに中国山地で完成されており、人口の拡散、四国地方への移住において住地を決定する条件が瀬戸内技法に適したサヌカイトの獲得にあったことが知られるのである。

運ばれるサヌカイト●

やがて旧石器人たちの住地は塩飽《しわく》の山々、高松平野・丸亀《まるがめ》平野と、その周辺の台地、綾歌郡の台地にも広がる。人口の拡散は、三〇〇〇年以上にわたる国分台旧石器人の狩猟《しゅりょう》活動による周辺地域の大型草食獣の激減と人口の増加が主因と考えられる。このような社会の変動は石器製作にも変化をもたらした。金山のサヌカイトが主要な石器石材に加わり、ナイフ形石器の素材剥片が交互並列剥離技法によっても得られることになったのである。

交互並列剥離技法は、瀬戸内技法よりも小型で、したがって多量の石器素材の剥片をうみだす。ナイフ形石器の小型化・大量生産に適合した新技術である。石器の小型化・大量生産はかぎられた石器資材を生かす旧石器文化石器生産の課題にこたえるものであったし、当然のこととして機能の向上も満足させるものであっただろう。しかし小型化は刃長を短くする。ナイフ形石器の機能をナイフとすると、これは機能の低下を招く恐れがある。

一方同石器には、一辺を打ち欠いて左右対象形にすること、尖頭器としては小型であることから投槍の機能も考えられている。この場合、小型化は狩猟対象の小型化か、狩猟法の変化に対応した機能の向上に役立ったものと思われる。小型化の目的に大量生産と機能の向上を想定すると、ナイフ型石器の槍先としての使用がこの段階で大いに進んだことも考えられるのである。一万年前を前

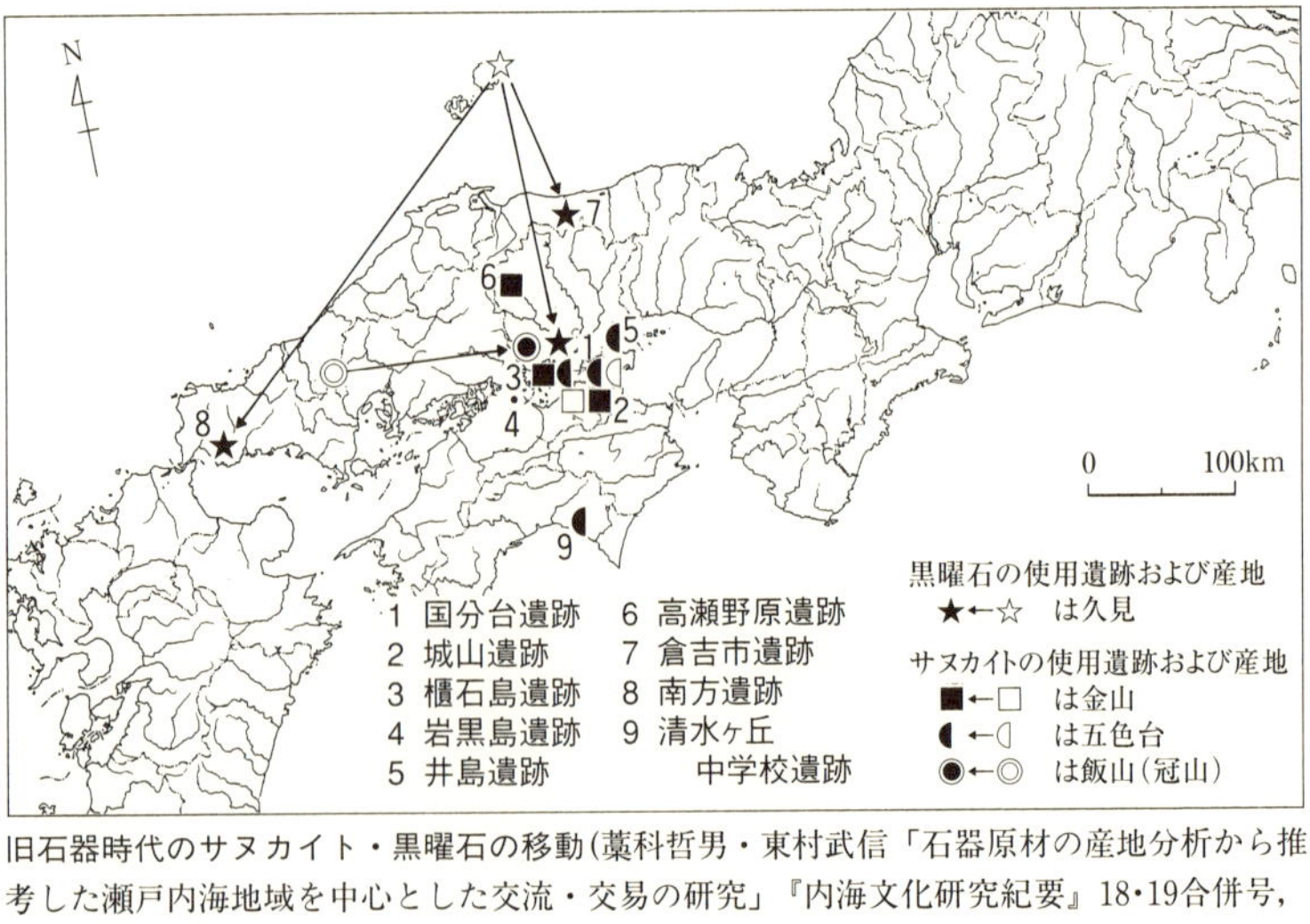

旧石器時代のサヌカイト・黒曜石の移動(藁科哲男・東村武信「石器原材の産地分析から推考した瀬戸内海地域を中心とした交流・交易の研究」『内海文化研究紀要』18・19合併号，1990年に加筆)

後して列島の大型草食動物は絶滅する。投槍の小型化は、中小動物への主要狩猟対象の転換が旧石器時代末にすでにはじまっていたことを示すものかもしれない。

この旧石器時代の新しい様相は住地の選択にも認められる。住地は原石地金山から離れるのである。そしてそれと相反するように金山のサヌカイトは県下ばかりでなく西南部をのぞく四国各地、中国地方山間部まで運びだされている。このような展開は金山が特定の集団に占有されるのではなく、諸集団に解放されていたこと、遠隔地まで搬出のルートがのびていたことを示している。サヌカイトの搬出がリレー式であったのか、直接であったのか明らかでないが、塩飽の山々のムラが重要な役割を果したことが遺跡の展開から推定されるのである。

与島《よしま》、羽佐島《わさじま》、櫃石島《ひついしじま》と瀬戸大橋のかかる塩飽の島々の頂は、国分台から拡散した人口がもっとも長く住み着いた地域である。従来その理由として、狩猟のための見張り台として好条件をそなえているという地勢の特徴があげられていた。一万年をさかのぼる旧石器時代において瀬戸内海は、東西に長い帯状の窪地であり、時にナウマンゾウの骨が漁網にかかることからも大型草食獣の一大生息地とされてきた。架《か》橋《きょう》の島々は、この瀬戸内大地溝帯の分水嶺《ぶんすいれい》を形成する山地にあたり、東西の眺望がひらけるところから動物群の動静をうかがうに絶好の場所を提供したと考えられたのである。

しかし眺望だけならばほかの瀬戸内の山々も劣らない。架橋の山々が旧石器社会の中心でありえた理由に別の条件が想定されるのである。国分台や金山のサヌカイトの流通である。架橋の山々の西方眼下には豊予《ほうよ》海峡に口を開く西瀬戸内大河がせまり、東方眼下には紀州《きしゅう》海峡に口を開く東瀬戸内大河がせまる。南方山並の端、瀬居島《せいじま》の先四キロに金山が控え、東方城山《きやま》に沿えば国分台が連なる。両河に沿って金山をめざしたとき、眼前を横切るのが架橋の山々なのである。金山はその山並を南に沿えばすぐそこである。架橋の山々はサヌカイトツアーのランドマークであった。サヌカイトを求める旧石器人がここに集い、たずさえてきた物資・情報が集中した。架橋の山々に設けられたムラは、いわば金山の門前町であり、これが社会の中心としての条件と考えられるのである。なお、川は人類初期から道であった。川辺に居住したからである。瀬戸内の両河は中・四国の大小河川をうける。中国・四国・瀬戸内をおおう河川のネットワークを通じて、金山のサヌカイトは運びだされたのである。

瀬戸内の落日●

一万年を少しさかのぼるころから、世界的に自然環境・文化の大きな変化が進行した。氷河気候から後氷期気候への温暖化と農耕の発明を核とする新石器革命である。日本列島でも磨製《ませい》の石器製作技術、製陶技術、土器、石鏃《せきぞく》、釣り針、磨製石斧《せきふ》があらわれ、細石刃技法、細石刃、局部磨製石斧などの旧石器文化の諸特徴が姿を消した。また磨石・石皿は増加し、有舌尖頭器《ゆうぜつせんとうき》とよばれる小型の槍先はあらわれるや、たちまち消えることとなった。この変革を通じて形成された新しい文化が縄文文化である。

最古の土器、縄文《じょうもん》土器の主体は煮沸《しゃふつ》用の深鉢形《ふかばちがた》土器で、堅果《けんか》類（ドングリなど）の食料化に必要なデンプンの加熱、あく抜きを一度に、かつ大量に行える道具である。磨石・石皿は堅果類の殻《から》取りや製粉に必須の道具である。また集落には貯蔵穴が伴う。これらは列島に拡大する落葉広葉樹林・照葉樹林の堅果類の食料化、しかも常食化を前進させた。人類の食料のベースは本来植物であったから、これによって主食の安定供給がはかられ、加えて家財道具の増加・重量化は定住を促進した。定住化は恒久的住居とムラの建設を意味するが、森林を切りひらくのに磨製石斧がおおいに役立った。

石の矢尻《やじり》（石鏃）は弓矢の採用を知らせる。弓矢は、投げ槍に比較して敏捷《びんしょう》で目標の定めにくい森林性中小動物群の狩猟にむいた飛び道具である。氷河気候に適応した大型草食動物が一万年前には絶滅するところからも、拡大する堅果類の林に生息する中小動物に狩猟対象が変化したことを示している。骨角《こっかく》製の釣り針は、少し遅れて出現する貝塚《かいづか》とともに水産資源の食料化がおおいに進んだことを示している。温暖化は高緯度地帯の氷床を溶かし、海進《かいしん》（海水面の上昇）をもたらしたが、この海進によって生活領域に海浜の入り込んだことが大きく影響したものであろう。このように縄文文化は後氷期への環境変化を積極的に乗り越える新文化であった。

ところが縄文文化は列島に一様に普及したわけではなかったらしい。中・四国地方では帝釈峡《たいしゃくきょう》岩陰遺跡群（広島県庄原《しょうばら》市東城《とうじょう》町ほか）・上黒岩《かみくろいわ》岩陰遺跡（愛媛県上浮穴《かみうけな》郡久万《くま》高原《こうげん》町）など山間部では土器をもつ新しい生活がはじまるが、瀬戸内地方では主要装備を有舌尖頭器とする旧石器文化的生活が継承されるのである。生活立地も島の尾根、丘陵上で旧石器時代を踏襲する。それ以後も弓矢はもつが土器を用いない旧態保守の文化が長らく続いたらしい。瀬戸内にもこの時期に至ると海水の流入が認められるようになる。山間部と海浜部の環境の変化がこのような文化の差をもたらしたのであろうか。

なお瀬戸内の遺跡がオープン・サイトのため一万年以前にさかのぼる土器は土にかえったという見解もある。この場合、文化の差は見かけ上のものになる。しかしこの時期の遺跡数・遺物量は旧石器時代と比較して減少していることは確実で、石器原石地を控えて西日本の一大中心であった県下の社会・文化の衰退は明らかであった。

2 イルカをみた日

広がる海●

県下で土器が知られるのは八〇〇〇年前の縄文早期中葉の遺跡からである。同時に文化・社会の展開は活発となり、小蔦島《こつたじま》貝塚（三豊《みとよ》市仁尾《にお》町）・礼田崎《れいたざき》貝塚（小豆《しょうず》郡土庄《とのしょう》町）などを代表的遺跡として、島嶼《とうしょ》部に多数のムラがひらかれた。

小蔦島は仁尾港の南約一キロの沖合いの島である。遺跡は島のピークの東側、緩傾斜面から鞍部《あんぶ》を経て平坦になった痩《や》せ尾根の北縁約一〇〇メートルの範囲をおおう。大正十二（一九二三）年ころの塩田造成工事で土器が出土したのが、遺跡発見の発端である。その後の発掘調査で、地表から二〇センチが砂利層で石器・蔦島式土器、その下一〇センチが砂利を含んだ貝層で石器・蔦島式土器、その下三〇センチが貝を含んだ砂利層で石器・蔦島式土器・押型文《おしがたもん》土器、さらに下一〇〜五〇センチが貝層で石器・蔦島式土器・押型文土器・炭・骨が出土、この下は遺物のない基盤砂利層という基本層序が明らかにされた。

貝層中の押型文土器は器壁が五ミリ前後と薄く、文様の山型・楕円形押型文も小型である。これに伴う蔦島式土器は無文で器壁は一センチ以下の薄手である。ところが、貝層の上位土層の押型文土器は器壁が一センチ前後と厚く、文様も大型で量が減る。これに伴う蔦島式無文土器も厚くなる。小蔦島貝塚で縄文早期中葉の土器の変遷が跡づけられたのである。無文土器はそれまで注目されなかったもので、調査によって蔦島式の型式名があたえられた。押型文土器には同様の展開が認められる黄島《きじま》貝塚（岡山県瀬戸内《せとうち》市牛窓町《うしまど》）から黄島式の名があたえられている。

石器には石鏃・尖頭器・石匙《せきひ》がある。ほとんどはサヌカイト製であるが、大分県姫島《ひめしま》の黒曜石製の石鏃が一点知られる。ほかに小型扁平片刃《かたば》磨製石斧・磨石・石錘《せきすい》などがある。貝層はシカ・イノシシの骨、シカの角、ハマグリ・アサリ・ハイガイ・ツメタガイ・カキ・アカニシ・バイ・ウミニナ・オオヘビガイ・サザエ・ニシ・ヤマトシジミ・オキシジミのおもに主鹹水《かんすい》種が占めている。

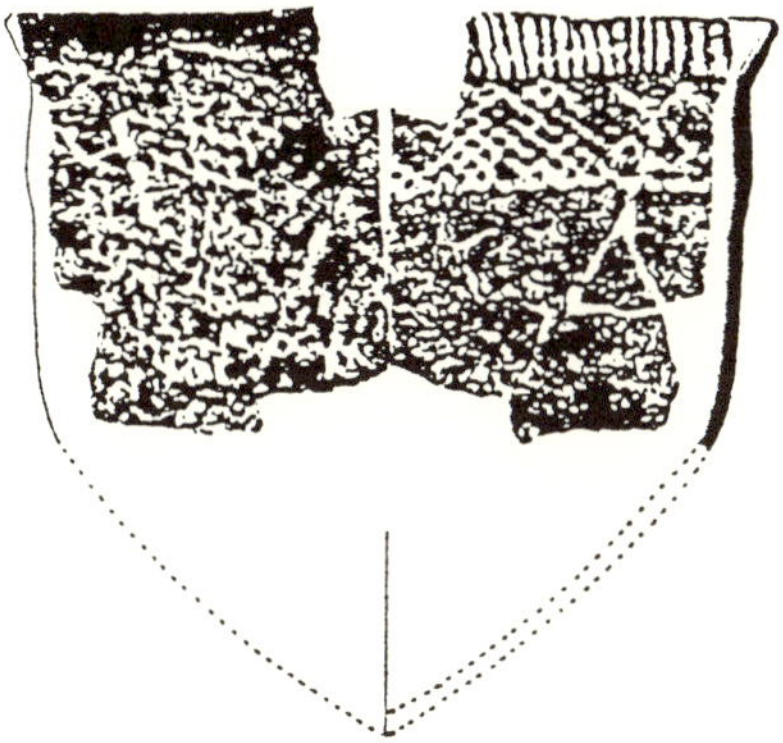

小蔦島貝塚出土の土器（『仁尾町史』による）

小蔦島遠望

小蔦島貝塚の出土遺物は瀬戸内地方でも旧石器文化の伝統を脱却して縄文式新生活が開始されたことを示している。とくに貝層の形成は瀬戸内の海化が進んだことと、海産資源の利用が盛んであったことを示すものである。ただ魚骨が不明であること、釣り針が知られていないこと、逆に動物骨が顕著であること、石鏃が多量に出土することから、漁労はなお低調で、狩猟の比重の高かったことが知られるのである。

当時の海水面は現在よりなお二〇メートル低く想定されており、これにしたがえば荘内《しょうない》半島辺りから幅五キロほどの湾が北から深くはいり、小蔦島貝塚は西方の岩礁《がんしょう》と泥海底の発達した海岸線から約三・五キロの位置にあったことになる。小蔦島縄文人にとって小一時間の距離である。厳密にいえば彼らは漁民ではない。海浜の民の存否は、その後の海水面の上昇によって海底の調査を待たなければならない。しかし貝塚など生活本拠地を示す遺跡の立地は縄文早期に至っても島、丘陵の尾根上で旧石器時代を踏襲している点を考慮すると、海岸線に沿った生活立地は想定しにくい。

なお早期後葉（七〇〇〇年前ころ）に至ると瀬戸内海一帯から人びとは姿を消す。同時代の人びとの生活を示す繊維土器（胎土《たいど》に繊維を混入）の出土が知られないのである（潮見浩「帝釈峡遺跡群の繊維土器」『論集日本原史』）。小蔦島貝塚の時期に緩慢《かんまん》であった海水面の上昇は、その終末から六〇〇〇年前ころにかけて一転して盛んになる。この変化は海岸線をさらに奥にむかわせるとともに（海進）、沿岸部に多量の土砂を堆積させることとなった（沖積化）。沿岸部の急激な地形変化は海浜の生物を中心にして動植物の生態系を破壊した。このような環境の変化によって早期縄文人は瀬戸内の生活を放棄したことが考えられるのである。

海と森の生活●

海進がおだやかになって瀬戸内の生活が再開されるようになる。列島はすでに縄文時代前期（六〇〇〇〜五〇〇〇年前）にはいっていた。再開は県域島嶼の北、東部に早く、人口の流入が北、北東部からであったことが知られる。しかし再開された彼らの生活は以前と大きく異なるものであった。ムラは尾根の上ではなく、小島の小さな砂浜に求められた。海は現在と近いものになり、河口にはきだされた花崗岩《かこうがん》バイラン土が入り江に運ばれて白い砂浜が形成されたからである。

砂浜は居住に不適な動植物の生息を抑えたから住居建設に格好の土地を提供するものであった。しかしそれだけでなく山丘《さんきゅう》の雨水が海に流出するのをふせいだため、その背後に人びとに飲料水を供給する湿地が形成された。湿地はまた動植物の繁殖の場でもあった。人びとは山丘・後背湿地の森で主食のドングリを採集し、動物を狩った。前面に広がる海は豊富な魚介類・海草を約束した。瀬戸内の小島は、狩猟・漁労・採集を生業の基本とした縄文式生活に

大浦浜遺跡遠景（坂出市櫃石島）

最適の場所だったのである。

県下の縄文遺跡は約五〇を数えるが、満遍なく分布するのではなく、八つの地域グループに分かれる。このうち五つが沿岸・島嶼部に位置することもこの点をよく示している。また残り三つのうち二つは後期（四〇〇〇～三〇〇〇年前）から開始されるもので、沖積地に分布し、生活内容も農耕を示唆するなど新しいタイプの縄文遺跡群である。

このように島嶼部には伝統的かつ典型的瀬戸内縄文社会が展開されたのであるが、すべての島に生活が認められるだけではない。たとえば瀬戸大橋がかかる島々にはナカンダ浜遺跡（坂出市沙弥島《しゃみじま》）、塩浜《しおはま》遺跡（与島《よしま》）、大浦浜《おおうらはま》遺跡（櫃石島《ひついしじま》）など遺跡が集中するが、西方二キロ、丸亀沖の本島《ほんじま》には遺跡は知られない。本島はそれらの島の

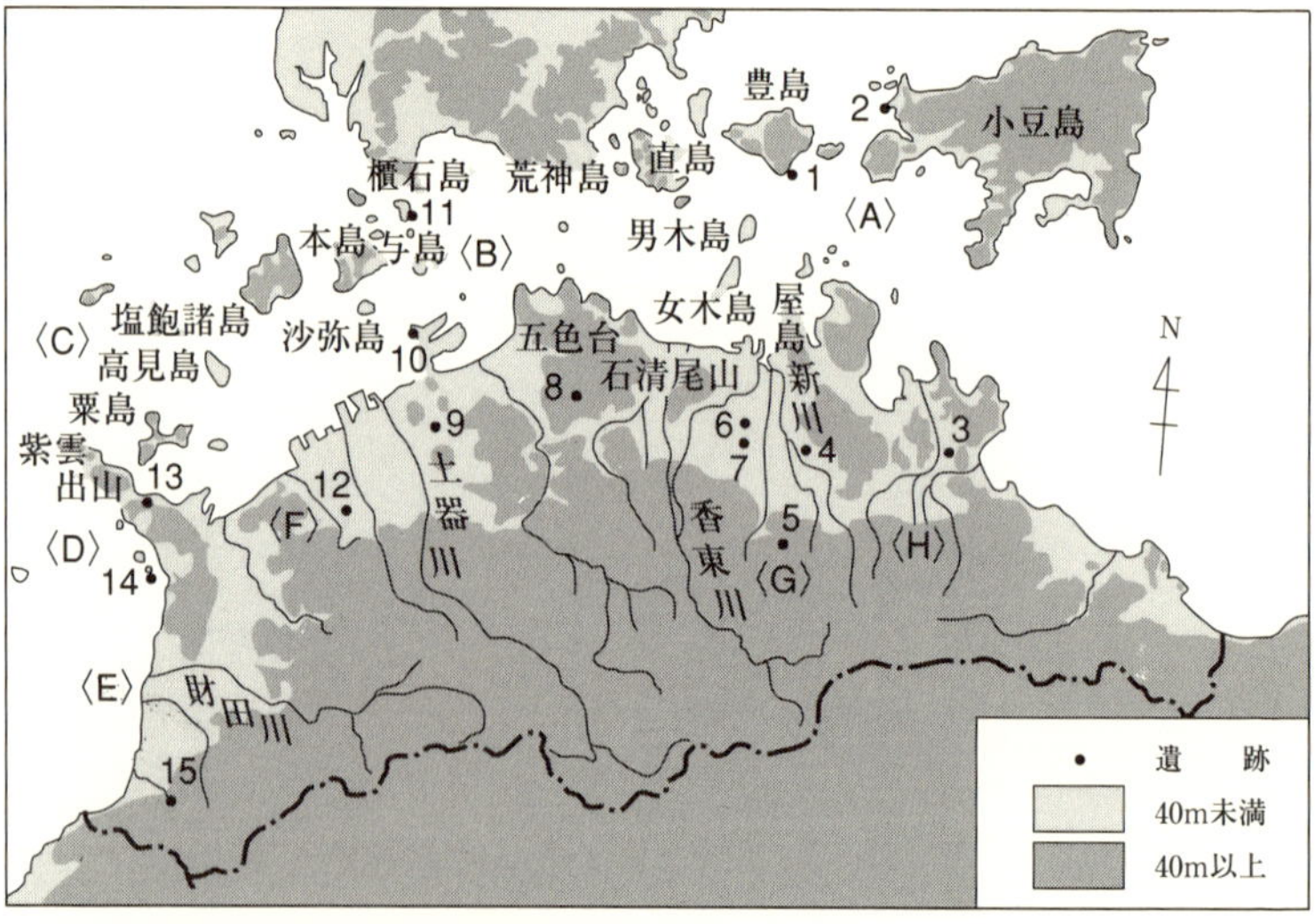

おもな縄文遺跡の分布と８つの地域社会（Ａ～Ｈ）　１礼田崎　２伊喜末　３鴨部南谷　４前田東中村　５下司　６大池　７林坊城　８国分台　９下川津　10ナカンダ浜　11大浦浜　12永井　13大浜　14小蔦島　15院内。

数倍の規模をもち、同様の地勢の砂浜も各所に分布する。生業に関してより有利な条件をもつ本島になぜ人びとは住み着かなかったのであろうか。あるいは内陸部で唯一前期からはじまる遺跡群が高松平野奥部に知られる。沿岸島嶼でもない地域になぜ住み着いたのであろうか。

県域には阿讃《あさん》山脈を越えて徳島県北部にでる道が多数知られるが、山越えのもっともたやすいのが高松平野の奥部からはいる現国道一九三号線である。香川県側では香東《ごうとう》川上流に沿い、徳島県側では曾江谷《そえだに》川に沿っている。曾江谷川および周辺にはサヌカイト製の石器を出土する旧石器時代・縄文時代の遺跡が知られる。香川県産のサヌカイトが運びだされた道が、これに重なると考えるのが自然である。高松平野奥部の縄文遺跡群はこれの東隣にあり、サヌカイトの搬出に関連して形成されたものであろう。

サヌカイトは旧石器時代以来、中国地方にも運びだされている。その道標は瀬戸大橋のかかる塩飽山地であった。瀬戸内海が形成され、山は島に変容したけれど、サヌカイト搬出の道は架橋の島伝いに保持されたと考えられる。これが架橋の島々に人口が集中した理由である。社会の形成、維持にはたんに食料だけでなく、外部の人びととの交流が必要であった。交流は食料はもちろん、生産資源（サヌカイトなど）・人的資源（婚姻など）・文化情報をもたらすからである。

海からきた文化●

縄文後期に至って大きな変革が認められる。丸亀平野・高松平野中央部に地域社会が形成されるのである。沖積低地はそれまで沿岸・島嶼部住民の生産の場に組み込まれていたと考えられるとしても、生活の本拠がおかれたことはなかった。新しい生活の開始である。また伝統的な沿岸・島嶼部の社会でも新しいムラが建設されるなど、人口増が顕著である。人口増の要因として、中期以降の寒冷化による堅果類の樹種の複雑化がドングリ供給の安定かつ増加をもたらしたこと、海退による海岸線に沿う干潟《ひがた》の拡大が水産資源の増大をもたらしたことがあげられる。沖積低地の進出もこの人口増による住民の拡散を示しているとも考えられる。しかし沿岸・島嶼部が飽和状態になった形跡は認められない。

対岸の南溝《みなみみぞ》手《て》遺跡（岡山県総社《そうじゃ》市）では後期後半の土器から稲のプラント・オパールが検出され（藤原宏志「付載2　南溝手遺跡出土土器のプラントオパール分析結果について」『南溝手遺跡Ⅰ』）、最近では同様の

永井遺跡出土の打製石斧（約3000〜4000年前）

林坊城遺跡出土の諸手鍬（約2500年前）

永井遺跡自然河川（縄文時代後期）

❖コラム

神送り

前は海、後ろは山よ♪♪　大漁節ではない。県下の縄文人の明るい唄声である。土器文化が普及した、つまり縄文式生活が定着した早期以降の約五〇カ所の遺跡のうち三〇カ所が沿岸・島嶼《とうしょ》部にある。残り二〇カ所は内陸部の遺跡になるが、うち一四カ所は後期以降の農耕を伴うことも考慮しなければならない低地部の革新的遺跡である。縄文社会はまず沿岸・島嶼に根付いた。縄文文化の伝統的生業は狩猟・漁労・採集であったから、前は海、後ろは山の沿岸・島嶼に縄文人は集まったのである。ところが、不思議なことに沿岸・島嶼の遺跡に貝塚の伴うものが少ない。礼田崎・小蔦島・南草木・なつめの木・院内遺跡があげられるにすぎないのである。前の海で貝をとらなかったのであろうか。いや確かにとっていた。大浦浜のヤケヤマの東麓、波打ちぎわでは後期初頭の土坑《どこう》からウミニナなど特定の貝種が多量に発見されている。貝塚が未発見なのである。

県下の貝塚発見遺跡は海岸線から少しはなれた丘陵上にあるものがほとんどである。一方貝塚が未発見と思われる遺跡はすべて波に端を洗われる砂浜に立地している。貝塚は波にさらわれたのか。貝塚はくずされ、散乱した貝は自然のものと区別がつかない。貝塚の形成された可能性は高い。しかしもっと可能性が高いのは貝が人びとの活動空間のなかでもっとも海に近い場所にすてられたことである。貝だけではない。獣や魚の残滓《ざんし》もそうだったろう。貝や魚や獣たちは海に帰されたのであろうか。アイヌやオロッコなどの北方狩猟・漁労民が神送りの儀礼でしたように。なお大浦浜の別の土坑からはタヌキの解体され焼かれた骨も出土している。後ろの山からの客人である。

分析方法で中期にさかのぼる稲作の存在が主張されている。米の主食における比重・耕作方法など不明な点は多いが、従来の縄文文化観にとって驚異的発見である。まさに新生活を示すものである。県下の新生活も稲作を伴うものだったのであろうか。

永井遺跡（善通寺市《ぜんつうじ》）は最初に発見された沖積低地の新生活を示す遺跡である。多量の打製石斧・サヌカイト製石包丁《いしぼうちょう》状石器・石皿・磨石・石匙、箕《み》に盛られたドングリ・ヒョウタン、立体土偶《どぐう》が多量の後期後半の土器とともに出土している。ドングリなどの植物遺体の存在は包含土質など埋蔵環境によるが、石皿・磨石・石匙・土器以外は沿岸・島嶼部の遺跡にはなじみの薄いものである。立地に加えてこの遺物の様相が新しい生活を示すものであるが、稲は検出されていない。しかしヒョウタンは原生地がアフリカであるから栽培技術が知られていたことは確実であり、打製石斧は耕作具、石包丁状石器は穂刈り具として用いることができるから（高橋護「農耕具の成立に関する問題点・打製石包丁と犂」『岡山県立博物館研究報告第一四号』）、稲作の可能性はすてられないのである。

県域ではなお明らかでないが、遅くとも縄文時代後期には西日本に稲作が伝わっていた。ただこの稲作は弥生文化をうみだした水稲耕作とは系統が違うようである。鋤《すき》・鍬《くわ》などの木製農具は知られていないし、石製農具も異なるからである。陸稲《りくとう》を想定すべきかもしれない。また稲の原生地はヒマラヤの西南麓であるが、この栽培種が大陸沿岸部のどこからもたらされたのかわかっていない。

ところが縄文時代も末、晩期（三〇〇〇～二五〇〇年前）中ごろにふたたび稲作が伝えられる。これは水稲《すいとう》耕作である。確実な故地に朝鮮半島西南部があげられている。福岡県の初期稲作村落・江辻《えつじ》遺跡から松菊里《しょうぎくり》式とよばれる韓国忠清南道に特徴的な竪穴住居が検出されているからである。この稲作の伝播《でんぱ》は住居の事例からも推察されるように、大量の移住民による植民的傾向をおびるものであり、同時に文化・社会がもちこまれ、一万年の長きにわたる縄文文化を弥生文化に変えることになった。

県下でも稲作の伝播を伝える遺跡が知られている。林坊城《はやしぼうじろ》遺跡（高松市）である。晩期後半の土器とともに木製諸手《もろて》狭鍬が出土している。沖積低地の水田耕作に必須の道具である。しかしほかに水稲耕作に直接かかわる道具や、複合して伝播したほかの文化要素はみあたらない。また水稲耕作に適した沖積低地のムラはこの時期に増加するが、立地以外耕作の形跡を示すムラはほとんどない。北部九州からの距離、伝えた集団の内容、伝えられた各縄文集団の性格に応じて、伝播の内容や程度に変異のあったことが知られるのである。西日本においても稲作が普及し、新しい文化・弥生《やよい》文化が誕生するまで、引き続き大陸からの移住と列島における新文化の拡散が行われ、そのためにはなお相当期間を要した。

3 銅鐸をみた日

海を渡るムラ●

二五〇〇年前ころ西日本の文化は大きくかわる。弥生文化の始まりである。狩猟具の中心であった弓矢、あるいは土器、竪穴式の住居形式などは縄文文化の伝統が継承されたが、水稲農耕の技術体系を示す石器・鉄器、その系統は未知ではあるものの木製農耕具・用水路・堰などはもちろん、村や墓の形式に至るまで、普及には地域的な遅速はあるけれども新文化の主体は大陸水稲農耕文化に由来するもので、縄文文化とのあいだに大きな断絶を示すものであった。まったく異なった社会の出現である。これは文化の変化が大陸からの植民と列島における彼らの社会の拡大によって引きおこされたことを物語っている。

県下の弥生文化への変化は三つの段階を踏んだことが知られる。第一段階は縄文時代晩期末で水稲農耕文化は異質文化情報としてはいり、伝統的縄文社会に試行を含めて選択的に吸収される。第二段階は前・中・後三期区分される弥生時代の前期の前半で、第二波の水稲農耕文化が先進文化情報として生活の隅ずみにまでとり込まれ、新しい生活がはじまる。

新文化が北部九州から瀬戸内海を東に進んだことは、北部九州の型式である遠賀川《おんががわ》式土器の分布によって知られる。県下における遠賀川式土器を出土する遺跡に水田耕作が不適な沿岸・島嶼部の遺跡が含まれるが、そのなかに、大浦浜《おおうらはま》遺跡（坂出市櫃石島《ひついしじま》）・ナカンダ浜遺跡（同市沙弥島《しゃみ》）のサヌカイト流通ルート上のムラがある。水稲農耕文化の瀬戸内東進ルートに、サヌカイト流通ルートが用いられたことを示すものである。兵庫県瀬戸内沿岸部、近畿地方の弥生遺跡には前期には金山のサヌカイトが、中期以降には奈良県二上山《にじょうざん》のサヌカイトを出土するものが知られるが（藁科哲男・東村武信「石器原材の産地分析」『考古学と自然科学第一六号』）、これに関連する事象として注目されるのである。

第三段階は前記後半の水稲農耕社会の確立である。濠をめぐらすムラ、盛り土・溝をめぐらす墓の建設によって知られる。いずれも縄文社会には未知のまた無縁の文化であったため、大陸の水稲農耕文化諸要素のなかで、ストレートに広がったものである。

環濠《かんごう》集落は新石器時代以降の社会に知られるムラの形式で、耕地の生産による領域観念の変化（土地所有）、併行する食料増産による人口密度の高まりを主因として、集団間の紛争が恒常化した社会にうまれた。ムラは防衛されなければならず、濠をもった。中《なか》の池《いけ》遺跡（丸亀市）・竜川《たつかわ》五条遺跡（善通寺市）・鴨《か》部川田《べかわだ》遺跡（さぬき市）が知られる。稲作が伝えられて約三〇〇年、生業の変化が社会の仕組みの変化をもたらすのに十分の時間が経過していた。

ところが、弥生前期前半の遺跡が多数分布する高松平野に環濠集落は知られていない。前期前半の遺跡が少ない丸亀平野には環濠集落が分布する。それでもその数は二カ所と同期の全集落の八分の一にすぎない。環濠集落は一般的なムラではない。集団が本拠をおく拠点的集落とよぶべきものであろうか。しかし高松平野の状況は、少なくとも本県ではその理解が適当でないことを示している。前代のムラ数の少ない地域に環濠集落が建設されているところから、あるいは水稲農耕文化をたずさえた新来の入植者のムラを想定すべきであろうか。

異文化の交渉、伝播した文化の性質はこの時期に紛争を想定させるものであるが、実際にはその形跡は認められない。本来の目的からすると濠は不要であったはずである。県下の水稲農耕社会の展開に不要の濠が設けられたのは、環濠集落を建設した集団が濠を必要とする社会の出身であ

環濠集落(さぬき市鴨部川田遺跡)

弥生時代の祭器では銅鐸《どうたく》がよく知られるが、その数・種類では武器に関連するものが卓越《たくえつ》する。これは各地の弥生社会が闘争原理の上に成立していたことに関連する。本来は楽器であり、農耕儀礼に用いられたと考えられている銅鐸に避邪《へきじゃ》の目、肉食生物、狩猟が表現される場合があることもこれに関連する事象であろう。県下でも前半期は銅鐸が盛行するが、後半は銅剣が圧倒する。また中期に属する剣形木製品（高松市多肥松林《たひまつばやし》遺跡）、剣形土製品（善通寺市矢《や》の塚《つか》遺跡）も出土している。模造品《もぞうひん》であるがゆえに本質の強調されたことが知られるのである。

ところが空港跡地遺跡（高松市）で出土した六体の土偶《どぐう》には、そのユーモラスな容貌《ようぼう》から血生臭《ちなまぐさ》い社会の片鱗《へんりん》さえ見出しがたいのである。この土偶は弥生末期・古墳初期の溝中、上下二層から出土した。土偶そのものが弥生時代には珍しいのであるが、その形態や群としての出土ははじめてのものであった。土偶は立像で頭・目・鼻・口・両手・陰部の表現が施されている。頭・腹部・陰部の区別から男性三体、女性三体に分けられ、男女各一体が上層から出土しているので男女を一対として用いられたものであろう。大中小の差があってそれぞれ一男性、三女性、二男性の区分が対応するところから、家族を想定する説もあるが、子ども（小）がともに男児である点でうなずけない。

それではどのような祭りに用いられたのであろうか。溝からの出土や男女交合は豊穣《ほうじょう》を祈願した農耕儀礼を想定させる。もしこれが認められるならば、土偶たちは列島におけるこの種の水稲農耕儀礼上、最古のものに位置づけられる。しかし上層二体と下層四体のうち一体は埋没する前にす

❖コラム

でに欠損していた。したがって土偶は溝に廃棄されたものであり、祭りと溝とには直接的な関係がない。やはりここでも祭祀の平和的解釈は控えざるをえないのである。

土偶たちは裸の戦士か。土偶たちの表現のうち、手・陰部のほかは弥生時代の偶像に一般的である。手・陰部の表現に造形の強調・主題を求めるべきであろう。陰部の露出は避邪の風習であることは広く認められるところである。大の字にのばした両手が外なるものの拒否であることは、私たちが日常に経験するところであり、古墳壁画にも知られるなど、人類の基本的身体表現である。ユーモラスな容貌にかかわらず、この土偶たちに集団の強い防衛意識が認知されるのである。祖霊が一族の守護神であることを考慮すると、土偶は祖霊祭祀に用いられたことが想定される。弥生時代から古墳時代の移行期は未曾有の政治変革が断行された時期である。愛らしき小像も闘争から免れることはできなかった。

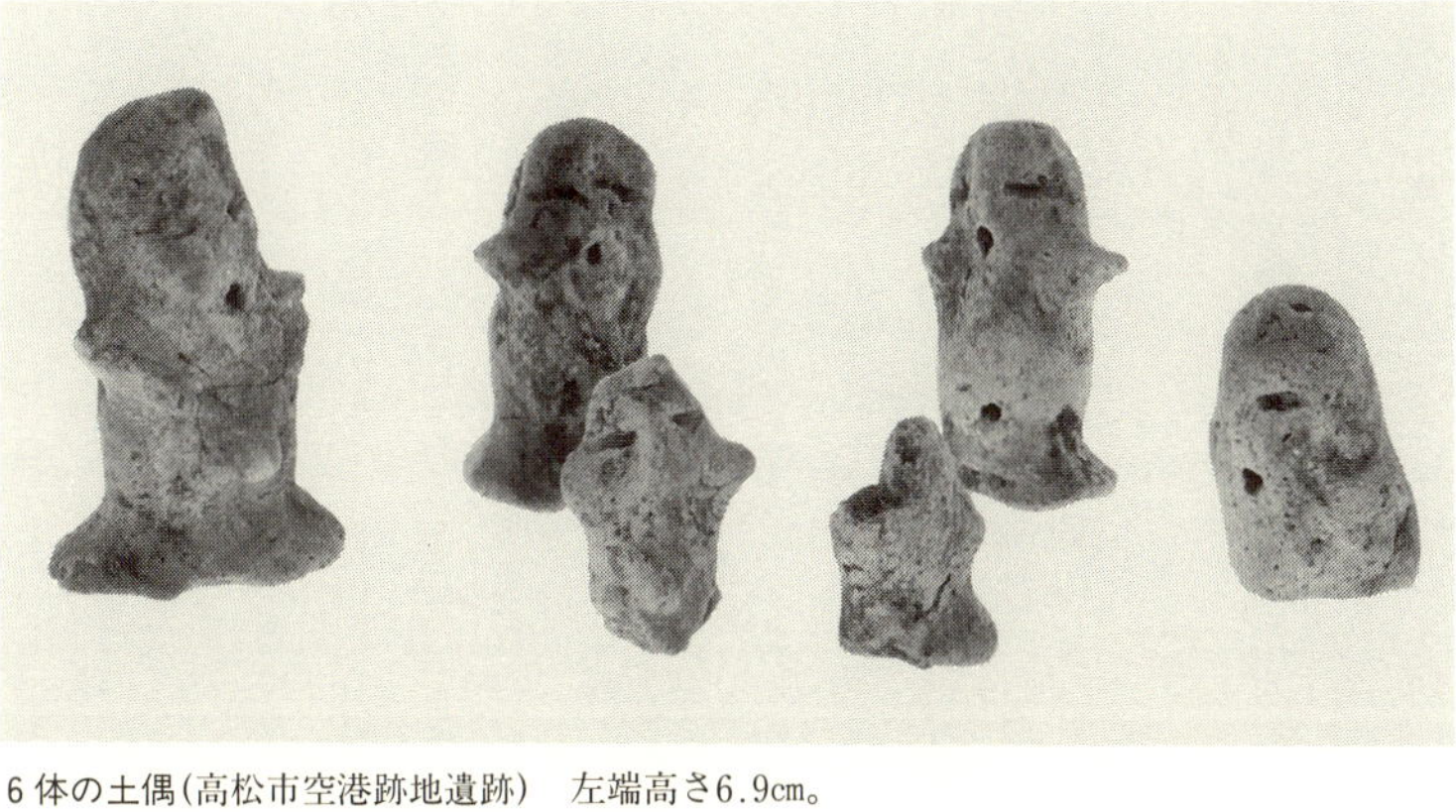

6体の土偶(高松市空港跡地遺跡)　左端高さ6.9cm。

ったことを物語るものかもしれない。環濠集落が入植者のムラであった可能性は高い。しかしその遺跡に出身地域を示すものはない。ただ北部九州の濠が断面V字形で一重なのに対して、瀬戸内、および近畿地方の濠が一般的には断面U字形で多重であることは、その原郷に北部九州以外の地域をも考慮させる。

盛り土・溝をもつ墓は竜川五条環濠集落遺跡（善通寺市）の円形周溝墓《しゅうこうぼ》に知られる。特別の墓の出現は埋葬に身分制が反映したものと考えられている。縄文時代に明らかでなかった身分制が認められるのは弥生社会の大きな特徴であるが、竜川五条遺跡の事例から、環濠集落が入植者のムラであるならば、身分制の始まりも彼らに求められるのである。

海をみつめるムラ●

前期社会が内包した集団間の争乱は、中期に至って顕現する。北部九州や近畿地方で戦死・戦傷の痕跡《こんせき》をとどめる埋葬人骨の出土が顕著になるのである。瀬戸内地方においてこれに連動する事象として高地性《こうちせい》集落の出現が指摘されている。西日本において一般的にはムラは水稲耕作に適した沖積低地に設けられるが、あえて水稲耕作に不適な山丘にムラが建設された理由として争乱状態を想定するのである。ただ高地性集落には二つのタイプが知られる。一つは中期前半に成立するもので、沿岸・島嶼部の山頂高所に建設される。代表的なものは紫雲出山《しうでやま》遺跡（三豊市詫間町《たくま》）である。いま一つは中期後半に成立するもので、平野周辺の山丘に建設される。代表的なものは久米池南《くめいけみなみ》遺跡（高松市）である。

紫雲出山遺跡は荘内《しょうない》半島の中央部、標高三五二・四メートルの紫雲出山頂に立地する。山頂からの瀬戸内海の眺望は素晴らしく、塩飽諸島を中心にして山陽・四国沿岸部が広く見渡せる。しかし、内陸側は半島基部の妙見山《みょうけんざん》、多度津《たどつ》の山並が障壁となって丸亀・三豊《みとよ》平野の視界はひらけない。視覚的にもこの遺跡は平野部から断絶している。

昭和二十二（一九四七）年四月、紫雲出山頂の造園植樹中に土器が出土し、地元の文化顕彰に半生を捧げた前田雄三氏が確認調査を行った。これが遺跡発見の端緒《たんしょ》となり、町文化財保護委員会の要請によって昭和三十年十二月、京都大学の小林行雄氏が発掘調査を担当し、翌三十一年八月に二次、三十二年八月に第三次発掘調査が行われた。多量の中期の土器、石鏃・石槍《いしやり》・石包丁・太型蛤刃《はまぐりば》石斧《せきふ》・石錘などの石器、鉄片、住居の基礎とも考えられる直径三・五×四・五メートルの石列《せきれつ》、中期前半の土器・貝輪《かいわ》・鹿角製結合式釣針・獣魚骨を含む大型二枚貝・サザエを主体とする貝塚が出土した。

また昭和六十三年八月の詫間町教育委員会による資料館建設に伴う発掘調査で二・八×三・二メートルの円形竪穴住居址一基、一辺二・五メートル、一間四方の高床倉庫一基が検出された。住居址は中央に焼土《しょうど》坑《こう》、その両脇に二本の主柱穴《しゅちゅうけつ》をもち、朝鮮半島西南部の松菊里《しょうぎくり》式との関係が注目されるものである。

このように調査は本遺跡が中期後半に盛期をむかえた集落であることを明らかにしたが、佐原真氏は多量の石鏃の分析から、凸《とつ》

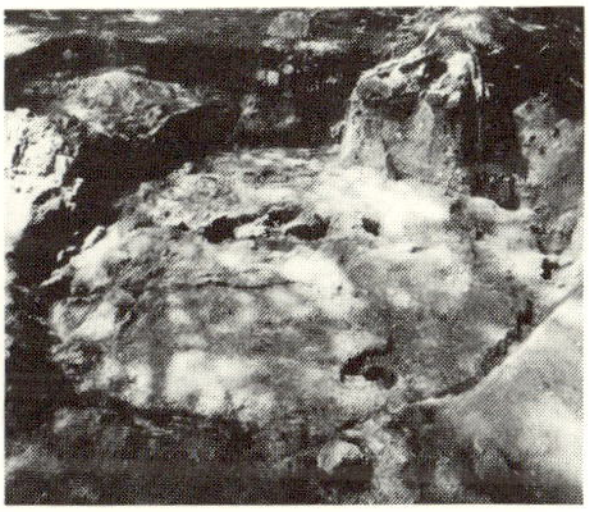

紫雲出山遺跡遠望(左)と竪穴住居跡

基式《きしき》を金属製矢尻の代用品で近畿地方で開発され、瀬戸内地方に広まったとする見解をもとに、石製武器の発達とその近畿地方からの波及、加えて特異な立地から、近畿地方を中心とした政治的統合が中部瀬戸内に拡大され、それによって引きおこされた対立・抗争のなかで、近畿地方と密接な関係をもちながら内海航路を監視、掌握するための拠点として紫雲出山集落が建設されたとした（詫間町文化財保護委員会『紫雲出』）。

紫雲出山遺跡にあたえられた情報基地としての機能については多くの支持をえている。しかし、その役割が近畿地方を中心として中部瀬戸内までをおおう、いわば広域の安全保障体制の維持装置であったかというと意見が分かれる。弥生時代中期に近畿地方および中部瀬戸内にそのような広域の地域統合が形成されつつあったことを想定させる資料がほかにないからである。中国・魏《ぎ》の正史、『魏書』の倭人《わじん》の条（『魏志』倭人伝）を認めるならば、このような社会的状況は弥生時代末期から古墳時代に展開したものとされる。あるいは紫雲出山集落は周辺のもっと小さな勢力の情報基地として設けられたのだろうか。答は否である。監視の対象に対岸から瀬戸内海を越えてくる侵略軍を想定することになるが、対岸吉備《きび》（岡山県）に侵略軍をおくるほどの政治的統合を示す痕跡が認められないからである。丸亀平野では古墳時代前期においても四つの勢力（善通寺、綾歌《あやうた》、宇多津《うたづ》、多度津《たどつ》古墳群）が割拠する。争乱は平野内部に想定すべきであろう。紫雲出山集落の役割は別に求めることになる。

青銅のムラ●

紫雲出山集落の監視の対象は物資ではなかったのか。中期には県下に鉄器（鉄剣・鉄鏃《てつぞく》・鉈《なた》）、青銅祭器（銅鐸《どうたく》・銅剣・銅矛《どうほこ》）が知られる。鉄器の素材は朝鮮半島から輸入されたものである。久米池南遺跡《くめいけみなみ》（高松市）では古墳時代の鉄素材で鉄鋌《てってい》と呼称されるものの類似品が出土している。

青銅祭器のうち銅鐸は近畿地方、銅矛は北部九州で生産されたものを輸入している。銅剣は細形あるいは古段階の中細形に関しては北部九州産である（吉田広「銅剣生産の展開」『史林』七六巻六号）。我拝師山《がはいしやま》（善通寺市）出土の外縁付鈕式流水文《がいえんつきちゅうしきりゅうすいもん》銅鐸は、東奈良《なら》遺跡（大阪府茨木市）発見の鋳型《いがた》で製作されたことが明らかになっている。内陸部の勢力がこのような物資を入手するための連絡網、あるいは紫雲出山集落住民の漁民的性格を重視するとパイロット的役割をもつものとして、沿岸・島嶼の高地性集落の配備が考えられるのである。

それでは紫雲出山集落を設けた内陸部勢力とは誰か。遠く離れた沿岸部をその領域におさめる、あるいは権益を主張しうる大勢力である。また狼煙《のろし》などの交信可能の地に依拠する勢力である。それは善通寺の勢力以外には求めることができない。善通寺市の西部、五岳《ごだけ》の麓には弥生時代の前期後半から旧練兵場遺

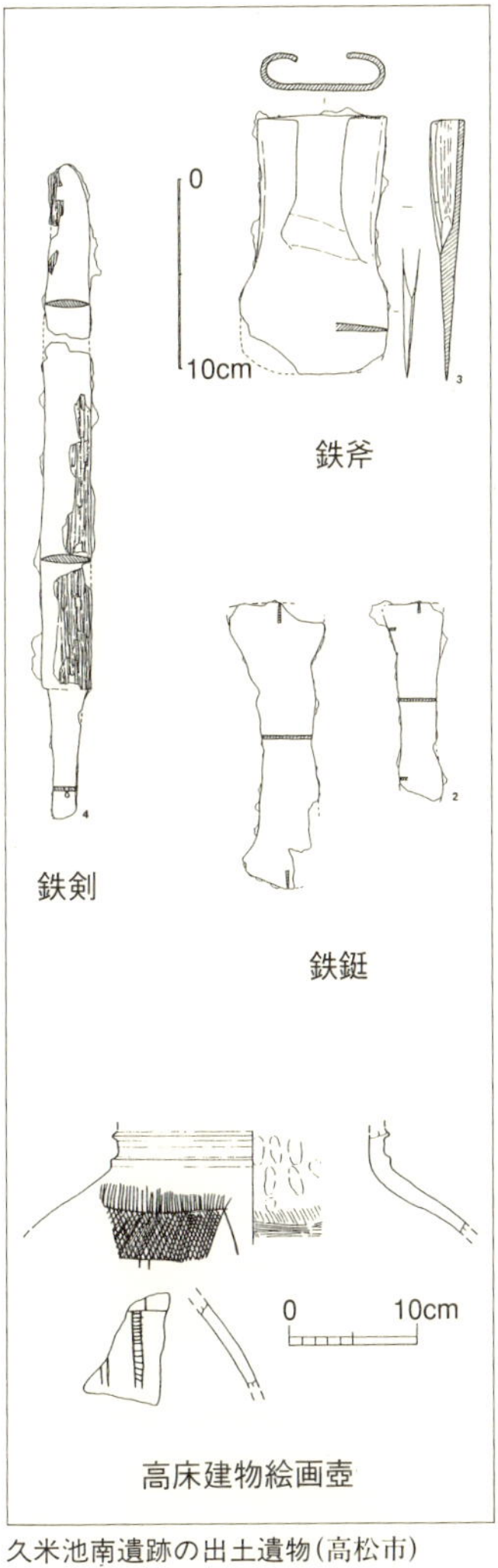

久米池南遺跡の出土遺物（高松市）

跡をはじめとする集落群が形成された。中期には丸亀平野中央部のムラは廃絶されるか、縮小されたが、善通寺遺跡群は密集度を高めるとともに山腹まで広がる。丸亀平野弥生社会の一大センターになったのである。後期を通じてその位置がさらに高められたことは、古墳時代に至っていち早く善通寺一円ばかりでなく丸亀平野を一望する大麻山《おおあさやま》北端高所に前方後円墳野田院《のたのいん》古墳が築造されたことで知られる。さらに五岳や大麻山の山腹各所から青銅祭器が出土しているが、その総数は県下出土の八割に及ぶ。これらのこと

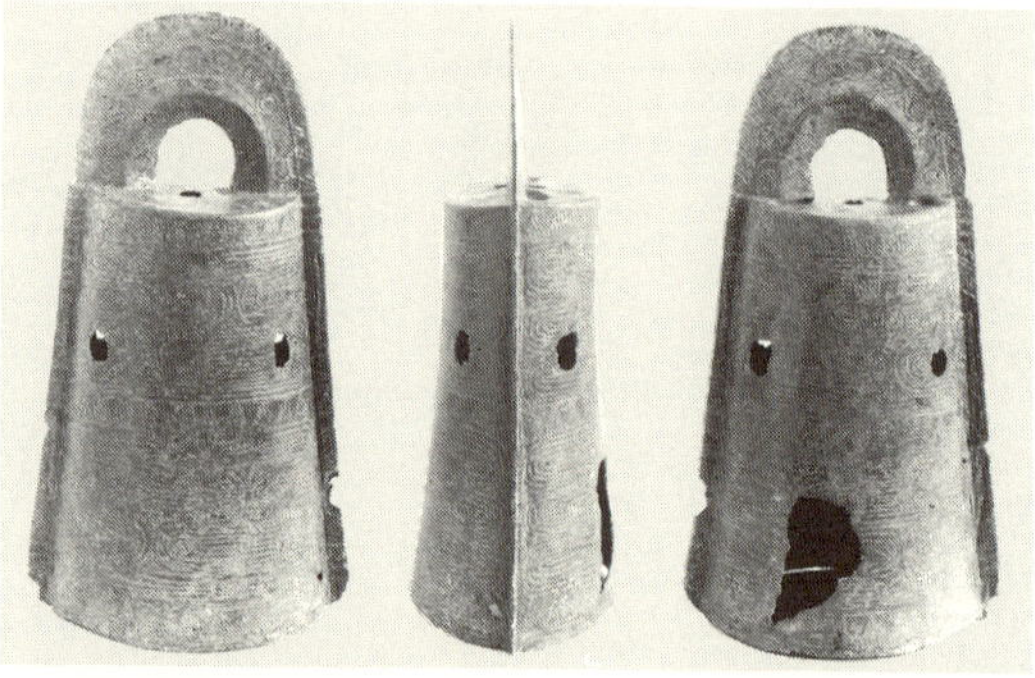

我拝師山銅鐸(高さ29.8cm)

青銅の谷(善通寺市)

は、善通寺の地域集団が丸亀平野を越えて県下に有数の勢力であったことを示している。

また多度津の山並、妙見山《みょうけんざん》によって紫雲出山頂から内陸部への眺望はきかないが、唯一その障壁を越えて見晴るかす山がある。大麻山と我拝師山である。その山麓は善通寺集団の本拠地である。紫雲出山集落は善通寺勢力によって設けられ、その情報は善通寺に届けられたのである。

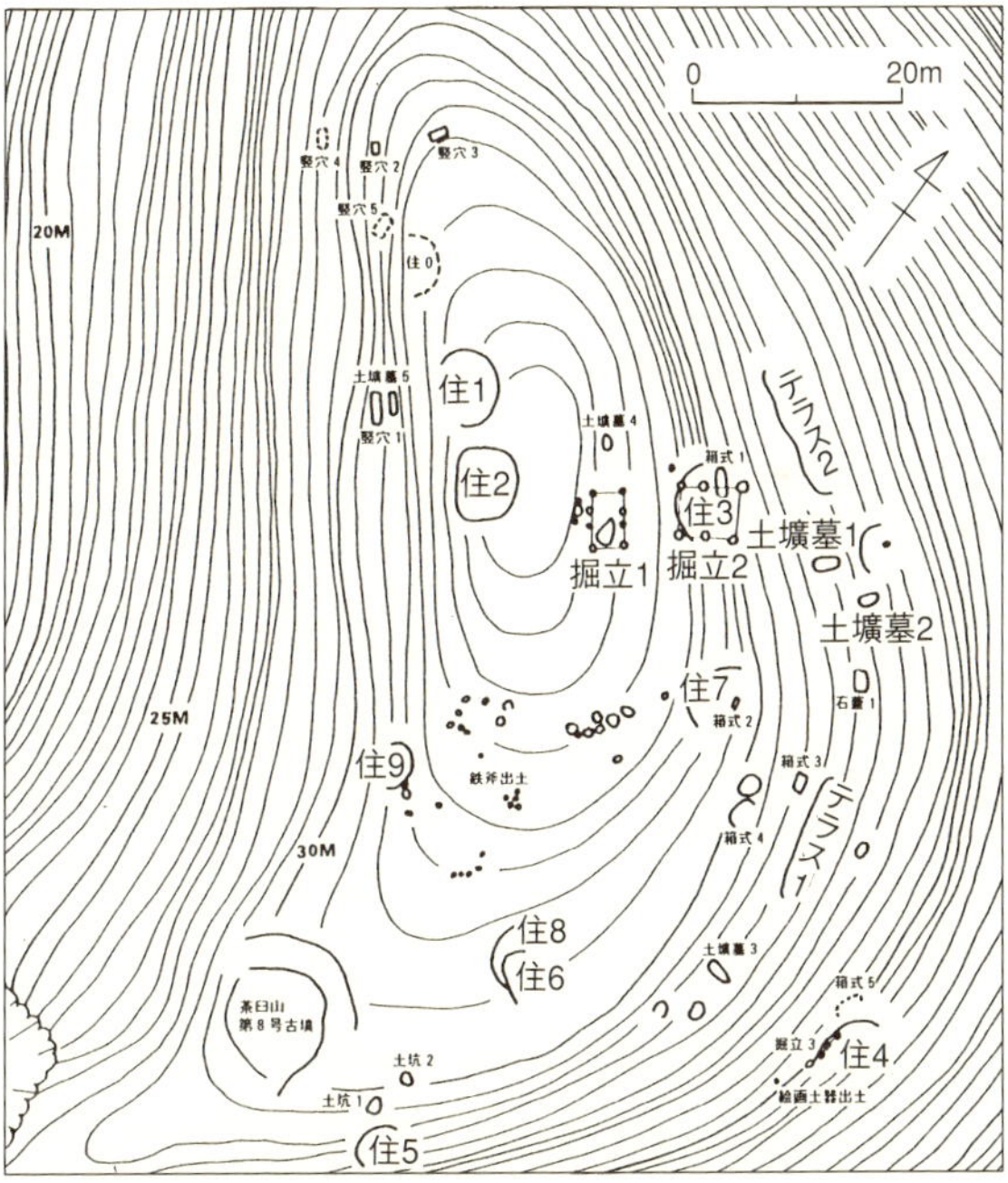

久米池南遺跡遺構分布図

同じころ高松平野でも集落の展開に大きな変化が認められる。中央部のムラは縮小・廃絶あるいは生成・廃絶が顕著になる一方、周辺部に新村が形成され継続される。そしてほぼ同時に周辺山丘にムラが建設されるようになる。第二の高地性集落の出現である。この変化は中央部における前期以降の人口の増大、その解決策としての周辺への人口の拡散ととらえられる。

それではなぜ中央部のムラだけが不安定になっていったのだろうか。この差は、第二の高地性集落に軍事的機能を想定することによってよりよく理解できる。権益の相克がもたらす恒常的な社会危機のなか、背後の山丘に軍事的施設をもった新興周辺勢力は、伝統的中央勢力に対し軍事を含む政治活動において優位にたった。勢力の拡大は政治の伸張を促した。久米池南高地性集落中央部の竪穴住居に囲まれた掘立柱建物に、あるいは鉄剣を副葬する墓に成長した司政者の姿をみることができる。また丸亀平野の善通寺地域集団の勢力の確保・伸長にも同様の要因がみいだせるのである。

2章

讃岐の豪族と古代国家

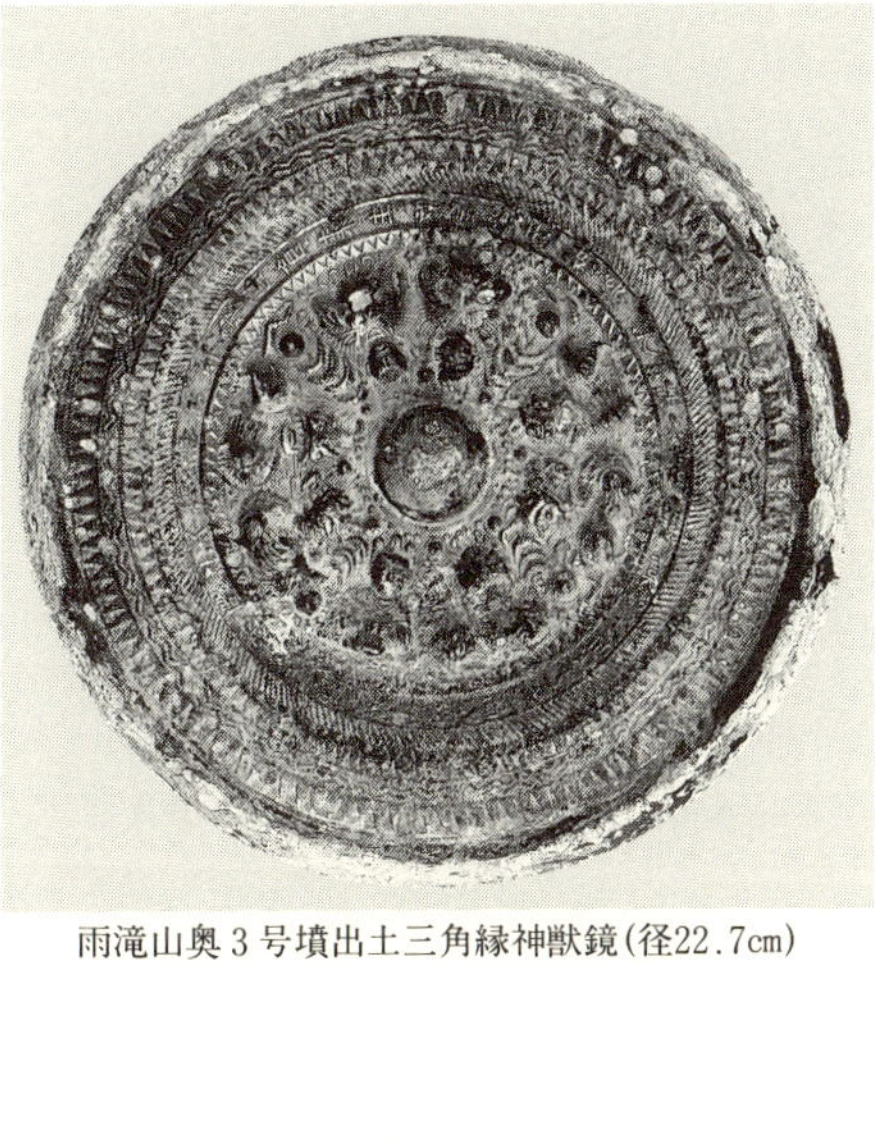

雨滝山奥３号墳出土三角縁神獣鏡(径22.7cm)

1　王をみた日

連合する王●

弥生時代後期を通じて各地の司政者はさらに成長した。『魏志《ぎし》』倭人伝《わじんでん》にそうならば、傑出したものを王《おう》と称してよいだろう。卓越した身分は、彼らの墓が立地や墳丘形態、特別の埋葬施設によって集団墓から区分されたことによって認められるのである。鶴尾《つるお》神社四号墳（高松市）・丸井《まるい》古墳（さぬき市）、奥《おく》一〇・一一号墳（さぬき市）などが顕著な事例である。前二者にはすでに古墳時代に一般化する王墓としての前方後円形の墳丘《ふんきゅう》、竪穴《たてあな》式石室、鏡の副葬が知られる。

鶴尾神社四号墳は、高松市西郊の石清尾山《いわせおやま》の尾根上に積石《つみいし》によって築造された全長四〇メートルの前方後円形の墳墓で、尾根筋にしたがって円形・方形の小型積石墓が認められる。丸井古墳は、長尾町南西部の塚原《つかはら》山塊の北西に派生する尾根に、盛り土によって築造された全長三〇メートルの前方後円形の墳墓である。いずれも墳丘に供献された壺形《つぼがた》土器から弥生時代末期の年代があたえられており、発見当初は最古の前方後円墳と注目された。

古墳時代に固有の前方後円墳ならば古墳時代の開始時期がさかのぼり、卑弥呼の時代にはいるからである。しかし現在では前方後円墳の祖型とはなっても前方後円墳とは位置づけされていない。その理由は、古墳時代と前方後円墳の定義にかかわるものである。

古墳時代は四世紀をすこしさかのぼるころ、近畿地方を核として列島各地の最高司政者（王）がそれまでの地域性に富んだ墓制を廃し、前方後円墳を採用した段階をもって開始されたとされる。王の墓制の統一は直接的には宗教上の大きな変革を示すものであるが、墓制の共有によって各地の王が連合する新しい体制の誕生が想定されるからである。

これを裏付けるのが前方後円墳にみる規格性であり、定義とするものなのである。埴輪《はにわ》の樹立、長大な竪穴式石室、鏡などの多量の副葬品、前方後円形の墳丘、さらに進んでその築造企画に求められている。もっともすべてが規格にそうわけではない。香川県の積石塚のように特異なものもある。しかしそれは

丸井古墳石室と出土鏡(径14.0cm,上)

鶴尾神社４号墳石室と出土鏡(径18.3cm,上)

古墳時代社会がうんだ地域性として理解されるのである。

鶴尾神社四号墳・丸井古墳は、この枠からはずれる。しかし近年の調査研究はもっと積極的な位置づけを可能にしている。弥生社会から古墳社会へ、その変遷を明らかにするものと位置づけられるのである。

この二墳の発見を契機に宮山《みややま》墳丘墓（岡山県総社市）・萩原《はぎわら》一号墓（徳島県鳴戸市）・養久山《やくやま》一号墓（兵庫県たつの市揖保川町）・纏向《まきむく》石塚（奈良県桜井市）などの同種の墳墓が古墳時代直前の東瀬戸内に分布することが知られるようになった。山丘尾根上の立地、前方後円形の墳丘、それを縁どる石垣状の列石《れっせき》、竪穴式石室・東西方向の長軸、鏡の副葬など、前方後円墳ほどの厳密な規格性はないものの基本的要素が共通すること、さらに立地をのぞくとそれらは各地の従前の墓制を抜けだしたものであることが注目されるのである。

これは東瀬戸内各地を包括するあらたな墓制の誕生、同地方の各地の王の連合を示すものと認識される。古墳時代に先だって一つの政治連合体が誕生した。古墳時代の政治連合体の中枢を畿内王権とするならば、先立つ連合体の範囲がその外縁に重なることは、この連合体が畿内王権の前身であったことを示している。古墳時代前期に東瀬戸内の古墳を中心に分布する中国製画文帯神獣鏡《がもんたいしんじゅうきょう》が、すでに丸井古墳に副葬されていることは、なによりもよくこの関係を物語っている。東瀬戸内の政治連合は畿内王権に成長しつつあった。時は卑弥呼の時代、『魏志』倭人伝は邪馬台国連合が倭の最大政治勢力であったことを伝えている。このような政治動向から邪馬台国連合はこの東瀬戸内連合体であった可能性が高い。丸井古墳・鶴尾神社四号墳は県下の王が邪馬台国連合に参画したことを示すものではないだろうか。

❖コラム

三豊の古墳時代

弥生時代まで県域のほかの地域と文化・社会の展開に同一歩調をとっていた三豊地方は、古墳時代にはいると異なった道を歩みだした。前期に各地では前方後円墳が隆盛するが、三豊地方では知られていない。中期にはいって、ようやく前方後円墳が出現する。それまでの一世紀間、丸山古墳・鹿隈《かのくま》かんす塚(観音寺市)が知られるばかりである。いずれも径が三〇メートルに満たない円墳である。丸山古墳には二基の埋葬施設がある。ともに長軸を南北にとる竪穴式石室で西の一号石室には刳抜式石棺がおさめられていた。石棺蓋は家形と伝えられるから前期の石棺でも新しい段階のものであろう。不思議なことに阿蘇《あそ》石製であった。阿蘇石の石棺は瀬戸内では愛媛《えひめ》・岡山・兵庫にも知られるが、県下では同地域の青塚に可能性が求められるほかは聞かない。棺身には讃岐に一般的な枕の浮彫をもたない。さらに県下では本例をのぞけば、石棺は前方後円墳の埋葬施設である。また竪穴式石室・石棺は一般的には東西方向をとる。要するに丸山古墳は徹底的に非讃岐的である。鹿隈かんす塚でも南北方向をとる竪穴式石室二基が検出されている。讃岐と大阪府柏原市の石棺の結びつきに旧大和川につながる畿内政権の瀬戸内海航路が想定される。一方、阿蘇石を用いた石棺は淀川上流左岸の茶臼山古墳(京都府八幡市)にも知られ、愛媛県・三豊地方・岡山県の瀬戸内沿岸部と淀川を結ぶもう一本の航路も想定されるのである。両ルートは荘内半島の沖で一本にまとめられる。中讃勢力はいわば旧大和川グループに、三豊地方の勢力は吉備《きび》勢力を主力とする淀川グループに属する。三豊地方の非讃岐的特色は所属グループによってもたらされたものであろう。

それではなぜ三世紀から四世紀にかけて王は連合に走ったのであろうか。政治の内的発展が促したのであろうか。たんにそれだけならば各地における統合が先であろう。しかし少なくとも県下では古墳時代初期にあってもなお諸勢力が割拠する。この連合には弥生社会に内在する軍事的緊張、時におこる武力衝突に加えて外的要因が強く働いたのである。

魏の冊封《さくほう》政策である。『魏志』倭人伝には、長期の内乱状態が卑弥呼の即位によって小康状態を得、時を経ず卑弥呼は魏の皇帝に使節を送り、「親魏倭王」の称号を得たことが伝えられている。これは魏の皇帝によって卑弥呼の倭の統合が認められるとともに、卑弥呼がその臣下に組み込まれたことを示している。この魏の対応は中国歴代政権の伝統的な国際政策で、倭を取りこむことによって、覇権を相争う呉《ご》・蜀《しょく》を牽制することを目的にしたものであろう。

一方、卑弥呼は身分の証として「親魏倭王」の金印を贈られるとともに、魏の後ろ盾によって各地の王の連合を進めたものと思われる。

古墳時代前期の有力古墳から出土する三角縁《さんかくぶち》神獣鏡は古墳時代に先だっておもに近畿地方の勢力から各地の王に配布されたものであるが、それが魏から卑弥呼への下賜品で、その配布の意図に連合の強化・拡大、みかえりとしての王であることの保証が想定されるからである。冊封策列島版である。三角縁神獣鏡に魏の金印と同じ意義が認められるのである。

三角縁神獣鏡下賜品説に反論もあるが、配布の時期、配布中枢の地域、先に推定した邪馬台国連合の位置から少なくとも卑弥呼が三角縁神獣鏡に深くかかわっていたことは明らかである。

古墳時代にはいって県下では奥三号墳（さぬき市寒川町）・西山《にしやま》古墳（仲多度郡多度津町）から三角縁神獣鏡が出土している。前期前半の前方後円墳分布地域の東西両端であることが注目されるのである。

一方西端の平野、三豊《みとよ》平野をのぞく各平野周辺の山丘に前方後円墳の築造がはじまる。その立地から弥生時代の平野周辺勢力の成長した姿が知られるのである。またその数は前期では四国一で、丸亀平野では四隅、高松平野では東・西・南三カ所に前方後円墳群が形成される。これは県域諸勢力が四国の他地方に抜きんでて畿内王権と密接な関係をもっていたこと、各勢力は比較的小さかったことを示している。

ところがそれと矛盾するように県域の前方後円墳は地域色が顕著なのである。石清尾山積石塚（高松市）に代表される石積みの墳丘、県下広くみられる撥形《ばちがた》の前方部、刳抜式の石棺があげられる。前二者は弥生時代の遺制をつぐもので、後者は前期中ごろ

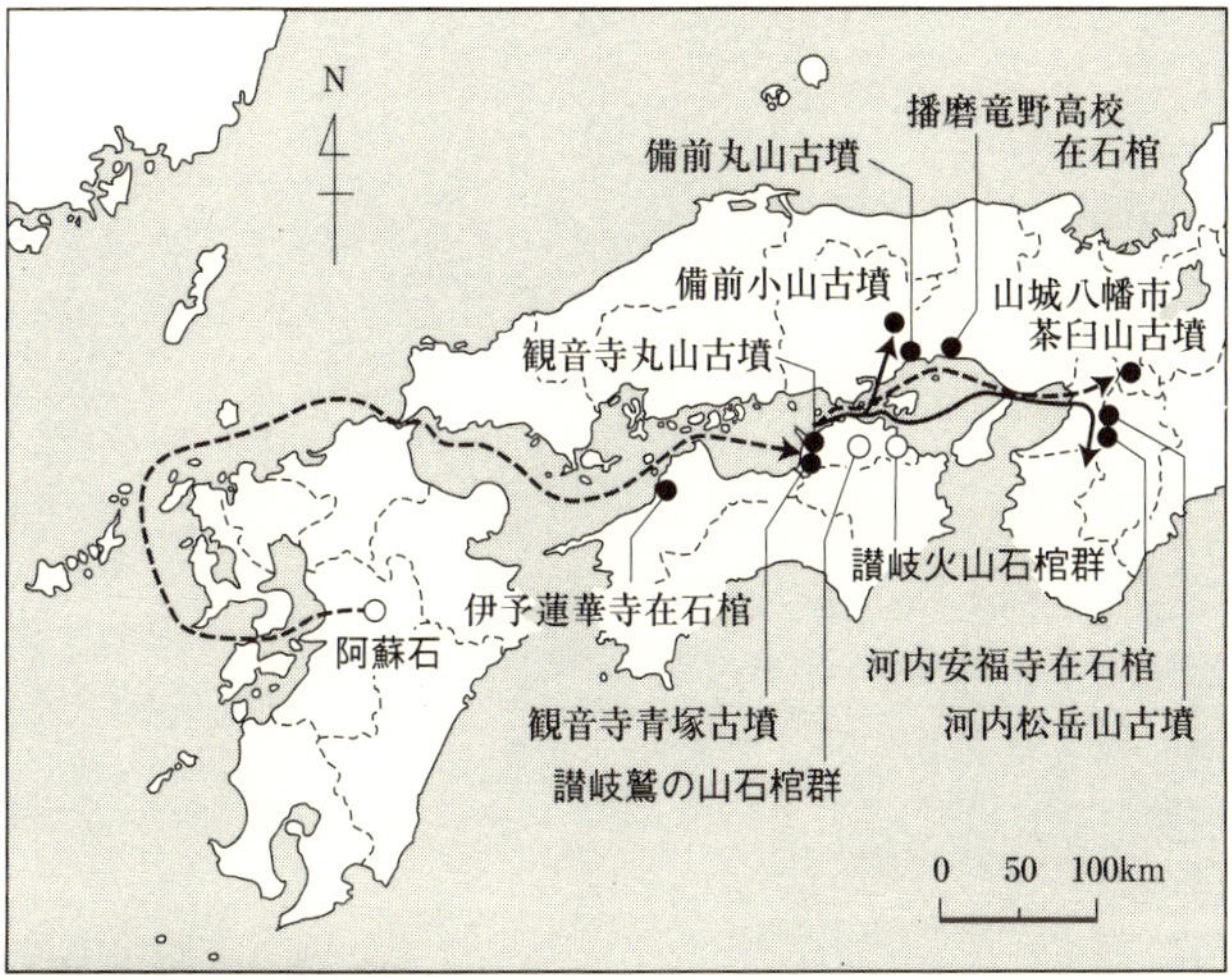

刳抜式石棺の分布

県下にはじまり熊本・福井・近畿などに採用された棺制の革新を導くものである。この新古二相の地域色は、連合にいち早く参画した県下勢力の先進性と古参としての保守性を示すものであろう。

最古の石棺は快天山古墳《かいてんやま》（丸亀市綾歌町）に求められる（渡部明夫「四国の刳抜式石棺」『古代文化』四二―五号）。その後中期前葉まで、三豊平野をのぞく各地の有力前方後円墳に採用される。石棺石材は、高松平野以西では鷲の山《わしやま》（高松市国分寺町）の角閃安山岩《かくせんあんざんがん》、津田湾古墳群では火山《ひやま》（さぬき市津田町）の凝灰岩《ぎょうかいがん》が用いられている。

県外に目を転じると安福寺《あんぷくじ》（大阪府柏原市）境内の刳抜式石棺、松岳山古墳《まつおかやま》（同市）の長持形《ながもちがた》石棺の側板に鷲の山の石が、鶴山丸山古墳《つるやままるやま》（岡山県備前市）の刳抜式石棺に火山石が知られるのである。石棺、もしくは石材は相当の重量をもつものであるから、その運搬は可能なかぎり水上交通によったことが想定される。柏原市が旧大阪湾（河内潟）にそそぎ込む旧大和川の大阪平野への出口に位置していることはこの交通が、瀬戸内航路によったことを示すものである。

鷲の山石の石棺（左は三谷石舟塚，右は石清尾山・石船塚出土）

しかし搬出先はなぜ柏原市の古墳であったのだろうか。畿内政権の瀬戸内海運策である。鉄を産する朝鮮半島への領土拡大（「高句麗好太王碑文《こうくりこうたいおうひぶん》」）、権益主張に関する中国朝廷との交渉（『宋書』倭国伝）、西日本の統合という政権の最重要政治課題の成否は瀬戸内航路の確保にかかっていた。柏原市の勢力は奈良盆地南部と河内潟を結ぶ旧大和川が大阪平野にでた地域を支配し、香川県中央沿岸部の諸勢力は中部瀬戸内海がもっとも狭くなった地域を支配している。奈良をターミナルにしたとき、二地域の勢力は瀬戸内海航路の要衝に位置しているのである。前期に奈良、中期には大阪にあった畿内政権中枢は、両者との結びつきを緊密にする必要があったし、両者はそれによって地位の向上をはかった。前期末、倭人による朝鮮半島の侵略と時を同じくして沿岸部前方後円墳がより海に接近する事態はこのような政治的関係を反映した示威《じい》行為であろう。石棺にみる両者の結び付きは、畿内政権のなかに航路経営のための広域の沿岸地域グループが組織されていたことを示すものである。

奪われる王権

前期末から中期の前葉にかけて、沿岸部も含めて前期以来各地に形成された前方後円墳群では、最大のものが築造され、一方未知の地域ではあらたに前方後円墳が出現する。前者に丸亀平野の磨臼山《すりうすやま》古墳（善通寺市）・田尾茶臼山《たおちゃうすやま》古墳（坂出市）・三谷石舟《みたにいしふね》古墳（高松市）・富田《とみた》茶臼山古墳（さぬき市大川町）・けぼ山古墳（さぬき市津田町）、後者に今岡《いまおか》古墳（高松市）・岩崎山《いわさきやま》四号墳（さぬき市津田町）が知られる。これは県外にも認められる一般的傾向で、要因に王の支配権の伸張があげられるが、県域では加えて瀬戸内海運策からくる畿内政権との「緊密な関係」、対する「地位の向上」が想定される。埴輪や、柄鏡《えかがみがた》形の墳形の普及、岩崎山四号墳の石室長軸が南北方向をとることなどは、地域色の喪失、畿内政権との「緊密な関係」

を示すものである。

しかし一方では、これら前方後円墳で埋葬施設の明らかなものはすべて刳抜式石棺をもっている。県下でつくりだされ、県外にも広まった。あらたな地域色の形成である。棺制の創出と普及は「地位の向上」と関連するものであるが、棺制の共有にはこれら前方後円墳の王による連合形成の動きが推察されるのである。ところが丸亀平野を貫流する土器《どき》川以東では、この後有力前方後円墳の築造は認められなくなる。最後の前方後円墳は富田茶臼山古墳であった。

富田茶臼山古墳は長尾平野東端に位置し、阿讃《あさん》山脈北麓の東西にのびる山裾に立地する。ゆるやかな傾

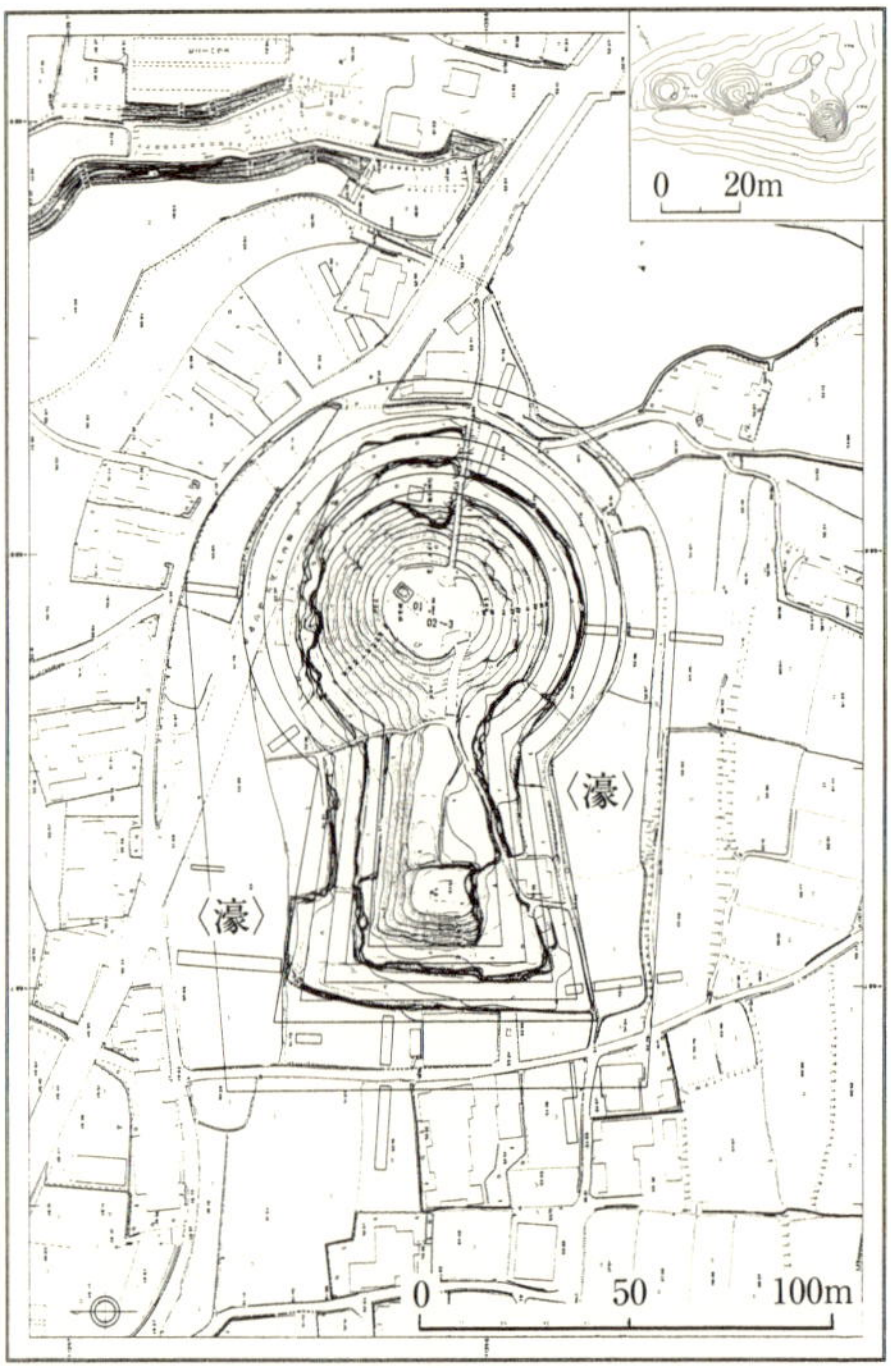

富田茶臼山古墳と大井七つ塚古墳(右上)の規模の比較(同縮尺,『富田茶臼山古墳発掘調査報告書』大川町教育委員会,1990年,『大井七つ塚古墳群発掘調査報告書』大川町教育委員会,1992年)

斜面を等高線に平行に掘削して周庭帯《しゅうていたい》、濠を設け、前方部を西、後円部を東に盛り土している。同期の県下ではほかに知られないが、中期古墳としての典型的構成・占地《せんち》である。平成元（一九八九）年の調査で墳丘規模・築造法・墳丘施設が明らかにされたが、墳丘主軸総長一三九メートルはあらためて当墳を四国最大に位置づけるものであった。

三段築成の墳丘に認められる明確な築造企画、周庭帯・墳丘一段目テラスの造成にはじまって、濠の掘削・墳丘プランの決定、墳丘の土盛りの築造手順は畿内の中期大型前方後円墳と一致するものとされる（國木健司「第五章　まとめ」『富田茶臼山古墳発掘調査報告書』大川町教育委員会）。さらに前方部西南コーナーの外で発見された三基の陪《ばい》塚《ちょう》は畿内政権中枢の王墓の墓制にすら準じている。

このように当墳は畿内色が顕著であるが、一方ではその長さが後円部の約半分であることなど、前方部の貧弱さが独自の特徴となっている。墳丘を囲む周濠は小さな前方部にあわせてか、前方部寄りがすぼまる珍しい盾形《たて》で、畿内においては主墳ではなく陪塚に認められる。埋葬施設は明らかでないが、後円部に竪穴式石室の伝承がある。なお後円部東部一段目テラスの外縁部で検出された円筒埴輪列は当墳が中期前半に属することを示している。埋葬施設を保留しての理解になるが、当墳は前期末から中期前葉の前方後円墳のもつ地方色と畿内色という相反する属性のうち、畿内色をさらに深くした古墳と位置づけられるのである。このことは、その位置が当地域における前期以来の伝統的前方後円墳群である奥古墳群から地勢的に独立していることと考えあわせ、当墳の主が畿内政権中枢から派遣されたとする見解も可能にしている。しかし断定できる証拠はない。埋葬施設の調査が待たれるのである。

前期から中期前半における前方後円墳の展開において当該地域はほかにかわる点はないから、現状ではとりわけ当墳に対し畿内政権の影響が強かったと考えるのが適当であろう。ではなぜそれが富田茶臼山古墳であるのか。古代の港津である津田に隣接する、県域東限の伝統的最大勢力であるなど、おもに畿内政権との地理的関係がいわれるが、県下に進展する連合中の位置こそ問題であろう。ともあれ畿内政権は強力な、四国一のクサビを県下の王の連合に打ち込んだ。それが丸亀平野以東で成功したことは明らかである。以後有力な前方後円墳の築造は知られないからである。王位の象徴たる前方後円墳の終焉は、王権の喪失を示している。新興勢力による王位の簒奪《さんだつ》ではない。王権は畿内政権によって剝奪《はくだつ》されたのである。

2 冑をみた日

武装する豪族●

中期後半にはいると三豊平野・善通寺以外では有力前方後円墳の築造は終焉する。しかし政治勢力が消滅したわけではない。あらたな古墳築造がはじめられたのである。しかしそれは中小の円墳であった。川上古墳（さぬき市昭和）は東部の典型である。さぬき市西南部、新川と鴨部《かべ》川に挟まれた阿讃《あさん》山脈北麓の丘陵先端、標高六〇メートルに位置する径二〇〜二二メートルの盛り土円墳である。墳頂中央部に長さ三・六五メートル、東小口幅一・三メートル、西小口幅一・一メートル、高さ〇・七四メートルの壁が上方に開き、天井石を欠く特異な竪穴式石室が設けられている。この上に甕《かめ》・脚付有蓋壺《きゃくつきゆうがいつぼ》・筒形器台《つつがたきだい》・𤭯《はそう》などの須恵器《すえき》、壺形土師器《はじき》が供献されている。石室内には遺体を囲むように剣・大刀・矛・槍・矢（鏃）・馬具（轡《くつわ》・鐙《あぶみ》）・短甲《たんこう》・冑《かぶと》などのおもに鉄製武器・武具が副葬されている。頭位は東である。隣接して中代《なかだい》一号墳、稲荷山《いなりやま》古墳の前期前方後円墳、前期から中期前半に位置づけされる大石《おおいし》神社古墳などの円墳がある。中期前半と考えられている大宮《おおみや》古墳などの前方後円墳は丘陵のさらに先にあって直接の関係は薄いが、このような古墳群の展開から川上古墳の被葬者が伝統的勢力に系譜をひくことは明らかである。

岡御堂《おかのみどう》一号墳（綾歌郡綾川町）は西部の典型である。綾《あや》川が阿讃山麓を縁どる洪積台地の先端、綾川が流路を一転北にむける滝宮《たきのみや》に位置する。径一三メートルの盛り土円墳である。墳丘中央部に長さ約二・五メートル、幅約〇・六メートルの特異な箱式石棺、もしくは竪穴式石室が設けられている。両小口は板《いた》石《いし》をたて、側辺は河原石《かわらいし》小口《こぐち》積みの上に板石をたてる。調査前の損壊が激しいが、石室棺内頭辺の須恵器、上半身の大刀、棺外東小口部の短甲・馬具（轡・絞具《しめぐ》・帯金具《おびかなぐ》）など、南辺部の矛・鏃の主として鉄製武器・武具が副葬品として認められる。頭位は東である。隣接して二、三号墳がある。一号墳に遅れて築造されているが、その内容から一号墳に従属するものであろう。当古墳群の前身は認められない。同地区には中期前半からの円墳群である津頭《つがしら》古墳群が分布するが、そのなかには岡御堂古墳群と同時期の津頭西古墳を主墳とする四基の古墳が含まれるからである。岡御堂古墳群には新興勢力が想定されるのである。もっとも津頭古墳群最古の東古墳と西古墳のあいだにも最短五〇年の隔たりがある。

中期後半以降築造された中小円墳群の代表的なものとしてほかに東部に大井《おおい》七つ塚（さぬき市大川町）、西部に末則《すえのり》古墳群（綾歌郡綾川町）、浦山《うらやま》古墳群（同町）がある。いずれも右記二墳を典型とする共通した内容をもつ。鉄製の武器・武具を主体とする副葬品、個性に富む石室である（丹羽佑一「讃岐中期円墳の研究〈前篇〉」『香川史学』一四号）。

しかしこれは県下諸勢力―豪族の連合を意味するものではない。五世紀代にみる畿内政権の圧倒的鉄器保有量は、県下中小豪族の鉄製武器・武具が畿内政権から入手されたことを物語る。反畿内的な「豪族の連合」と畿内製品による武装は矛盾するからである。副葬品の共通性、豪族の一斉の武装化は畿内政権の政策であった。王権なき県域中・東部には畿内政権の直接的支配が及び、中小豪族はその軍政下にはいった。石室の個別性はその分断統治策を示しているのである。

海の豪族●

島には前方後円墳はつくられなかった。海人《あま》に王はいなかった。
丸山《まるやま》古墳（高松市女木島《めぎじま》）は連接する鷲《わし》の峰《みね》、ツツコ山両山の鞍部《あんぶ》、標高約九〇メートルに位置する、径約一五メートルの盛り土円墳である。箱式石棺が一基発見されている。副葬品に垂飾付金環《たれかざりつききんかん》一対、鉄製大刀一点、基部のひねり返し（折り返し）が通常の逆である鉄鎌一点が知られる。工事中の発見で厳密な時期の決定は困難であるが、県下の古墳の展開から当墳は中期に位置づけられる。耳環《じかん》・鉄鎌は本墳が六世紀に降らなければ、朝鮮半島製であろう。

当墳は平野部の中期円墳と規模、埋葬施設では通じるものがあるが、副葬品は大きく異なる。この被葬者は軍務をしのばせる武装はしていない。その特色は朝鮮半島の製品である。軍人的性格は認められないことから、軍事ではなく大陸との交易を機会に入手されたことも推測されるのである。

またこのような製品が県下はもちろん列島全体においてもそれほど普及していないこと、丸山古墳に大きな勢力を認めることができないこと、以上を考慮すると、畿内政権の管理する交易に直接関与することによって得られたものと思われる。丸山古墳の副葬品は中部瀬戸内の海人勢力が海上交易に活躍したことを示すものであろう。

荒神島《こうじんじま》（香川郡直島町）の北部に三種の遺跡が知られる。祭祀・墳墓・製塩遺跡である。

祭祀遺跡は島の第二のピーク山麓の谷あいの巨石群、谷頭《たにがしら》、および山腹に認められる。古墳時代中期から奈良時代に属することが土師器・須恵器・小型手捏《てづくね》土器・石製模造品（有孔《ゆうこう》円板―鏡・勾玉《まがたま》・臼玉《うすたま》）、鉄剣・和同開珎《かいちん》の出土によって知られる。海上交通の安全を祈願した祭祀遺跡と考えられている。

墳墓は第二のピークから北北東にのびる尾根先端の箱式石棺、砂浜の東部、北に突出する岬の先端の方墳、方墳西隣の急崖の箱式石棺に知られる。方墳頂部に頭位を東にむけた箱式石棺一基が認められる。方墳には二重の石列が巡るが、墳形、箱式石棺を従属させることからも、沙弥島《しゃみじま》（坂出市）の千人塚《せんにんづか》に酷似している。円墳である丸山古墳には特別の意味をあたえて、この二墳が海人固有の墓制を示すものと理解すべきであろうか。

荒神島（上）と岬の墓（香川郡直島町）

製塩遺跡は砂浜に認められる。

このように荒神島の三種の遺跡は異なった立地をとる。製塩が砂浜で行われるのは当然である。しかし海上祭祀の位置が砂浜を奥にはいった山際でその上に山頂をいただくのは奇異な観がする。海にあって山を強く意識した立地なのである。大飛島《おおひしま》（岡山県笠岡市）・高島《たかしま》（岡山市）・たては東麓《とうろく》（坂出市櫃石島《ひついしじま》）・魚島《うおしま》（愛媛県）にあるほかの瀬戸内海の島の祭祀遺跡も同様である。祭神は山の神─島の神、もしくは天界の神であろう。天空からピークに降り立つ神を考えるのである。ところが櫃石島などでは別に大浦浜の砂浜での祭祀も知られる。それらは製塩にかかわる祭祀である。祭神は海を拠り所とするものであろう。

一方、墳墓は海を意識した立地である。大浦浜に砂州でつながる歩渡島《ぶとじま》は墓専用地であった。死者の行き着く先、すなわち祖霊の住む世界は海上遠くにあったのであろうか。地を人の領域とし、海の彼方は祖霊の領域、山頂、また天空は神々の領域とする水平、垂直の二重の世界観を荒神島の海人はもっていたのであろうか。あるいは二種の他界は海の彼方で結合し、人界を連鎖する一つの円環世界を想定すべきであろうか。

ところが奈良時代に属する大飛島・櫃石島・たては東麓の祭祀は国家によって執行されたこと、祭祀の開始期が県下における畿内政権の伸張期にあたっていること、さらに政権の瀬戸内海運策の展開を考慮すると、古墳時代の山際の祭祀に畿内政権が関与したことも考えられる。山上、天空の他界観と畿内政権との結び付きが主張されるのである。加えてこのように理解してはじめて山際の祭祀が航海の安全を祈願する海上祭祀として位置づけられるのである。

祈る豪族

後期後半に至ると横穴式石室をもつ円墳が普及する。古墳は通常群集するが、古墳群間に規模の差があるとともに、各古墳群内においても規模や副葬品に主従の関係が認められる。主墳が群の草分けになるのが一般的であるが、注目されるのは、有力古墳群やその主墳の分布と前期前方後円墳が重なることである。伝統的勢力は残存していた。畿内政権との関係の変化、すなわち王権の剥奪が地域における相対的位置の低下を招いたのである。これが中期円墳群の勃興、後期横穴式石室古墳の大衆化の主要因にあげられるのである。しかし善通寺、三豊地域には王は残った。善通寺では後期前半の前方後円墳・王墓古墳に認められるのである。善通寺・三豊地域では特別の政治状況が展開したのであるが、善通寺ではさらに葬儀慣習に独特のものが知られる。線刻壁画古墳である。

善通寺・宮《みや》が尾《お》古墳の石室は玄室《げんしつ》長三・六メートル、最大幅二・三五メートル、最高二・六メートルと県下では小規模に属するものである。当墳の特徴は天井石の架構法と線刻壁画に求められる。天井石は前後、中央計三石が中央を高く、前後を斜めに、つまり屋根形に積まれるのである。この架構法は県下では他に同地域の岡古墳群だけに認められるが、阿讃山脈を越えて吉野川中流域に出るとむしろ一般的なものになる。

線刻壁画は玄室奥壁に人物群像・騎馬人物像・船群など、玄室左側壁に二体の武人像が認められている。奥壁の壁画に他界観および旅路、武人像に死者を警護する随身を想定できるが、この壁画から石室での葬儀が他界への葬送儀礼であったことがわかる（丹羽佑一「冥界二題」『堅田直先生古希記念論文集』）。ところが壁画は家を主体とする岡古墳群と木の葉《このは》を主体とする坂出市の五色台《ごしきだい》西麓の古墳群に知られるだけで、

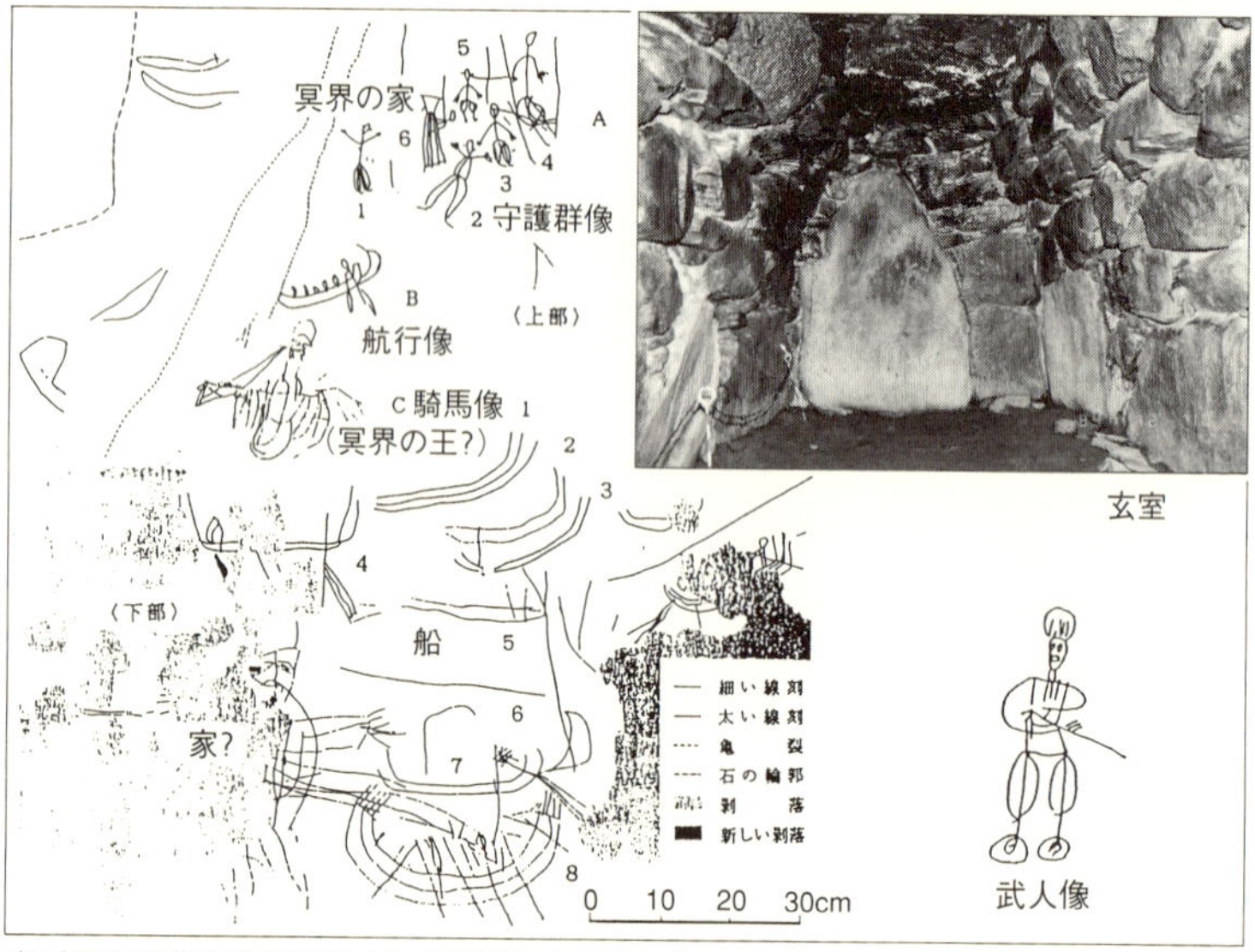

宮が尾古墳奥壁線刻画(左)と左側壁中央の武人線刻画　上は玄室。

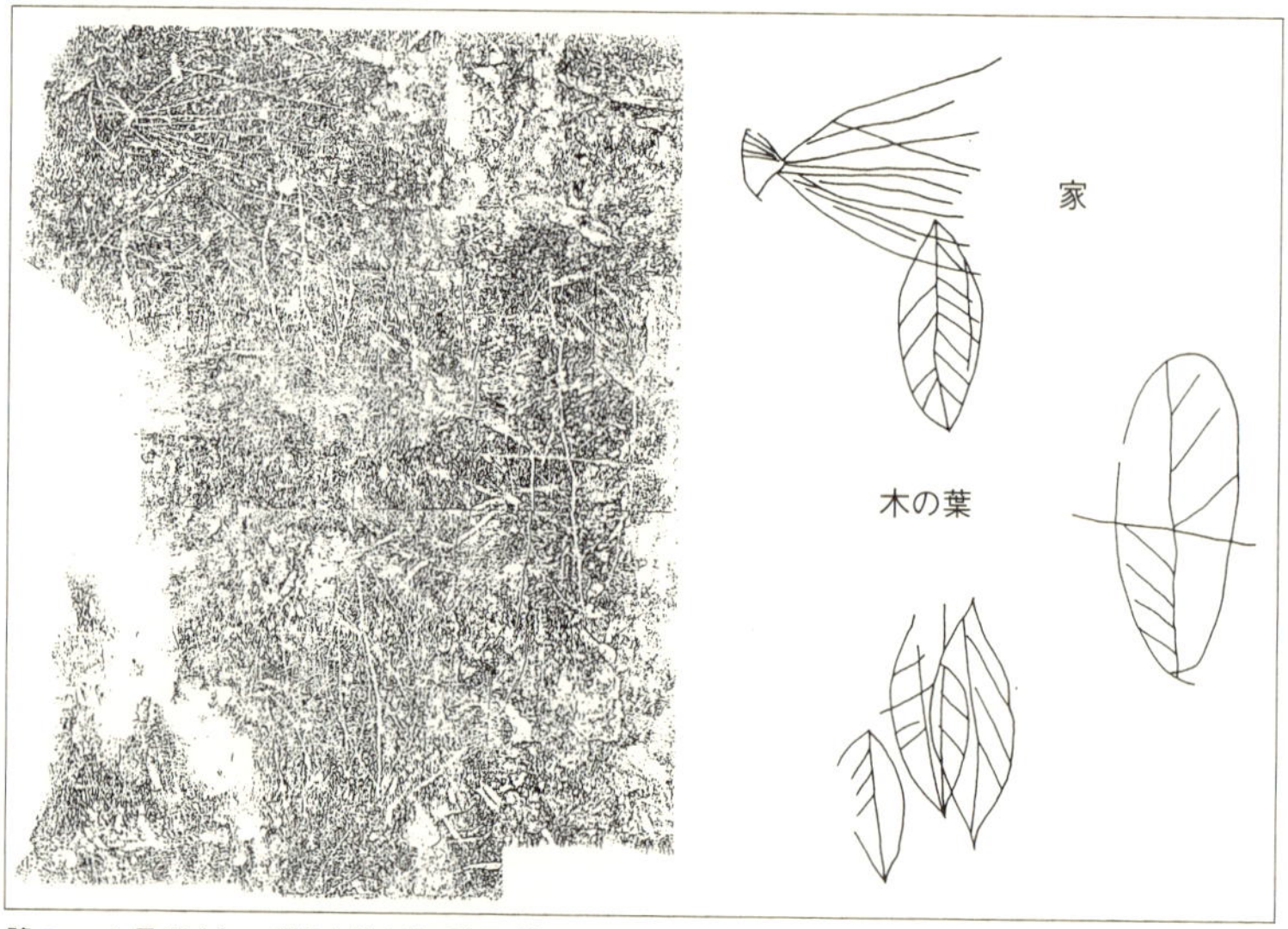

鷺の口1号墳(木の葉塚)線刻拓影図(左)と復元図(坂出市)

石室で通じる徳島県下の古墳にも認められない。これは築造集団と葬儀集団は別個で、各々にいくつかの系列があったことを示している。線刻壁画を行う葬儀集団は非常に特殊な宗派であったことが知られるのである。

しかし線刻壁画は、むしろ熊本県北半の横穴に顕著で、ほかに高井田《たかいだ》横穴群（大阪府柏原市）も著名である。これら三地域には壁画の主題に共通するところが多い。ところがこの三地域のつながりは、後期前

横穴式石室(坂出市綾織塚)

開法寺塔跡礎石(坂出市)　後方山腹に綾織塚。

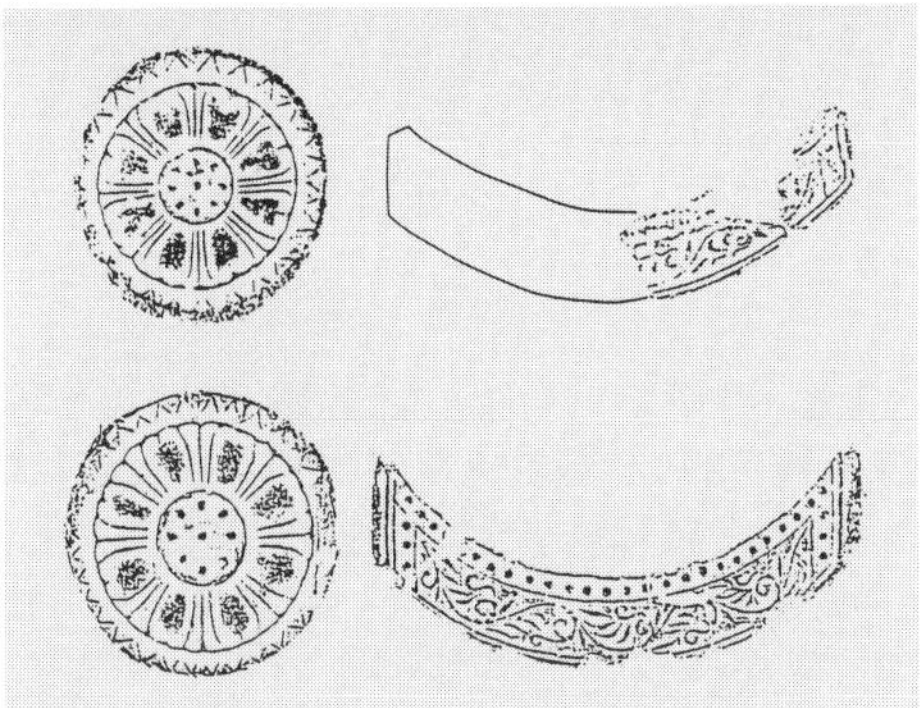

田辺廃寺(上, 田辺市)と開法寺跡出土軒瓦拓影(約10分の１。藤井直正「讃岐国古代寺院跡の研究」『古文化論叢』1983年)

半の王墓古墳の石屋形《いしやかた》が熊本県北部に分布の中心をもつ埋葬施設であること、前期後半からの熊本県下の刳抜式石棺の始まりに香川県の影響が認められること、柏原市の豪族に香川県鷲の山製の石棺が送られていることなど、古墳時代前期以来香川県下の豪族が仲介する形で認められるのである。県下豪族にあって王統を伝えた善通寺の豪族はその中心的役割を果たしたであろう。葬儀集団の宗派が豪族のつながりを基盤にしていたことが推測されるのである。

七世紀のなかば以降、各地の有力豪族は古墳の築造をやめ、寺院の建設に熱中する。県下の初期寺院数は四国一で、盛んな様がしのばれるが、その建設の実態は明らかではない。ただ寺院の軒瓦《のきがわら》に奈良を中心とした畿内の有力寺院、あるいは宮殿の瓦と同一文様をもつものがあり、その軒瓦の文様から寺院が川原寺《かわらでら》系、藤原宮系、法隆寺系、片岡廃寺《かたおかはいじ》系、田辺《たなべ》廃寺系などの数グループに分けられること（高松市歴史資料館編『讃岐の古瓦展』）、宗吉窯跡《むねよしかまあと》（三豊市三野町）で藤原京と同笵《はん》の軒瓦が出土していることから、少なくとも藤原宮系のグループの豪族は藤原京の建設に従事したことと、それから類推してほかのグループの豪族もその本山ともいえる畿内の寺院の建設に関与したことが考えられるのである。

仏教はそのようにして普及した。ところが田辺廃寺系のグループをみると開法寺《かいほうじ》跡・鴨《かも》廃寺（以上坂出市）、前善通寺《ぜん》で非常に少ない。坂出の寺は線刻壁画墳と同地区にあり、またその本山は大阪府柏原市の田辺廃寺である。このグループは壁画古墳のグループを継承しているのである。同一宗派の葬儀集団と同一寺院グループの結び付きは、あるいは仏教の普及に葬儀集団が関与したことを示すのではあるまいか。それに加えて墳墓から寺院建設へ、そのすみやかな移行は、各地豪族がまず仏教に求めたものが他界観であったことを示すものであろう。

3 律令体制下の讃岐国

郡郷と条里●

平安時代中期の承平年間(九三一~九三八)に編纂されたわが国初の百科辞典『倭名類聚抄《わみょうるいじゅうしょう》』(『和名抄』)には、讃岐国《さぬきのくに》の郡として東から大内《おおち》・寒川《さんがわ》・三木《みき》・山田・香川・阿野《あや》・鵜足《うたり》・那珂《なか》・多度《たど》・三野《みの》・刈田《かった》の一一郡が掲げられている。このうち、刈田郡については、平安時代末期成立の辞典『伊呂波字類抄《いろはじるいしょう》』などに国元では「豊田という」とみえる。

郡は郷《ごう》からなるが、『和名抄』によれば、讃岐国の場合、郡の郷数は大内郡の四を最小、香川郡の一二を最大として、国全体では九〇の郷があったという。もちろん、郷の数は固定的なものではない。大宝元(七〇一)年制定の大宝令には、五〇戸をもって一郷とするとの規定があり、古代的大家族からなる戸がふえればおのずから郷数もふえたのである。

『和名抄』が編纂される五〇年ほど前の仁和四(八八八)年五月、時の讃岐守菅原道真《すがわらのみちざね》は城山《きやま》において降雨を祈願したが、そのさいの祭文には「八十九郷、二十万口」とみえるから、この間に一郷の増加があったことがわかる(『菅家文草《かんけぶんそう》』)。また、元慶四(八八〇)年三月には、讃岐国の申請により那珂郡の郡司《ぐんじ》の増員が認められているが、そのさいの申請によれば、山田郡は一〇郷と五〇戸に満たない余戸《あまるべ》からなり課役《かやく》の対象となる人数(課口《かこう》)は一七六〇人、郡珂郡はあらたに一郷をたてて一〇郷があり、課口二〇八〇人であるという(『類聚三代格《さんだいきゃく》』)。『和名抄』の山田郡・那珂郡はいずれも一一郷からなっているから、

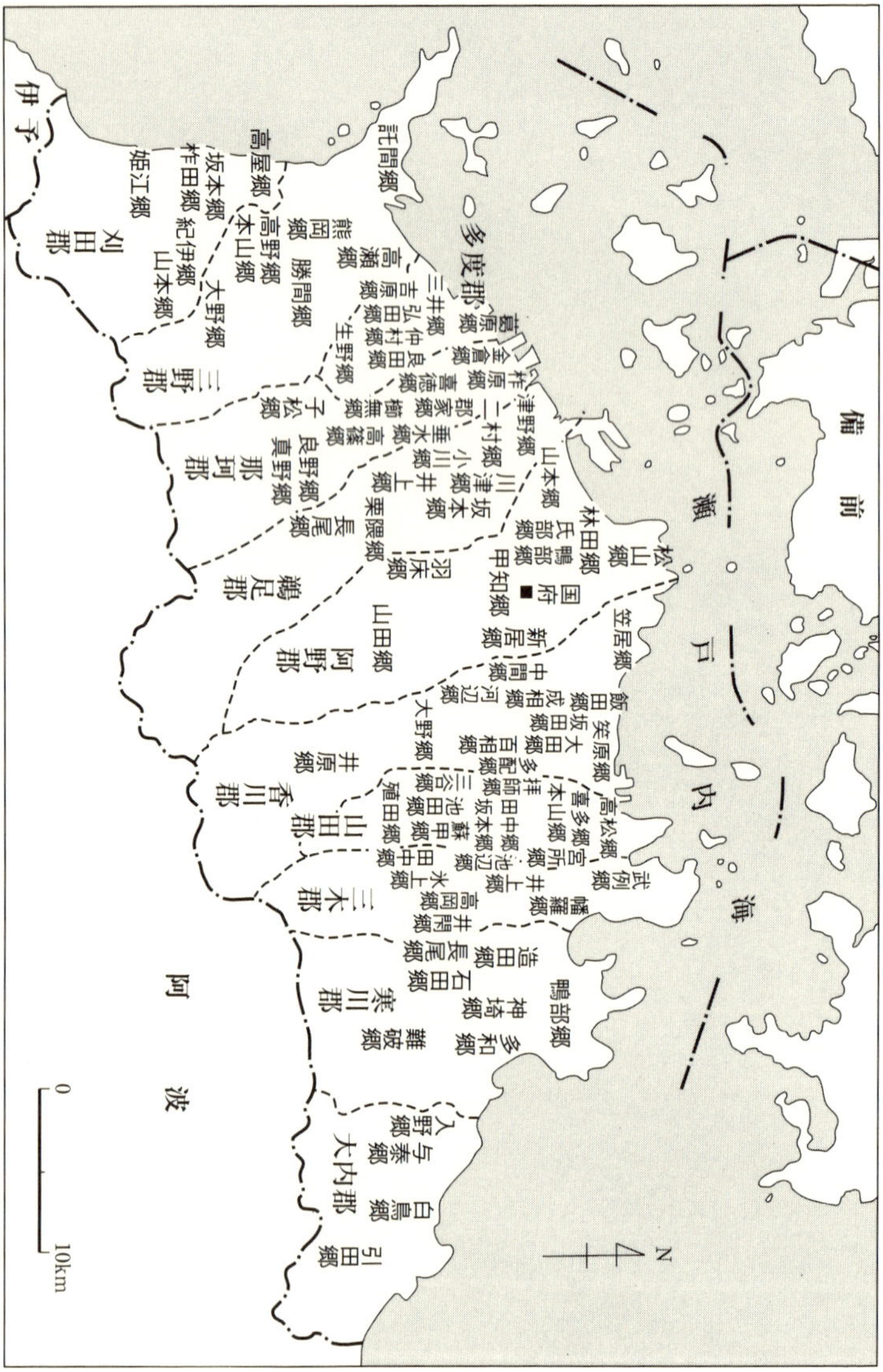
備前
瀬戸内海
伊予
阿波
刈田郡
多度郡
三野郡
那珂郡
鵜足郡
阿野郡
香川郡
山田郡
三木郡
寒川郡
大内郡
国府
0
10km
N
古代讃岐の郡郷図

五十数年間に山田郡では一郷、那珂郡では二郷の増加があったことになる。

郷は戸という家族集団の集まりであるから土地や地域にすぐおきかえることはできないが、だいたいの広がりの程度を知るためにいくつかの例をあげる。東端の郡である大内郡は引田・白鳥・入野・与泰（与田）の四郷からなっていた。引田は現在の引田町、白鳥は同じく白鳥町、入野・与田は大内町の大字丹生《にぶ》・与田にその名を残す。西端の刈田郡は、山本・紀伊・柞田《くにた》・坂本・高屋・姫江の六郷からなっていた。山本は現在の三豊市の大字山本、紀伊から高屋までの四郷は観音寺市の紀之郷《きのごう》町・柞田町・坂本町・高屋町、姫江は豊浜町の大字姫浜・中姫にそれぞれその名を残している。この両郡の例から知られるようにかつての郷名は市の町名や町の大字名として残っており、当時の人びとが生活範囲としていた地域をもとに郷は編成されたといえよう。

平安時代後期には郡郷の分割や新郷の成立をみるなど地方政治にも大きな変化がおこった。その意味で『和名抄』に掲げられた郡郷は律令制で定められた郡郷制の最終的な姿を示すものといえる。讃岐国の場合、『和名抄』にみえる郷名の多くはのちの時代まで継承され、中世的な所領単位である荘園《しょうえん》や郷・保《ほ》の名称となった。

令制の郷は戸から編成されるという原理からいって本来、「人」の支配のために設けられた制度である。これに対し、条里は「土地」の支配のために設けられた制度といえる。律令国家は人を郷を編成する戸で、土地を条里でそれぞれ把握し、この両者を組み合わせて班田《はんでん》を行い、租《そ》・調《ちょう》・庸《よう》などの税を徴収したのである。

条里は古代の土地区画方式である。ある基準線に基づいて地表に一辺一町（約一〇九メートル）の升目

（坪《つぼ》という）を縦横六個ずつ刻み、この三六の坪からなる矩形《くけい》を一つの里《り》とする。坪には一から三六までの番号をつけ、一の坪から六の坪へ進み方向を条《じょう》の方向とし、一からはじまる段《だん》から七からはじまる段へと移る方向を里《り》の方向として、里の呼称を○条○里のように定める。これが完成期の条里の呼び方である。

讃岐国の場合、山田郡にあった奈良の弘福寺《ぐふくじ》領や那珂郡の法隆寺領にかかわる文書の記載内容から、このような条里呼称法が完成するのは天平宝字四（七六〇）年前後と推定されている（『香川県史1　原始・古代』）。条里遺構は讃岐国の平野部全体に広く展開するが、とくに高松平野・丸亀平野・三豊平野に顕著にみうけられる。現在判明しているかぎりにおける讃岐国の条里の特徴はつぎのようである。

条里は郡ごとに施行されており、高松平野と丸亀平野においては、条は東の郡界線からはじまって西へ一条・二条と進み、里の東西方向の界線は南海道《なんかいどう》を基準として設定され南から北へ一里・二里と進む。これに対し、三豊平野では南海道が東北から南西にかけて通じているため、方向はかわるが、条が郡界線からはじまること、里の界線が南海道を基準としていることは両平野と同じである。

条里の基準線の一つとなっている南海道は古代の官道であり、紀伊から淡路島を経て阿波にはいり分岐して讃岐・伊予《いよ》・土佐《とさ》へと通じていた。この道は峠や独立峰など目印となる自然のランドマークを用いて真っすぐに引かれているため、条里の基準線として用いるのに都合がよかった。しかし自然の目印にしたがってつくられた道であるから当然傾きがあり、それが条里の傾きともなった。高松平野に顕著な北方向において東に一〇度ほどの傾きをもつ道路が生じたゆえんである。

条里は班田の都合上施行された土地区画であったが、班田制が廃れた平安時代中期以降もその呼称は用いられ続けた。その理由は、戸籍をつくらず、その土地を耕作しているものから土地の面積に応じた租税を徴収するというように人から土地へと支配の基準が変わったため、土地を特定する便宜からかつての条里呼称がそのまま用いられたのである。

讃岐の古代豪族●

律令国家は大化以前から地方に勢力をもっていた国造《くにのみやつこ》などの有力豪族《ごうぞく》を郡司《ぐんじ》などの地方官に登用し、その支配力を利用して地方支配を行った。讃岐の豪族で国造系の郡司としてあらわれるものに凡直《おおしのあたい》（讃岐公《さぬきのきみ》）氏・綾公《あやのきみ》氏・佐伯《さえき》直氏などがおり、一郡から数郡にわたって勢力をもった豪族としては桜井田部連《さくらいのたべのむらじ》氏・秦公《はたのきみ》氏・因支首《いなぎのおびと》（和気公《わけのきみ》）氏・丸部《わにべ》臣氏・刈田首《かったのおびと》氏などの存在が認められる。これらの有力な豪族のほかに、京で勢力をもった豪族の支流とみなされる物部借馬連《もののべのかるまのむらじ》氏、韓鉄師《からのかぬち》（坂本臣）氏・大伴首《おおとものおびと》氏・伴良田連《とものよしだむらじ》氏などの姓をもつ豪族たちがいた。

東讃の代表的な国造系豪族としては凡直氏があげられる。凡直氏については八世紀なかばに山田郡の郡司をつとめていたことが知られるが、後代の記録によればもともと寒川郡の郡司家であったという。延暦十（七九一）年に寒川郡人で、のちに大判事や刑部《ぎょうぶ》少輔となる凡直千継《ちつぐ》が改姓を申請したときの言上によれば、その先祖は星直《ほしのあたい》といい、敏達《びだつ》天皇のとき国造の業をつぎ所部の堺を管轄したので、その官職によって紗抜大押直《さぬきのおおしのあたい》の姓を賜ったという。ところが庚午年籍《こうごねんじゃく》の編成にさいし、大押の字を改めて凡直と記した。そのため、星直の子孫はあるものは讃岐直となり、またあるものは凡直となってしまった。そこで先祖の業にちなんで讃岐公の姓を賜りたいということで、千継たちの戸二一戸が讃岐公となることが認められた（『続日本紀』）。

讃岐公氏は明法博士《みょうぼうはかせ》（法律学者で法曹官僚）を輩出し、承和三（八三六）年には、大判事明法博士讃岐公永直《ながなお》、右少史《うしょうし》兼明法博士同姓永成《ながなり》ら讃岐公一族二八戸に公を改めて朝臣《あそん》の姓を賜い、山田郡人讃岐公全《また》雄《お》ら二戸とともに本居を改めて京に本籍をおかせている（『続日本後紀』）。この記事では、讃岐公の遠祖は景行天皇の第十王子神櫛王《かんぐしおう》とされている。永直は大宝律令の公式注釈書である『令義解《りょうのぎげ》』の編纂にたずさわるなど法律学者として著名な人物である。その子孫は和気朝臣《わけのあそん》の姓を賜っている（『日本三代実録』）。

凡直氏のなかには讃岐公に改姓せず本姓にとどまったものもいた。仁和元（八八五）年、京に移籍された大内郡の人右少史兼明法博士凡直春宗はその一人である。春宗は大学において永直から明法道《みょうぼうどう》を学んでいる。平安時代後期の十一世紀には凡氏は、国司の三等官である掾《じょう》や有識者的な意味をもつ府老《ふろう》をつとめており、現地の官人である国衙《こくが》の在庁官人となっていたことがわかる（「東寺百合文書《とうじひゃくごうもんじょ》」）。

佐伯直氏は、西讃を代表する国造系豪族である。佐伯直氏の先祖は、貞観三（八六一）年の佐伯直豊雄《さえきのあたいとよお》が直から宿禰《すくね》への改姓を申請したさいの言上によれば、日本武尊《やまとたけるのみこと》にしたがって東国の平定に功績のあった大伴連日連公《ひのむらじきみ》が讃岐国を賜り、その子孫で佐伯直氏の祖先倭胡連公《やまとえびすむらじきみ》が允恭天皇のとき初めて讃岐国造に任命されたという（『日本三代実録』）。豊雄の申請によれば、これに先んじて宿禰への改姓を認められた一族がおり、それに準じて増大僧正空海《くうかい》の父にあたる故田公《こたぎみ》の一族の改姓を求めたのである。

佐伯直氏は、宿禰への改姓を認められるとともに本籍を京に移された。豊雄の申請以前に改姓を認められていた一族には京官の玄蕃頭《げんばのかみ》の官にあるものがおり、豊雄も京に設けられた大学の書博士《しょはかせ》であり、佐伯直氏は以前から京で活躍していたことが知られる。この一族からは空海の跡をつぎ東寺の第一世長者となった実恵《じちえ》、高弟の一人道雄《どうゆう》、空海の弟真雅《しんが》など真言宗の高僧が輩出した。

十一世紀なかばのころ、佐伯氏は国衙の在庁官人となっており、国造に系譜を引く官職と推定される惣《そう》大国造《だいこくぞう》や大掾、府老などをつとめていた（「東寺百合文書」）。

中讃には綾公氏《あやのきみうじ》がいた。七六〇年代初めのころの讃岐国山田郡司牒案《ちょうあん》（「東寺百合文書」）に山田郡の大領として綾公人足《ひとたり》の名がみえるのがたしかな初見である。『日本霊異記《りょういき》』には香川郡の坂田里《さかたのり》に住む富裕者として登場し、また、延暦十（七九一）年には、阿野郡人の綾公菅麻呂《すがまろ》らが申請により朝臣の姓に戻されている（『続日本紀』）。綾公氏は山田郡から阿野郡にかけての中讃地域に族的な広がりをもつ豪族であるが、久安元（一一四五）年の善通《ぜんつう》・曼荼羅寺《まんだらじ》寺領注進状（「宮内庁書陵部所蔵文書」）には多度郡の郡司として綾貞方の名がみえる。

綾公氏の祖先は、『日本書紀』や「綾氏系図」によれば、日本武尊の皇子で土佐国の海に住む大魚を退治して讃岐に住み「讃留霊公《さるれきみ》」（讃留霊王）とよばれた武卵王《たけかいこおう》であるという。「綾氏系図」では、綾氏の後胤とされる讃岐藤原氏の本流は中世の綾南条《あやなんじょう》郡羽床郷《はゆかのごう》の郷司羽床氏とみなされており、また「三宝院文書」からは、羽床郷内に立てられた陶保《すえのほ》に讃留霊王にちなむ「猿王原《さるおうばら》」があったことがわかるので、綾公氏の発祥の地は羽床盆地とみてよい。同地の古墳群からの出土品には朝鮮半島とのかかわりがみられることから、綾公氏を同じ「あや」という読みをもつ渡来系の豪族である漢氏《あやうじ》と結び付けて考えることもできよう。

平安時代後期には、綾公氏は佐伯氏と同様に惣大国造、あるいは大掾として名がみえ、国衙の在庁官人となっていた（「東寺百合文書」「宮内庁書陵部所蔵文書」）。

渡来系の氏族として注目されるのは秦公氏である。山田郡では大領の綾公氏とともに郡司の一人として秦公大成《はたのきみおおなり》など三人がみえ、香川郡では元慶元（八七七）年、京に移籍された左少史秦公直宗《なおむね》、弾正少忠直本兄弟の存在が知られる（『日本三代実録』）。また「平城宮跡出土木簡」の一つに香川郡原里に本籍をもつ秦公□身がみえている。このほか、三木郡や多度郡において秦氏の存在が確認される。『続日本紀』によれば、神護景雲三（七六九）年、香川郡人の秦勝倉《はたのすぐりくら》下《した》ら五二人が秦原公の姓を賜っている。また、天平十七（七四四）年の智識優婆塞貢進文《うばそくこうしんぶん》（「正倉院文書」）の一つには「香河郡幡羅里戸主《こしゅ》従八位下秦人部長田《はたのひとべのおさだ》」とあり、香川郡の原は秦氏の集住する土地であった。

秦公氏は凡直氏と同様に明法道の学者をだした。前出の直本は『養老令』の注釈書である『令集解《りょうのしゅうげ》』の著者として著名である。元慶七年には兄で明法博士となっていた直宗や秦忌寸《はたのいみき》永宗《ながむね》ら秦氏一九人とともに惟宗の姓を賜った（『日本三代実録』）。

天台宗寺門派の開祖円珍《えんちん》をだした因支首《いなぎのおびと》氏は改姓して和気公氏を名乗った。『日本三代実録』の貞観八（八六六）年の記事と翌九年の讃岐国司解《こくしげ》（「北白川宮家所蔵文書」）によれば、那珂郡人の因支首道麻呂《みちまろ》など

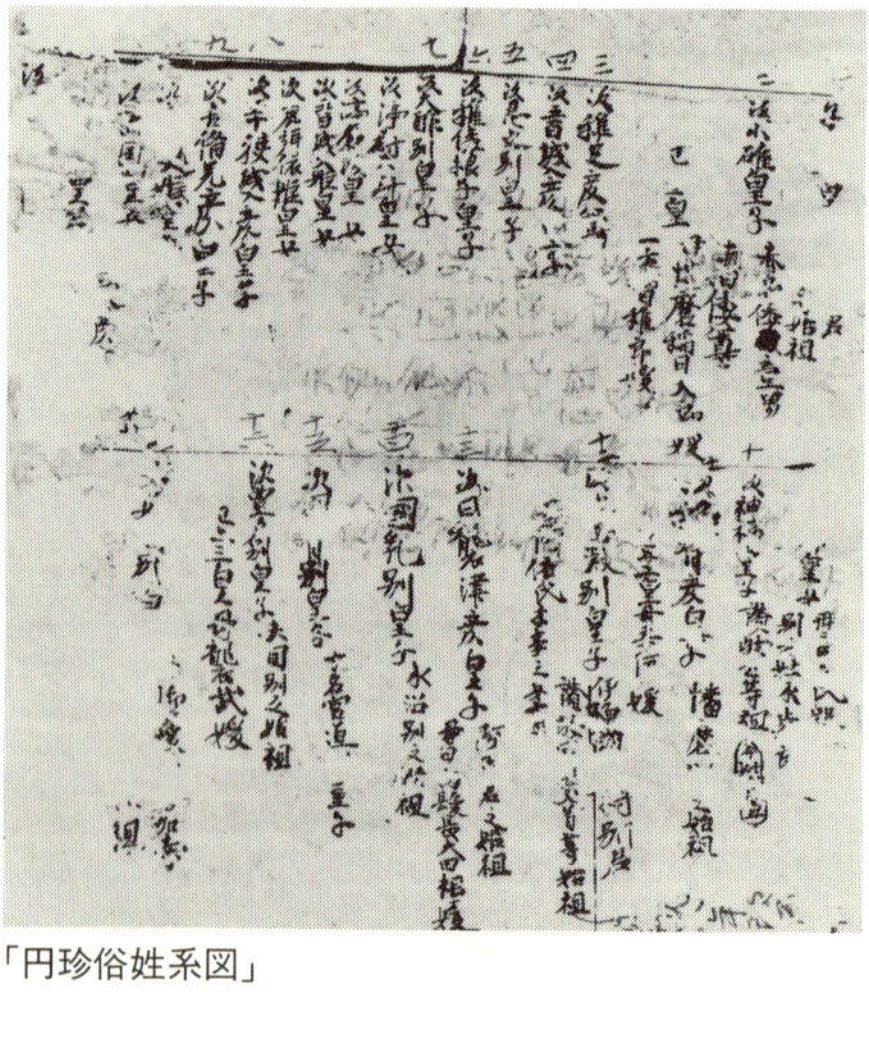

「円珍俗姓系図」

三戸と多度郡人の同姓国益《くにます》など三戸あわせて四三人が先祖の姓である別公にちなんで和気公の姓を賜っている。円珍の俗名広雄《ひろお》の名も道麻呂の長男宅成《やかなり》の子としてみえる。

円珍による書き込みがあることで有名な「和気氏系図」（『円珍俗姓系図』）によれば、讃岐の因支首氏の祖は景行天皇の皇子武国凝別皇子《たけくにこりわけのみこ》であり、皇子の子水別命《みずわけのみこと》は伊予に住んで御村別公《みむらわけのきみ》の始祖となり、その弟の子孫忍尾別公《おしおわけのきみ》が讃岐に移って因支氏の女性と結婚し、そのあいだに生まれた子どもたちが母方の姓を称したという。この「因支」とは大化前代の地方官の一つ稲置《いなぎ》にちなむものであろう。

丸部臣《わにべのおみ》、刈田首《かったのおびと》の両氏は、それぞれ三野郡と刈田《かったのおびと》郡を代表する豪族である。丸部は「わにべ」と読み、『香川県史1　原始・古代』が指摘するように、大和の豪族和邇氏の部曲《かきべ》を管掌する伴造であろう。嘉祥元（八四八）年のころ、丸部臣氏は三野郡の大領をつとめていた（『続日本後紀』）。貞観四年に刈田郡人の直講《じきこう》刈田首安雄《やすお》ら三人が京に本籍を移されている。直講は大学教官の職であり、安雄は儒学を専門とする明経道《みょうぎょうどう》の学者であった。同九年には安雄の申請により紀朝臣《きのあそん》の姓が賜われた。そのときの安雄の言葉によれば、刈田首氏は武内宿禰の子孫であるという（『日本三代実録』）。

空海と円珍●

平安時代の讃岐国からはのちに大師号を贈られた高僧が五人でている。弘法大師《こうぼうだいし》空海《くうかい》、道興《どうこう》大師実恵《じちえ》、法《ほっ》光《こう》大師真雅《しんが》、智証《ちしょう》大師円珍《えんちん》、理源《りげん》大師聖宝《しょうほう》である。空海は讃岐国の国造系豪族の一つ佐伯直氏の出身で、いうまでもなく唐から真言密教をもたらした人物である。実恵は空海と同族の佐伯氏の出身で帰朝後最初の弟子となり、その滅後は東寺の第一世長者となった。真雅は空海の実弟で兄より厚く信頼された人物である。その弟子が塩飽島のうまれとされる聖宝である。彼は醍醐寺《だいごじ》の建立者、東寺長者として名を残した。

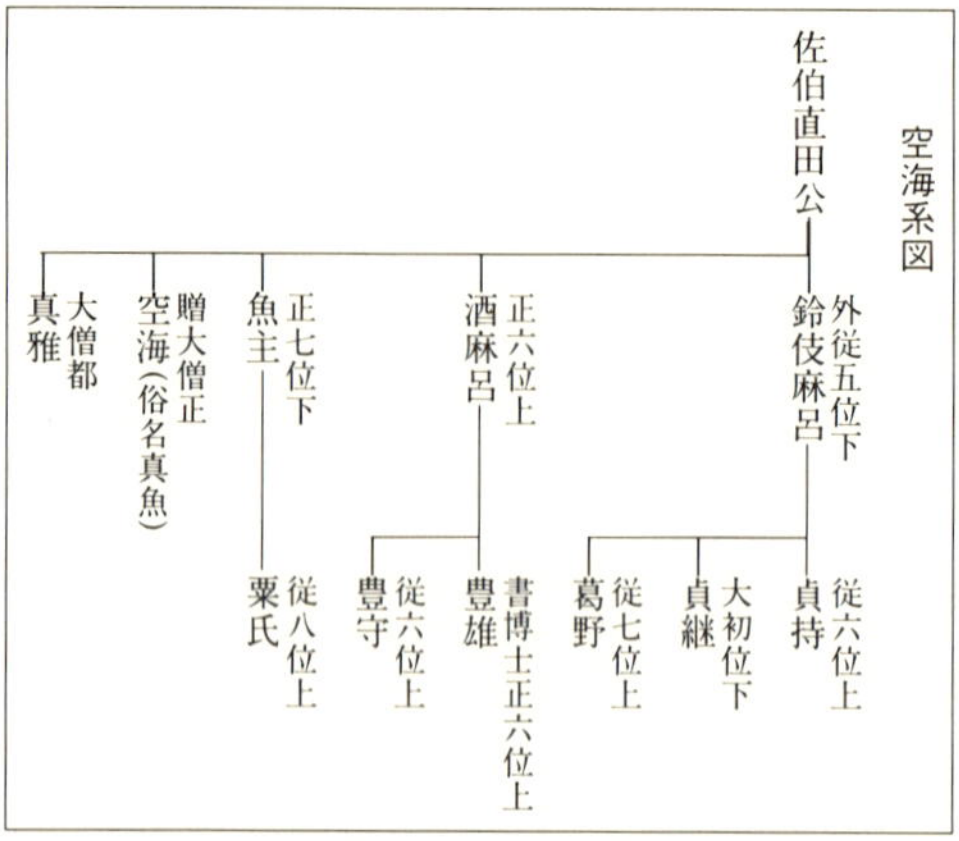

『日本三代実録』貞観3(861)年11月11日条より作成。

円珍もまた空海の姉妹を母とする縁者の一人であったが比《ひ》叡山《えいざん》に登り天台宗を学んだ。讃岐の五大師は空海本人とその縁者・弟子であり、天台・真言両宗を中心とする平安仏教の草創期に活躍した人びとであった。

空海は『続日本後紀』によれば、承和二（八三五）年に六三歳で入寂《にゅうじゃく》しているから逆算すれば、宝亀四（七七三）年の生まれとなる。その父は貞観三（八六一）年の佐伯直豊雄の改姓のための申請によれば、多度郡人佐伯直田公であった。また、母はのちに東寺執行をつとめた阿刀《あと》氏の女性と伝える（「阿刀文書」）。幼名を真魚《まお》という。鎌倉時代なかばにはその誕生地に善通寺誕生院が建立された（『南海流浪記』）。上京して大学に学んだが、出家・得度《とくど》し、延暦二十三（八〇四）年三一歳のときに遣唐使とともに留学僧として入唐した。長安青竜寺の恵果和尚《おしょう》より真言密を受法し、帰朝にさいしては数多くの密教の経典・仏像・仏具などをもたらした（「御請来目録」）。以後、京都・奈良で真言密教の流布につとめ、京都では東寺を密教の根本道場とし、修行の地、また終焉の地として紀伊国に高野山《こうやさん》を開いた。

善通寺とあわせて真言宗の三大霊地である。帰朝後の讃岐国との直接のかかわりとしては、弘仁十二（八二一）年の讃岐国司の要請による満濃池《まんのういけ》の修築が著名である。延喜二十一（九二一）年十月、醍醐天皇から弘法大師の諡号《しごう》をあたえられた。

円珍は延暦寺《えんりゃくじ》の第五世座主で園城寺《おんじょうじ》（三井寺《みいでら》）を本山とする天台宗寺門派の開祖である。讃岐の古代豪族の一つ和気氏の出身で自筆の「和気氏系図」（「円珍俗姓系図」）は国宝に指定されている。弘仁五年に那珂郡金倉郷、現在の善通寺市金蔵寺町《こんぞうじちょう》に生まれた。父は「北白川宮家所蔵文書」によれば、那珂郡人の因支首（改姓して和気公）道麻呂の長男宅成《やかなり》であった。母は『本朝高僧伝』などの伝記によれば佐伯氏で空海の姉妹である。幼名を広雄という。一五歳で比叡山に登った。仁寿元（八五一）年には入唐の途につき、唐商人の船に便乗して三年目にして到着した。唐に留まること六年、諸寺を巡って天台・真言などの仏教を学び、天安二（八五八）年大量の経論・章疏《しょうそ》をたずさえて帰朝した。以後、園城寺を拠点として布教につとめながら、著作に邁進し、実に九〇余編を残した。寛平二（八九〇）年に七八歳で没した。延長五（九二七）年十二月、醍醐天皇から智証大師と追諡された（『智証大師伝』）。

特産物の貢納●

延長五（九二七）年施行された『延喜式《えんぎしき》』によれば、讃岐国から都までは上りは一二日、下りは六日かけてよいとされている。これだけの日数をかけて種々の品物が都へ運ばれたわけである。『延喜式』に掲げられた品目のうちいかにも讃岐らしいもののいくつかをあげれば、年料の舂米や租舂米《つきまい》などの米、紙麻・斐紙麻《ひしお》などの紙、交易雑物の菅円座《すげえんざ》、調の綾・絹などの布類、瓶《かめ》や壺などの陶器類、塩などがある。

年料の舂米は、毎年一定量の米を都に近い国々や沿海部の国々より都へ貢納させて中央官人の食料にあてたものである。国衙に貯蓄された租からなる正税《しょうぜい》を出挙《すいこ》（貸し付け）運用して得られた利稲《りとう》の一部をあてる舂米と、各戸の租を精米した租舂米とがある。讃岐からは舂米を年間一四〇〇石、租舂米を同じく二〇〇〇石、都へ運上することになっていた。長岡京跡出土木簡のなかには讃岐国からの舂米貢進のさいの荷札が含まれており、具体的な内容を知ることができる。一例をあげれば、「讃岐国香川郡大乃道守在《おおのみちもりのあり》麻呂《まろ》白米五斗」のように記されている。このように荷札の多くは一枚が白米五斗となっており、五斗を一俵として輸送したのであろう。

交易雑物は、国衙正税の利稲を用いて交易（購入）したその国の特産物を都へ進上するものである。讃岐の交易雑物としては、白絹、鹿皮、苫《とま》、菅円座《すげえんざ》、塩、金漆《きんうるし》、醤大豆《ひしおだいず》、大豆などがみえる。これらの特産品のうち後代まで著名なものに円座と塩がある。

円座は菅や藁《わら》を編んでつくった丸い敷物で、朝廷や貴族の邸宅での儀式や寺社の行事にさいし床において用いる。『吉《きち》続記《ぞくき》』の文永八（一二七一）年正月の記事に宮中での御鞠《おまり》

宗吉瓦窯跡出土複弁八葉蓮華文軒丸瓦

初《はじめ》にさいし「円座は讃岐国よりこれを進む」とみえ、中世まで讃岐国の特産品として生産が続けられた。塩については、調の中にもみえ、「阿野郡、熬塩《いりしお》を諭す」と注記されており、阿野郡において煎熬《せんごう》した塩がつくられていたことがわかる。このほか、平城宮出土木簡中に小豆島および那珂郡の調塩の荷札と推定されるものがある。

調としての陶器生産に関してもっとも注目すべきことは瓦《かわら》の生産であろう。三野町吉津《よしづ》の宗吉《むねよし》瓦窯跡（国指定史跡）から出土した複弁八葉軒丸瓦《ふくべんはちようのきまるがわら》は七世紀末に造営された藤原京跡出土のそれと寸法・文様がまったく同じで同じ笵型《はんけい》を用いてつくられている（三野町教育委員会編『宗吉瓦窯跡』）。また、時代は下がるが、現在の綾川町陶西村《すえにしむら》遺跡の窯跡から出土した同じく複弁八葉軒丸瓦は、応徳三（一〇八六）年に讃岐守高階泰仲《たかしなのやすなか》により造営された白河上皇の御所鳥羽南殿の跡地から出土したそれと同笵関係にある（香川県教育委員会編『西村遺跡』）。奈良・平安の都に近く、瀬戸内海と淀川水系の水上交通で結ばれていた讃岐国からは思いがけないものが運上されていたのである。

4　王朝国家と讃岐国

律令国家から王朝国家へ

律令国家は戸籍で老若男女一人一人を把握し、性別・年齢に応じて田を班給し、成人男性から租《そ》・調《ちょう》・庸《よう》を徴収するというように人の支配を通じて国家を維持する個別人身支配を基本方式としていた。また、律令国家は郡司の任命を朝廷が行っていたことに象徴されるように、諸国の国内の末端まで中央政府が直接支配するという中央集権支配をたてまえとしていた。十世紀初頭の延喜年間（九〇一〜九二三）に至り、政府はそれまでどうにか維持してきた個別人身支配をついに放棄し、土地を通じての支配に転換した。また、諸国の支配についても国司に国内の支配を任せることにして中央が直接に支配することをやめた。このようにしてできあがった新しい国家をそれまでの律令国家と区別して王朝国家とよぶ。

王朝国家は、摂関政治の終末期にあたる十一世紀の四十年代を境として前期王朝国家と後期王朝国家とに区分するのが一般的である。この時期についての代表的な研究者である坂本賞三氏の見解を平易にまとめた『藤原頼通の時代』によれば、前期王朝国家の支配のポイントはつぎの二つに要約される。その一は地税中心のあらたな税制体系が採用され、税は官物と臨時雑役とにまとめられたこと、その二は国ごとに中央への貢納物の額を固定し、その納入を国司（守《かみ》）に請け負わせるかわりに国内の支配を一任することである。このような地方支配体制のもとでは、国司は中央政府に対して一定額の貢納物をおさめる義務しかないので、任国においてほしいままに収奪することが可能であった。この時期、任国を請け負う守（受《ず》領《りょう》）が莫大な富を蓄積できたのはこのような構造に基づくのである。

諸国の郡司《ぐんじ》・百姓らはこのような国司に対し強く反発し、その非法を朝廷に訴えでる一方で、彼らが開墾や買得などにより集積した私領に手をだせないように中央の貴族や大寺社に寄進して荘園としてしまうという動きをみせた。国司の苛政《かせい》がやまないかぎり税収の基本である公田の荒廃と減少とは必至であった。税収の激減は歴代の国司たちのほしいままな徴税の結果であり、彼らはみずからの首を絞めることになったのである。

讃岐国では、長暦四（一〇四〇）年、郡司・百姓らがときの国司を朝廷に訴えている。当時、蔵人頭《くろうどのとう》をつとめていた藤原資房《すけふさ》の日記『春記《しゅんき》』によれば、その罪状は、官物に高い税率を適用したこと、晩稲《おくて》に官物をかけたこと、土産《どさん》(特産物)でないものを責め徴したことなどである。結果は不明であるが、この争いは太政官《だいじょうかん》において裁かれている。また、摂政《せっしょう》として著名な藤原道長《みちなが》の日記『御堂関白記《みどうかんぱくき》』の寛弘元(一〇〇四)年三月四日条によれば、この日、讃岐守の源高雅《たかまさ》のもとから西寺の僧房の造営にあてるための費用として米一二〇〇石が献上されており、国司の裕福さをよく示している。

国家をささえる諸国の国内支配の破綻《はたん》に瀕した政府は十一世紀の四十年代にはいって国家の支配体制を再度転換した。それを象徴するのが寛徳元(一〇四四)年の荘園整理令である。これ以前の荘園にかかわる争いはその荘園が存在する国の国衙《こくが》で審理が行われていたが、寛徳令《かんとくれい》以降は、すべて太政官が担当し国衙が審理を行うことはなくなった。この結果、国司は荘園の存立をめぐって貴族や大寺社から圧迫をうけることはなくなったが、同時に勝手に荘園をたてることも禁じられたのである。

一方、政府は国司の収奪のはなはだしかった官物について、国ごとの税率を定めた。これを公田官物率《りつ》法《ぼう》という。この法により公田にかけられる官物の税率は国ごとに定められ、以前のようにほしいだけ収奪することはできなくなった。また、税制体系も租の系統を引く官物と調・庸そのほかの系統を引く雑公事《ぞうくじ》(公事)の二本立てに整理され単純なものとなった。さらに徴税の単位についても見直しを行い、別納というあらたな仕組みを作り出した。

十一世紀の第二四半期には、全国的な郡郷制の改変が行われ、従来の郡と郷との上下関係にこだわらず郡司と郷司の職務を同質化した。その結果、郡・郷司は、国司が官物などを中央に請け負っているのと同様に、郡・郷のそれを国に請け負う存在となった。地方支配は中央の直接統治から、国司への大幅な権限

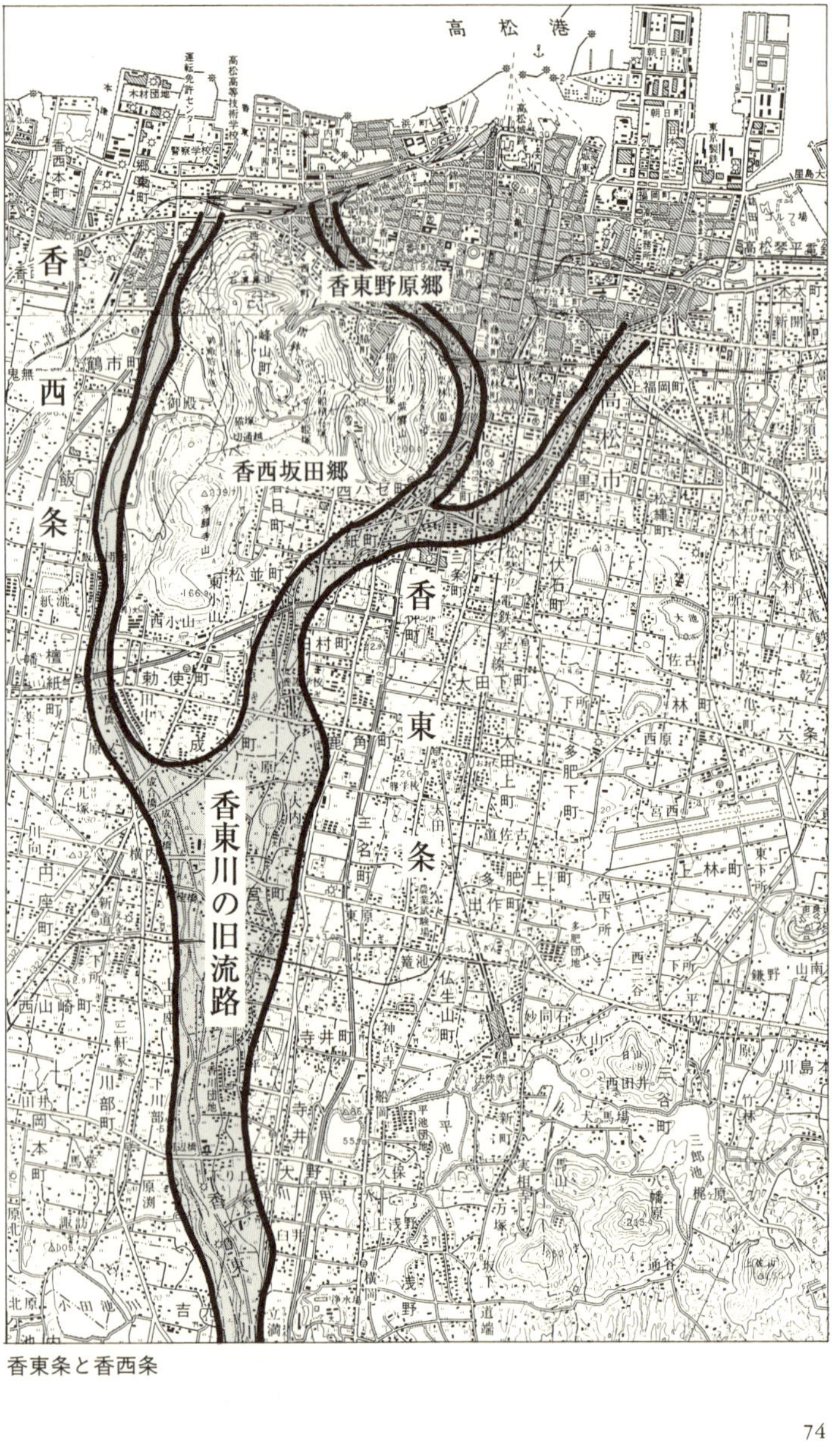

香東条と香西条

委任、さらに郡・郷司による請負方式へと変化したのである。

国司は、郡司や郷司の管轄範囲の人口や面積に応じて郡や郷の分割、あらたな郡・郷の成立を認めた。さらに公領中にたてられた保《ほ》や大規模な名《みょう》もこれらのあらたな郡・郷と同質化した。これらのあらたな単位は多くが郡を介在することなく国衙と直結し、納税の単位となった。これら別納の郷・保・名を単位として寄進・立荘がなされ、荘園がたてられることになる。

讃岐国においては、香川郡と阿野郡において郡の分割がおこった。康治二（一一四三）年の「安楽寿院古文書」にみえる野原荘の境界によれば、同荘は「香東条」にあり、荘域は「香東野原郷」と「香西坂田郷」とにまたがっていた。これ以前に香川郡は香東条と香西条とに二分されていたのである。同様に阿野郡は綾北条と綾南条とに分割された。石清尾《いわせお》八幡宮旧蔵の経箱の箱書や写経奥書によれば、ほぼ南北朝期に香東条から香東郡への呼称の変化がおこっている。両郡の境界は、寛永年間（一六二四～四四）にせき止められた香東川の東側の流路である。また阿野郡を二分する境界となったのは郡内を東西に横断する南海道である。香東・香西両条と同様に室町期には綾北条郡、同南条郡のように郡名でよばれるに至った。

全国的にみた場合、郡・郷の分割や新郡・新郷の成立は一国内の最先進地域である国府周辺において顕著であり、讃岐国の場合も国府の所在地である阿野郡とその隣郡の香川郡において郡の分割がおこっており全国的な傾向と一致する。

院政時代の讃岐国●

幼い天皇にかわって母方の祖父や叔父が摂政《せっしょう》として実際の政治を摂り、その成人後は関白《かんぱく》として政務を補佐するというわゆる摂関《せっかん》政治は、天皇の母方の男性親族が後見人をつとめるという点においてミウチ政治であった。それを維持する要因は天皇と天皇の生母の実家である摂関家との外戚《がいせき》関係にある。そのため、摂関家以外の女性から生まれた皇子が即位すれば、摂関は後見人としての存在意義を失い、摂関政治は形骸《けいがい》化することになる。治暦四（一〇六八）年四月、後冷泉《ごれいぜい》天皇が子どものいないまま没すると、皇族の女性を母とする後三条天皇が即位した。こののち、摂関家の女性を母とする天皇は承久《じょうきゅう》の乱により廃位された仲恭《ちゅうきょう》天皇はさておき、貞永元（一二三二）年即位の四条天皇まで実に一六四年のあいだでなかったのである。

後三条天皇は、即位の翌年には延久《えんきゅう》の荘園整理令を発し、寛徳令以降にたてられた荘園や、証拠書類不備の荘園を停止し、さらに所属が明らかでない土地についての審査を行った。もともと最大の荘園領主である摂関家の当主が国政の責任者として荘園の整理を実効的に行うことには無理があったのであり、ここに至ってようやく効果があがった。天皇は矢継ぎばやに国政の改革を行ったが、在位六年目で病没した。皇位を継承した白河天皇は父後三条の意志をつぎ荘園の整理と国政の立て直しにつとめた。

白河は応徳三（一〇八六）には皇位を皇子堀河《ほりかわ》にゆずり太上《だいじょう》天皇（上皇《じょうこう》）となったが、引続き院庁《いんのちょう》において政務をとった。院政《いんせい》の開始である。院政は摂関政治と同様にミウチ政治であり、その違いは天皇の母方の親族が政治の実権を握るか、それとも父方の親族が握るかだけである。白河上皇は堀河・鳥羽《とば》の二代の天皇の父あるいは祖父として四三年の長きにわたって政治をとった。このように国政の実権をもち院政を行う上皇や法皇を「治天《ちてん》の君」という。白河の跡は鳥羽がつぎ、崇徳《すとく》・近衛《このえ》・後白河の三代の二七年間院政を行った。白河・鳥羽の両院政を経て後白河院政に至り、院政は貴族政治の形態として定着した。

白河院政期において院政をささえた勢力は諸国の受領たちであった。彼らは荘園整理令をてことして公領の回復を進め、中央への貢納物を確保する一方で私富の形成につとめた。そのようにして蓄えた財力をもって上皇に接近し、院の御所や上皇・天皇・女院《にょいん》のための御願寺の造営を引きうけ、その功績により官職や位階を賜った。また上皇が守を推薦できる院分国《いんのぶんこく》の受領をつとめた。彼らのなかからは院に私的に臣従する院司《いんし》があらわれ、「院の近臣」とよばれる新興貴族が生じた。ついで鳥羽院政期には荘園整理令は凍結され、院みずからが大荘園領主となる道を歩んだ。

白河・鳥羽院政期の讃岐国はしばしば院分国に指定され、院の近臣たちが受領をつとめた。近臣のなかには讃岐国の知行を認められ、国務をとる知行国主となるものもいた。院分国や公卿の知行国とされる国は大国が多かったが、讃岐国の場合、都に近いことが利点とされたのであろう。

白河院政期の永久年間（一一一三〜一八）のころは、藤原顕隆《あきたか》が讃岐国を知行していた。顕隆は一六歳のとき以来四〇余年にわたって白河院に近侍し、「夜の関白」とよばれるほどの権勢をもった人物である（『今鏡《いまかがみ》』）。永久元年夏、讃岐国で旱魃《かんばつ》がおこったさいには、守となっていた息子の顕能《あきよし》のかわりに醍醐寺《だいごじ》において水天供《すいてんぐ》を行っている（『醍醐寺聖教目録』）。同四年に讃岐国の目代《もくだい》や検非違所《けびいしょ》の官人らが興福寺と争ったさいに顕能は守を停任されているが、顕隆は寺側から実質的な守として責任を追及されている。

鳥羽院政期にはいって間もない大治四（一一二九）年十二月には藤原家成《いえなり》が守に任命された。家成は鳥羽皇后美福門院《びふくもんいん》の一族で、鳥羽が院政を開始した直後の八月に「天下の事、挙げて一向に家成に帰す」と称されている（『長秋記《ちょうしゅうき》』）。ついで保延四（一一三八）年十二月には彼の息子経隆《つねたか》が一三歳で守となった。経隆は讃岐守を二期つとめたあと越後守へ遷任しその弟で元越後守の成親《なりちか》がかわって守となった。同じ国の守は二期しかつとめられないため兄弟間で任国を交替したのである。実は、この間、讃岐国の国務をとっていたのは権中納言《ごんのちゅうなごん》の家成《いえなり》であった（「東寺《とうじ》文書」）。讃岐国の代表的な武士団である讃岐藤原氏がこの家成を祖先と称していることは、彼と讃岐国とのつながりをよく物語っていよう。

讃岐藤原氏は、『群書類従《ぐんしょるいじゅう》』におさめられた「綾氏系図」によれば、讃岐国の代表的な古代豪族綾氏の女性と家成とのあいだに生まれた男子章隆を初代とする。野中寛文氏の「讃岐武士団の成立―『綾氏系図』をめぐって―」（『四国中世史研究』創刊号）にまとめられた綾氏関係の史料からは、院政期の綾氏が讃岐国の在庁官人をつとめる一方で佐伯《さえき》、藤井などの氏人とともに内裏《だいり》での相撲節会《すもうせちえ》に参加していたことが知られる。なかでも天永二（一一一一）年の相撲節会に出場した綾貞久が五年後の永久四年には、讃岐国の検非違所の官人としてあらわれることは注目に値する。綾氏は国衙在庁として守や知行国主となった中央貴族と結びついていたのである。讃岐藤原氏の祖先にまつわる所伝もこのような関係から生じたものであろう。

讃岐国は、後白河院政期の嘉応二（一一七〇）年、高倉天皇の母建春門院《けんしゅんもんいん》の分国とされて以降、後白河院政のもとで平氏とのかかわりが深まっていく。院政期の讃岐国は院分国や院司の知行国として院政をささえる経済的・政治的な基盤の一つとなっていたのである。

5　荘園の成立

封戸と初期荘園●

封戸《ふこ》とは古代の封禄制度である食封《じきふ》に指定された戸のことで、封戸を賜った皇族や貴族、寺社などを封主《ふしゅ》という。令の規定では、封戸には課戸《かこ》をあて、その戸からおさめられる租の半分、のちには全部と調《ちょう》・庸《よう》のすべてを封主に支給することになっていた。そのような封戸物の送付は封戸が設置されている国の国司の責任のもとに行われた。そのため、律令体制が動揺するとともに封戸も実態を失った。

讃岐国におかれた封戸については、『新抄格勅符抄《しんしょうきゃくちょくふしょう》』の記事がくわしい。それによれば、讃岐国には、奈良仏教が隆盛をきわめた聖武《しょうむ》天皇から孝謙天皇にかけてのいわゆる天平年間（七二九〜七四八）に薬師寺へ二〇〇戸、山階寺《やましなでら》（のちの興福寺）へ一〇〇戸、東大寺へ一五〇戸、橘寺《たちばなでら》へ五〇戸がそれぞれ施入されている。続く光仁天皇のときにも唐招提寺《とうしょうだいじ》・妙見寺《みょうけんじ》へそれぞれ五〇戸が施入された。あわせて六〇〇戸となり、五〇戸をもって一郷を編成するという令の規定にしたがえば一二郷にあたる。封戸の設置は基本的には郷を単位として行われたのである。

ここに示した奈良の諸大寺の封戸のうち詳細が知られるのは東大寺のそれである。天平勝宝四（七五二）年、東大寺へ一〇〇〇戸が施入されたさいの「正倉院文書」には、山田郡宮処《みやところ》郷、香川郡中間《なかつま》郷、鵜足《うたり》郡川津《かわつ》郷の三郷の戸をあわせて一五〇戸が東大寺の封戸とされたことがみえている。これらの封戸からは、寛平年間（八八九〜八九八）において毎年、調の絹一二〇疋《ひき》余、庸の米一三〇石余、租の白米一三七石余、中男《ちゅうなん》作物の油三斗余、すべてを銭に換算して二九一貫余が東大寺へおさめられていた。讃岐国からの封戸物の納入は十一世紀まで維持されていたが、十二世紀なかばには途絶えた（「東大寺文書」）。

この時期、徴税の請負人と化していた国司は、みずから封戸物を納入するかわりにそれに相当する土地を保や庄として国内に確保し封主に自力で経営させる便補《べんぽ》という方法をとった。便補とは便宜的に補塡するとの意味である。讃岐国におかれた東大寺の封戸は保に切り替えられ、仁安二（一一六七）年に三木《みき》郡に原保が、翌三年には那珂郡に金倉保があいついでたてられた。原保は領主の尼浄覚《じょうかく》の寄進によるものである（「東大寺文書」）。

八世紀から九世紀にかけてのころ、中央の貴族や寺社が開墾や墾田《こんでん》の買得により形成した私有地を初期荘園という。墾田私有令に基づく大土地所有である。初期荘園の多くは地方に立てられたため、その開発や経営には国司や地方豪族の協力が必須であった。律令体制がゆるむと多くが荒廃し、消滅した。

讃岐国にあった初期荘園としては、飛鳥《あすか》の弘福《ぐふく》寺（川原寺《かわらでら》）、奈良の法隆寺・西大寺《さいだいじ》のものがある。

弘福寺の荘園については、和銅二（七〇九）年の「正倉院文書」に初めてみえ、山田郡にあり水田二〇

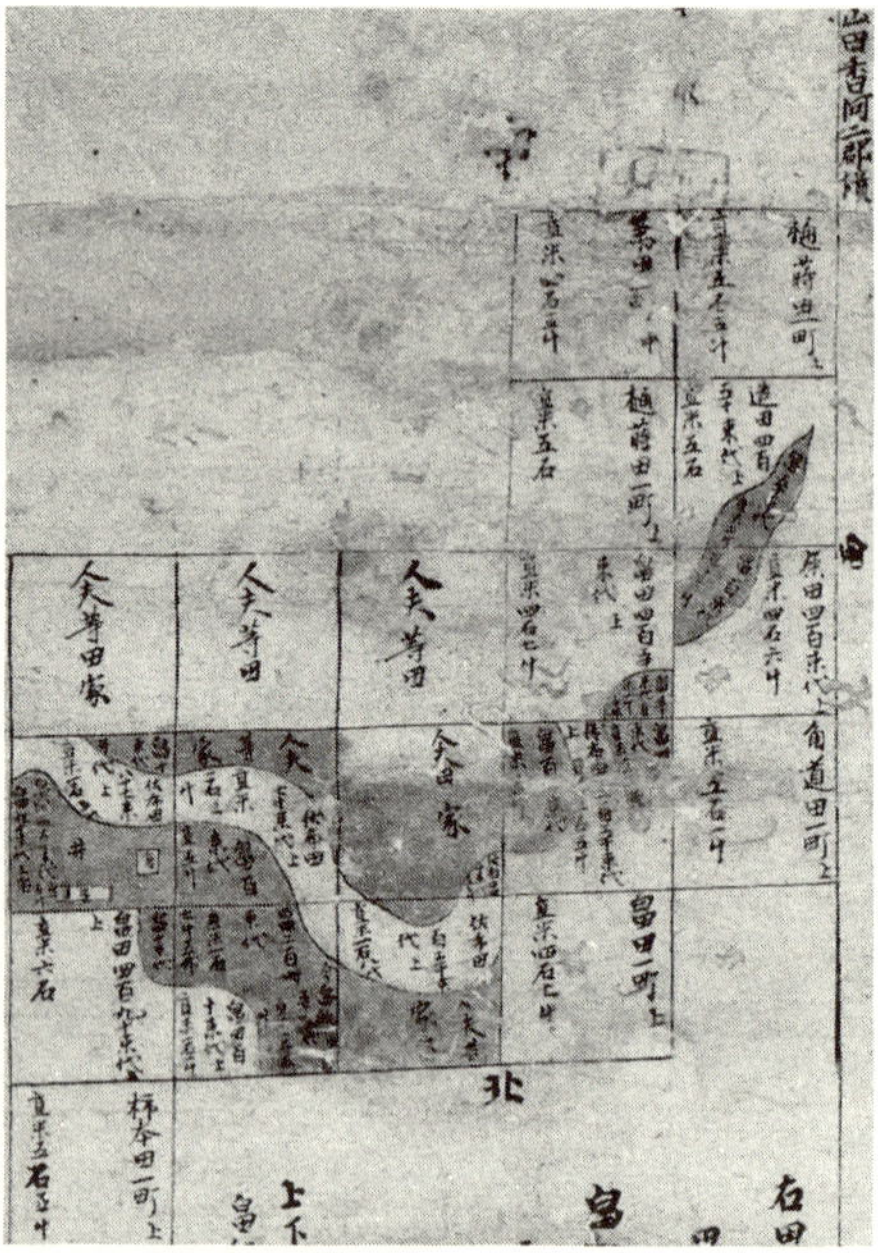
弘福寺領山田郡田図

町からなっていた。志度町の多和《たわ》文庫所蔵の「山田郡田図」は天平七（七三五）年に弘福寺により作成された同地の絵図で、現存する田図としては最古のものである。図の西端には香川郡と山田郡の境界が描かれ、条里地割との関係から現在の高松市林町付近にあたることがわかる。同図には田や畠の一枚ごとに詳細な注記があり、開発予定地の荒野を含む初期荘園の姿や先払いで一定期間農地を売る賃租経営の方法をよく示している。

法隆寺領については、天平十九年の「正倉院文書」にみえ、大内・三木・山田・阿野・鵜足・那珂・多度・三野の八郡にわたって一三カ所の荘園があった。これらのうち、那珂郡のそれについては『法隆寺大鏡』におさめられた天平勝宝九（七五七）年の文書から初期荘園としての特徴を読みとることができる。

西大寺領については、宝亀十一（七八〇）年と建久二（一一九一）年の「西大寺文書」の記載から所在地と寄進者を知ることができる。讃岐国には二カ所の荘園があり、一つは寒川郡の鴨部郷にあり、墾田二町と畠三三町余および一二カ所の塩山からなっていた。塩山は製塩に用いる塩木《しおぎ》（薪《まき》）を取る山をいうから、この荘園では塩作りが行われていたことがわかる。寄進者は坂本毛人である。もう一つは多度郡にあり高志和麻呂《こしのやまとまろ》の寄進によるものである。和麻呂は、正倉院所蔵の伎楽面《ぎがくめん》の一つ酔胡従面《すいこじゅうめん》の袋に用いられた布の記載から、天平勝宝四年当時、讃岐国の目《さかん》（国司の四等官）であったことが知られる。

寄進地系荘園の成立●

『香川県史8　古代・中世史料』におさめられた史料をもとにのべる。治暦四（一〇六八）年の後三条天皇による親政の開始により摂関政治は政治的意義を失った。これ以前のいわゆる摂関時代において讃岐国に存在したことの明らかな荘園は四カ所にすぎない。藤原道長の娘、上東門院《じょうとうもんいん》彰子《しょうし》が創建した東北院の寺領にあてられた摂関家領里海《さとのあま》荘と、治安三（一〇二三）年当時、存在したという石清水《いわしみず》社領の香西郡平賀荘・阿野郡林津《はやしづ》荘・所属郡不明の楢前《ならざき》荘である。なお、立荘の時期は不明であるが、のちに道長創建の法成寺《ほうじょうじ》領としてあらわれる三野郡三崎《みさき》荘もこの時期に成立したものであろう。

応徳三（一〇八六）年にはじまる白河院政期においては、香東郡野原《のはら》郷と香西郡坂田《さかた》郷とにまたがっておかれていた白河院勅旨田《ちょくしでん》が立荘された野原荘、白河院の夢想により賀茂御祖《かものみおや》社へ寄進された一九カ国七四五町に及ぶ御供田《ごくでん》のうち讃岐国の分六〇町が立荘された多度郡葛原荘、同時に寄進された三野郡内海《うちうみ》御厨《みくりや》などが立てられた。いずれも白河院にかかわるものである。摂関家領としては関白藤原師実《もろざね》領の那珂郡塩飽《しわく》荘があらわれる。

ついで大治四（一一二九）年にはじまる鳥羽院政下においては後三条・白河二代のあいだ続いた荘園整理政策が凍結されたこともあって、多数の荘園の成立をみた。讃岐国においてはこの時期、上皇や女院が荘園領主である院領荘園の形成が目立つ。保安四（一一二三）年には、多度郡多度荘が立荘され、長承三（一一三四）年には寒川郡富田荘が立荘され、いずれも鳥羽院の御願寺である鳥羽安楽寿院《あんらくじゅいん》へ寄進された。このほか、鳥羽院関係者の御願寺へ寄進された荘園としては、鳥羽中宮待賢門院《ちゅうぐうたいけんもんいん》璋子の御願寺である仁《にん》和寺《なじ》法金剛院《ほうこんごういん》領の三野郡二宮荘（大水上《おおみなかみ》社）・同郡勝間《かつま》荘、鳥羽皇女八条院暲子《しょうし》内親王の所領豊田郡姫江本荘やその御願寺である仁和寺蓮華心院《にんなじれんげしんいん》領の寒川郡鶴羽荘・豊田郡姫江新荘などがある。寺社領荘園としては石清水八幡宮《いわしみずはちまんぐう》領の形成が顕著である。石清水社の検校《けんぎょう》光清《こうせい》の娘美濃局《みののつぼね》は鳥羽院の寵愛をうけ、長承元年に皇子（のちの道恵法親王《どうえほっしんのう》）を生んだが、その安泰を祈るため同宮内にたてられた観音堂には寒川郡鴨部《かべ》荘・阿野郡新宮・三野郡山本荘などが堂領にあてられた。のち、保元三（一一五八）年に至り、石清

❖コラム

讃岐守藤原憲房と里海荘

現在、県内のどこにあった荘園なのかはまったく不明であるが、かつて讃岐国に里海《さとのあま》荘という荘園があった。この荘園は摂関家の当主が伝来する殿下渡領《でんかわたりりょう》とよばれる荘園群に含まれており、いわば摂関家の直轄地の一つであった。鎌倉時代なかばの公卿藤原兼仲《かねなか》の日記『兼仲卿記《きょうき》』には彼が公私にわたってかかわった文書が多数紙背《しはい》文書として残されている。そのなかの一つに里海荘の由来がみえる。それによれば、同荘はもともと、後一条天皇の乳母《うば》で藤三位局《とうさんみのつぼね》とよばれた藤原美子《よしこ》の私領であったが、天皇の母で藤原道長の娘上東門院彰子《じょうとうもんいんしょうし》へ寄進され、女院創建の東北院の寺領にあてられたものという。この関係から殿下渡領となったものである。

また、この荘園は柿本人麻呂の画像（影）を祭る人丸影供《ひとまろえぐ》の費用にもあてられており、人丸影とともに相伝されていた。寄進者の美子の周辺を探ると興味深い事実が判明する。兄弟の惟憲《これのり》は道長・頼通《よりみち》父子の近臣として著名な人物であり、その子憲房《のりふさ》は一時讃岐守をつとめていた。のちに美子は甥にあたる憲房に里海荘の領家の地位をゆずっている。ところが長暦三（一〇三九）年六月、内裏《だいり》が焼けたさい、当時讃岐守であった憲房は上東門院と皇太子に自邸を提供しており、彼と彰子とはもともとかかわりがあったことがわかる。美子による里海荘の彰子への寄進は、実際は、憲房が讃岐国内で獲得した私領を国司による寄進という非難を避けるため叔母の名義で行ったものであろう。

なお美子の叔父宣孝《のぶたか》は『源氏物語』の作者紫式部《むらさきしきぶ》の夫である。

水社は社領の状況を朝廷に報告しているが、そのとき初めてみえる三木郡牟礼《むれ》荘・三野郡草木荘も鳥羽院政期には成立していたものであろう。

このほか、鳥羽院政期まで淵源をさかのぼることのできる荘園としては、関白藤原忠通の妻で嫡子基実《もとざね》の母、源信子《しんし》の所領であった鵜足郡栗隈荘があげられるだけである。鳥羽院政期の讃岐国においては、もっぱら院とのかかわりにおいて荘園がたてられ急激に増加したことがわかる。

保元三年にはじまる後白河院政期にはいると、まず東大寺領金倉《かなくら》・原両保や太政官《だいじょうかん》御祈願所領杵原《くばら》荘などが便補により成立する。この時期に成立した荘園としては、養和元（一一八一）年に没した崇徳皇后皇嘉門院聖子《こうかもんいんせいし》から弟の藤原（九条）兼実が伝領した那珂郡子松《こまつ》（小松）荘、後白河院の女御《にょうご》で高倉院の母建春門院慈子《しげこ》の御願寺である最勝光院領の寒川郡志度荘がある。このほか、後白河院が没した建久三（一一九二）年以前に成立していた可能性が認められる荘園としては、正治二（一二〇〇）年に初めてみえる興福寺領の多度郡藤原荘がある。小豆島においては肥土《ひと》荘が石清水社領として成立していた。

この時点までにあらわれた讃岐の荘園は、二五荘・一御厨・三保の計二九カ所である。讃岐国で存在が確認される荘園は御厨や寺領の保を含めて六〇カ所ほどであるから、半数ほどの荘園が平安時代に成立したといえる。

3
章

讃岐武士と中世社会

天霧城跡

1 鎌倉幕府の成立と讃岐国

屋島合戦●

寿永二（一一八三）年七月二十五日、源氏一族の義仲《よしなか》と行家《ゆきいえ》の軍勢が南北から京都へせまるなか、平氏は幼い安徳《あんとく》天皇と三種の神器を奉じて西国へ下った。平氏の都落ちである。後白河《ごしらかわ》法皇は平氏を見捨てて比《ひ》叡山《えいざん》へ逃れた。治承三（一一七九）年十一月の平清盛《たいらのきよもり》のクーデタにより成立した平氏政権は崩壊した。

平氏は海路九州にはいり、大宰府において再起をはかったが、九州の武士たちにおわれて瀬戸内海を東上し、十月下旬、讃岐国の屋島《やしま》に拠った。屋島は天智天皇六（六六七）年白村江《はくそんこう》《はくすきのえ》の戦い後、屋島城がきずかれた要害の地である。また、屋島から一望できる備讃瀬戸《びさんせと》は瀬戸内海がもっともせばまる個所で、海上交通の要衝でもあった。平氏が父祖正盛《まさもり》・忠盛《ただもり》以来、日宋貿易や海賊の討伐などで瀬戸内海の海上交通と深く結びついていたことを考えれば、平氏が屋島に本拠をおいた目的は備讃瀬戸を制圧し、ひいては瀬戸内海の海上交通を支配することにあったとみてよい。

のち平氏は源頼朝《よりとも》と義仲との対立に乗じて、元暦元（一一八四）年正月のころ旧都福原《ふくはら》（神戸市内）にはいったが、翌月初めの一の谷の戦い後、ふたたび屋島へ戻った。同時に一門の知盛《とももり》が別動隊を率いて関門海峡を扼する門司《もじ》関を固め、長門《ながと》国彦島《ひこしま》に本営をおいて瀬戸内海西部の制海権を掌握した。

平氏が本拠を福原へ移したころ、讃岐国の武士たちの多くが平氏を見限り源氏方についた。延慶本『平家物語』によれば、讃岐国の在庁官人以下の平氏家人たちは平氏に離反して、一三艘の舟に二〇〇〇余人がのり備前国下津井《しもつい》へ押し渡り、平氏一門の教経《のりつね》父子とたたかったという。ところが裏切りを怒った教経から徹底的な反撃をうけ、京都へ逃げ上る途中、淡路島《あわじしま》の福良《ふくら》（南あわじ市福良）に立ち寄った。彼らは、その地の源氏で為義《ためよし》の孫掃部冠者義嗣《かもんかじゃよしつぐ》と淡路冠者義久を大将にして城郭を構え教経軍を待ち構えたが、一日の戦いで敗れ去った。このとき、首を切られたものは「在庁已下百三十二人」の多数にのぼったという。こののち、『吾妻鏡』の元暦元年九月十九日条に、讃岐国の武士たちの動きがつぎのようにみえている。この年五月のころ、頼朝の家人で西国攻めの先陣の一人として京都にいた橘公業《たちばなきんなり》のもとへ讃岐国の武士たちがやってきて、帰順して源氏に味方するというので、その交名《きょうみょう》（人名のリスト）を作成し、鎌倉の頼朝へ届けた。この報告を得た頼朝は、九月十九日に彼らを御家人とし、今後は公業の下知にしたがい九州へ赴くよう命じたという。

　このとき、頼朝から御家人と認められた讃岐武士たちは、藤大夫資光《とうだいふすけみつ》、その子息新大夫資重《しんだいふすけしげ》同じく新大夫能資《よしすけ》、藤次郎大夫重次《しげつぐ》、その舎弟六郎長資《ながすけ》、藤新大夫光高《みつたか》、野三郎大夫高《たか》

屋島の遠望

包《かね》、橘《たちばな》大夫《だいふ》盛資《もりすけ》、三野《みの》首領《しゅりょう》盛資《もりすけ》、仲行事《なかぎょうじ》貞房《さだふさ》、三野九郎有忠《ありただ》、三野首領太郎、同次郎、大麻《おおさ》藤太家人の一四人である。彼らは讃岐藤原氏を中心とする在庁官人・郡司系の武士たちであり、彼らこそが、『平家物語』にみえる讃岐国の在庁官人であろう。彼らは淡路島での敗北にさいし、一三〇人ほどの味方を失ったが、その残りはかろうじて京都にたどり着き、源氏方に帰順したのである。

平氏に対する頼朝の戦略は『吾妻鏡』にのせる元暦二年正月六日の書状から知ることができる。鎌倉にいた頼朝は平氏追討軍の総大将として山陽道を西下しつつある弟範頼《のりより》に対し、まず九州北部を制圧して、その地の武士を味方につけ、豊後《ぶんご》国の船を用いて四国へむかうよう命じ、三月十日ころには東国からも船をだし、東西呼応して屋島に拠る平氏を挟撃することを伝えている。

ところが、範頼軍の九州制圧は、遅々として進まなかった。この情勢をみて頼朝は当初の計画を改め、二月十三日には、範頼に対して九州攻撃を中止し、まず四国へ渡り平氏とたたかうことを命じた。もう一人の弟義経《よしつね》は、勝手な振るまいが多くて頼朝の不興を買い京都に留められていたが、三日には屋島攻撃のために京都をたち、摂津国の渡辺津《わたなべのつ》へむかった。おそらく、範頼への四国攻めの下命と同時に義経のもとへも屋島攻撃を命じる使者が発せられたのであろう。十六日の酉刻《とりのこく》（午後六時ころ）義経はわずかに五艘・五〇騎を率い、おりからの強風をついて四国へむけ出帆した。

右大臣藤原兼実《ふじわらのかねざね》の日記『玉葉《ぎょくよう》』の元暦二年三月四日条にみえる義経の屋島合戦についての戦況報告によれば、先月十六日に渡辺津を出発した義経軍は、翌十七日に阿波国へ到着し、十八日に屋島へ攻撃をかけている。阿波国勝浦に上陸した義経軍は、一〇〇騎ほどの武士を率いてみずから帰順してきた同国の住人近藤親家《ちかいえ》を案内者とし屋島へむかった。終夜、行軍した義経らは、阿波・讃岐両国の国境である大坂を越え、翌十八日の寅刻《とらのこく》（午前四時ころ）、大内郡の引田《ひけた》で休止し、郡内の入野《にゅうのや》・白鳥《しろとり》と南海道をとおって西へ進み、屋島へむかった。屋島の対岸に着いた義経は、牟礼《むれ》・高松両郷の民家に火を掛けて一気に内裏《だいり》へ攻め込んだ。背後からの奇襲に狼狽《ろうばい》した平氏は内裏を捨てて船にのり、海上へ逃れた。

翌十九日、平氏は海上から屋島東方の志度浦《しどのうら》に赴き、陸上から追尾してきた義経軍と合戦したが、源氏の援軍が駆けつけたのをみて、ふたたび海上へ去った。屋島合戦の結果を報じた義経からの飛脚《ひきゃく》は、翌三月初めに京都・鎌倉へあいついで到着したが、それによれば、「十八日、屋島に寄せ、凶徒を追い落しおわんぬ、しかれども未だ平家を伐ち取らず」というものであった。義経に屋島をおわれた平氏は、瀬戸内海を西下し塩飽《しわく》諸島から安芸《あき》国厳島《いつくしま》を経て、最後の拠点となった長門国彦島へ落ち着き、三月二十四日、壇ノ浦《だんのうら》で最期を迎えることになった。

讃岐守護後藤基清●

讃岐国の守護の初見は、つぎに掲げる『吾妻鏡』正治元（一一九九）年三月五日条の記事である。

五日丁酉。雨降る。後藤左衛門尉基清、罪科有るに依り讃岐守護職を改められ、近藤七国平を補せらる。幕下将軍御時定め置かるる事改めらるるの始めなりと云々。

右にみえるように、このとき、基清は罪科により讃岐国の守護を罷免《ひめん》され、かわって故頼朝の側近近藤国平《くにひら》が任命された。これに先立ち、二月十四日には後藤基清は中原親経・小野義成《よしなり》などとともに、当時、専権をふるっていた権大納言源通親《みちちか》を襲撃しようとしたとして逮捕された（『明月記』）。彼らはいずれも左衛門尉の官にあったから、これを三左衛門の乱という。この事件の結果、基清は讃岐守護を罷免されたのである。

基清は摂関家領紀伊国田仲荘の下司佐藤仲清の子で、歌人として著名な西行《さいぎょう》（俗名佐藤義清）は叔父にあたる。同族の後藤実基《さねもと》の養子となり後藤家をついだ。『平治物語』によれば、実基は頼朝の父義朝《よしとも》の第一の家人であったが、平治の乱の敗北で嫡子頼朝を伴い東国へ下る義朝から、女子を託されている。実基夫婦が養育した女子は長じて公家藤原（一条）能保《よしやす》の正妻となった。この縁で実基・基清父子は一条家の侍となった。

屋島合戦にさいしては、義経軍のなかに佐藤継信・忠信兄弟ら義経子飼いの武士たちとともに「後藤兵衛尉実基・同養子新兵衛尉基清」の名がみえ、頼朝の御家人として義経と行動をともにしたことがわかる。基清が讃岐国の守護に任じられた時期は不明であるが、その登用は一条家との関わりによるものである。元暦元（一一八四）年六月五日の任官儀式においては、頼朝が推薦した妹婿の能保や源氏一族が諸国の国司に任じられたが、このとき、能保は讃岐守に任じられている（『吾妻鏡』同月二十日条）。この人事は当然、屋島攻略のための頼朝の方策にでるものである。屋島合戦の直後に「讃岐御目代字《あざな》後藤兵衛尉」が史料上にあらわれるが、実基・基清父子のいずれかであろう（『正閏史料外編』所収文書）。彼らは讃岐守能保の目代として屋島合戦に参加したのである。

平氏が滅んだのち、能保は讃岐国の知行国主となり、建久八（一一九七）年に没すると頼朝の妹が生んだ嫡子の高能が跡をついだ。能保・高能父子が鎌倉幕府の京都出先機関である京都守護職を兼ねていたこと、その家人基清が守護をつとめていることなどを考えあわせれば、内乱期に平氏の支配下にあった讃岐国はいわば幕府の占領下におかれたといえる。ところが正治元（一一九九）年正月に頼朝が死去すると、擁護者を失った一条家は一時没落し、讃岐国も没収されてしまったのである。

後日談になるが、承久の乱にさいして、一条家の人びとの多くは後鳥羽上皇方につき、高能の子能氏、弟の信能は幕府により処刑され、同じく弟の尊長《そんちょう》は乱の首謀者とみなされ、とらえられて自殺した。このとき基清も京方武士の首魁《しゅかい》としてとらえられ子息基綱に首を打たれた。源氏将軍の断絶により幕府との縁がきれた一条家は後鳥羽上皇の忠実な近臣となったのである。

基清にかわって守護に任命された近藤国平は、伊豆《いず》国の近藤氏で、頼朝の命により平氏滅亡後、九州諸国の戦後処理のための使者をつとめるなどして幕府草創期に活躍した武士である。

ついで、『南海流浪記《なんかいるろうき》』の仁治四（一二四三）年二月十三日の記事から、讃岐国の守護所は当時、宇多津にあり、守護代として長雄《ながお》二郎左衛門という武士がいたことがわかる。また『吾妻鏡』の寛元四（一二四六）年三月十八日条によれば、讃岐国御家人藤左衛門尉が海賊を逮捕しているが、守護として三浦光村《みうらみつむら》の名がみえる。光村は宝治元（一二四七）年六月の宝治合戦により一族とともに滅亡した。翌二年には、当時連署の地位にあった北条重時《しげとき》の弟駿河《するが》守有時《ありとき》が守護としてあらわれる（『石清水八幡宮旧記抄』所収文書）。当国の守護職は宝治合戦で三浦氏から没収されたのち、北条氏一門の有時にあたえられたのである。

くだって元弘元（一三三一）年八月、幕府の大軍が上洛したさいの編成を示す「光明寺残篇」には、大将軍の一人として讃岐守護の「駿河左近大夫将監」がみえる。有時の曾孫時邦《ときくに》にあたろう。当国の守護職は鎌倉時代後半を通じて北条氏が相伝したと推測される。

讃岐国の地頭・御家人

讃岐国においての鎌倉幕府地頭の補任地は二一カ所が確認される。郡ごとに示すと、大内郡与田《よだ》郷、寒川《さんがわ》郡神崎《かんざき》郷、香東《こうとう》郡多配《たへ》郷、山田郡坂下荘《さかもとのしょう》、鵜足《うた》郡法勲寺《ほうくんじ》、二村《ふたむら》郷、那珂《なか》郡真野《まの》勅旨《ちょくし》、櫛無保《くしなしのほ》、木徳《きとく》荘、

讃岐国の地頭

地頭補任地	地頭名	年　次	典　拠
大内郡与田郷	小早川本仏(茂平)	正嘉2(1258)年	「小早川家文書」
寒川郡神崎荘	随心院門跡	建長4(1252)年	「善通寺文書」
山田郡坂下荘	三善康連	宝治元(1247)年	「高野山文書」
香東郡多配郷	某	弘安年間(1278～87)	「熊野神社所蔵大般若経紙背文書」
鵜足郡法勲寺	壱岐時重	建長2(1250)年	『吾妻鏡』
那珂郡真野勅旨	高井道円(時茂)	弘長4(1264)年	「中条家文書」
櫛無保	島津忠義	貞応3(1224)年	「島津家文書」
木徳荘	色部為長	嘉禄3(1227)年	「色部文書」
金蔵寺	小笠原長□	承久の乱後	「金蔵寺文書」
多度郡善通寺	某	安貞2(1228)年	『吾妻鏡』
生野郷	某	弘長3(1263)年	「善通寺文書」
良田郷	仲泰(姓不明)	正応5(1292)年	「兼仲卿記紙背文書」
堀江荘	春日兼家	永仁5(1297)年	「細川家文書」
吉原荘	随心院門跡	建長4(1252)年	「善通寺文書」
仲村荘	某	天福2(1234)年	「寂静院文書」
三野郡二宮荘	近藤国弘	元徳3(1331)年	「臨川寺文書」
本山荘	足立遠親	嘉禎2(1236)年	『吾妻鏡』
高瀬郷	秋山源誓	元徳3(1331)年	「秋山家文書」
豊田郡柞田荘	弘家(姓不明)	弘安2(1279)年	「兼仲卿記紙背文書」
小豆島伊喜末村	高橋入道	弘安6(1283)年	「肥土荘別宮八幡宮縁起」

金蔵寺《こんぞうじ》、多度《たど》郡生野《いかの》郷、善通寺、良田《よしだ》郷、吉原荘、多度荘、鴨荘、堀江荘、三野《みの》郡二宮《にのみや》荘、本山荘、高瀬郷、柞田《くにた》荘、所属郡不明の某所である。なお、小豆島では肥土《ひと》荘内伊喜末《いぎすえ》村の地頭高橋氏の存在が確認される。讃岐国全体でみれば、圧倒的に鵜足郡以西に集中しているがその理由は不明である。

地頭の姓氏が明らかなものとしては、与田郷の小早川《こばやかわ》氏、坂下荘の三善《みよし》氏、法勲寺の葛西《かさい》氏、真野勅旨の高井（三浦和田）氏、櫛無保の島津氏、木徳荘の色部《いろべ》（秩父《ちちぶ》）氏、金蔵寺の小笠原氏、二宮荘の近藤氏、本山荘の足立（天野）氏、高瀬郷の秋山氏、補佐地不明の伊達《だて》氏、神《みわ》氏などがおり、いずれも東国出身の御家人もしくは幕府の関係者である。逆に讃岐出身の武士が地頭となっている例はみいだせない。

　これらの地頭補任地のなかで承久の乱にかかわって地頭が設置されたことの明らかなものは、法勲寺・櫛無保・金蔵寺・善通寺の四カ所である。金蔵寺と善通寺の地頭はのちに寺家の訴えにより停止されている。これらの地の武士たちが京方に参加したとの明証はないが、櫛無保の場合は地頭島津氏が公文《くもん》・田《た》所《どころ》などの在地の所職を兼ねており、これらの所職をもっていた武士の京方参加を推定できる。櫛無保と同様のものに小早川氏の与田郷地頭職や秋山氏の高瀬郷地頭職がある。この二カ所については没収が徹底していることから没官領補任地頭とみてよい。

　幕府草創期の讃岐国御家人の名は、『吾妻鏡』に掲げられた元暦元年五月の御家人交名により知ることができる。

　冒頭に名前を掲げられている藤大夫資光は、「綾氏系図」（『群書類従』本）に讃岐藤原氏の二代目羽床《はゆか》資高《すけたか》の子として新居《にい》藤大夫資光とみえ、阿野郡新居郷を本拠とした武士である。藤次郎大夫重次については「綾氏系図」にみえない。その舎弟とされる六郎長資は二代資高の子の羽床六郎の実名長資と一致する。重次は長資の長兄としてみえ、また名乗りも一致する藤次郎大夫重資のことであろう。阿野郡羽床郷の郷司である。藤新大夫光高は「綾氏系図」に資光の兄大野新大夫有高の子として名のみえる大野藤新大光高であろう。香東郡大野郷が本拠であろう。

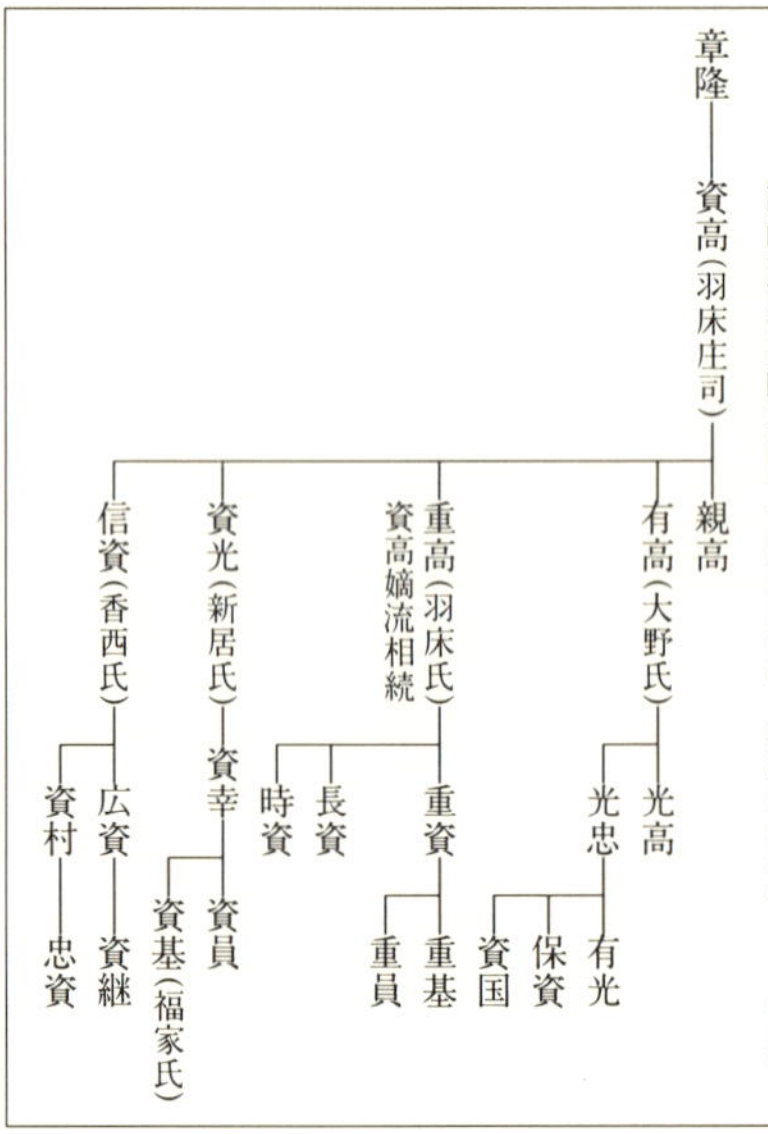

讃岐藤原氏略系図（「綾氏系図」『続群書類従』より作成）

野三郎大夫高包の名字の野とは、小野・三野など下に野の字がつく姓の略称である。『参考源平盛衰記』や『保元物語』には、讃岐国へ配流された崇徳《すとく》上皇に阿野郡松山郷の堂を提供した在庁官人として野大夫高遠の名がみえる。綾（阿野）氏一族であろう。

橘大夫盛資《もりすけ》については、在庁官人の橘氏一族とみられる。のち、『南海流浪記』に「鵜足津の橘藤左衛門高能と云う御家人」がみえている。

三野首領盛資以下の九郎有忠、首領太郎、同次郎などの三野氏のついては傍証を欠くが、首領とは、多度郡で確認される首領郡司の意味である。したがって、これらの三野氏は三野郡の首領郡司一族とみられる。

仲行事貞房の名乗りに用いられている行事とは、讃岐国の場合、国衙《こくが》検非違所《けびいしょ》の構成員をさしている。「細川文書」には中首領という武士がみえ那珂郡の首領郡司は仲氏と称していたことがわかる。大麻藤太家人とは大麻藤太の家人という意味である。多度郡に式内社の大麻神社が存在し、その周辺地域を大麻とよんでいる。その付近を本拠とする武士であろう。

これらの讃岐武士について特徴をみると、本拠地が讃岐国の中部から西部にかぎられる点が注目される。屋島には平氏の本拠があり、讃岐国東半部の武士たちは平氏勢力に制圧されていたのである。また、彼らのほとんどが在庁官人や郡司の一族であるという特徴をもつ。平氏による讃岐国の支配は、当然、国衙を通じての支配の強化をもたらしたはずであり、それにたえかねて在庁官人や郡司の大規模な離反がおこったのであろう。

以上に掲げたほかに讃岐国の御家人として確認されるものには、香東郡多配郷の公文源氏、山田郡十川《そがわ》郷の公文源氏（のちの十川氏）、阿野郡林田郷内梶取《かんどり》名の領主円意《えんい》、多度郡収納使の綾氏、海賊逮捕の功により幕府から褒賞された藤左衛門尉などがいる。

寺社の興隆と新仏教の受容●

鎌倉時代の後期には公武両政権を通じて徳政《とくせい》の機運が高まり、さらに蒙古襲来の影響もあって、寺社の復興が盛んに行われた。

讃岐国内では、善通寺の現地において注目すべき動きがあらわれた。それは大勧進《だいかんじん》に代表される善通寺の寺僧みずからによる寺領の復興と経営の安定、あらたな財源の確保による堂塔の修理と行学の興隆である。善通寺は弘安四（一二八一）年には金堂・法華堂両堂の費用の財源として近隣の良田郷の立荘を認められ、さらに同九年には、摂津国兵庫津の艘別銭（関税）を五重塔建立を主とする修造料にあてることを朝廷と幕府から認められた。

このとき、大勧進をつとめたのは善通寺の僧真恵《しんえ》であった。真恵は善通寺の本領ともいえる一円保《いちえんのほ》の公文の一族で、寺領を勝手に流質・売却した先公文にかわって本所随心院から公文に任命された。良田郷をめぐる地頭との争いでは費用を代弁して訴訟を行い和解に成功した。そのときの経費のかわりとして善通寺から渡された水田二二町を大勧進所と金堂・法華堂の僧侶等の費用として寄付し、さらに五重塔建立の費用として兵庫津艘別銭を獲得するなどして同寺の堂舎の建立と修造および行学の興行に邁進《まいしん》したのである。

浄土宗を開いた法然房源空《ほうねんぼうげんくう》は、延暦寺・興福寺など専修念仏に批判的な旧仏教教団の訴えにより、建永二（一二〇七）年二月、土佐国へ流されることになった。しかし、実際には土佐国まで行くことはなく、まず那珂郡塩飽荘に逗留《とうりゅう》したあと、同郡の小松荘に移り一〇カ月ほど滞在したのち十二月には赦免により都へ帰った（『法然上人行状絵図』『拾遺古徳伝絵詞』）。

法然が滞在した塩飽荘は摂関家領であり、また、小松荘は摂関家の一つ九条家の荘園である。この共通点に法然に帰依《きえ》していた前関白入道の藤原（九条）兼実の法然に対する配慮を読みとることができよう。『拾遺古徳伝絵詞《しゅういことくでんえことば》』によれば、法然の塩飽逗留中には「近国遠郡の上下、傍荘隣郷の男女群集して、世尊のごとくに帰敬したてまつりける」というように、近国や近隣の人びとが多く帰依したという。法然の讃岐滞在はわずかのあいだであったが、法然踊りの所伝などにみられるように讃岐国においての庶民信仰に

❖コラム

異敵降伏祈禱

善通寺所蔵の古文書のなかに建治二（一二七六）年八月二十一日の蒙古人治罰祈禱注進状《もうこじんちばつきとうちゅうしんじょう》がある。左上に全文を掲げる。この文章によれば、善通寺は、朝廷と幕府の祈願成就《じょうじゅ》のため、蒙古人治罰の祈禱を行ったことを報告している。ところが、伊予国新居《にい》郡黒島の西方寺《さいほうじ》においても同じ日にほとんど内容の異ならない祈禱を行ったことが知られる（「明正寺文書」）。しかも両方ともその注進状の書式はまったく同じである。

直後の同月二十四日には、幕府は異国用心すなわち文永の役に続く再度の蒙古襲来にそなえるため、山陽・南海両道諸国の地頭・御家人を長門国の警固に動員することを各国の守護に命じている（「東寺百合文書」）。おそらく、このときの蒙古人治罰祈禱はこの動員令とかかわって、山陽・南海両道諸国の寺社において時を同じくして一斉に行われたものであろう。

また、この年建治二年から弘安三（一二八〇）年にかけて、姫江《ひめのえ》八幡宮の供僧法覚《ほうかく》は大般若経《だいはんにゃきょう》一部六〇〇巻を書写して神前での祈禱にそなえている（豊浜町宗林寺所蔵「大般若経」）。蒙古襲来の国難は朝廷・幕府による寺社興隆の気運を高めたのである。

蒙古人治罰御祈禱事

	御影堂衆
毎日三時五壇法	金堂衆
	法華堂衆
大般若不退転転読	供僧分
仁王経長日読誦	職衆分
薬師経観音経	交衆分
尊勝陀羅尼千手陀羅尼	行人

右、勤行の意趣は、公家武家御願円満のおんため、蒙古人治罰御祈禱を致すところなり

建治二年八月二十一日

多大の影響をあたえた。

甲斐《かい》源氏の東国御家人秋山氏の一族は、弘安年間（一二七八～八八）に讃岐国へ移住し三野郡高瀬郷を本拠として法華《ほっけ》宗を伝えた。秋山氏は甲斐国巨摩《こま》郡秋山を本領とする武士で、甲斐国在住中に一族のほとんどが法華宗の開祖日蓮《にちれん》あるいはその弟子の一人日興《にっこう》に帰依《きえ》していた。文和二（正平八＝一三五三）年の三月から翌三年の十二月にかけて当主の泰忠は多数の置文を作成しており、氏寺の本門寺（高瀬大坊）を結集の場としての法華信仰の厳守を定めている。

2　荘園制の確立

讃岐国の荘園制

摂関時代の十一世紀から、室町時代の十五世紀にかけてのあいだに、讃岐国に存在した荘《しょう》・郷《ごう》・保《ほ》・御《み》厨《くりや》・勅旨《ちょくし》としては、五四の荘園と五三の郷、それに八保・二御厨・二勅旨が検出される。これらの中世的な諸単位は、荘園と公領との種別により大きく二つに分けることができる。

広義の荘園に属するものには、五四の荘園と荘園の一種である内海《うちうみ》・笠居《かさい》両御厨のほかに、封戸が便補された東大寺領原・金倉両保、法勝寺領櫛無《くしなし》保、善通寺領一円保《いちえんのほ》が含まれよう。合計、六〇カ所である。一方、公領の郷としては、長尾・造田《ぞうだ》両郷や神崎《かんざき》郷・柞田《くにた》郷のように、鎌倉時代に郷そのものが荘園化して消滅したものもあるが、すべてで五三カ所が確認される。そのほか、公領に属したとみられるものに特定の物産の生産にあてるため便補された円座《えんざ》・陶《すえ》・土器《どき》・皮古《かわご》の四保、天皇家の費用にあてるために諸国

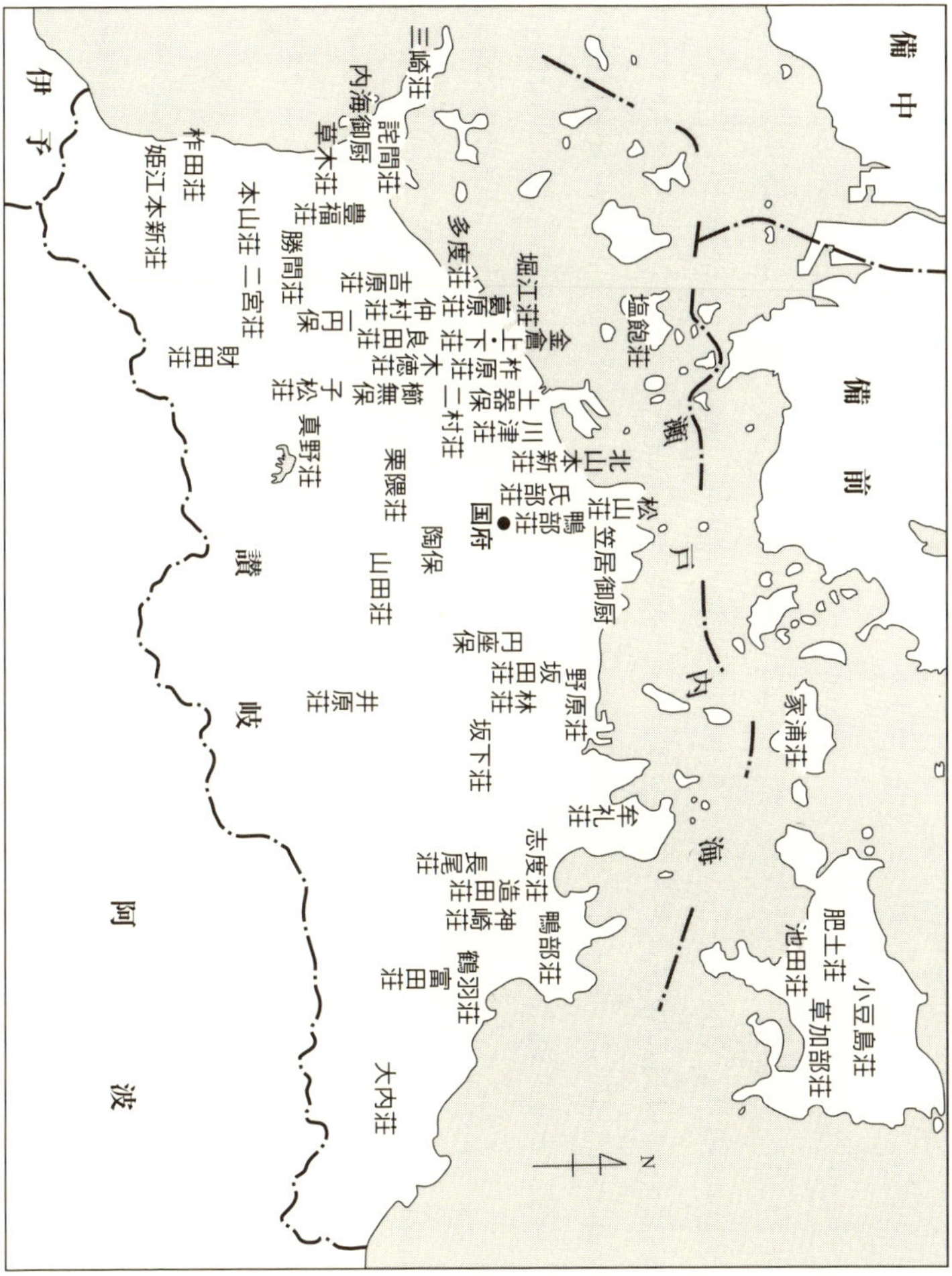

備中
備前
讃岐
伊予
阿波
瀬戸内海
小豆島荘
肥土荘
草加部荘
池田荘
家浦荘
三崎荘
内海御厨
詫間荘
草木荘
多度荘
豊福荘
勝間荘
本山荘
二宮荘
柞田荘
姫江本新荘
財田荘
堀江荘
葛原荘
吉原荘
仲村荘
一円保
良田荘
金倉上・下荘
柞原保
二村荘
木徳荘
櫛無保
子松荘
真野荘
土器荘
川津荘
本新荘
北山荘
氏部荘
鴨部荘
国府
栗隈荘
陶保
山田荘
松山荘
笠居御厨
塩飽荘
円座保
坂田荘
林荘
野原荘
坂下荘
井原荘
牟礼荘
志度荘
造田荘
長尾荘
神崎荘
鴨部荘
鶴羽荘
富田荘
大内荘
N

荘園分布図

に設置された勅旨田の坂田・真野両勅旨がある。合計五九カ所であり、広義の荘園とほぼ同数となる。

右にみるように数のうえでは荘園・公領の比率はほぼ同じである。以下にのべるように、讃岐国の荘園制は鎌倉時代なかばの十二世紀中ごろまでに体制的な確立をみる。それ以降、荘園制が変質・解体にむかう南北朝期まで讃岐国は荘園に属する部分が公領をわずかに上回るという状態であったと推定される。

後白河院が没した建久三（一一九二）年以前に讃岐国では、一六の荘園と一御厨・三保の成立が認められる。前章でのべたように、その大半は鳥羽院政期以降の立荘である。ついで鎌倉時代なかばの一二五〇年代までに、一八荘・一保・一御厨が成立もしくは初見する。これ以前の分とあわせて、四四荘・四保・二御厨の計五〇カ所となる。こののち鎌倉時代後半において成立が確認される荘園としては、文永九（一二七二）年以降の立荘と推定される大内《おおち》荘、建長五（一二五三）年以降立荘の鴨荘、文永年間（一二六四〜七五）以降立荘の氏部《うじべ》荘、弘安四（一二八一）年立荘の良田荘があげられるだけである。

右のような所見から、讃岐国の荘園の多くは、ほぼ鳥羽院政期から鎌倉時代の前半にかけての時期に成立したとみることができ、この時期に讃岐国における荘園制は確立したといえる。

荘園の規模をみると、大内郡が荘園化した大内荘、那珂・多度両郡に散在していた寺領を善通・曼荼羅寺の近辺に片寄せることによって成立した一円保をのぞくと、郷の規模を超える荘園はほとんどない。その一方、長尾・造田両荘や神崎荘・柞田荘のように、郷がそのまま荘園化した例がしばしばみいだされる。また、郡名を負う荘園は、大内荘のほかには多度荘があるだけである。平安時代中期編纂の『和名抄』にみえる郷名を負う荘園は四一カ所あり、そのうち郷がそのまま荘園化したとみられるものは二カ所である。

以上のような特徴からみて、讃岐国の荘園の多くは『和名抄』の郷名を継承した中世的郷を母体として、その全部あるいは一部が荘園化することにより成立したと考えられる。大内荘以外に郡規模の荘園が存在せず、むしろ郷を母体にしての荘園形成が著しい讃岐国は、荘園制上では中間地域に属していたといえる。

国内の地域的格差をみると、鳥羽院政期以降、鎌倉時代前半にかけては、東部の寒川郡および西部の那珂・多度・三野の三郡において荘園の成立が著しい。一方、三木郡から鵜足郡にかけての中部では鎌倉時代においては阿野郡の荘園化が急激に進むことをのぞいて荘園成立の度合は低い。開発の程度の差はあるにしても、東部・西部と中央部とのあいだに荘園制の展開に顕著な格差が認められる。この原因はつぎのように考えられよう。

院政期から鎌倉時代前半にかけての荘園の急増期において、讃岐国は院分国あるいは公卿知行国として院政の経済的基盤の一つとなっていた。そこで公領の減少を防ぐため、荘園の抑止政策が取られており、それは国府近傍においてもっとも貫徹していた。そのため、荘園化はまず国府より遠方の地域からはじまり、ついで国衙権力が衰退する鎌倉時代なかばに至って国府近傍の地域にその波が押し寄せたのである。

公領の変質●

鎌倉時代なかばの建長五（一二五三）年、讃岐国は後嵯峨上皇の院分国《いんぶんこく》となり、以後、亀山・後宇多・後醍醐といわゆる大覚寺統の皇統に伝領された。院分国においては、官物その他からなる中央への貢納物の大半は、国司から分国主へおさめられた。いわば、院分国制とは特定の国の貢納物をもって上皇（法皇）・女院など院とよばれる人びとの経費にあてる制度である。国司は院分として分国主である院が推薦権をもった。のちには、院分国や公卿の知行国は固定化しそれぞれの家にとって一種の家領と化した。

後宇多上皇は、嘉元四（一三〇六）年に院領荘園と分国のほとんどを一旦、姉妹の昭慶門院憙子《きし》に譲与した。そのときの目録が同年六月十二日の昭慶門院御領目録案（「竹内文平氏所蔵文書」、以下「御領目録」と略記）である。この文書の院分国讃岐の箇所には国内の郷・保・勅旨・名・寺・社・浦・池などがその知行者を付して書き上げられている。これらの知行者は、分国主となった三代の上皇の近親者や近侍者であり、具体的には、上皇や天皇の后妃や女房、院の近臣や北面の武士、医師や随身、僧侶などからなっている。いずれも代々の分国主との近親関係や主従関係に基づき、公領の一部を給付されたものであろう。また、特定の寺院の費用にあてる料所に指定されているところもある。

分国主による公領の給付については、后妃などの近親者へあたえられた場合がよくわかる。後嵯峨上皇は文永九（一二七二）年に御所や院分国・荘園などを近親者へ処分したが、そのさいの文書（『後嵯峨院御文類』所収文書）によれば、分国のうち讃岐国は皇子の亀山天皇へゆずられたが、公領の一部が別に処分されている。すなわち、香西郡円座保は、典侍で上皇の皇子宗尊親王を生んだ京極准后《きょうごくじゅごう》平棟子《たいらのむねこ》へ、三木郡井戸郷は上皇の法華堂領として乳母《うば》大納言《だいなごん》二位藤原能子《よしこ》へ、鵜足郡河津郷は皇子の円満院宮円助《えんじょ》法親《ほっしん》王《のう》へ、それぞれあたえられている。

ついで、亀山院による所領処分においては、讃岐国が皇子の後宇多上皇へゆずられたほか、三野郡詫間郷が西殿准后藤原忠子《ただこ》（談天門院《だんてんもんいん》、後醍醐天皇母）へ、井戸郷が堀河准后源基子（西華門院、後二条天皇母）へそれぞれあたえられている（『亀山院御凶事記』）。これらの処分が分国内の公領を郷保単位で知行することを認めたものであることはいうまでもない。とくに、堀河准后への井戸郷の処分に関しては、「別納」として一生のあいだ知行してよいとの注記があり、このような公領については国衙の別納地として扱われることがわかる。つまり、「御領目録」にみえる公領についての官物その他の貢納物は国衙を経由することなく知行者へ直接おさめられるのであり、知行者は荘園の領家に等しい存在であった。

福井県遠敷《おにゅう》郡名田庄《なたのしょう》村の熊野神社所蔵の「大般若経」には香東郡多配《たへ》郷に関する文書の裏を利用して筆写したものが含まれている。その一つによれば、弘安年間（一二七八〜八八）ころの多配郷公文源兼尚《かねひさ》は多配郷の領家より公文職に任命されており、また、ほかにも多配郷預所宛のものがある。「御領目録」では多配郷について公卿の中御門《なかみかど》家が知行を認められているとの注記があり、この多配郷の領家は中御門家と判断される。公領の郷の領家としてはほかに鵜足郡川津郷や多度郡生野《いかの》郷、三野郡高瀬郷についても存在が確認される。これらの例から、公領の知行者は領家・預所など荘園の場合と同様な呼称でよばれていたことがわかる。このことから推して、鎌倉時代の後末期には讃岐国の公領は分国主を本家とする荘園と同じような性格のものと化していたといえる。

「御領目録」にみえる讃岐国の公領のなかには、鵜足郡の法勲寺や垂水《たるみ》郷のように料所となっているものがある。この二カ所については、多宝院と如来寿量院というようにいずれも後嵯峨上皇により創建された寺院の料所とされている。このように分国主とかかわりの深い寺社の料所になっている公領としては、醍醐《だいご》寺報恩院領の院家興隆のための料所陶保、同三宝院領の公家仙洞御祈禱料所郡家《ぐんけ》郷、善通寺領の後嵯峨院御菩提《ごぼだい》料所《りょうしょ》良田《よしだ》郷、祇園社領の宸筆仁王経料所西大野郷、園城寺《おんじょうじ》領の同寺造営料所買田《かいだ》郷などがあった。料所の知行者ははじめ給主とよばれたが、南北朝時代にはいると、公領の給付をうけた知行者と同じように領家や領主とよばれるようになる。

荘園と公領●

中世においての讃岐国の姿を郡ごとにみてみよう。

大内郡《おおち》は、鎌倉時代のなかばには全体が一個の荘園となり、大内荘とよばれた。引田《ひけた》・白鳥《しろとり》・入野・与田の四カ郷からなっていた。

寒川郡《さんがわ》では、平安時代に安楽寿院《あんらくじゅいん》領富田《とみた》荘、蓮華心院《れんげしんいん》領鶴羽《つるはね》荘、最勝光院《さいしょうこういん》領志度《しど》荘などの皇室領荘園と石清水社《いわしみずしゃ》領鴨部《かべ》荘が成立し、鎌倉時代には、後鳥羽上皇の御願寺最勝四天王院の寺領長尾・造田《ぞうだ》両荘、興福寺領神崎《かんざき》荘がたてられた。公領の郷として存続したのは石田郷のみである。

三木《みき》郡では、平安時代に東大寺領原保と石清水社領牟礼《むれ》荘が成立しただけで、大半の郷は公領にとどまった。井戸郷・高岡《たかおか》郷・氷上《ひかみ》郷・田中郷・井上郷などが史料上にみえる。

山田郡は三木郡と同様に公領が多く残り、荘園としては妙法院《みょうほういん》領林荘と高野山《こうやさん》領坂下荘の存在が知られるのみである。南北朝時代初めには十川郷は蓮華王院《れんげおういん》領となっていた。室町時代に本山郷・庵治《あじ》郷・三谷郷があらわれる。庵治郷は『和名抄』にみえない郷である。

香東《こうとう》郡では、平安時代以来、野原荘が存在した。鎌倉時代には妙法院《みょうほういん》領となった。南北朝時代にはいって鷹司《たかつかさ》家領井原《いのはら》荘が姿をあらわす。現在の香南町から塩江町にかけての地域である。郷は野原郷・多配郷・太田郷・大野郷などがみえ、ほかに一宮があらわれる。

香西郡では、鎌倉時代に九条家領坂田荘、伊勢社領笠井御厨が成立した。坂田荘は現在の高松市西春日町付近にあった。保・勅旨としては円座保と坂田勅旨があり、現在の高松市の円座町・勅使町にその名を残す。郷には坂田郷・飯田郷・中間郷などがあった。

阿野郡では、鳥羽院政期に石清水社領の新宮があらわれるほかに平安時代の終わりまで荘園の成立をみない。鎌倉時代にはいって、崇徳院《すとくいん》御影堂《みえどう》領北山本新荘、白峯寺領松山荘、賀茂社領鴨・氏部両荘が成立

❖コラム

塩飽氏と塩飽荘

『太平記』巻十の塩飽《しわく》入道《にゅうどう》自害の事には、元弘三（正慶二＝一三三三）年五月、新田義貞《にったよしさだ》による鎌倉攻めにさいし、塩飽新左近《しんさこん》入道聖遠《しょうえん》とその子三郎左衛門忠頼・四郎らの塩飽氏一族が主人北条高時に先んじて自害したことがみえる。武士の名字は本領の地名を用いるのが普通である。また塩飽という地名は現在の丸亀市の本島を中心とする島々以外にはみあたらない。であれば、この塩飽氏は塩飽島を本領とする武士と推測される。

塩飽氏は執権北条氏得宗《とくそう》家の被官《ひかん》として史料に散見する武士である。たとえば、醍醐寺座主《だいござす》地蔵院親玄の正応五（一二九二）年初めから永仁二（一二九四）年末にかけての日記『親玄僧正日記』には、塩飽三郎兵衛・塩飽宗遠・塩飽右近など得宗貞時の御内人《みうちびと》として名がみえる。このほか、建武三（一三三六）年正月の後醍醐天皇綸旨《りんじ》（「脇家文書」）によれば、塩飽修理進入道道忠から没収された紀伊国内の所領が南朝方の武士十津河氏へあてがわれている。

この得宗被官塩飽氏と塩飽島とは結びつくのであろうか。塩飽諸島の中心である本島は平安時代後期には摂関家領となり、鎌倉期には近衛《このえ》家に伝わった荘園塩飽荘である。屋島合戦で平氏は、屋島から逃れる途中、塩飽へ立ち寄っている（『玉葉』）。それは、近衛家の所領を平清盛が一時管理していたこととおそらく関わりがある。推測にすぎないが、塩飽荘は平氏との関係から鎌倉幕府によって没収されたのではあるまいか。もしそうであるならば、地頭がおかれたはずである。その地頭を塩飽氏とみるのはうがちすぎであろうか。

し、南北朝時代に一条家領山田荘があらわれる。郡内には陶保があった。郷は羽床郷・林田郷・山田郷などが鎌倉時代中にみえる。ほかに梶取名・乃生《のう》浦などがある。

鵜足郡では、平安時代に摂関家領塩飽《しわく》・栗隈両荘が成立したのち、鎌倉時代前期に興福寺領二村《ふたむら》荘、春《かす》日《が》社領河津荘がたてられ、末期には仁和寺《にんなじ》領法勲寺があらわれる。郡内には土器保と皮古保があった。郷には二村郷・河津郷・栗隈郷・津之郷・井上郷などがみえる。

那珂郡では、平安時代に九条家領小松荘・太政官《だいじょうかん》便補地柞原《くばら》荘、鎌倉時代に園城寺領の真野荘と金倉上下荘が成立した。このほか、木徳《きとく》荘・興福寺領柞原野荘などがあった。保・勅使としては法勝寺領櫛無保・東大寺領金倉保・真野勅旨があった。郷には、金倉郷・買田郷・郡家郷・垂水郷・吉野郷・高篠《たかしの》郷がある。このうち買田郷は『和名抄』にみえないあらたな郷である。

多度郡には多くの荘園が存在した。平安時代に安楽寿院多度荘・賀茂社領葛原荘・興福寺領藤原荘が成立し、鎌倉時代には善通寺一円保の荘園化、高野山領仲村荘・善通寺領良田《よしだ》荘の立荘をみた。ほかに吉原荘・堀江荘があらわれる。平安時代中に吉原郷・仲村郷・弘田郷、鎌倉時代に生野郷・良田郷・三井郷が史料上にみえる。

三野郡では、平安時代に多くの荘園がたてられた。法金剛院《ほうこんごういん》領二宮荘・同勝間《かつま》荘・蓮華王院領豊福荘・石清水社領草木荘・賀茂社領内海《うちうみ》御厨《みくりや》・摂関家領三崎荘などである。内海御厨は現在の三豊市蔦島《つたじま》付近にあった。鎌倉時代には石清水社領本山荘・同新荘、九条家領詫間荘がたてられたほか、高野山領財田荘があらわれる。郷としては、高瀬郷・西大野郷・詫間郷が鎌倉時代にあらわれる。

豊田郡では、平安時代に八条院領姫江《ひめのえ》本荘・蓮華心院領姫江新荘・石清水社領山本荘が成立し、鎌倉時代に日吉社領柞田《くにた》荘がたてられた。郷は、鎌倉時代に山本郷・紀伊郷・坂本郷・高屋郷があらわれる。

令制上は、備前国児島《こじま》郡に属した小豆島をはじめとする島嶼《とうしょ》においては、小豆島に九条家領小豆島荘、石清水社領の肥土《ひと》・草加部《くさかべ》両荘、池田荘があり、豊島には近衛家領家浦荘があった。直島も近衛家領である。櫃石《ひついし》島は対岸の熊野山領児林《こばやし》荘に含まれていた。

日吉社領柞田荘●

讃岐国の荘園の代表的存在として豊田郡にあった柞田荘を取りあげる。柞田荘は建長二（一二五〇）年十一月の前関白入道九条道家の惣処分帳（「九条家文書」）に初めて名がみえ、その後、同八年に正式に立荘されたたいへん新しい荘園である。現在の観音寺市柞田町一帯を荘域としていた。近世に編纂された古文書集『続左丞抄《さじょうしょう》』に関係文書があり、荘域の詳細を知ることができるので、それにより柞田荘の姿を復元してみよう。

関係の文書は、建長八年八月二十九日に作成された柞田荘の東西南北の境界（四至《しいし》）を定めて境界標識（牓示《ぼうじ》）を打ったことの注文（報告書）と、同荘に属する土地について検地を行いその結果をまとめた台帳（目録）の二点である。なお、注文によれば荘園の絵図も作成されているが、残念なことにこちらは現存しない。この二点の文書からは、この年三月十四日に宣旨により柞田荘の立荘が認められたこと、太政官より官使数名が現地へ赴き、讃岐国衙の在庁官人や荘園がたてられた柞田郷の官人たちを指揮して立荘の作業を進めたこと、荘園領主である日吉社からも使者が派遣されたことなどがわかる。

立荘の作業は荘園となる土地の四至を定めることからはじまり、それぞれの角になる箇所に牓示を打ち、荘域が確立されたところで水田と畠、戸数、網代寄場《あじろよせば》、荒野などについて検地を行い、最後に官使、国使、郷官人、社家らが連署して注文と目録が作成されている。このとき作成された絵図にも彼らの署名があったであろう。

まず柞田荘の四至をみよう。柞田荘は、東側で紀伊・姫江両郷と境を接するが、両郷は苅田河とよばれる川を境界としている。現在の柞田川である。豊田郡の古いよび名である苅田郡の郡名との一致が興味深い。南側は姫江荘である。西は大海すなわち燧《ひうち》灘《なだ》に面する。北側は坂本郷と境を接する。この四至から柞田荘は『和名抄』にみえる柞田郷の地域がそのまま荘園化されたものであることがわかる。

柞田荘の荘域はほぼ四角をなすから、牓示はそれぞれの角に打たれることになる。艮《うしとら》（東北）の牓示から時計回りで巽《たつみ》（南東）、坤《ひつじさる》（南西）、乾《いぬい》（北西）の四カ所である。艮の牓示は、紀伊・山本・坂本三郷と当荘との四つ辻にあたる五条七里一の坪に打たれ、巽のそれは、荘内井下《いのした》村のうち姫江荘との境界となっている道のさらに東南の角に打たれた。

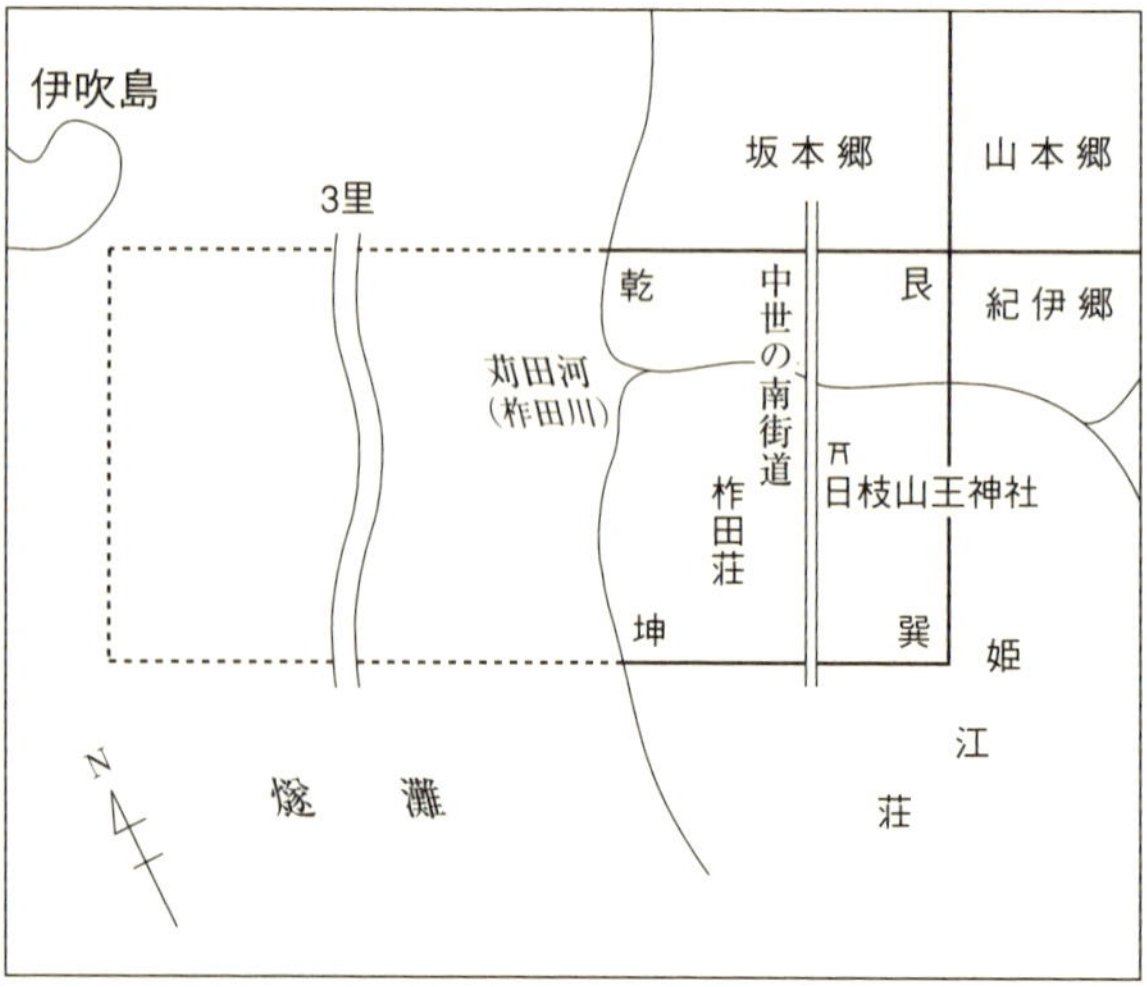

柞田荘概略図

道は荘内に含まれていたからである。坤のそれは、姫江荘内埴穴《はにあな》と当荘内薗生《そのう》村との境である浜に打たれ、乾のそれは、坂本郷と当荘との境である鈎州《かぎのす》浜に打たれた。この牓示については、砂浜のため境界の確認が困難なので、艮の牓示と坂本郷・当荘の境であることが明らかな畦道との二カ所で火を燃やしその煙が一直線上に見通せる浜の上に打つという方法がとられている。

この注文には荘園に属する陸地のみならず海面についても境界が記されている。海面は伊吹島までで三里とされている。当荘が漁業圏をもつ領海である。伊吹島自体はこれ以前から石清水社領であった（「石清水八幡宮記録」）。目録には網を引いたり梁を設けたりする網代寄場《あじろよせば》二カ所もみえ、柞田荘が好漁場である燧灘に面し、海とかかわりの深い荘園であったことがよくわかる。柞田荘には五〇戸の家があり、荘内に水田一二三町余り、畠四二町余りのほかに林野・入江・浜・池沼・河川などがあった。郷がそのまま荘園化した荘園の典型である。当荘の中心地は荘内を縦断する旧南海道に面した日枝山王《ひえさんのう》社がまつられている宇山王の地であろう。立荘にさいして荘園領主と同じ神社を勧請《かんじょう》することは一般的である。

3 守護支配の展開と讃岐国人

細川氏と讃岐国●

建武二（一三三五）年十一月、鎌倉にいた足利尊氏《あしかがたかうじ》が後醍醐天皇の建武政府に対して叛旗を掲げた直後、讃岐国において細川定禅《じょうぜん》が挙兵した。『太平記』によれば、定禅は十一月二十六日、讃岐国鷺田《さぎた》荘で挙兵し、国人の詫間・香西両氏がこれに与《くみ》して宮方の高松三郎頼重《よりしげ》を攻め、緒戦の勝利を得た。定禅には讃

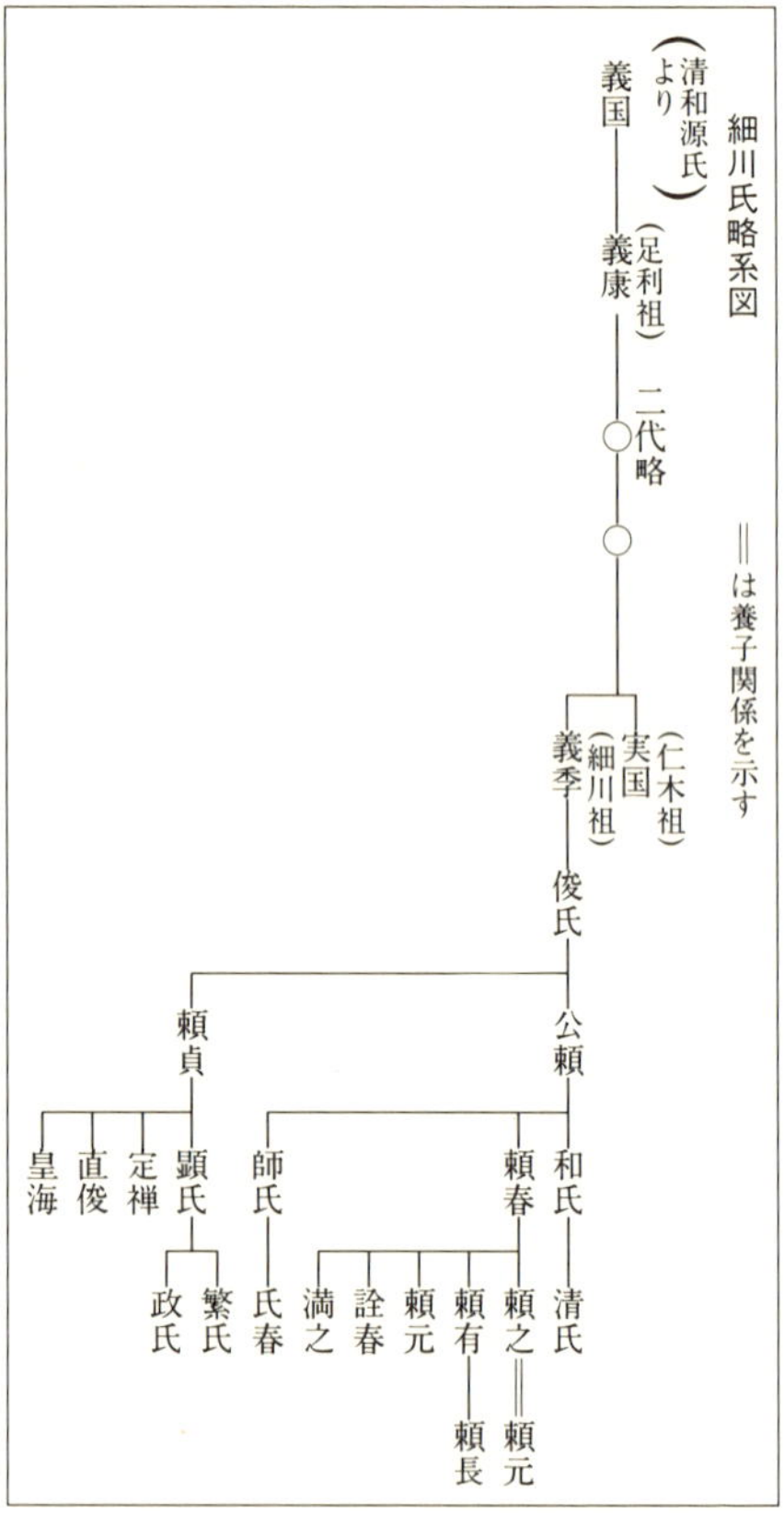

岐の藤・橘両家、阿波の板東・板西の武士がこぞって属したという。挙兵の地とされる鷺田荘は当時の史料にはみえないが、香西氏が参加しており、のちに細川頼之《よりゆき》の知行地としてみえることから香西郡坂田郷に比定される。

細川氏は足利氏の祖義康《よしやす》の曾孫義季《よしすえ》にはじまり、その名字は三河国の細川郷にちなむ。尊氏が叛乱をおこすと、従兄弟関係にある和氏《かずうじ》・頼春《よりはる》・師氏《もろうじ》兄弟と顕氏《あきうじ》・定禅・直俊・皇海《こうかい》兄弟とは、尊氏方として一斉に活動を開始し、近畿・四国などを転戦し軍功を積んで多くの国の守護となった。一族からは幕府の要職である引付頭人・侍所頭人をだし、和氏の嫡子清氏は将軍足利義詮《よしあきら》から幕府執事に抜擢された。ついで、頼春の嫡子頼之が義詮の遺命により管領《かんれい》となり幼い将軍義満を補佐した。

建武三年二月、京都での戦いに敗れて九州へ下る途中、尊氏は山陽・四国の国々に武士たちの統率にあたる国大将を配置した。四国には、先に掲げた細川氏の七人が派遣され、和氏・顕氏両人が国人に対し恩賞を行う権限をあたえられた。以後、二人は連名で下知状を下し、四国の国人武士の掌握につとめた。四月、九州で勢力を回復した尊氏は京都へ上った。途中、四国勢が合流し、摂津国で新田義貞《にったよしさだ》・楠正成《くすのきまさしげ》に率いられた官軍を破り入京した。この年十一月、尊氏は室町幕府を開き顕氏を讃岐守護に任命した。しかし翌月には後醍醐天皇が吉野に移り、南北朝の動乱がはじまる。

南北朝の動乱にさいし、讃岐国人の多くは武家方＝尊氏方についたが、宮方＝南朝方についた国人もいた。『太平記』には、宮方の讃岐国人として羽床氏がみえる。建武四年の三月のころには、三野郡の財田城で宮方が蜂起した。守護の顕氏は代官を派遣するとともに香西氏や秋山氏宛に讃岐の地頭・御家人とともに合戦に参加するよう命じている（「秋山家文書」「西野嘉右

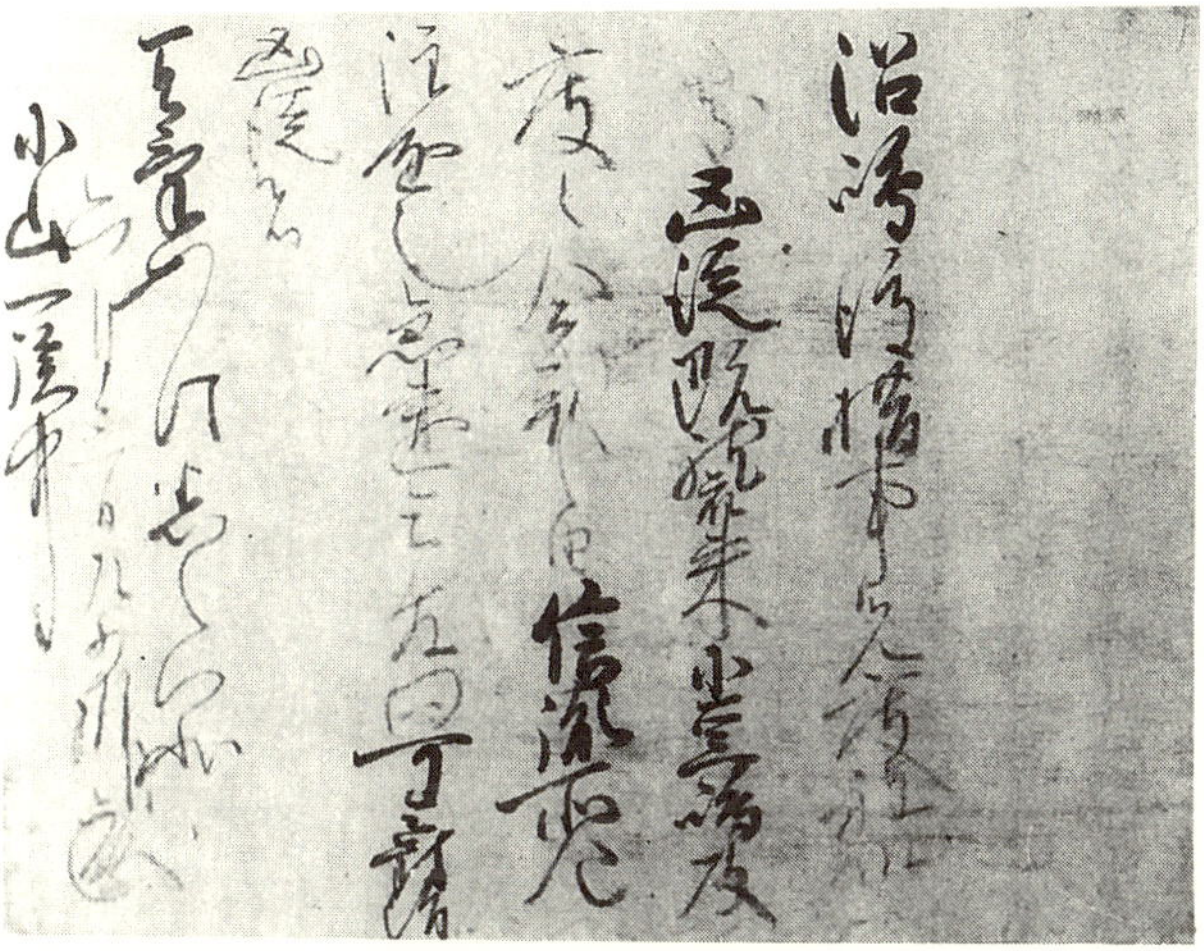
後村上天皇綸旨(「小山家文書」)

衛門所蔵文書」)。小豆島には佐々木信胤がいた。信胤は備前国児島郡飽浦《あくら》の武士で、はじめ尊氏方に属したが、のち宮方に帰順し小豆島に拠った。建武四年の六月初め、信胤は武家方の軍勢が小豆島をおそったことを吉野へ知らせている(「小山家文書」)。

康永元(興国三＝一三四二)年には、宮方の武士脇屋義助《よしすけ》が四国・西国の大将に任命されて伊予国へ下向したが、病を得て急死した。阿波守護で尊氏から四国大将に任じられていた頼春はこの期に乗じて大軍を率い伊予を攻めた。『太平記』には、伊予国千町が原(愛媛県西条市《さいじょう》)での戦いで、頼春の馬廻りは讃岐藤原氏の一族、第二陣は三木氏と阿波板東・板西の武士、第三陣は詫間・香西・橘家・阿波小笠原一族がつとめたと伝える。この伊予進攻により四国の宮方は大打撃をこうむり、讃岐国も武家方の支配下におさまった。

観応元(正平五＝一三五〇)年にはじまった尊氏・直義の兄弟同士の争いである観応《かんのう》の擾乱《じょうらん》にさいして、讃岐守護の顕氏は直義方についた。讃岐国人は顕氏の手に属して上京したが、頼春が四国大将であった関係から、国人のなかには尊氏方の頼春に属したものもいた。文和元(正平七＝一三五二)年二月、直義の死により乱が一応終息すると、宮方と武家方との争いがふたたびはじまった。顕氏・頼春は讃岐・阿波両国の武士を率いてたたかったが、頼春は閏二月、京都で戦死した。顕氏もまた、七月に病死し、阿波・讃岐の守護はともに世代がかわった。

顕氏の死後、讃岐守護となったのは子息繁氏《しげうじ》であるが、ほどなく死去した。その後、阿波守護の頼之の勢力が讃岐へのびてくる。頼之は頼春の嫡子で、当時、中国管領として備前・備中・備後の守護を兼ね、さらに伊予国の守護職も得て、中・四国に大きな勢力をきずいていた。康安二(正平十七＝一三六二)年には、将軍義満の命により前執事で宮方に走った従兄弟清氏を阿野郡白峯の麓で破った。その年、頼之は讃岐守護に任じられた。同じころ、土佐の守護にも任じられ、頼之は四国全体の守護となり四国管領と称された。

貞治六（正平十二＝一三六七）年、頼之は管領となるが、康暦元（天授五＝一三七九）年二月、幕府の諸将に排斥されて管領を辞し、讃岐へ下った。康応元（元中六＝一三八九）年三月、将軍義満は厳島《いつくしま》へ参詣したが、その往復の途中、宇多津にあった頼之の守護所に立ちよった。康暦の政変で都を追われた頼之との関係回復のためである。このとき今川了俊《りょうしゅん》が記した紀行文「鹿苑院殿《ろくおんいんどの》厳島詣記」には、中世の宇多津の景観が描かれている。この和解により、頼之は幕府に復帰した。讃岐国での動乱もようやく終息し安定期にはいった。

京兆家の讃岐支配●

室町時代を通じて讃岐国の守護職は細川氏が世襲した。明徳二（元中八＝一三九一）年に上洛した頼之は、弟で養子とした新管領の頼元を補佐し、明徳の乱においては一族を率いて大功をたて、丹波《たんば》国を分国に加えた。翌年三月死去ののちは、頼元がその守護国を継承した。

頼元以降、細川氏宗家《そうけ》の当主は代々、右京大夫を官途としたので、京職の唐名により京兆《けいちょう》家と称された。京兆家当主は讃岐・摂津《せっつ》・丹波・土佐の四カ国の守護を世襲し、管領に任ぜられる家格であった。頼元のあと、満元・持之・勝元・政元とあいついで管領となった。この京兆家を中心として、阿波守護家・備中守護家・淡路守護家・和泉半国守護両家などの庶流が同族連合を形成し、幕府内において有力な地位を占めた。

細川氏は分国においては、国人の守護被官化を押し進め、鎌倉時代以来の被官に加えて近臣団ともいうべき内衆を形成し、奉行人・守護代などに取り立てて家政ならびに分国の政務を分担させた。こうした一族の強い結合と国人の登用により、細川氏の分国支配は比較的安定しており、応仁の乱後まで内訌を引きおこすことはなかった。

守護代は一般に守護の一族や被官から登用され、任国において守護の職権を代行する代官である。讃岐国の場合、南北朝時代、顕氏が守護の時期には被官の秋月・柴島両氏などが守護代として在国していた。頼之の時期にはその弟頼有が守護代をつとめた。室町時代には守護の京兆家が管領となる家柄であったため、守護本人が現地へ下ることはほとんどなく、被官からなる守護代が常におかれていた。

応永年間（一三九四〜一四二八）初頭から讃岐国では両守護代制がとられ、安富・香川両氏が讃岐国をなかばずつ担当するという特異な支配方式が行われた。ところが、この両氏は京兆家の家臣団のなかでも内衆クラスの重臣であったため、守護代もまた在京することが多く、讃岐現地にはその代官（又代官）が下る場合が多かった。たとえば、応永年間の守護代安富宝城と又代安富次郎左衛門入道、同じく香川元景《もとかげ》（通川）と又代香川修理亮《しゅりのすけ》の場合のように、幕府や守護からの命令は守護代にあてられ、さらに守護代は一族の武士で現地に滞在する又代に対して施行《せぎょう》するという関係にあった（「醍醐寺文書」「石清水文書」）。

『蔭凉軒日録《いんりょうけんにちろく》』の明応二（一四九三）年六月十八日条には伝聞として「讃岐国は十三郡なり。六郡は香川これを領すなり。……七郡は安富これを領す。……小豆島亦安富これを管すと云々」とみえる。安富・香川両氏が讃岐国の守護代として分郡支配を行っていたことを示す。安富・香川両氏による複数守護代制については、『宣胤卿記《のぶたねきょうき》』や「二宮記録」（『香川叢書』第二）などさまざまな史料から確認できる。彼ら

❖コラム

貧乏な讃岐国人

讃岐国人の都での暮らしぶりにかかわって『蔭凉軒日録《いんりょうけんにちろく》』の文正元(一四六六)年閏二月七日条につぎのような話がのっている。

浦上来話のついで、予に語りて曰く、細川殿被官名字麻と曰うなり。讃岐人なり。京に在りて尤《もっと》も貧乏たり。仍《よっ》て早飯。スキナと云う物味噌《みそ》物にしてこれを喫《くち》いて朝夕を送る。仍て同朋これを見、これを笑う。仍て一首歌を詠みて曰く。侘《わ》び人は　春こそ秋よ　中々に　世をばすぎなの　有るに任せて　岩栖院殿、この歌を聞きて、これに感ず。よって旧領を返さる。尤も一時風流の事なり。これ真俗の亀鑑《きかん》たるべきなり。

有馬温泉に逗留中の筆者を訪ねてきた摂津守護代の浦上氏の話によれば、細川殿の被官に麻という讃岐国人がいるが、在京の武士たちのなかでもっとも貧乏であり、毎日「すぎな」(「つくし」のこと)を味噌あえにして食べ命をつないでいる。そこで同僚たちがその姿をあざわらったところ、一首の歌を詠んだというのである。なかなか機知に富んでいたので、主人の細川満元は感じるところがあり、麻氏へ旧領を返したという。満元が讃岐守護であったのは応永年間(一三九四〜一四二八)のことであるから、この話はそのころのことになる。京都の八坂神社に残された明徳四(一三九三)年九月六日や応永元年九月四日の室町将軍家御教書によれば、麻近藤入道は社領三野郡西大野郷に対する濫妨《らんぼう》を幕府へ訴えられている。おそらくこのこととかかわって所領没収のうき目をみたのであろう。

は両守護代とよばれ、安富氏は綾南条郡から大内郡に至る七郡と小豆島、香川氏は綾北条郡から豊田郡に至る六郡を管轄していた。

安富氏の本姓は紀氏で、守護代としては安芸守《あきのかみ》盛家《もりいえ》（宝城）・筑後入道智安・筑後守元家などがみえる。元家は近江国の守護代をつとめるなどして京兆家をささえたが、永正元（一五〇四）年、宇治川で戦死した。香川氏は本姓平氏でその名字は相模《さがみ》国大庭《おおば》御厨内の香川郷にちなむ。守護代としては帯刀《たてわき》左衛門尉（下野《しもつけ》守）元景、実名不詳の上野介、五郎次郎和景、孫房（備中守）元景、五郎次郎（上野介）満景などがいた。応仁の乱中に惣領家は断絶した（『大乗院寺社雑事記』）。

両守護代制は、讃岐国が京兆家にとってその本国的存在であったという重要性がもたらしたものである。ほかの京兆家分国では郡ごとにおかれた守護代はいるが、讃岐国のように一国を二分するほどの規模のものはない。京兆家は讃岐国を二分することにより、相互に現地での勢力伸長を規制させ、守護への求心力を強めさせたのであろう。

京兆家と讃岐国人●

室町時代の守護は分国の国人《こくじん》を被官《ひかん》（家臣）化することにより、守護支配を安定させるとともに、みずからの家臣団を編成した。一方、国人たちは守護の被官となることにより、所領支配の安定と荘園領主や国衙の権力からの保護を期待した。守護被官となった国人は、守護の分国や所領の代官をつとめ、あるいは守護に近待して内衆や奉行人としてその家政に参加して主人に奉仕した。その見返りとして守護から所領安堵をうけ、また、その口入《くにゅう》（斡旋）により荘園や公領の代官職を請け負うなどの御恩をこうむった。

讃岐国の国人で室町時代に守護の被官化したものは多数にのぼる。まず、守護細川氏の守護代や料所の代官として名のみえるものに、山田郡十河郷の国人十河氏、香西郡を本拠とした香西氏がいる。十河氏は、南北朝時代にはすでに細川頼之の伊予国での代官となっていた（「国分寺文書」）。室町時代の応永年間（一三九四〜一四二八）には、満元の奉行人や摂津守護代としてあらわれる。また、『兵庫北関入船納帳《ひょうごきたせきいりふねのうちょう》』によれば、山田郡潟元《かたもと》の浦代官をつとめていた。

香西氏は、応永二十一（一四一四）年に丹波守護代として豊前入道常建《じょうけん》の名がみえるのが被官としての初見である（「東寺百合文書」）。『康富記』の同二十九年六月八日条には、「細川右京大夫（満元）内者香西、今日死去すと云々。丹波国守護代なり。六十一と云々。」とみえ、常建は京兆家被官のなかでも内衆クラスの重臣となっていたことが知られる。丹波守護代の職はその子豊前守元資《もとすけ》（豊前入道常慶）がついだが、『満済准后日記《まんさいじゅごうにっき》』の永享三（一四三一）年七月二十四日条によると、将軍足利義教の不興をかって守護代を罷免されている。このとき同時に京兆家領の香西郡坂田郷の寺家代官職も罷免された（「御前落居記録」）。また、あとでふれるように嘉吉年間（一四四一〜四四）には守護料所三野郡仁尾浦の浦代官をつとめていた。

この両氏の例にみるように、讃岐国人で京兆家分国の守護代に登用されたものは、他国の守護代に任命されている。これは京兆家の分国支配方式の特徴の一つである。国人を本国の守護代に任命した場合、守護の権力を背景に現地において独自の権力をきずき、守護の勢力をしのぐ可能性があったためである。

十河・香西両氏のほかに室町時代中に守護から所領の安堵をうけ、被官とみなされるものに、善通寺誕生院の院主の歴代、香東郡井原荘の国人由佐《ゆさ》氏、寒川郡の郡名を負う国人寒川氏、三野郡二宮・麻付近を本拠とした国人麻近藤氏がいた。

守護代の一族や京兆家の被官化した国人の多くは、守護の口入により京都・奈良の諸大寺社の讃岐国内にある所領の代官職を請け負った。荘園領主にしてみれば、守護から代官の身元保証が得られるわけであり、また、守護にとっては被官に代官職を斡旋することにより主従制を強めることができるのである。

讃岐国においての代官職請負の例をいくつか掲げる。南北朝時代の応安二（正平二十四＝一三六九）年に、大内郡与田郷下村の領主は当時管領であった頼之との契約に基づいて沙弥《しゃみ》宝教《ほうきょう》に代官職を請け負わせている（『讃岐志』所収文書）。頼之はこの年九月には三野郡西大野郷の代官職をめぐる前代官近藤国頼と領主祇園社との争いに介入し、国頼に請け負わせることで和解させている（「八坂神社文書」）。守護による口入は荘園領主と国人間の争いを調停するための一つの方法ともなっていた。

嘉吉の乱を境として幕府の権威が低下しはじめると、守護口入の代官請負地であっても、被官が年貢の未進（滞納）を続け、ひいては押領するに至る事態が急増した。香西氏による醍醐報恩院領綾南条郡陶保の代官職請負はその好例である（「醍醐寺文書」）。守護の口入による年貢納入の保証は幕府権力を後ろ楯としていたため、それが弱体化すると必然的に代官の横暴を招いたのである。

港と島々の支配

流通経済の急速な発展をみた室町時代においては、海陸の交通を支配することは分国支配のうえで必須の要件となった。讃岐守護細川氏は、鎌倉時代以来の守護所の所在地である宇多津を讃岐国支配の拠点としたが、国内の港津と主要な島嶼を料所として直接統治下におき、国内外にわたる交通のネットワークを形成した。

文安二（一四四五）年から翌三年にかけて記された摂津国兵庫関の関税台帳である『兵庫《ひょうご》北関《きたせき》入船《いりふね》納《のう》

帳《ちょう》』によれば、管領の船として関税を免除されている国料船は、讃岐国では、山田郡の庵治《あじ》・潟元《かたもと》、鵜足郡宇多津、多度郡多度津の四港におかれていた。これらの船は港ごとに定められた代官の安富・香川・十河三氏の管理下にあった。ほかに関税免除の特権をもつ管領の過書船《かしょぶね》もあり、こちらは大内郡の三本松と鵜足郡塩飽の船であった。

室町時代の末期までに京兆家は、東は三本松から西は多度津に至る諸港に持ち船や守護の用事をつとめる船を配置していたのである。それが船の配置だけでなかったことは、志度湾を望む寒川郡志度荘や三野郡仁尾浦の例から知ることができる。長禄四（一四六〇）年には、守護代安富智安は又代官に対し守護料所志度荘の国役免除を命じており（「香川県教育委員会所蔵文書」）、仁尾浦は応永年間（一三九四〜一四二八）から守護料所であった（「仁尾賀茂神社文書」）。港や浦は守護の料所として代官がおかれ守護の直接統治下にあった。

守護領の配置から京兆家による海上交通の支配を概観してみる。この守護領とは守護が管国内に有した活動の基盤としての所領をいう。頼之の所領として確認されるものには、香西郡坂田郷、那珂郡小松荘・同金武名、同郡高篠《たかしの》郷、備前国児島郡小豆島がある。つい

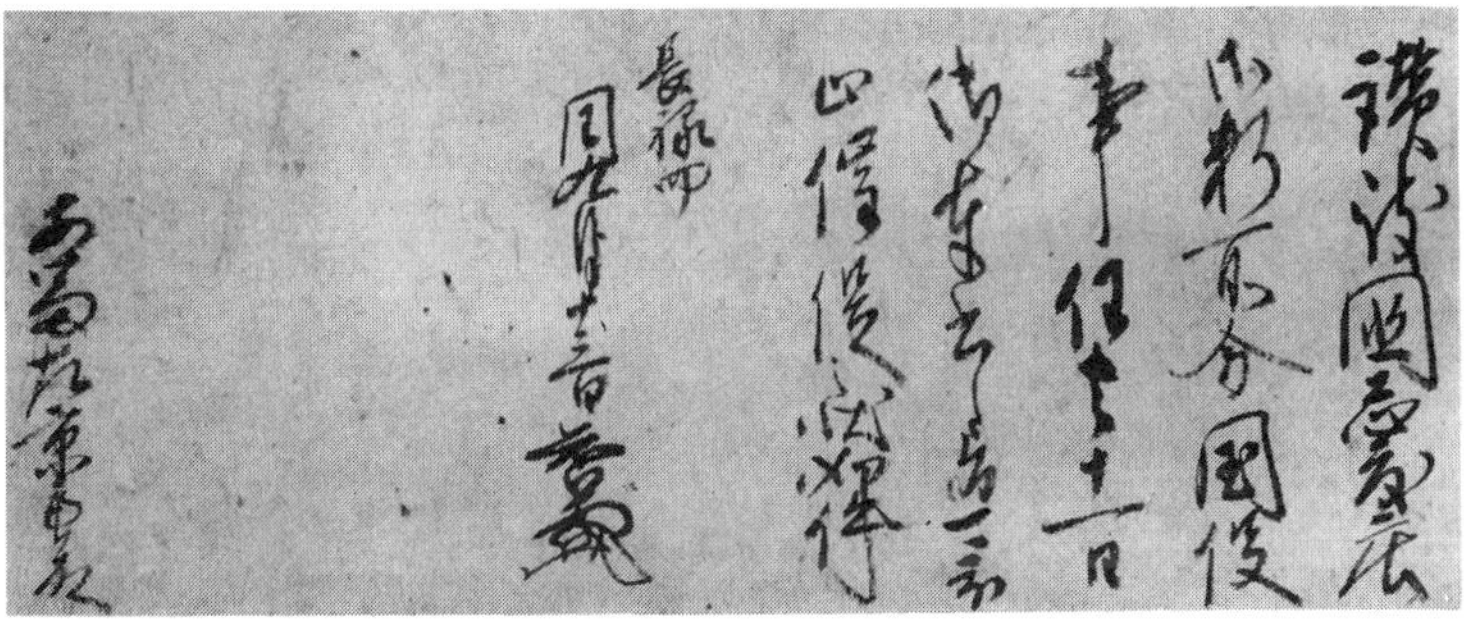

安富智安施行状

で、頼元以降政元に至る京兆家の時代に守護料所として前述の寒川郡志度荘、三野郡仁尾浦のほかに鵜足郡塩飽島がみえる。

小豆島はもともと備前国児島郡に所属するが、応永年間には児島郡とともに讃岐守護細川氏の所領となっており、安富氏の管轄下にあった（「東寺百合文書」）。塩飽島については、時代は下るが永正五（一五〇八）年のころには、京兆家の料所であったことが確認される（「屋代島村上文書」）。文明年間（一四六九〜八七）には安富氏の管轄下にあった（「東大寺文書」）。その具体的なようすについては別にのべたい。

室町時代には、京兆家は讃岐国の港津や島嶼に代官をおき直接支配を行うとともに、対岸の備前国児島郡や小豆島を守護領として支配していた。これらの港や島々を拠点として、京兆家は瀬戸内海の海上交通の要衝備讃瀬戸を押さえていたのである。さらに京兆家の守護国である摂津・阿波両国、一門が守護をつとめる和泉《いずみ》・淡路・備中などの国々の位置を考えれば、瀬戸内海の東半分の制海権は京兆家がにぎっていたといえよう。

仁尾浦神人と代官香西氏●

仁尾浦は、現在の三豊市仁尾町に位置した。寛治四（一〇九〇）年に白河上皇が鴨御祖社《かものみおや》（下賀茂社）へ寄進した内海御厨はこの地にあった（「常徳寺文書」）。三豊市の賀茂神社はこの縁により勧請されたものであろう。中世には、仁尾浦の漁民たちは本社賀茂社の神人・供祭人・供御人と称し、賀茂社の保護をうけるとともに供祭物を京都へおさめていた。嘉吉元（一四四一）年六月におこった赤松満佑《みつすけ》による将軍足利義教の殺害に端を発した嘉吉の乱がおわってほどないころ、仁尾浦の神人たちは守護細川氏に対し、自分たちの無実を釈明するとともに浦代官香西豊前の非法を訴えた（「仁尾賀茂神社文書」）。その大意をのべればつぎのようである。

「今度の御大儀」すなわち嘉吉の乱にさいし、守護代香川氏の又代官である香川修理亮の命により軍勢を上洛させるため船二艘をだしたが、それは神人側の過ちだと代官香西豊前にとがめられ、船頭を拘禁され船を差し押さえられてしまった。困っていたところ、香西五郎左衛門が香西方へ船をだすことは守護の決定を待てばよいと書面で伝えてきたのでその決定を待っていたところ、守護より出船の遅延を叱責されてしまったという。

もともと仁尾浦の神人は、有事にさいしては浦代官香西氏の指揮にしたがい兵船をだしていたが、今回は守護代の命令により出船したので、香西氏の反発を招いたというのがこの事件の原因であろう。末尾に「前々御用に罷《まか》り立つの時は、御感の御判を頂戴《ちょうだい》仕《つかまつ》る」とみえることから、神人たちは守護の「御用」をつとめる存在であったことがわかる。

翌二年十月、神人たちはふたたび守護に訴えた。その訴えによれば、仁尾浦は守護料所であって、細川頼之以来、この年六月に死去した持之に至るまでのあいだ「御判」をうけ、平時には賀茂神社の神人として守護の安泰を祈り、有事には兵船をだしていたことが知られる。

この「御判」にあたるものについては仁尾賀茂神社文書中に明治年間（一八六八～一九一二）の写しが存在する。それによれば、仁尾浦供祭人にあてた永徳三（弘和三＝一三八三）年の頼之（常久）の文書と、厳栖院殿《がんせいいんでん》とよばれた細川満元の応永年間（一三九四～一四二八）の文書二点が存在したことが知られ、とくに最後の文書は兵船をだしたことについて褒賞したもので神人を安堵《あんど》している。この文書の原本にあたるものが東京大学史料編纂所の影写本中に存在する（「佐藤行信氏所蔵文書」）。さらに、写しのなかにはないが持之の書下も含まれている。

　これらの文書からは、仁尾浦の神人たちが、応永二十七（一四二〇）年の朝鮮回礼使の来日や永享六（一四三四）年の幕府遣明船の帰国にさいしてその護衛にあたるための兵船をだしていたことがうかがわれる。朝鮮使宗希璟による紀行文である『老松堂《ろうしょうどう》日本行録《にほんこうろく》』には、兵庫津からの帰路、海賊の根拠地とされる備前国下津井から備後国尾道に至るあいだに護送のため「騰資職」という役人が乗り込んできたことが記されている。騰は藤原の姓を中国流に表現したものである。資職の職は人名としては「もと」と読むのが一般的である。つまり、この護送役人は藤原資職という武士であったとみられる。仁尾浦の神人もこのとき護送に動員されたのであろう。

　仁尾浦の代官香西氏については、神人たちの訴えから、嘉吉元年十月に当時の代官香西豊前の父が死去したことが知られる。香西氏で豊前守あるいは豊前入道を通称とする流れは、丹波守護代で、香西郡坂田郷や綾南条郡陶保の代官職を請け負っていた常建・元資（常慶）父子の系統であ

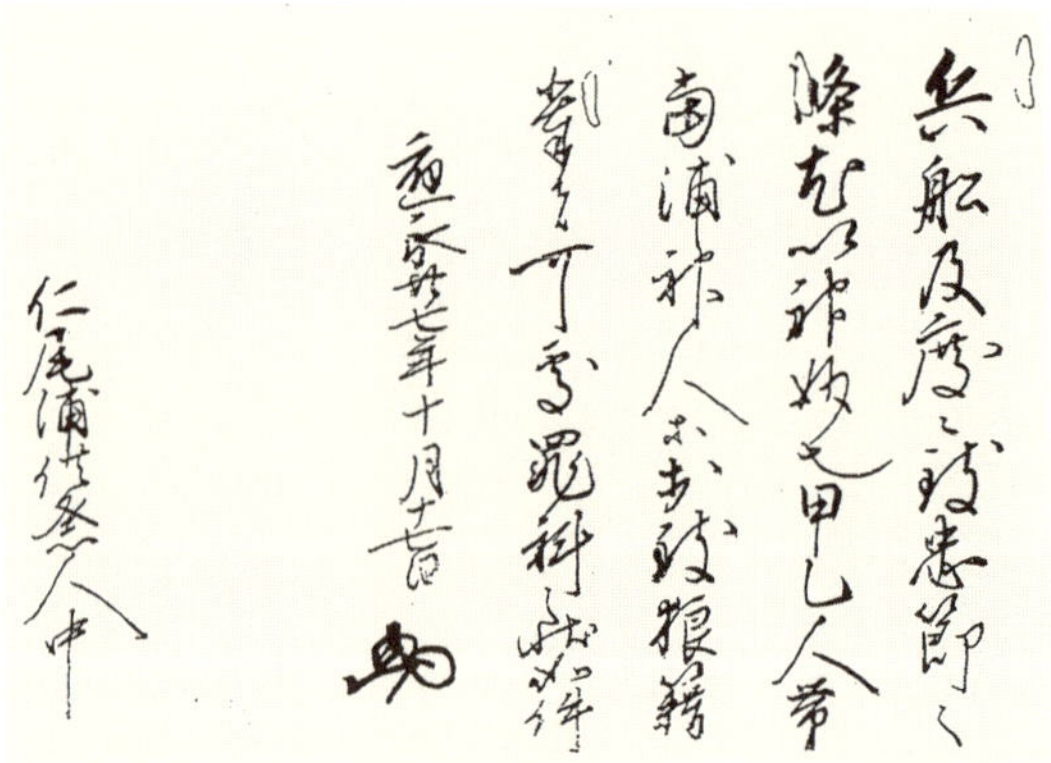

細川満元書下（東京大学史料編纂所影写本）

る。常建は応永二十九年に死去し、子の豊前守元資は、永享三(一四三一)年に将軍義教から失政をとがめられて罷免されている(田中健二・大薮典子「細川家内衆香西氏の系譜について」『香川史学』一七号)。嘉吉元年に死去した代官香西豊前の父はこの常慶であろう。

4 内海水運の発達と讃岐の港

『兵庫北関入船納帳』●

讃岐国は、原始以来重要な海上の道であった瀬戸内海に面し、この海と淀川水系の河川を利用することにより奈良・平安の都と直結していた。讃岐国には多くの港があり、頻繁に船が出入りして都へ、また都から人びとや物品を運んでいた。

昭和五十六(一九八一)年、『兵庫北関入船納帳』(中央公論美術出版)が公刊された。これは室町時代後期の文安二(一四四五)年正月から翌三年正月のあいだの兵庫北関の通関記録である。兵庫津は現在の神戸港の前身で、当時は南北に関が設けられ、入港する船から船体や積荷の量に応じた関銭《せきせん》(関税)を徴収していた。中・四国、九州の船はここで関銭をおさめることになっていた。この帳簿には、毎日の入船分について、その船の所属地(船籍地)、積載品目と数量、関銭の額と納入月日、船頭と船主(問丸《といまる》のちの船問屋)について記されている。この内容を分析するといろいろなことがわかってくる。

船籍地は、大阪湾から関門海峡にわたって分布するが、備後と讃岐のあいだ(備讃《びさん》間)で東西に分けることができ、備讃以東は密、芸予《げいよ》(安芸と伊予)以西は疎という特徴がある。この特徴を船の規模と関連づけてみると、兵庫津から遠距離に位置する国ほど規模は大きい。瀬戸内海にかぎれば、一〇〇石以下の小型船の占める割合は、備讃以東に大きく、芸予以西に小さい。また、入船回数をみれば、備讃以東の船は多く、芸予以西の船は少ない。すなわち、瀬戸内海の水運は兵庫津との結び付きからいって、小型船が主で頻繁に運航する東瀬戸内海型と、大型船が主で運航回数は少ない西瀬戸内海型とに分けられる。なお阿波・土佐両国は西瀬戸内海型に近い。この違いは、兵庫津とそれぞれの港との距離の差から生じたものである。

積荷欄に備後・阿賀（英賀）・小島（児島）・三原・島（小豆島）・タクマ（詫間）・方本《かたもと》（潟元）・塩飽《しわく》など、地名が記されている場合がかなりあり、研究者はこれを地名指示商品と仮によんでいる。その多くは塩の積み出し港であり、また、中世の塩業地として著名なところが含まれている。さらに単位は「石」である。これらの点から地名指示商品は塩と判断される。

地名指示商品のうち方本は、方本（現在の高松市屋

「兵庫北関入船納帳」（燈心文庫）

島西町）の船で運ばれることはなく、周辺の港の船が運んでいる。これは、方本で生産された塩を方本の船が運ぶ場合には、方本産の塩であることは明らかであるから積荷欄には塩と記し、それ以外の船が運ぶ場合には、方本産の塩であることを示すために方本と記したものであろう。つまり、方本でとれる塩が良質のものであるため、地名のブランド化がおこったものといえる。

地名指示商品とそれを運ぶ船との関係を右のように考えれば、それぞれの港の性格がみえてくる。たとえば、方本の船はもっぱら方本の塩を運び、ほかで生産される地名指示商品を運ぶことはない。つまり方本は積み出し港的港であった。逆に、宇多津・牛窓《うしまど》・連島《つらじま》（現在の倉敷市内）などの船は塩と明記された積荷を運ぶことはないにもかかわらず、広い範囲にわたって各地の地名指示商品を兵庫津へ輸送している。これらの港は、みずから集荷したり、ほかの港と兵庫津を中継したりする貿易港的港であった。

讃岐の港と船●

『兵庫北関入船納帳』から知られる讃岐国の港の配置と船の動きについては、橋詰茂氏の「『兵庫北関入船納帳』に見る讃岐船の動向」（『香川史学』一三号）にくわしい。港は東から、島（小豆島）、引田、三本松、鶴箸（鶴羽）、志度、菴治・阿治（庵治）、方本、野原（高松城下の旧称）、香西・幸西、平山（宇多津町平山）、宇多津、塩飽、手島、多々津（多度津）、佐柳、丹穂（仁尾）、観音寺がみえる。ほぼ東讃から西讃までの全域と島嶼部《とうしょ》に分布する。船は一〇〇石以下の小型船が多く、東瀬戸内海型の典型をなす。ただし小豆島と方本には五〇〇石以上の大型船がいた。

積荷は塩が群を抜いて多い。塩と明記された積荷を運んだ船の各港ごとの合計は、小豆島船が五三〇〇石余り、塩飽船がほぼ五〇〇〇石、方本船が二三〇〇石余り、引田船が五〇〇石余りであり、当時、讃岐国が全国的にみても有数の塩の生産地であったことを示している。

地名指示商品については、宇多津船の活躍が目立つ。同地の船は国内の詫間・方本・塩飽でつくられた塩だけではなく、備後国や備前国児島の塩も運んでおり、合計は四〇〇〇石を超える。ついで隣接する平山の船も詫間・児島の塩を二三〇〇石ほど運んでおり、守護所のおかれていた宇多津は相当に繁栄していた港町であった。また、対岸の備中国連島および備前国牛窓からは小豆島などの塩を積んだ船が多数兵庫津にはいっている。塩飽船もまた多くの塩を運んでいたことをあわせると、備讃瀬戸に位置する諸港の賑わいがわかる。この地域は、東瀬戸内海型と西瀬戸内海型の水運の接触地帯として中継貿易のための港が発展したのである。

塩飽船と塩飽衆●

本島を中心とする塩飽諸島は備讃瀬戸の中央部に位置する七つの島からなる。塩飽船の動きがはじめて知られるのは『兵庫北関入船納帳』においてである。文安二（一

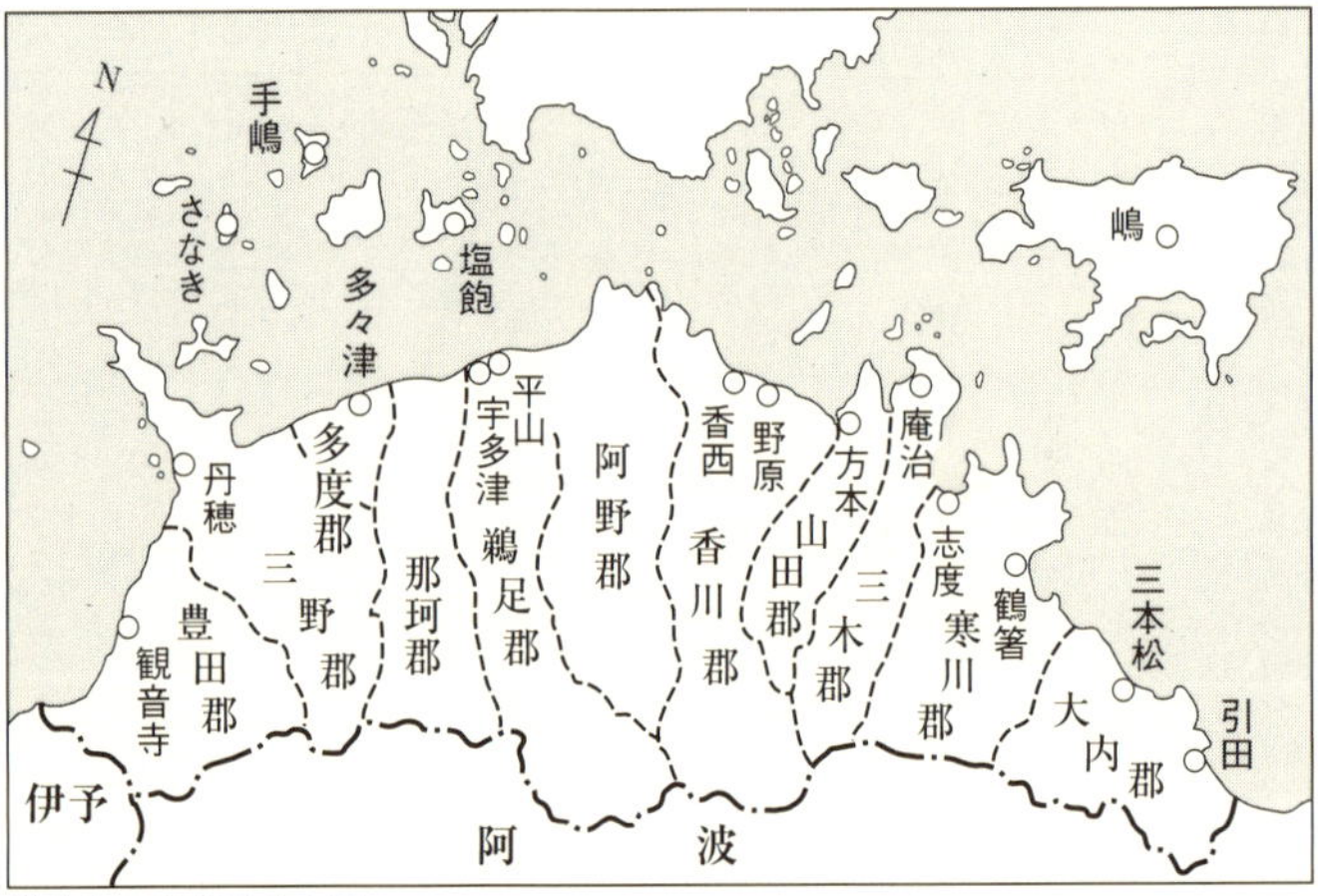

讃岐船の船籍地分布図

四四五）年正月から翌年正月までのあいだに塩飽船は延べ三七回兵庫津へ入港しており、讃岐国の船としては宇多津船の延べ四七回につぐ高い頻度である。積荷の量でみるかぎり五〇〇石以上の大型船はない。積荷のほとんどは塩であるが、米・麦・豆・ゴマなどの穀物類も運んでいる。また、塩飽船のなかには、当時の管領細川勝元《かつもと》が積荷についての関銭免除の特権を認められた過書船もおり、このころすでに塩飽は京兆家の保護下にあったとみられる。

文明五（一四七三）年十二月に至って、勝元は兵庫津の関銭を元のように支払わせることを塩飽島中に伝えるよう安富元家に命じ、元家は代官安富左衛門尉にその旨を伝達している（「東大寺文書」）。この命令系統から、塩飽島は京兆家の料所であり、讃岐国の両守護代のうち、安富氏が担当していたことがわかる。鎌倉時代以来、兵庫津は奈良の東大寺や興福寺春日社などが管理しており、港の必要経費を引いた残りの関銭はこれらの寺社の費用にあてられていた。そのため、これらの寺社は関銭を減少させないため、免除特権をもつ国料船や過書船の限定とその拡大適用の防止をたびたび幕府へ訴えていた。塩飽船の過書停止もその一例であろう。

文明十年二月には、関銭の減少に業を煮やした東大寺は塩飽船以下の過書停止を恫喝《どうかつ》の手段として関銭の徴収に成功し、支払わなかった船を差し押さえている。これに対し、塩飽船の問丸とみられる塩飽雑掌《ざっしょう》の道光左衛門尉は過書停止の取り消しを浦々の応援を得て幕府に訴え出、関係者に金品を渡して工作を行った。結局、これは功を奏さず、過書は停止され、四月には安富元家が塩飽浦へ伝達することになった（「多聞院日記」）。

永正五（一五〇八）年管領となった細川高国《たかくに》は、大内義隆の上洛にさいし警護役をつとめた功績により伊予国能島《のしま》の村上隆勝を塩飽島の代官に任命した。能島村上氏は水軍として著名な三島村上氏であり、その制海権は西は豊後水道から周防灘《すおうなだ》、東は備前国児島にまでおよんでいた。塩飽浦の人びと—塩飽衆は能島村上氏の配下としてその勢力の一端をになうことになったのである（「屋代島村上文書」）。

塩飽衆は、大内氏の明との貿易にさいして警護にあたり、また永正十七年大内氏が朝鮮へ兵船をだしたさいにも加わったという（『南海通記』）。のち元亀二（一五七一）年の備前国児島においての毛利氏と阿波・讃岐衆を率いる三好氏との合戦においては三好軍の渡海役をにない、ついで毛利氏による能島攻めにさいしては村上氏へ兵糧《ひょうろう》を届けている（『萩藩閥閲録』所収文書）。戦国期における塩飽衆の活動は兵船を提供しての警護と軍勢や兵糧の輸送にほぼかぎられる。もともと塩飽衆は瀬戸内海での商業活動に従事していた人びとであり、兵船の提供は有事にかぎられたものであろう。

元亀元年にはじまった石山本願寺と織田信長の戦いの最中の天正五（一五七七）年三月、信長は堺の津へ上下する塩飽船の航行の安全を保障している（「塩飽人名共有文書」）。毛利軍の一翼をになって本願寺側についた塩飽衆を取り込むための方策であろう。同十三年、豊臣秀吉が土

織田信長朱印状（天正５年３月26日付，「塩飽人名共有文書」）

佐の長宗我部元親《ちょうそかべもとちか》を討つため四国遠征を行ったさいにはその部将小西行長《ゆきなが》が塩飽を統治しており、その代官が船の準備のために滞在していた(「イエズス会日本年報」)。翌十四年には塩飽年寄中は秀吉から九州攻めに要する五〇人乗りの船一〇艘と水夫の提供を命じられており、塩飽衆が新しい体制のなかに組み込まれたことがわかる(「塩飽人名共有文書」)。

5 讃岐の戦国

讃岐国人の活躍●

応仁元(一四六七)年五月にはじまった応仁の乱にさいしては、讃岐国は東軍の主将細川勝元の分国であったため、香西氏をはじめ多くの国人が都での戦いに加わった。六月には両守護代の安富・香川の代官が兵を率いて上洛している(『編年雑纂』所収文書)。文明五(一四七三)年五月に勝元が没すると京兆家は嫡子政元がついだ。

乱後の明応二(一四九三)年四月、政元は将軍足利義材《よしき》(義稙《よしたね》)を廃し、ついで幕府内でもっとも強力な対抗勢力であった畠山政長《まさなが》を滅ぼして、みずからの政権を樹立する。この政権を細川政元政権とよぶ。将軍をロボットとする政元政権のもとでは、幕府政治の専制化が進んだが、一方では守護代クラスの内衆が台頭し、畿内や分国の国人を率いて政権内部での権力争いを繰りかえした。しだいに内衆は政元の養子、澄之《すみゆき》と澄元《すみもと》の両派に分裂し、その派閥抗争から永正四(一五〇七)年六月、澄之は政元を殺害する。この政元政権の崩壊以後、京兆家の家督も名目的なものとなった。

讃岐国では、政元政権成立からまもない明応四年三月に「讃岐国蜂起」という事態が生じている。鎮圧にむかった讃岐出身の内衆牟礼《むれ》父子が攻め殺され、守護代安富氏は政元に下向を願いでたが慰留された(『大乗院寺社雑事記』)。さらに永正二年五月には、両守護代の安富・香川と細川氏の一門が讃岐へ進発したが数百人を討たれてしりぞいたという(『後法興院記』)。

当時の讃岐国の情勢を京都相国寺《しょうこくじ》の鹿苑院《ろくおんいん》蔭涼軒《いんりょうけん》の軒主が記した『蔭涼軒日録《にちろく》』でみよう。蔭涼軒に出入りする職人のなかに塗師の羽田(花田)源左衛門尉《げんさえもんのじょう》というものがいて、讃岐にかかわる噂話《うわさばなし》をよく伝えてくる。政元政権の成立からほどない明応二年六月十八日には、つぎのような話をした。

讃岐国は一三郡あって、そのうち六郡は香川氏が管轄し、つきしたがう寄子《よりこ》衆はみな所領は小さいが香川によくしたがっている。七郡は安富氏が管轄している。国衆は所領の大きいものが多い。しかし、香西党を代表としてみな好きに振るまっており、安富氏にしたがわないものが多い。また小豆島は安富氏の管轄下にある。讃岐国の両守護代安富・香川両氏に関する話である。羽田の話によれば、香川氏の管轄地域には所領の小さいものが多く、よくおさまっているが、東方の安富氏の管轄地域には所領が大きいものが多くて香西氏をはじめとする国人の統治は困難であるという。

この時期、香西氏の惣領であったとみられる又六元長は、政元の内衆のなかでも重臣の位置を占めており、明応六年には幕府の膝元である山城国《やましろのくに》の守護代となるなど、讃岐守護代の安富氏と並ぶ権力をもっていた。それをささえたものは讃岐藤原氏の勢力であった。『蔭涼軒日録』の長享三(一四八九)年八月十二日条には、同じく羽田の話として、「香西党ははなはだ多衆なり。相伝えて云く、藤家七千人、自余の諸侍これに及ばず。牟礼・鴨井・行吉等、また皆香西一姓の者なり。只今また京都に相集まる、則ち三百人ばかりこれ有るか」とみえる。香西氏は在京の一族を都での活動の軍事的基盤としていたのであるが、その勢力はさらに国元の讃岐藤原氏によりささえられていたのである。

永正四年の政元暗殺事件は京兆家の内部分裂であり、畿内・近国の国人による抗争の結果であった。政元には実子がなく、前関白九条政基《くじょうまさもと》の子澄之と阿波守護細川成之の孫澄元を養子としていたが、内衆たちは家督相続の思惑から両派に分かれた。『宣胤卿記』や『実隆公記《さねたかこうき》』などの貴族の日記によれば、その概要はつぎのようである。

六月二十三日夜、政基は被官竹田孫七に殺害された。京中騒動するなか、翌日昼、山城守護代の香西又六元長らが嵯峨から数千の兵を率いて、澄元の邸宅をおそった。このとき元長の兄弟彦六と孫六とが戦死し、澄元は三好之長らと近江国へ逃れた。事件の発端は、澄之の家督相続がくつがえされた恨みによるものという。七月八日、将軍足利義澄は澄之を京兆家家督と認めたが、八月一日は澄元派が逆襲し、細川氏一門の政賢、高国、淡路守護らが澄之邸に押し寄せ自殺させた。このとき、元長は、摂津守護代の薬師寺氏、讃岐守護代の安富・香川両氏などとともに澄之方として討ち死にしている。翌二日、入京した澄元は将軍に拝謁し家督を相続した。

この事件の結果、香西氏や安富・香川両守護代など都での讃岐勢力が澄之派として滅亡した一方、澄元派に属した三好之長は京兆家をついだ澄元の後見役として内衆のトップに踊りでた。三好氏は鎌倉期の阿波守護小笠原氏の子孫と伝え、三好郡の郡名を負う。当時は阿波守護細川家の被官となっていた。之長はのち澄元から離反した高国に敗れて自害するが、その跡は孫元長がつぎ、澄元の子晴元を擁して堺で晴元政権の確立に尽力した。その跡をついだのが長慶《ながよし》である。永正四年の政元暗殺を画期として讃岐国人の勢力は都で振るわなくなり、讃岐国にも阿波国の勢力がおよぶことになった。

戦国の争乱●

京兆家の衰退により、讃岐国も争乱状態にはいった。以下の記述については近世に編纂された『南海通記《なんかいつうき》』によるところが多い。争乱はまず東讃からはじまった。大永三（一五二三）年のころ、東讃では寒川郡長尾荘を本拠とする国人寒川氏が守護代安富《やすとみ》氏と境界をめぐって争っており、さらに山田郡十河《そごう》郷を本拠とする国人十河氏とも対立していた。この対立関係に乗じて阿波国の三好氏が勢力をのばしたのである。

当時、阿波国を実質的に支配していたのは三好長慶の弟で、阿波守護細川持隆を滅ぼした義賢（実休《じっきゅう》）である。大永六年、三好氏は十河氏と結んで寒川郡へ攻め込んだ。のち義賢の弟一存《かずまさ》が十河氏の跡をついだことに如実に示されるように三好氏の讃岐侵攻をささえた勢力は十河・植田・三谷・神内《じんない》などの十河一族であった。天文元（一五三二）年には、十河一存が寒川氏を攻めたが、管領細川晴元と阿波守護細川氏の仲介により和睦した。一方、寒川氏と安富氏との対立は続き、寒

十河城跡(現称念寺)

川氏は三好氏と結んで同十一年、安富氏に勝利した。この争いの結果、両氏は三好氏に服属するに至ることになった。ついで、讃岐国中央部の国人香西氏も三好氏に服属し、讃岐国の東半部は三好氏の支配下におさまった。

安富氏との比較において、香川氏の支配は安定していた。香川氏の支配地域には小規模な国人が多く、彼らとのあいだに寄親寄子《よりおやよりこ》の関係を結び、服従させていた。安富氏を降した義賢はついで香川氏に対して服属を求めたが拒否され、永禄元（一五五八）年八月、讃岐へ出兵した。引田を経て十河城にはいり、十河・安富・寒川・香西などを率いて那珂郡にはいり金蔵寺に陣をおいた。このとき那珂郡の長尾氏らが参陣し、九月には多度郡に進出し、善通寺を本拠とした。これに対し、香川氏は多度・三野両郡の境目に位置する天霧《あまぎり》城にこもり、三好軍を防いだ。香西氏の仲介により和議が成立し、三好軍は包囲を解き阿波へ引きあげた。この和議により讃岐一国は三好氏の支配下にはいった（「秋山家文書」）。

永禄四年、十河一存が死去すると義賢の子義堅が跡をつぎ存保《まさやす》と名乗った。翌五年には義賢も死去し、子の長治《ながはる》が三好氏をついだ。京にいた長慶もまた同七年に病死し、一存の子がつぎ義継と名乗った。この間、讃岐の国人は三好氏にしたがって畿内での戦いに参加し、長慶政権をささえていた。国元の支配は、東部は十河氏、西部は三好氏の重臣篠原氏がになった。永禄年間（一五五八～七〇）、篠原長房は宇多津の鍋屋下道場・聖通寺や豊田郡大野原の地蔵院に禁制を下している。のち長房は主人長治の怒りにふれて戦死するが、讃岐国人は彼に率いられて畿内や備前へ出陣していた。

天正元（一五七三）年の長房の死後、讃岐国人は三好氏に離反し、独自の道を歩みはじめる。同二年、長治は香川・香西両氏を討つため讃岐へ出陣し、寒川氏の寒川郡昼寝《ひるね》城を攻めるとともに香西氏の佐料《さりょう》城と勝賀《かつが》城を攻めた。ついで翌三年には那珂郡金倉で合戦がおこった。これは香川・香西氏が三好方の金倉氏を攻めたものである。その年、長治は再度昼寝城の寒川氏を攻め、東讃の奪還をはかったが失敗する。

天正五年七月、安芸の毛利氏が讃岐へ侵入して、多度郡元吉城へはいった。この城は現在の善通寺市と琴平町との境界に位置する如意山《にょいざん》にあった櫛無《くしなし》城のことであろう。翌月、「讃岐惣国衆」が城を攻めたため、毛利氏の援軍は摺臼《すりうす》山に陣を構え、元吉城の麓において合戦を行った。また、毛利氏の援軍を阻止するため多度郡の堀江口において長尾・羽床《はゆか》衆が防戦したという（『萩藩閥閲録』所収文書）。このあと、毛利氏は、長尾・羽床両氏から人質をとることで三好氏および讃岐惣国衆と和睦しており、この合戦は讃岐国の三好方と毛利氏がたたかったものとみられる（「厳島野坂文書」）。

十河存保が長治の死により三好氏の家督をついだ天正六年、土佐の長宗我部元親《もとちか》は讃岐侵攻を開始した。三好郡白地《はくち》城から豊田郡にはいり藤目城を落とした。同年秋には三野郡財田の本篠《もとしの》城を攻略する。西讃における反三好勢力の中心である

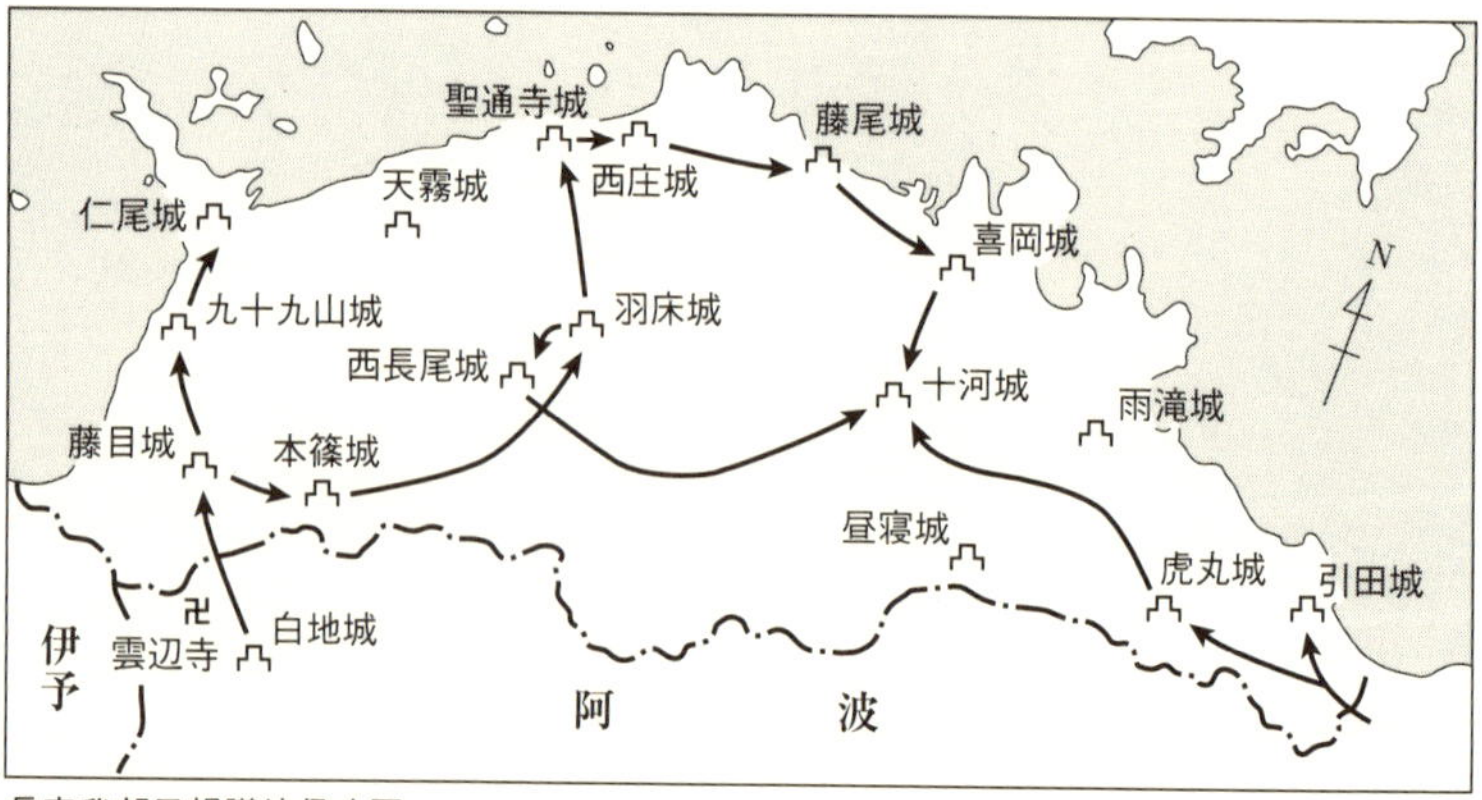

長宗我部元親讃岐侵攻図

香川氏は、元親とたたかうことなく降伏した。これにより元親の西讃攻略は順調に進み、翌七年春には一帯を支配下においた。四月には中讃へ兵を進め、羽床氏を降ろし、八年春には長尾氏を降ろして西長尾城をきずき、東讃進出の拠点とした。

京都では、織田信長が元親の動きを抑えていたが、天正十年六月の本能寺《ほんのうじ》の変で急死すると、ふたたび元親の進攻が開始された。七月には本陣を国分寺に進め、翌月、香西氏を降ろし、十河城を包囲した。同じころ、阿波国では中富川の戦いで十河存保を破っている。存保は三好氏の本拠勝瑞《しょうずい》城に逃れたが、九月には攻め落とされ、大内郡の虎丸《とらまる》城にはいった。このとき豊臣秀吉は存保救援のために小豆島から仙石《せんごく》秀久《ひでひさ》を派遣した。翌年も虎丸城の攻防が続き、再度渡海した秀久は引田で元親軍とたたかっている。十二年の六月、虎丸城は落ち、存保は逃亡した（「改選仙石家譜」「長元記」）。

天正十三年七月、秀吉の命により、仙石秀久以下の四国征討軍と長宗我部氏とのあいだに和議が成立し、讃岐国は秀久にあたえられ、山田郡二万石が存保の知行地とされた。翌十四年秀吉による九州平定が開始されると、秀久は十河・安富・香川・香西らの讃岐国人三〇〇〇人を率いて豊後大友氏救援のため九州へ渡った。十二月、四国勢は豊後国戸次《へつぎ》川（大分市内）で島津軍と激突し、存保および讃岐国人の多くが戦死した。この合戦により、本宗が絶えた国人は数多かったことであろう。秀久はこの敗北を責められて秀吉から讃岐国を没収されている（「改選仙石家譜」）。

4章

幕藩体制社会の確立

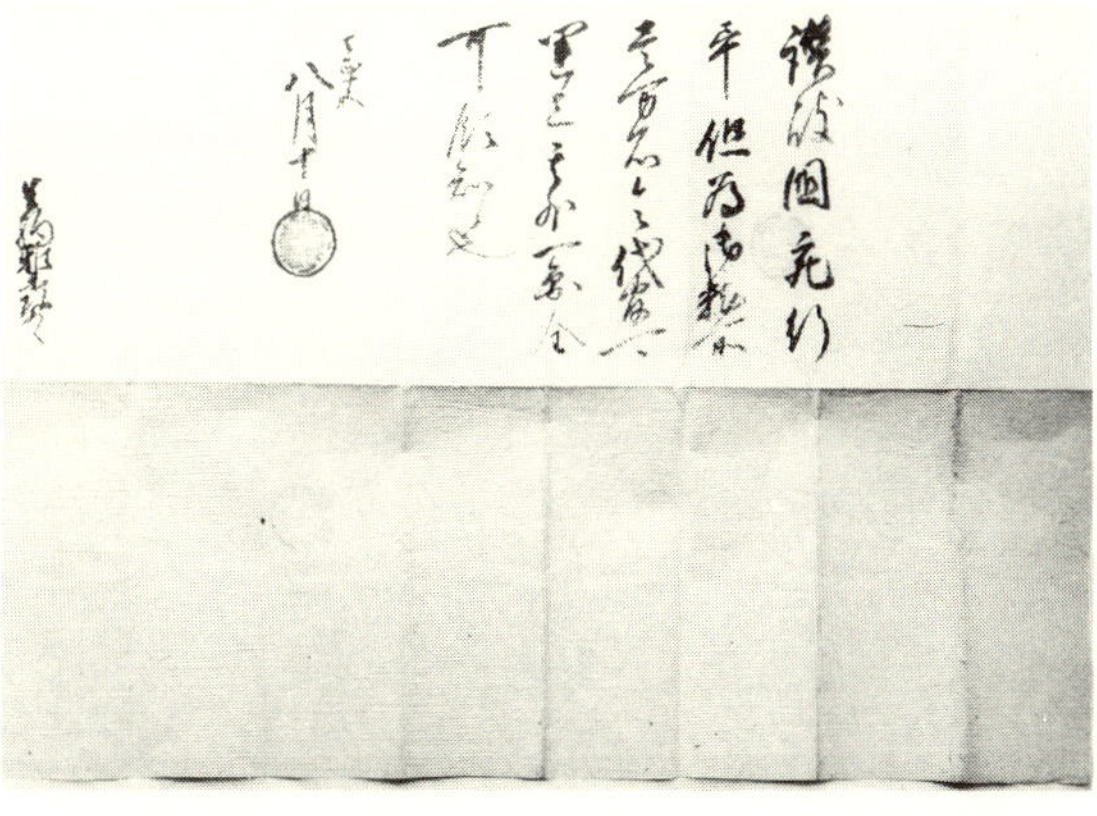

豊臣秀吉領知朱印状(天正13年 8 月10日付,「生駒家文書」)

1　藩の成立と政治

高松生駒藩と御家騒動●

讃岐《さぬき》における近世の始まりは、四国を支配した長宗我部元親《ちょうそかべもとちか》を攻略した豊臣秀吉《とよとみひでよし》が、仙石秀久《せんごくひでひさ》を讃岐の領主とした天正十三（一五八五）年からである。しかし秀久は約一年半後に、またその後にはいった尾藤知宣《びとうともの　ぶ》も半年もたたないうちに、いずれも九州の島津氏攻撃の失敗によって秀吉に讃岐を没収された。そして同十五年八月に生駒親正《いこまちかまさ》が讃岐の領主となり、これ以後讃岐の近世が本格的にはじまっていくのである。親正が領主になったころの讃岐の石高は一五万石だったと思われ、慶長六（一六〇一）年には一七万一八〇〇石余となっている（『寛政重修諸家譜《かんせいちょうしゅうしょかふ》』）。

生駒親正は美濃《みの》の可児郡土田村《かにどだ》（岐阜県可児市）の出で、はじめ織田《おだ》氏につかえたが、永禄七（一五六四）年には木下藤吉郎《きのしたとうきちろう》（のちの豊臣秀吉）に属しており（『武功夜話《ぶこうやわ》』）、天正十四年に播磨《はりま》（兵庫県）の赤穂《あこう》城によって六万石の領主となっていた。秀吉子飼いの大名で堀尾吉晴《よしはる》・中村一氏《かずうじ》とともに中老《ちゅうろう》になったという。讃岐にはいった翌年に香東郡野原庄《こうとうのはら》（高松市）の海浜で高松城の築城に着手した（『生駒記』）。また西讃岐の支配のために慶長二年に丸亀城をきずくことにした（『南海通記』）。

関ヶ原の合戦では生駒親正は石田三成《みつなり》についたが、子の一正《かずまさ》は徳川家康《いえやす》軍にあり、親と子が分かれてたたかうことになった。三成軍が敗北したため親正にかわって合戦での功により一正が藩主となった。また大坂の陣では一正の子正俊《まさとし》は徳川方についた。こうして外様《とざま》大名の生駒藩は徳川幕府の下で近世大名としての道を歩むことになった。元和二（一六一六）年に、正俊がいち早く大坂城修築のために石を献上しているのは（『徳川実紀』）、生駒家安泰のための幕府への忠節の証《あかし》であったといえよう。

生駒親正は領内支配を円滑に進めていくために、在地に強い支配力をもっている讃岐の武士を取り立てていった。入部直後に由佐平《ゆさへい》右衛門《えもん》に二四〇石（「由佐家文書」『新編香川叢書　史料篇㈡』）、大山入蔵《いりぞう》に一五〇石（「大山家文書」同前）の知行をあたえたが、『南海通記』によると中世をとおしての有力武将の香西《こうざい》氏一族から武士三〇人、足軽《あしがる》数百人を召しだしたといい、また三野菊右衛門《みのきくえもん》・河田七《かわだしち》郎兵衛《ろべえ》に三〇〇〇石、佐藤志摩《しま》・佐藤掃部《かもん》に二〇〇〇石をあたえたという。農村支配に関しては慶長二年の寒川《さんがわ》郡長尾《ながお》庄塚原《つかはら》村（さぬき市）検地帳と慶長七年の寒川郡富田中《とみたなか》村

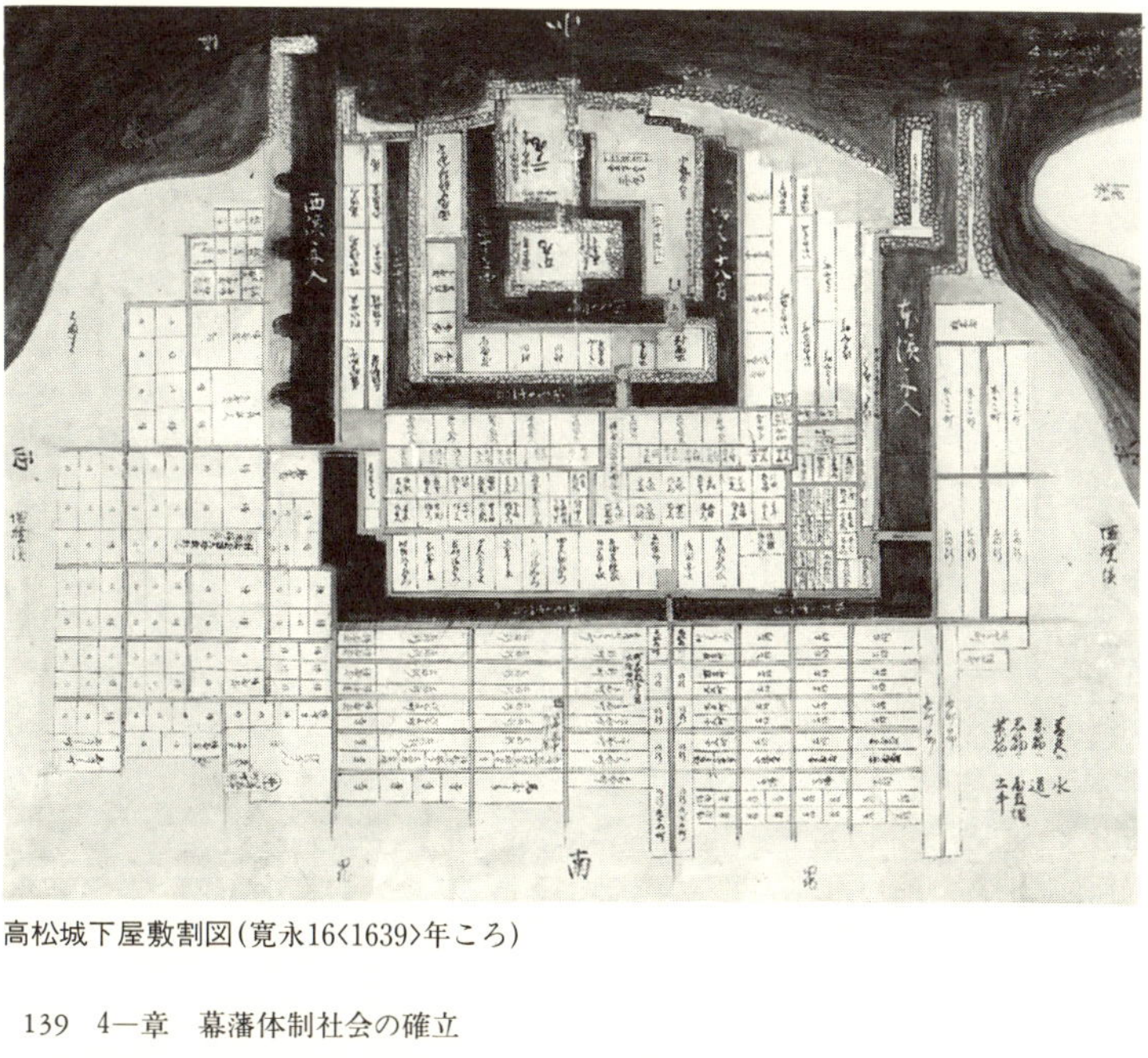

高松城下屋敷割図（寛永16〈1639〉年ころ）

（同市）検地帳など（いずれも写）が残っており、このころ領内に検地が実施されたと思われる（一五二・一五三頁参照）。のち寛永年間（一六二四～四四）には稲作の水の確保のために、ため池を積極的に築造した。

三代藩主生駒正俊《まさとし》は元和七年六月に江戸からの帰藩途中に京都で急死した。新藩主生駒高俊は当時一一歳であったため、幕府は外祖父の藤堂高虎《とうどうたかとら》を執政《しっせい》として藩政にあたらせた。寛永期の生駒藩政は三野四郎左衛門《みのしろうざえもん》・西島八兵衛《にしじまはちべえ》らの奉行《ぶぎょう》を中心にして進められたが、高虎の執政ということから、江戸と国元の二元的政治の傾向が強まり、江戸家老前野助左衛門・石崎若狭《わかさ》らと国家老生駒帯刀《たてわき》らとの対立がおこりはじめた。

寛永七（一六三〇）年七月に藤堂高虎が死去したが、同十一年に「何分にも訴訟がましき事、徒党《とう》を立て与《くみ》をいたし申す間敷《まじ》く事」と、前野・石崎らが藤堂藩の重臣へ誓詞をだしているのは（「生駒家文書」）、江戸藩邸に不穏な動きがあったことをうかがわせる。生駒帯刀は寛永十四年に前野・石崎らの非法を記した一九カ条の訴状を、幕府老中土井利勝《どいとしかつ》や藤堂高次《たかつぎ》・脇坂安元《わきさかやすもと》に提出した（『生駒記』）。これによって生駒藩の御家騒動が表面化し、同十七年にはいって前野派家臣の江戸・国元「立《た》ち退《の》き」があり（「生駒家文書」）、ついに幕府の評定に上った。

藩主生駒高俊は讃岐を没収され、出羽の由利《ゆり》郡矢島（秋田県由利本荘市）に一万石の賄《まかないりょう》料をあたえられるのみとなり、前野派の一〇人は死刑に処せられ、生駒帯刀ら三人が大名預けとなった（『生駒記』）。生駒騒動は家臣間の争いが原因であったが、その背景には草創期の藩政の方針をめぐる対立があったといわれる。

丸亀山崎・京極藩●

生駒家が去ったあとの讃岐は三つの地域に分けられ、大内《おおうち》・寒《さん》川《がわ》・三木《みき》・山田《やまだ》・香東《こうとう》各郡は伊予の西条《さいじょう》藩主一柳直重《いちやなぎなおしげ》、香《こう》西《ざい》・南条・北条・鵜足《うた》各郡は同じく今治藩主松平定房《さだふさ》、仲《なか》・多《た》度《ど》・三野《みの》・豊田《とよだ》各郡は同じく大洲《おおず》藩主加藤泰興《やすおき》がそれぞれ預かることになったが、一年後に肥後天草《ひごあまくさ》(熊本県天草市)の富岡城主山崎家治《いえはる》が、西讃岐の豊田郡・三野郡・多度郡と仲郡の一部と鵜足の土居《どい》村のあわせて五万六七石六斗の領主としてはいってきた。山崎氏は家盛《いえもり》のときに豊臣秀吉の家臣となったが、その子家治は幕府から元和三(一六一七)年に備中《びっちゅう》の成羽《なりわ》城(岡山県高梁《たかはし》市)をあたえられ、寛永十五(一六三八)年に富岡城に移っていた。

山崎家治は生駒家がきずき当時廃城となっていた丸亀《まるがめ》城を再建しこれによったが、幕府からは築城の援助として銀三〇〇貫をあたえられた(「山崎家文書」『香川県史9　近世史料Ⅰ』)。このときの丸亀城の縄張《なわば》りは現在残る丸亀城とほぼ同じである。山崎家時代にはじまった豊田郡の大野原《おおのはら》開墾は京都の豪商平田《ひらた》与一左衛門《よいちざえもん》が大坂の商人備中屋藤左衛門・三島屋又左衛門・松

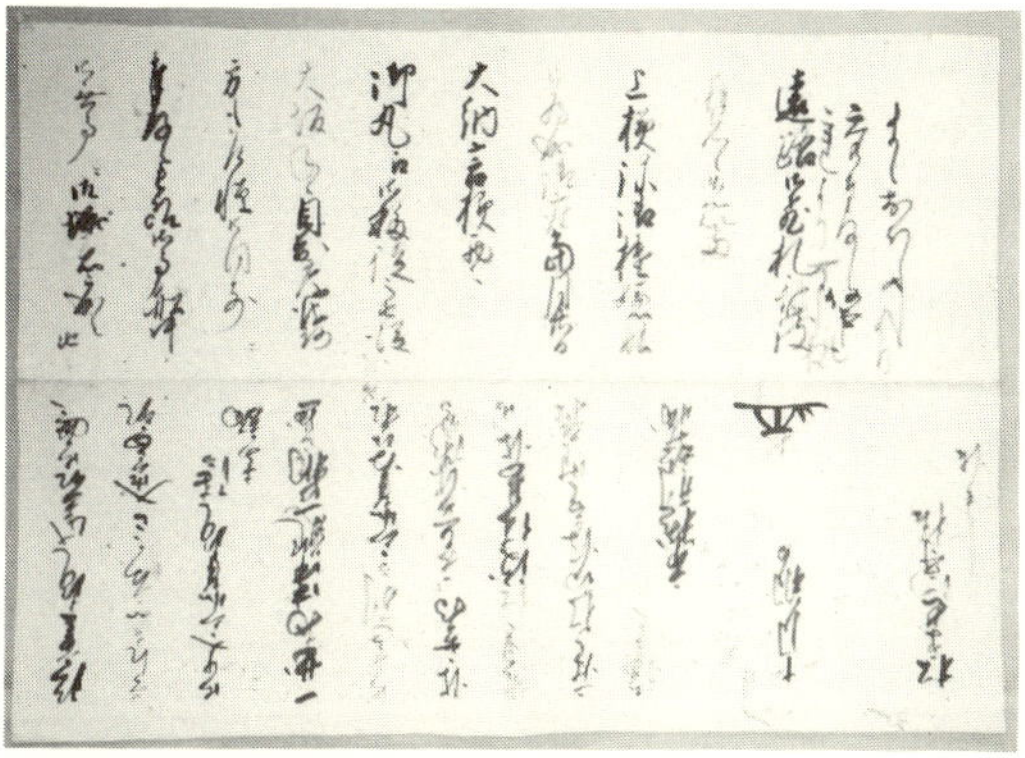

京極高和書状(慶安3〈1650〉年10月朔日付)

屋半兵衛らとともに、寛永二十年に山崎藩の許可をうけてのりだしたもので、二年後の正保二年には一八九町余の土地が開発された。そして慶安二（一六四九）年に検地が実施され、田六一町余・畑六五町余が検地帳に登録された（松浦正一「西讃大野原の開墾と平田家」『高松経専論叢』第十九巻第一・二・三号）。

明暦三（一六五七）年に藩主山崎治頼《はるより》が八歳で没し、世継ぎがなかったため山崎家は断絶した。翌万治元年に播磨の竜野（兵庫県たつの市）から京極高和《きょうごくたかかず》が入部した。京極氏は鎌倉時代の近江守護佐々木氏の出で、戦国の末に京極高次が豊臣秀吉につかえた。山崎家の旧領と播磨のうち一万石、近江のうち一四四五石の合計六万一五一二石五斗を領した。実際の生産高（内高）は八万七九九七石余であった（「丸亀之内御領地郡村高辻」写、鎌田共済会郷土博物館蔵）。

京極高和は丸亀城にはいって二年後の万治三（一六六〇）年に、山崎家治によって再度築城された丸亀城の未着工の部分の工事に取りかかっているのが、幕府老中から高和に宛てられた書状によってわかる（丸亀市立資料館蔵）。このころ天守閣が建っているが、のち寛文十（一六七〇）年には南にあった城内への玄関大手門が北へ移され、丸亀城が最終的に完成している。城下町は城の北につくられた（『新編丸亀市史2　近世編』）。

大野原開墾は京極丸亀藩になっても続けられ、延宝二（一六七四）年に大野原に検地が実施されているが、このころ丸亀藩全域にも検地が実施されており、寛文十年の史料に「今度御検地に付き」とあり（「松浦家文書」）、また同十二年の多度郡山皆村《やましな》（仲多度郡多度津町）検地帳、延宝四年の同郡善通寺村（善通寺市）検地帳も残っている。このように丸亀城が寛文十年に最終的に完成し、寛文末から延宝にかけて検地が行われ、農民支配が強化されていることなどから考えると、この時期に支配体制が確立したといえよう。

丸亀藩では元禄十二（一六九九）年に領中に御用銀《ごようぎん》を課して、年貢以外の収入の増大をはかっており（「古法便覧《こほうびんらん》」『新編香川叢書　史料篇(一)』）、また宝永二（一七〇五）年に藩札を発行して領内に通用させ、正貨を藩へ吸収して藩財政の財源にあてようとしているように、このころ藩財政が困窮化しつつあったと思われるが、享保期（一七一六〜三六）にはいると本格的な財政難におちいった。このため藩では御用銀を享保九年と同十三年から十七年までの五年間とに課している（御用銀上納控《ひかえ》写「小西家文書」）。そして同十二年には倹約令をだして藩の支出削減をはかるとともに、農民にも節約を命じている。また宝永四年に幕府の命によって中断していた藩札の発行を、享保十五年に幕府の許可があったので再開した。このように丸亀藩にかぎらず、藩の財政が早くから逼迫《ひっぱく》していたのは一般的なことであった。

なお、元禄七年に丸亀藩は支藩多度津藩をおいた。多度郡の三《み》井《い》組《ぐみ》と三野郡の上《かみ》ノ《の》村《むら》組をあわせて一万石であった。多度津藩でも享保十七年に藩札を発行した。

高松松平藩●

生駒家の御家騒動の一年半後の寛永十九（一六四二）年二月に、東讃岐一二万石の領主となったのは、御三家の水戸藩主徳川頼房《よりふさ》の長子松平頼重《よりしげ》で、五月に高松城にはいった。故あって出生が幕府へ届けられなかった頼重は、家臣三木仁兵衛《じんべえ》のもとで育てられたが、寛永十六年常陸《ひたち》の下館《しもだて》（茨城県筑西《ちくせい》市）五万石の領主になっていた。

松平頼重は、水戸藩の出で徳川家康の孫にあたるというところから、幕府に近い家門《かもん》大名として、江戸城中の控えの間が御三家につぐ溜間詰《たまりのまづめ》であり、譜代《ふだい》大名筆頭の彦根（滋賀県）の井伊家と並ぶ高い格式の待遇をうけた。そして将軍の代替わりには幕府の京都への使者をつとめるなど、幕府との関係の深い藩であった。また頼重の弟で水戸藩主となった徳川光圀《みつくに》は、兄頼重への配慮から、頼重の子綱条《つなえだ》を養子に迎えて水戸藩主にし、光圀の子頼常《よりつね》を高松藩主にした。のちにもそれぞれから藩主を迎えており、両藩の関係は深かった。

水戸藩から重臣として松平頼重にしたがってきたのは、大老の肥田和泉《ひだいずみ》・彦坂織部《おりべ》、年寄の本多三右衛門・石井仁右衛門・大須賀久兵衛らであった。とくに肥田和泉は頼重の後見役として一万石をあたえられて高松城内西ノ丸に住んだ（「英公外記《えいこうがいき》」）。のち大老は大久保家の世襲となった。藩政の中枢は大老―年寄―奉行であったが、実権は年寄がもっており、奉行は年寄のもとで藩政全般の実務を担当し、その下に諸役所がおかれた（「穆公《ぼくこう》遺訓諸役書記」『香川県史9　近世史料I』）。

入部してまもなく松平頼重は上水道を敷設して城下町の整備にのりだし、侍屋敷もそれまでより多く設けている。寛文十（一六七〇）年には天守閣を修築し、

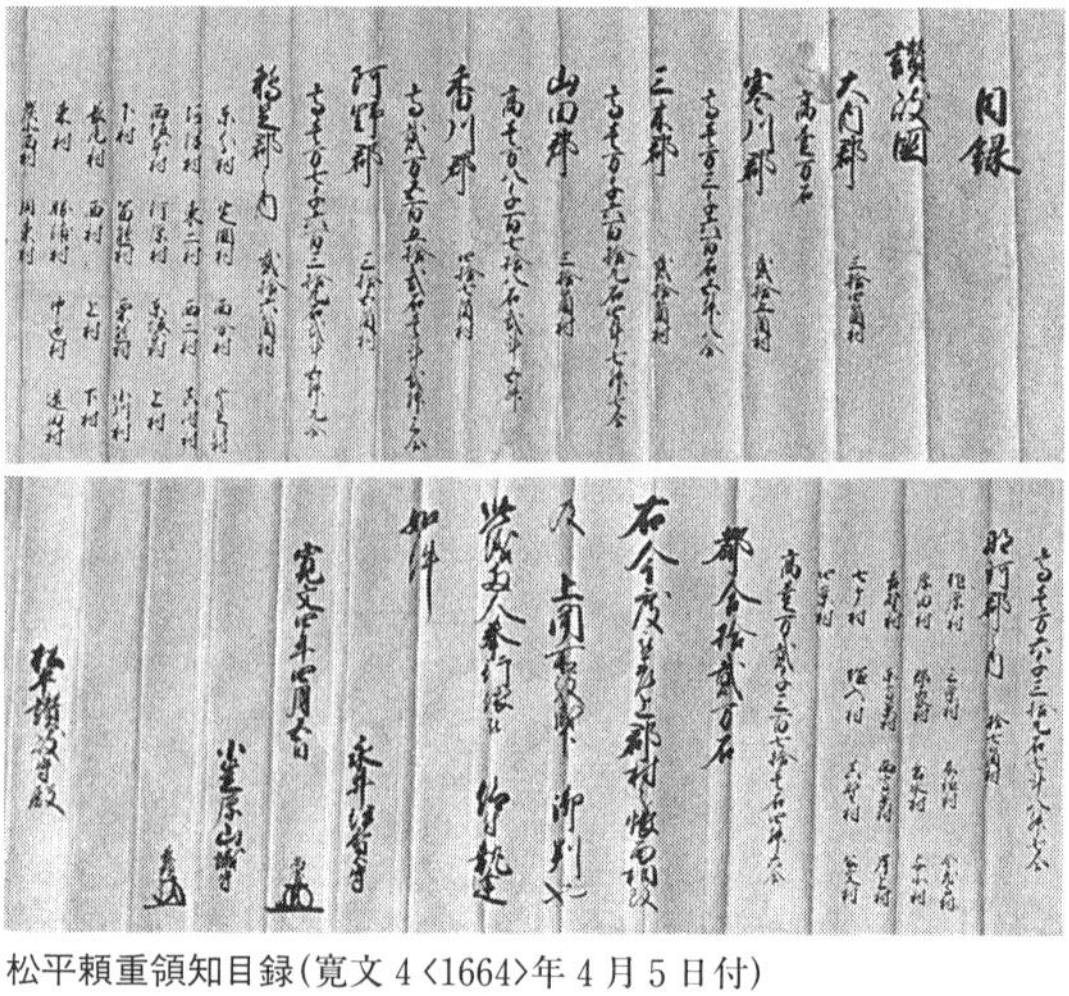

松平頼重領知目録(寛文 4〈1664〉年 4 月 5 日付)

二年後には高松城の普請をおえ、高松城を最終的に完成させた。家臣の編成については寛文元年に軍役人《ぐんやく》数割を行い、同十一年には軍役帳と分限帳《ぶげん》が作成されている。また家臣への知行米支給は藩成立当初はその年の年貢率を基準にしていたが、同十一年からは知行高の四割を支給することに統一した。

近世は、石高制の社会であり、米の生産が藩体制維持の重要な基盤となっており、農耕地の確保は領主にとって大きな政治課題であった。雨が少なく旱魃《かんばつ》の多い讃岐では、灌漑用水としてため池を築造しなければならなかった。正保二（一六四五）年に高松藩では大旱魃になったため、あらたに四〇六の池をきずき、これまでとあわせて一三六六のため池数になったという（『増補高松藩記』）。また耕地の増加のため寛文七年に城下東はずれの松島から屋島近くの潟元《かたもと》辺りまでの、沖の海岸を埋め立てる新田干拓を行った。

そして農村支配の総決算として行われたのが、寛文五年から同十一年にかけての検地であった。完了した年が亥《い》の年であったところから、「亥の内検地」といった（「英公外記」）。この検地によって直接耕作する農民を検地帳に登録して彼らに年貢納入を義務づける、近世的な農民支配体制（これを本百姓《ほんびゃくしょう》体制という）ができあがった。このように天守閣の修築、高松城の普請、家臣知行米支給の統一、亥の内検地の実施などによって、寛文末ころに高松藩の支配体制は確立したといえよう。

松平頼重はこれらの事業のおわった延宝元（一六七三）年に病のため引退し、松平頼常が第二代高松藩主となったが、藩財政の逼迫もおこりはじめていた。延宝六年には藩財政の支出削減のために、知行米四割支給の原則をくずして一割減らして三割支給とした。これを「家中借米《かちゅうかりまい》」といった。以後この「家中借米」は恒常化していった。

元禄八年に松平頼重は死去したが、その直後から倹約政治が実施された。これを「御定法御入用積《ごていほうごにゅうようつもり》」

といい、「定法」つまり一年間の決まった財政収入で支出をまかなおうとするもので、支出の徹底的削減をはかろうとした。これは相当の効果をおさめ、一〇年後には支出残りが「不意の御入用方」「御軍用御国用」の手当てとしてたくわえられたという（『増補高松藩記』）。

幕領と朱印地●

讃岐には高松生駒藩・丸亀山崎藩・高松松平藩・丸亀京極藩・多度津京極藩などがおかれたが、このほかに徳川幕府直轄領の幕領と、徳川幕府将軍の朱印状《しゅいんじょう》によって寺社領と認められた朱印地があった。幕領は備讃瀬戸の小豆島《しょうどしま》・塩飽《しわく》諸島・直島《なおしま》諸島と那珂郡の内陸部の池御料《いけごりょう》、朱印地は金毘羅《こんぴら》領・法然寺《ほうねんじ》領・白《しろ》鳥宮《とりぐう》領・興正寺《こうしょうじ》領であった。

小豆島は豊臣秀吉の直轄地である蔵入地《くらいりち》で、はじめ小西行長《ゆきなが》が支配し、のち片桐且元《かつもと》が代官となった。大坂の陣後の元和元（一六一五）年からは幕領となって水主御用《かこごよう》を命じられた。元和六年からはじまった徳川幕府による大坂城の築城には石垣石が当島から切りだされ、現在九カ所の石丁場《いしちょうば》跡があるが、そのうち筑前福岡藩主黒田家うけもちの岩谷《いわがたに》丁場は、国史跡に指定されている。宝永五（一七〇八）年から正徳三（一七一三）年、享保六（一七二一）年から元文四（一七三九）年までは高松藩預かり地、また天保元（一八三〇）年から同七年まで草加部《くさかべ》・福田《ふくだ》・大部《おおべ》の三カ村（小豆郡小豆島町）が伊予松山藩預かり地、天保九年からは土庄《とのしょう》・渕崎《ふちざき》・上庄《かみのしょう》・肥土山《ひとやま》・小海《おみ》・池田《いけだ》（同郡土庄町・小豆島町）の西部六カ村が美作津山《みまさかつやま》藩領となった。

塩飽《しわく》は中世以来活躍した水軍の根拠地であったが、豊臣秀吉の蔵入地となって天正十八（一五九〇）年に船方衆《ふなかたしゅう》六五〇人に塩飽領一二五〇石の「領知」を認め（「塩飽島諸事覚《おぼえ》」『香川叢書　第二』）、かわりに水主御用をつとめさせた。徳川幕府成立後は大坂船奉行などの支配をうけながら、船方衆のなかの有力者である年寄《としより》の四人を中心として島の政治が運営された。寛文十二（一六七二）年の河村瑞賢《ずいけん》の西廻り航路の開発にさいしては、大坂・神戸・日比《ひび》などの船とともに従事した。こののち幕領の年貢《ねんぐ》（城米《じょうまい》という）を運ぶ御用城米船として活躍し、なかでも牛島の丸尾五左衛門《まるおござえもん》、広島の尾上吉五郎《おのえきちごろう》は大船持ちとして知られた。享保六年に城米運送の方式が変更されたことから、塩飽の廻船業は衰退にむかった。

直島は豊臣秀吉の時代には女木島《めぎじま》・男木島《おぎじま》とともに高原次利《たかはらつぎとし》が支配し、幕府成立後も高原氏が続けて統治したが、寛文十一年の高原数馬《かずま》のときに、理由は明らかでないが改易《かいえき》を命じられた。以後幕領となり倉敷《くらしき》代官所の管轄下にはいり、三宅《みやけ》氏が直島庄屋《しょうや》となった。

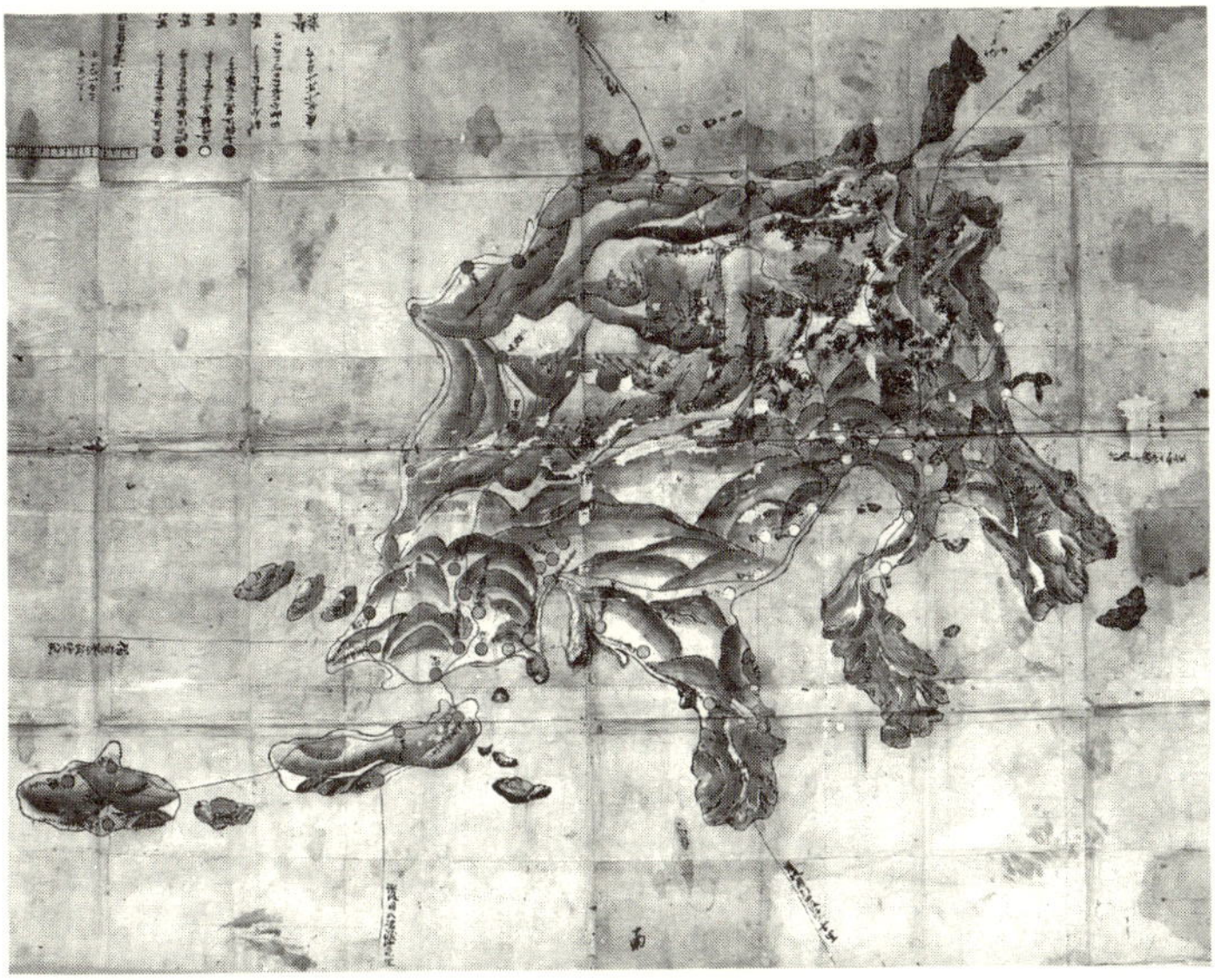

小豆島絵図(慶長10〈1605〉年)

小豆島とともに高松藩預かり地となったこともある。西廻り航路の開発に従事し、延宝五年ころに二四艘の廻船があったという。

池御料は生駒家転封《てんぷう》後に幕領となった讃岐最大のため池満濃池《まんのういけ》の維持・修築費を確保するためにおかれ、仲郡の五条《ごじょう》村・榎井《えない》村・苗田《のうだ》村（仲多度郡琴平町）と満濃池周辺の山村七箇村《しちかむら》の一部で、その石高は二三〇〇石余であった。守屋《もりや》家が代官であったが、元禄（一六八八～一七〇四）以後は川之江《かわのえ》代官などの支配をうけた。

仲郡の小松《こまつ》庄にある松尾寺《まつおじ》の金毘羅大権現《こんぴらだいごんげん》への信仰のおこりは明らかでないが、生駒藩の終わりには三三〇石の土地が寄進されていた。高松藩主松平頼重も積極的に保護を行うとともに、金毘羅領を幕府の朱印地とすることを願い出、慶安元（一六四八）年にこれが許された。以後大名や民衆の信仰をうけて、金毘羅信仰は盛んとなり、金毘羅門前町も発展していった。

同じく小松庄に法然《ほうねん》上人ゆかりの生福寺《しょうふくじ》があったが、松平頼重はこれを香東郡の仏生山《ぶっしょうざん》に移して法然《ほうねん》寺《じ》と称し、松平家の墓所とした。寛文十年に伽藍《がらん》工事が完成し、寺領三〇〇石をあたえられ、三年後の延宝元年には朱印地となった。大内郡の白鳥宮は古くからあったが、松平頼重が再興して京都から卜部《うらべ》兼古《かねふる》を招いて神主とした。社領二〇〇石は寛文五年に朱印地となった。興正寺領は京都にある真宗興正寺の寺領で、松平頼重が楠川原《くすかわはら》に散在していた寺領と福岡《ふくおか》村（高松市）の一部を交換して寺領を一まとめにし、法然寺とともに朱印地となった。頼重と興正寺門跡が姻戚関係にあったからで、高松城下の勝法寺《しょうほうじ》が代僧として実務にあたった。

❖コラム

小豆島の大坂城石丁場跡

元和元（一六一五）年に大坂の陣がおわり大坂城は落城したが、徳川幕府は大坂城の再建にのりだし、元和六年、寛永元（一六二四）年と同五年の三度にわたり全一〇年をかけて、西国の多数の大名に命じて大坂城築城の大工事を行った。このとき各地から石材を切り出して石垣に使ったが、そのなかで重要な石材切り出し地の一つが小豆島《しょうどしま》であった。

当時小豆島は幕府の直轄地であった関係から、大名がそれぞれ持ち場を担当して切り出しを行ったが、福田《ふくだ》（伊勢津藩主藤堂《とうどう》家）、岩谷《いわがたに》（筑前福岡藩主黒田家）、石場《いしば》（築後久留米藩主田中家）、大部《おおべ》（豊後岡藩主中川家）、千振島《ちぶり》（福岡藩主黒田家）、小瀬原《こせばら》・千軒《せんげ》（肥後熊本藩主加藤家）、小海《おみ》（豊前小倉藩主細川家）、豊島家浦《てしまいえうら》（肥前佐賀藩主鍋島家）の丁場《ちょうば》があった。

小豆島の石丁場跡を代表するのが岩谷丁場であり、八人石《はちにん》・亀崎《かめさき》・豆腐《とうふ》石・天狗岩磯《いわいそ》・天狗岩・南谷《みなみたに》の各丁場からなっている。大坂城再建工事当時の石の切り出し状況をよく現在に残している。この岩谷丁場は福岡藩の担当であったが、大坂城完成後もここに御用石番人《ごよういしばんにん》七兵衛をおいて残石の監視にあたらせた。

幕末の文久三（一八六三）年につくられた「御用石員数寸尺改帳《いんずうすんしゃくあらためちょう》」によると、この六カ所の丁場跡に角取《かくとり》・そげ石計六五四の残石があり、このうち二二三が海辺におかれていたという。現在でも天狗岩磯丁場跡の海中や砂浜に多くの残石の姿をみることができる。昭和四十七（一九七二）年に岩谷丁場跡は国の史跡に指定された。

2 ため池と農民

満濃池の再築●

領主の経済的基盤である年貢米の納入を確実にし、かつ少しでも多く徴収するためには、灌漑《かんがい》用水を確保して稲作の生産そのものを高めることが必要であった。讃岐は古来雨が少なく、慢性的な水不足に悩まされていた。したがって水を確保することは讃岐を支配する領主にとっては重要な課題であった。生駒藩初代藩主生駒親正は慶長（一五九六～一六一五）の初めに綾南条郡国分《こくぶ》村（高松市国分寺町）に関《せき》ノ池、香西郡笠居《かさい》村（高松市）に苔掛《こかけ》（衣掛）池、仲郡郡家《ぐんけ》村（丸亀市）に大池《おおいけ》をきずいたという（『生駒記』）。

『三代物語』によると、生駒藩時代にきずかれた池として寛永三（一六二六）年の満濃《まんのう》池、同五年の三谷《みたに》池、同十三年の神内《じんない》池、それと衣掛池をあげている。『生駒記』の記述と相違はあるが、生駒藩時代に多数のため池がきずかれたことがうかがえる。仲郡の満濃池は古代に讃岐の多度郡出身の弘法大師空海《くうかい》が修築した池として著名であるが、その後堤防が決壊し、中世のあいだは池ではなく池内《いけうち》村となっていた。これをふたたび池にきずいたのが西島八兵衛であった。

生駒藩第三代藩主生駒正俊の死後藤堂高虎が生駒藩の執政となったが（一四〇頁参照）、その直後に高虎の家臣であった西島八兵衛は「讃岐国の仕置《しおき》」のために讃岐へ派遣された。のち帰藩したが、寛永二年春に「寛永元年の年大日焼ケニ付き、讃岐国亡国に成り申し候、何とぞ精を出し、国を取り立て候へと仰せ付けられ」て、ふたたび讃岐へおもむいた（「西島家文書」）。寛永四年の知行高は四〇〇〇石であったが、同

寛永年間(1624～45)の大池と池守高

郡名	池　名	池守高	池　守
		石斗升	
大内郡	河田池	——	——
三木郡	山大寺池	切米　2	(不明)
山田郡	三谷池	切米　3 7	甚左衛門
山田郡	神内池	切米　3	与八郎
香東郡	立満池	切米　1 5	(不明)
香西郡	小田池	切米　1 4	加兵衛
宇足郡	渡　池	高　7 1 5	(不明)
宇足郡	亀越池	——	——
仲　郡	満濃池	高　25	(不明)
三野郡	岩瀬池	切米　2 8	孫兵衛
豊田郡	一谷池	切米　1 5	久太夫
豊田郡	福田池	——	——

(讃岐国絵図・生駒家分限帳による)

六年には一五〇〇〇石、同七年には二〇〇〇〇石となった。寛永四年から奉行に名を連ね、同十六年正月までその職にあったのが確認できる。奉行の要職にありながら、土木技術を生かして多くのため池を各地にきずいた。

「満濃池古図」（矢原《やはら》家蔵）の書き込みによると、寛永三年八月に西島八兵衛が矢原正直《まさなお》のもとへ来て、多度郡の年々の干損について相談したので、正直は満濃池にもっていた田地をすべて提供したという。そして工事は寛永五年十月にはじまり、二年半後の寛永八年二月におわった。普請奉行は下津《しもつ》平左衛門と福家《ふけ》七郎右衛門であった。完成した満濃池の水掛かり高は仲郡一万九八六九石余、多度郡一万二七八五石余、宇足郡三一六〇石余の計三万五八一四石余である。当時の讃岐の公称高は一七万一八〇〇石余であるが、実際の高は約二二万石であるので（「生駒家文書」）、ほぼその六分の一に相当する広大な地域へ水を供給していたのがわかる。

寛永十二年四月に矢原又右衛門は「仲郡満濃池上下《かみしも》ニて高五十石、永代《えいだい》ニ遣《つか》わされ候間、常々仕かけ水堤《みずつつみ》まハり、諸事由断無く指図《さしづ》仕り、堅《かた》く相守るべく候也」と、満濃池周辺に五〇石をあたえられている（「矢原家文書」『新編香川叢書　史料篇(二)』）。寛永十年に作成された「讃岐国絵図」に当時大池として扱われていたと思われる池が描かれ、その池名が書かれている。これと寛永十六年の「生駒家分限帳」にある「大池の番《ばん》者《もの》」を整理したのが前頁の表である。寛永十年代の讃岐のため池のようすがわかる。切米《きりまい》と知行高の違いがあるが、満濃池の池守高《いけもりたか》が断然高いのが理解できよう。

高松藩が成立してまもない正保二（一六四五）年に、春から秋にかけて大旱魃となったのであらたにため池を四〇六きずいたことは先述したが、四〇六の池数はこのとき一度にきずいたのではなく、おそらく松平頼重の時代にきずかれたため池の総数であろう。翌三年には幕府へ新しくきずいた池の数を報告し、またこの年には山田郡植田《うえだ》村（高松市）に城池を築造している（「英公外記」）。このように高松藩時代になってもため池の築造は進められ、矢延平六《やのべへいろく》が活躍したことはよく知られている。

検地と年貢

豊臣秀吉は農民支配を確立し、年貢徴収を確実なものとするために検地を実施した。これを太閤《たいこう》検地というが、この検地による農民支配は徳川幕府にも引きつがれた。讃岐での最初の検地は天正十八（一五九〇）年の塩飽《しわく》の「与島畠方名《よしまはたかたな》よせの帳」（写）が残っていることから（「岡崎家文書」）、この年に塩飽諸島で検地が行われ、それによって塩飽領一二五〇石が決められたのであろう。

生駒藩時代の検地帳としては、慶長二（一五九七）年の寒川郡長尾庄塚原村（さぬき市）検地帳、慶長四年の豊田郡木之郷《きのごう》村（観音寺市）検地帳、慶長七（一六〇二）年の寒川郡富田中村（さぬき市）検地帳、寛永七（一六三〇）年の同じく富田中村検地帳が残っている。なおこのほか村名は推定で欠損部分があるが、慶長二年の寒川郡長尾庄長尾西村検地帳と同長尾東村（ともにさぬき市）検地帳がある（検地帳はいずれも写である）。寒川郡の検地帳はすべて「田方《たかた》」分である。このことから慶長二年から七年にかけて藩内全域に検地が実施されたであろうと推定される。寛永七年の場合は地域的に限定された検地であったと思われる。

慶長二年の長尾庄関係の検地帳の記載は田の所在地、位付《くらいづけ》（等級のこと）、畝数《せすう》、石高、名請人の順に書かれており、位付は上・中・下の三段階、斗代《とだい》（一反当りの収穫高）は上田《じょうでん》が一石三斗、中田《ちゅうでん》が一石二斗、下田《げでん》が一石一斗である。塚原村は小村であるので、欠損部分はあるが石高四六四石余のうち三六四石余の約七八％がわかる長尾西村の階層構成をみると、判明する名請人三五人のうち、もっとも石高の多いのは定松の六八石余で、一〇石以上が一一人それ以下は二四人で、とくに三石以下の零細なものが目立っており、一〇石前後の近世的な本《ほん》百姓《びゃくしょう》とよばれる状態にはまだなっていないといえよう（以上、築後正治「長尾庄における太閤検地」『香川史学』第一〇号）。

生駒藩時代の年貢の徴収は「讃岐蔵入毛見《くらいりけみ》の事」とあるよう

香東郡出作村検地帳（寛文８〈1668〉年12月15日付，「別所家文書」）

に、検見、つまりその年の収穫高を算定して年貢高を決定していた。そして村内のあるまとまった地域を単位として年貢率（免《めん》という）が決められた。この年貢負担の単位をのち免名《めんみょう》または免場《めんば》とよんだ。

高松藩成立後、正保四（一六四七）年・慶安四（一六五一）年・万治二（一六五九）年に検地が行われたというが、これらは地域的・部分的な検地と思われ、領内全域に実施されたのは、寛文五（一六六五）年から同十一年にかけての「亥の内検地」においてである。一般に検地は田畑をふやし収穫高をあげること（これを「打ち出し」という）を目的としているが、亥の内検地の場合、たとえば寒川郡奥山村《おくやま》（さぬき市）では承応三（一六五四）年の村高が二三六石余であったのが、検地後の延宝元（一六七三）年には三三七石余と約一〇〇石ふえているように（免定状《めんきだめ》「真部家文書」）、村の石高がふえているのが確認でき、藩領全体では二万石余の打ち出しがあったようである（讃岐国御領分中高辻帳「藤村家文書」）。

検地においては一間四方が一坪であるが、幕府の寛文・延宝の検地では一間を太閤検地の六尺三寸より短縮して六尺一分とした。高松藩の亥の内検地では一間は太閤検地と同様であったと推定される。一間の基準が短いほど田畑の面積はふえ、それだけ農民の負担が重くなる。また位付と斗代は田が上々田一石五斗、上田一石三斗、中田一石一斗、下田九斗、下々田七斗、畑が上畑一石、中畑八斗、下畑六斗、下々畑三斗となっている。上々田の一石五斗は慶長二年の検地の上田と同一水準で、斗代もおさえられている。このように高松藩の寛文の検地は必ずしも農民にとってきびしいものではなかったとの意見もある。

丸亀藩の寛文・延宝の検地の方針は、土豪的な大高持ちの農業経営をそのまま認めるというのではなく、大経営のなかに抱えこまれている従属的小農民の自立と名請人化を、積極的に進めていくことにあったといえよう。いずれにしろ高松藩・丸亀藩の寛文・延宝期の検地は年貢負担農民を確定し、彼らを検地帳に登録して年貢徴収を確実なものとする、近世的な農民支配体制、つまり本百姓体制を確立させたといえよう。

高松藩・丸亀藩ともに当初は生駒藩時代の年貢徴収の方法を踏襲していたようであるが、寛文・延宝期の検地の結果新しい年貢徴収法をとったと思われる。高松藩では春先に村へ年貢納入高を伝え、原則として秋の検見は行わないというもので、土免法《どめんほう》といわれ免率も固定化した。丸亀藩でも高松藩の土免法と基本的に共通しており、春免法《しゅんめんほう》とよばれ免率も固定していた。ただし両藩ともに村全体の免率ではなく、村内の年貢負担単位としての免名または免場ごとに年貢率がきめられていた。この点ある部分では生駒藩時代の年貢徴収法がうけつがれているといえる（以上、『新編丸亀市史2　近世編』）。

近世の村は検地の実施によって確定しており、年貢納入請負の単位として設定されたものであり、藩にとっては農村支配の重要な行政的・基礎的単位であった。高松藩では村の上に数十カ村を統括する郡を単位として大政所《おおまんどころ》（大庄屋に同じ）が二人ずつおかれた。丸亀藩では高松藩とは異なり、郡のなかに組を設け大庄屋をおいて行政単位とした。組の名は大庄屋の出身村名がつけられることが多かった。初期には津《つ》森《もり》組（那珂郡）・三井《みい》組・弘田《ひろた》組（以上多度郡）・上高瀬《かみたかせ》組・下高瀬組・佐文《さぶみ》組（以上三野郡）・坂本《さかもと》組・黒《くろ》渕《ぶち》組（以上豊田郡）の八組になっていた。村はこのように藩の行政の最小単位であるとともに、農民にとっては日常的な諸活動などの一つのまとまりでもあった。

水争い●

讃岐の近世において旱魃は四・七年に一回の割合で発生していたという（『香川県史3　近世Ⅰ』）。生駒藩時代の寛永三（一六二六）年は、「物成《ものなり》こと〳〵く日ニやけ、十の物成壱つ御座候の由ニて、百姓めいわくいたし候由、一村ニて五人六人つゝ、見る〳〵かつ《(飢)》へし《(死)》に申す由」とあるように（「讃岐探索書」『香川県史9　近世史料Ⅰ』）、大旱魃の年であった。高松藩領では明和七（一七七〇）年、寛政二（一七九〇）年、文政六（一八二三）年が大旱魃であったが、とくに文政六年のときには高一一万七〇〇〇石余が全滅し、年貢米が四万七〇〇〇石余減るという被害であった（『増補高松藩記』）。

　寛永八年に完成した讃岐を代表する満濃池は、幕末の嘉永（一八四八〜五四）までに揺《ゆる》（水の放出口である樋管《ひかん》）換え工事は底樋《そこひ》・竪樋《たてひ》・櫓《やぐら》の改修など二四回に及んだ。この普請工事は農民にとって非常に重い負担であった。たとえば文政十年からの工事では、水掛かりの高の村々に高一〇〇石につき六九三人余の高率の負担が課せられ、このほかに高松藩領の水掛かりをのぞく村々に、総勢一万七四五人もの臨時の人夫徴発がわりあてられた。当時「行こうか、まんしょか（行くまいか）、満濃普請、百姓泣かせの池普請」とうたわれたという（桂重喜『讃岐の池と水』）。

　近世中期以降もため池築造など水の確保が積極的にはかられていったが、その一つに萱原《かやはら》（綾歌郡綾川《あやがわ》町）掛井手《かけいで》の工事がある。内陸部の丘陵地帯である萱原地域の用水を確保するために、綾川の上流から水を取り、掛井手で導水しようとするもので、宝永四（一七〇七）年に行われた。工事開始をめぐって萱原村庄屋久保太郎右衛門が高松藩大老の大久保主計へ直接願い出たため、越訴《おっそ》により一時捕らえられたが、綾川をせきとめて大横井《おおよこい》によって水を引き、山間地を三里余に及ぶ掛井手によって萱原の各ため池に貯水するという大工事であった（杉村重信『偉人久保太郎右衛門―萱原掛井手由来―』）。その後この萱原掛井手をめぐって、この余水を分水していた滝宮《たきのみや》村と陶《すえ》村（ともに綾歌郡綾川町）とのあいだで、寛延元（一七四八）年、明和五年、安永七（一七七八）年とあいついで水争い（水論《すいろん》という）がおこっている（喜多村俊

❖コラム

雨乞踊り

讃岐は温暖で明るい瀬戸内式の気候にめぐまれているが、古来から雨が少なく旱魃《かんばつ》に悩まされてきた。そのために全国でも有数の多くのため池がきずかれたが、それでもなお水が不足する場合には雨乞《あまご》いが行われた。古くは国司《こくし》菅原道真《すがわらみちざね》が城山《きやま》で雨乞い祈願をしたという。

雨乞い祈願は水神である龍王をまつる祠《ほこら》にこもって大数珠《おおじゅず》くりをしたり、降雨に霊験があると伝えられる池・渕・泉などからの貰《もら》い水を龍王にそなえて祈願したりしたようであるが、大規模な雨乞いとしてよく知られているのは雨乞念仏踊《ねんぶつおど》りである。

滝宮《たきのみや》念仏踊りは滝宮神社・滝宮天満宮に奉納するもので、七箇《しちか》念仏踊り・北条《ほうじょう》念仏踊り・坂本《さかもと》念仏踊り・阿野郡南《あやぐんみなみ》念仏踊りの四組があり、この順番に奉納していた。念仏踊りは一組は二〇〇人前後で構成され、奴《やっこ》・幟《のぼり》・棒突《ぼうつき》・薙刀《なぎなた》を先頭に、指揮者・大庄屋・庄屋・中《なか》踊・子《こ》踊・伴奏者《ばんそうしゃ》・警固《けいご》・外鉦《がいしょう》の順に入場し、神官のお祓《はら》いののち、薙刀の悪魔祓いがある。その後大きな団扇《うちわ》をもち大菅笠《おおすげがさ》をかぶった下知《げち》が、太鼓・笛・鉦《かね》・法螺貝《ほらがい》などの囃子《はやし》にのって、警固が「なむあみどうや」ととなえるのにあわせて跳びはねるように踊る。

この滝宮念仏踊りは古くは讃岐全域から踊りがきていたようであるが、生駒時代まででそれもやみ衰えていった。今残っている南鴨《みなみかも》念仏踊りと吉原《よしはら》念仏踊りは本来滝宮念仏踊りであった。

現在仲多度郡まんのう町佐文《ちょうさぶみ》の龍王社と加茂神社で、八月末から九月にかけて雨乞踊りとして奉納されている綾子《あやこ》踊りがあるが、念仏踊りとは別の系統である（『香川県史4　近世II』参照）。

夫『日本灌漑水利慣行の史的研究』）。

　農民にとって水の確保は死活問題であるため、これをめぐって農民間の激しい対立を引きおこし、村相互の争いにまで発展していった。その二、三の例をあげてみよう。いずれも高松藩領の事例であるが、ため池に関しては鵜足郡の西小川《にしおがわ》村と那珂郡郡家村（ともに丸亀市）の農民が、土《ど》器《き》川の剣《つるぎ》ケ端《ばた》から宝幢寺《ほうどうじ》池への取り水のことで、宝暦十一（一七六一）年・明和三年・安永三年・天明二（一七八二）年と、つぎつぎに水論をおこしている（剣ケ端入割《いりわり》旧記之内書抜指出《さしだし》帳「進藤家文書」）。井堰《いせき》では寛政二年に香東《こうとう》川にかかる芦脇《あしわき》井堰をめぐって、下流の一《いち》ノ井《い》井堰掛かりの岡村・由佐《ゆさ》村・横井村と、芦脇掛かりの川東上《かわひがしかみ》村・川東下村のあいだで争い、天保十四（一八四三）年まで争いが続いている（芦脇井関一件願留「丸岡家文書」）。また香川郡東の上多肥《かみたひ》村（高松市）にある平井出水《ひらいですい》はその水掛かりのほとんどが東隣郡の山田郡下林《しもはやし》村（高松市）であった。宝暦九年にまず争いがあったが、天保四年に平井出水の堀浚えに関して上多肥村・下多肥村と下林村のあいだで本格的

現在の芦脇井堰(高松市)

な水論が発生し、七年後に堀浚えのありかたが藩主導で決着している（平井出水取遣一件「喜多家文書」）。

寛政九年の高松藩領の池数は五五五三、井堰は二六一カ所、出水は六三六カ所で、水掛かり高の一番大きな池は山田郡の松尾池《まつお》一万四六一石余で、ついで同郡の神内池《じんない》九五六五石余、香川郡西の小田池《おだ》七四九〇石余、阿野郡南の萱原池五八五八石余、香川郡西の奈良須池《ならず》五六五六石余の順であった（「池泉合符録《ちせんごうふろく》」『香川県史10　近世史料II』）。丸亀藩では幕末の安政五（一八五八）年の池数は七九四、出水三一一カ所、池の水掛かり面積は豊田郡の一谷池《いちのたに》の三二九町余を最高に、三野郡の岩瀬池《いわせ》が二六〇町余、多度郡の大池が一一三町余で、また水掛かり高では豊田郡の井関池《いぜき》一八六〇石余があった（『西讃府志』）。

3　高松・丸亀城下町

高松城・丸亀城築城と城下町

讃岐の領主生駒親正は領内支配の拠点として、天正十六（一五八八）年に香東郡野原庄の海浜に城をきずくことに着手した。城名は源平の屋島合戦以来全国によく知られた山田郡の高松の地名をとって高松城とし、もとの高松の地は以後「古高松《ふる》」と称した。高松城は讃岐の東に寄っていて西讃岐の統治に不便なため、慶長二（一五九七）年に仲郡の亀山に丸亀城をきずくことにした。

高松城築城から約四〇年後の寛永四（一六二七）年に讃岐を探索した幕府の隠密の報告書によると（「讃岐探索書」『香川県史9　近世史料I』）、高松城は北を海に面し、内濠《うちぼり》・中濠・外濠の三重の濠をもち天守閣は三層であった。侍屋敷は東の一部をのぞいた中濠と外濠のあいだ、それと外濠の西南に配置されていた。城の玄関たる大手門は南の外濠の真ん中からやや東寄りにあった。内濠のうちに天守閣と本丸、その北に二ノ丸、東に三ノ丸が配置され、また中濠と外濠に囲まれた西北の地が西ノ丸となっており、高松城の原型をうかがうことができる。

高松城の西と東に小規模な町があったがすぐに干潟《ひがた》となっており、城下町は南の方向に発展した。寛永四年当時町屋敷数は八、九百軒であった。隠密の探索から一二年後ころのようすを書いたといわれる「高松城下屋敷割図」（一三九頁写真参照。高松市立歴史資料館蔵）によると、城下の西にあった町が侍屋敷となっているほかは、ほとんどかわりなく、城下町南のはずれに西から恵山寺《けいざんじ》（法泉寺のこと）・実相寺《じっそうじ》・脇《わき》寺《じ》・浄願寺《じょうがんじ》・禅正寺《ぜんしょうじ》・法伝寺《ほうでんじ》・通明院《つうめいいん》・福泉寺《ふくせんじ》・正覚寺《しょうかくじ》・正法寺《しょうほうじ》の一〇カ寺が書かれており、その寺の東南に馬場と侍屋《さむらいや》がおかれている。侍屋をのぞいて侍屋敷は外濠の内に一〇八、外濠の西に一六二の計二七〇軒であった。重臣屋敷は中濠の外側に沿って配置されていた。

町は東西に五筋、南北に七筋の通りがあり、町の名は東が、いほのたな町・ときや町・つるや町・本町・たたみ町・東かこ町、南は兵庫かたはら町・丸がめ町・かたはら町・塩やき町・新町・百間町・通町・ときや町・大工町・びくに町・小人町・こうや町・かちや町・えさし町が記されている。町屋数は一三六四軒であった。そしてときや町と寺通りの西端の恵山寺境内に井戸の印があり、「此の井　家中町《かちゅうまち》中《じゅう》用」と記されており、当時城下に二カ所の井戸があったのがわかる。

生駒藩の支城であった丸亀城は小丘上にきずかれて一ノ丸から五ノ丸まであり、天守閣は一ノ丸のほぼ中央に建てられた。濠は内濠と外濠があった（「生駒時代丸亀城図」前田育徳会尊経閣文庫蔵）。元和元（一六一五）年の幕府の一国一城令によって丸亀城は一時廃城となったが、山崎家治が寛永十八年に西讃岐の領主として入部し、丸亀城を再興してこれによった。「正保丸亀城絵図」によると（国立公文書館・内閣文庫蔵）、現在の城跡とほぼ同じであり、山頂の本丸の北側中央に天守閣があり、二ノ丸・三ノ丸がその下にあった。当時大手門は三ノ丸の南にあったが、のち山崎家にかわってはいってきた京極高和《たかかず》によって寛文十年に北へ移され、このときに丸亀城が最終的に完成した。丸亀城は石垣のなだらかな曲線の美しさが特色である。

　丸亀城下町は城の北につくられ、内濠と外濠のあいだを武家屋敷とし、外濠のさらに北を町とした。慶長六（一六〇一）年に生駒一正は鵜足郡の聖通寺《しょうつうじ》山北麓にある三浦《みうら》から、城下町をつくるため漁夫を移住させたという（「三浦漁夫旧記」鎌田共済会郷土博物館蔵）。山崎藩時代は古町と新町としか町のようすはわからないが、京極藩時代にはいった寛文十二（一六七二）年には農人《のうにん》町・上南条町・下南条町・横町・塩飽町・西浜町・東浜町・兵庫町・魚屋町・宗古《そうこ》町・米屋町・松屋町・通町・上葭《かや》町・下葭町があり、計五一九軒、人数五一五八人であった。また西平山・北平

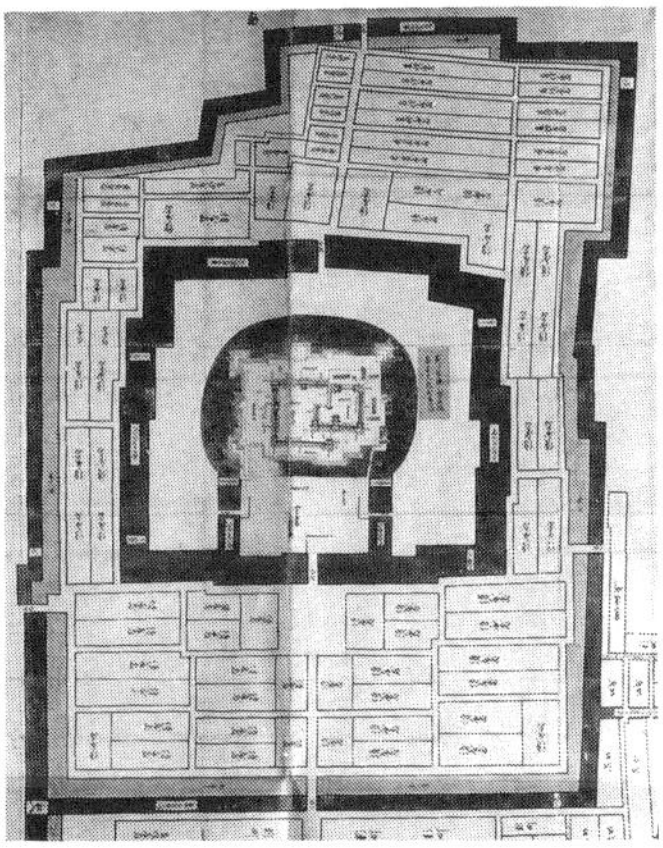
丸亀城絵図（正保年間〈1644～48〉）

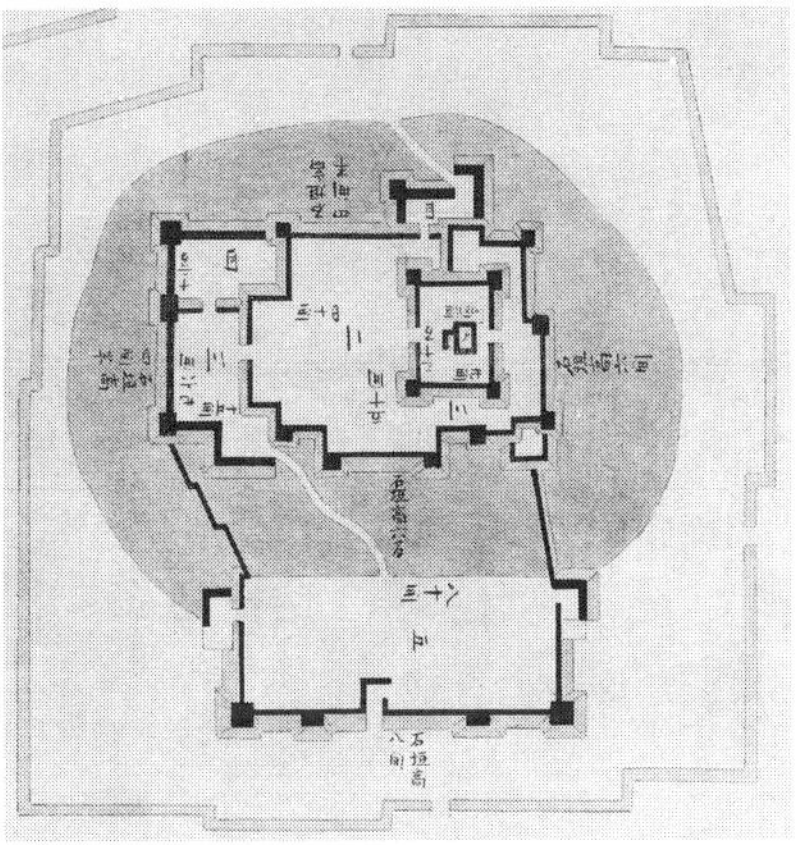
丸亀城図（生駒時代）

山・御供所《ごぶしょ》の三浦の家数は二八八軒で、人数は二〇二七人であった（以上、『新編丸亀市史2　近世編』）。

「高松城下図屏風」●

高松城下に正保元（一六四四）年に上水道が敷設されているが、その後侍屋敷は六番丁・七番丁・八番丁・築地・浜ノ町と、生駒藩時代は馬場であった古馬場などにもふえていき、また古馬場の東南部分が福田町、侍屋敷であった西通町が町家になっており、城下町として整備され発展している。承応二（一六五三）年に西浜から出火し、百間町から塩屋町・東浜まで被災し、侍屋敷二二軒と町屋四八〇軒が焼失する大火災があった。なお寛文七（一六六七）年の城下の武家をのぞいた人口は一万九七二六人であった（随観録「松平家文書」）。

松平頼重が入城した直後から高松城の石垣の修理が行われていたが、寛文九年に天守閣の棟上げがあり、翌十年八月に工事が完了している。この天守閣の造営について「小神野《おがの》夜話」（『新編香川叢書　史料篇㈠』）にはつぎのようにある。

御城一件、御天守三重にて御座《ござ》候処、崩し取り候て、古材木に安原山《やすはらやま》の松を伐り、表向き三重腰を取り、内五重に御建て遊ばされ候。大工頭喜田彦兵衛《きだひこべえ》仰せつけらる。播州姫路の天守を写しに罷《まか》り越し、夫《それ》より豊前の小倉《こくら》の天守を写し取り帰り申し候。姫路は中々大そふなる事故、小倉の形を以て、御天守御出来に御座候。

つまり生駒藩時代の天守閣をつくりかえ、表は三重であるがなかは五重の新しい天守閣にした。そのさい九州豊前の小倉城の天守閣を模して建てたという。

小倉城は慶長十三（一六〇八）年に建てられ、天守閣は五重で、順次に小さくなっている各重の屋根は、

❖コラム

高松上水道

高松藩では正保元（一六四四）年に地中に暗渠《あんきょ》を埋めて地下水を引いて上水道《じょうすいどう》をつくったという。これから五年前の寛永十六（一六三九）年ころの作といわれる「高松城下屋敷割図」には、磨屋町《とぎや》と法泉《ほうせん》寺南に「井」の書き込みがあり、「家中町中用」と書かれている。またのち寛文十（一六七〇）年に作成されたと思われる「高松城下図屛風」では磨屋町と法泉寺に井戸が確認できるが、そのほかにのちの亀井《かめい》町にも井戸が描かれている。

上水道は正保元年当時にはごく限られた地域に設けられ、しだいに城下全域に拡大されていったと思われる。全国的にみると高松上水道は一七番目で必ずしも古いほうではないが、地下水を水源としたものでは最初であったという（神吉和夫「高松水道の研究」『建設工学研究報告』第二七号）。時代は下るが延享二（一七四五）年に成立した「翁嫗夜話《おおうやわ》」に、「新井戸ハ亀井・鍛冶屋《かぢや》両町間ノ小地名、今《いま》井戸ハ磨屋町ノ横町《よこちょう》」とある。それから四四年後の寛政《かんせい》元（一七八九）年の「高松城下図」によると、瓦《かわら》町の西に「上水源」と記されている場所があるが、のち文化年間（一八〇四〜一八）のものといわれる城下図では、上水源とされていた場所が「大《おお》井戸」と記されている。

近世後期には上水道の水源としてこれらの新井戸・今井戸・大井戸があり、このほかに番丁《ばんちょう》と西浜新町《にしはましんまち》に水源があったという（前掲神吉論文）。昭和十（一九三五）年と翌年に番丁系統の上水道の土管や木樋《もくひ》が発見されている。なお瓦町の大井戸は現在規模を縮小して復元されており、七月には水祭りが行われている。

四方葺下《ふきお》ろしで装飾的な破風《はふ》は何もついておらず、きわめて簡素な形である。ただ五重目は上下二段に分かれ、上方が下方より四方に張り出しており、四隅で張り出し部分をささえている（藤岡通夫「豊前小倉城天守考」『近世建築史論集』）。幕末から明治の高松城図をみると、屋根は三重で三重目が上段と下段に分かれ、上が下より外に張り出している。これは小倉城天守閣の五重目の構造と同じである。すでにこのことから高松城天守閣は小倉城天守閣に示唆をうけているとの指摘がなされているように（藤岡通夫「高松城の天守」『同前』）、高松城天守閣は小倉城天守閣の形式を取り入れていることを認めることができる。

ただし、高松城天守閣には一重目と二重目に比翼入《ひよくいり》母屋《もや》造りの屋根と、小さな装飾的な破風がみられる。これらの部分は装飾的な破風を全く欠いていた小倉城天守閣とは異なることになる。この破風のみられる高松城天守閣が松平頼重によってきずかれたときの天守閣であるとされている。

天守閣部分（「高松城下図屛風」による）

松平頼重が入部してまもないころのものといわれる「高松城下図屛風」がある。この屛風に描かれた天守閣の屋根には装飾的な破風はみられず、小倉城天守閣と同じ形式の簡素な屋根となっている。明らかに幕末から明治にかけての絵図類の天守閣とは違っている。この屛風にみられる屋根の形式が頼重の築造のときの天守閣であったとすれば、のちのある時期に天守閣の修築があったことになるが、それを示す史料は今のところみあたらない。今後の研究課題である。なお屛風に描かれた天守閣が小倉城天守閣と同じ形式であるところから、「高松城下図屛風」は高松城天守閣の完成を記念してつくられたのではないかとの推測が成り立つ。

天守閣が完成した翌寛文十一年九月から高松城普請がはじまっている。この普請工事によって東側の中濠と外濠のあいだにあらたに濠をつくって西側を東ノ丸とし、二ノ丸の北を埋めて北ノ丸をつくり、これまでの桜の馬場の南の城内への入り口、中《なか》ノ御門《ごもん》を撤去して、東詰めにあらたに門をつくり、ここに太鼓《たいこ》櫓《やぐら》を設けて城内への入り口とした（「古老物語」松浦文庫）。ここに高松城は最終的に完成した。先の「高松城下図屛風」はこの普請以前のようすを描いていることから、屛風がつくられたのは天守閣ができてから普請のおわるまでのあいだ、つまり寛文十年か十一年ではないかと思われる。

なお、東ノ丸の米蔵丸の県民ホール建設に伴う、昭和六十（一九八五）年から六十一年にかけての発掘調査で、完成した高松城の北の石垣の南の地中から、整然と積み上げられた石垣がみつかっており、寛文十一年の高松城普請以前にも大規模な石垣工事が行われていたのが明らかとなった。

高松城下町と新湊町●

高松城下町は寛文七（一六六七）年に愛行院《あいこういん》の寺領であった福光免《ふくみつめん》が福田町になり、また浜ノ町と一番丁

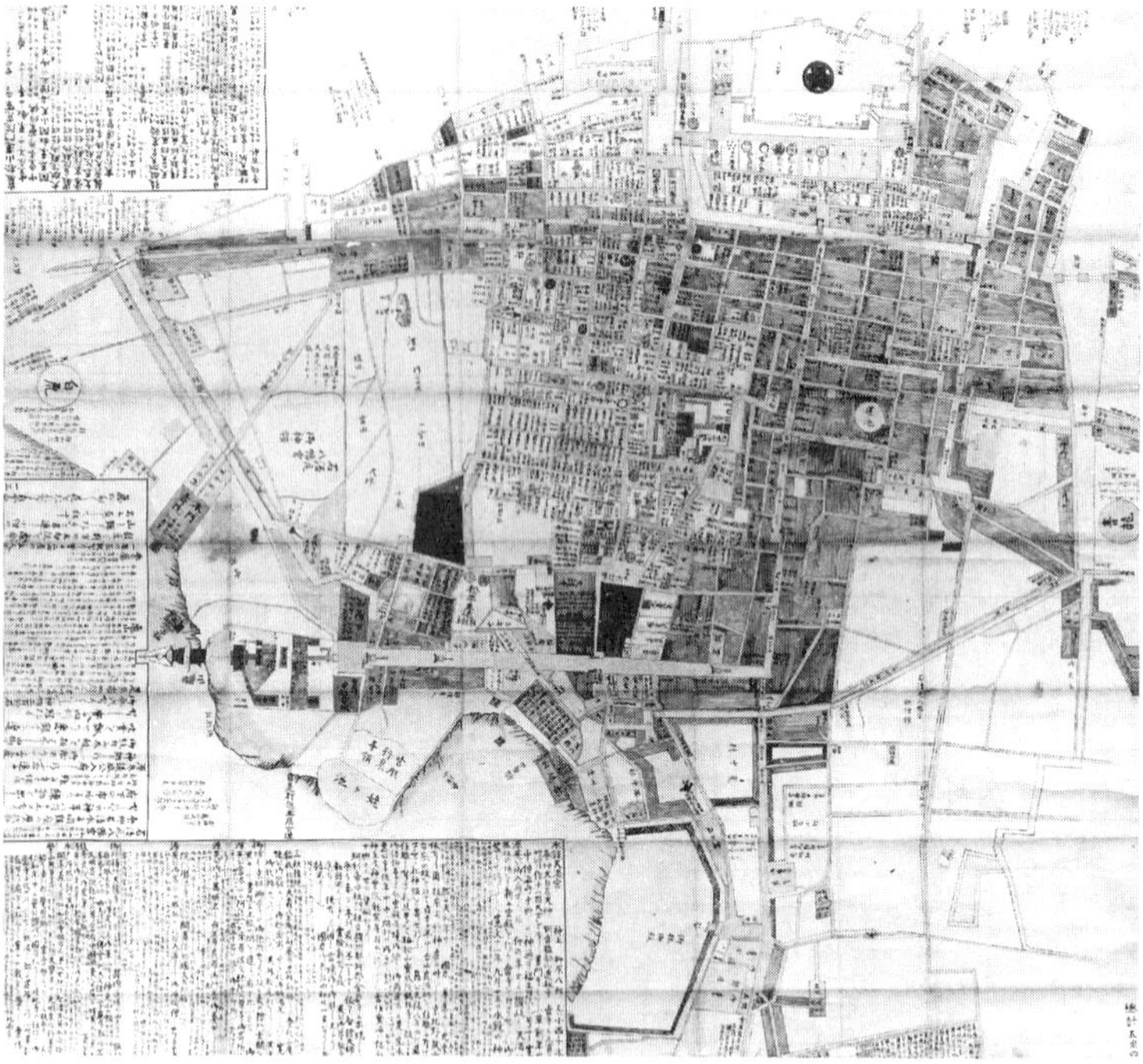

「高松城下絵図」(弘化年間〈1844～48〉)

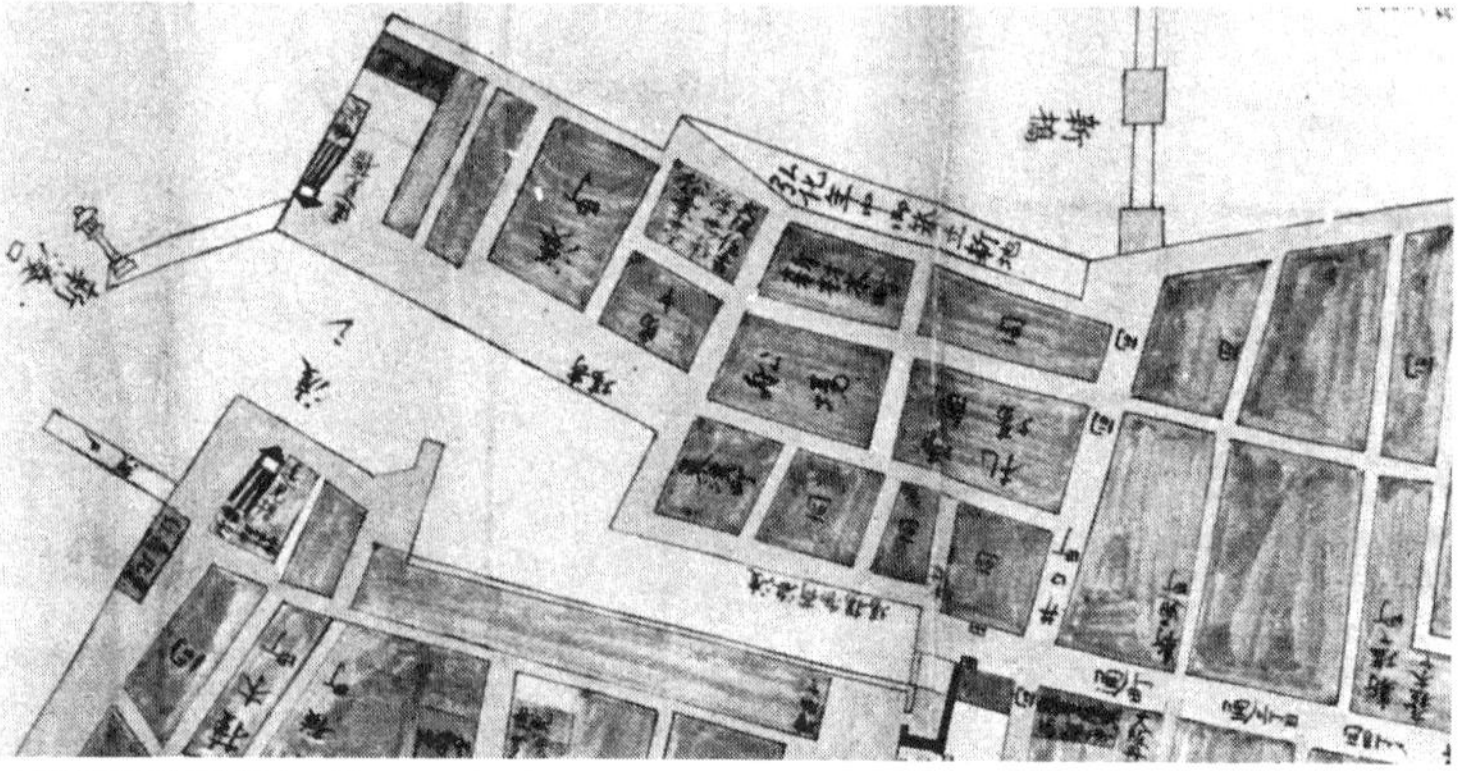

上掲高松城下絵図に描かれた新湊町

にはさまれた北一番丁の武家屋敷が延宝四（一六七六）年に西通町《にしとおりまち》にかわり、高松城下から西へむかう街道筋として発展した。寛文の検地から貞享元（一六八四）年までの一〇年余のあいだに、城下周辺の五ケ庄（西浜村・宮脇村・中ノ村・上ノ村・東浜村）の田数四六町余、石高五四二石余が永引地《えいびき》になったという（「政要録」写）、耕地が城下地域に組み込まれていっているのがわかる。

城下の町数は享保（一七一六〜三六）ころに四二の町があり（享保十一年ころ「高松城下図」）、その後は大きな変化もないことから、このころには城下町はほぼできあがっていたといえよう。町人のうち上層の大店《おおだな》が店を構えていたのは、外濠の南の中央にかかった常磐橋《ときわ》からまっすぐ南へのびた、城下の中心通りである丸亀町・南新町であり、天保（一八三〇〜四四）ころ丸亀町には奈良屋・津国屋《つのくに》・荒木屋、南新町には伏石屋・秋田屋・三倉屋《みくら》などがあった。各町には町年寄《まちどしより》と町組頭《まちくみがしら》がおかれ、町全体の責任者として年行事《ねんぎょうじ》がいた。そして町年寄らの協議の場として寄会所《よりあいしょ》が設けられていた。なお天保九（一八三八）年ころ高松城下には武家屋敷が四八四軒、町家が五九九一軒あった（「御領分明細記」写、鎌田共済会郷土博物館蔵）。享保三（一七一八）年正月に高松城下最大の火災があり、城下西はずれの木蔵町《きくらまち》から出火して、丸亀町より北の町家がほとんど焼失した（「小神野夜話」『新編香川叢書　史料篇㈠』）。

高松藩の財政担当となった年寄玉井三郎右衛門は享和元（一八〇一）年に、藩札《はんさつ》の積極的貸付と国産奨励の方針をとった。これを享和新法《きょうわのしんぽう》という（一九二頁参照）。このときに国産品その他の商品の取引場として、東浜の北の海を埋め立てて新地を造成することにした。四年後の文化二年二月にここを新湊町《しんみなとまち》と名付け、川口《かわぐち》番所や切手《きって》番所、運上会所《うんじょうかいしょ》を設置し、新湊町での旅人往来などに関する一六カ条の取扱書を定めている（「高松藩東浜記録」『日本都市生活史料集成七』）。この新湊町には株が設定され、一六人の商人のみにしか営業が許されず、その業種は特定の商品ではなく各種の商品を取り扱う諸問屋《しょとんや》（万《よろず》問屋）であり、彼らはほかの町での営業は認められなかった（「高松新湊町問屋申合定書」写、鎌田共済会郷土博物館蔵）。新湊町の町年寄は代々鳥屋《とりや》（難波《なんば》家）がつとめた。

新湊町での取引状況をみると、文化二・三（一八〇五・〇六）年に備前や赤穂辺りから運ばれてきた染色の原料の葉藍《はあい》を和泉屋・中屋・鳥屋が買い入れ、城下の紺屋《こうや》へ売り渡しており、また文政十一（一八二八）年に旅船の持ち込んだ塩魚・干魚の取引が煙草屋・森屋・平野屋・寺田屋・三木屋に許され、運上銀をおさめている。文政二年当時の新湊町の住居人数は一五〇人、家数は三六軒で、うち家持ちが一三軒で残りの二三軒が借家であった。こうして新湊町は領外との商品取引の拠点として栄えていった。

高松城下町の商業活動の詳細は明らかでないが、天保五年ころには他国渋《しぶ》問屋・金物類卸売・唐津瀬戸物卸売・魚仲買・他所石灰問屋《たしょいしばいどんや》・薬種屋《やくしゅや》など多種類の株が設けられていた。高松藩の特産品であった砂糖の城下での取引をみると、文化六年に新湊町の鳥屋が城下での砂糖御用向一件を命じられて、砂糖の城下からの領外への積出切手《つみだしきって》を取り扱っている。そして新湊町では文政二年に鳥屋が淡路・備前・豊後、中屋が長崎、森屋が周防《すおう》柳井・小豆島へ砂糖を積み送っていた。文政十年ころ高松城下の砂糖絞《しぼり》屋は二〇人、砂糖仲買が九人、絞屋兼仲買が八人いた。絞屋はほぼ城下全域にいたが、とくに福田町に絞屋二一人、仲買三人、絞屋兼仲買四人と多くいるのが特徴的である（鳥屋「触帳」）。

丸亀城下町と福島・新堀湛甫●

丸亀城下に関するくわしい絵図としては元禄十（一六九七）年の「丸亀城下図」（丸亀市立資料館蔵）がある。これには武家屋敷も含む城下町全域にわたり、各家並みの間口・奥行、それと屋号が書き込まれている。城の北の大手門の外には多賀・本庄・林・岡・佐脇らの家老級の屋敷があり、城を取り囲むようにして武家屋敷が配置されている。町数は一五でほかに三浦の三町があった。風袋町《ふるたいまち》はすべて武士・足軽が住んでいた。間口一〇間以上の大店《おおだな》と思われるのが一番多いのは通町《とおりまち》で一四軒、ついで福島町の八軒となっている。通町は町会所や制札場《せいさつば》があり、丸亀城下のメイン・ストリートであった。大店のうち最高の間口は通町の見附屋《みつけや》勘《かん》右衛門《えもん》の三三間であった。

　城下町の北に中須賀《なかすか》とよばれる洲浜《すはま》があったが、貞享元（一六八四）年に一六の屋敷をここに建てることになった。その後元禄三（一六九〇）年に浜町とのあいだに橋がかけられ、この橋が福島橋と名付けられたため、以後中須賀を福島町とよぶことになった。丸亀の湊は城下町の北にあり、東川口の船入りや通町の船泊りに船が出入りしていた。また丸亀の湊は金毘羅参詣の上陸地でもあり、参詣客が時代

新堀湛甫(丸亀市)

江戸講中銅灯籠

を下るにしたがって増加してきたこともあって新しい船着場が必要になってきた。

文化三（一八〇六）年に福島町の北に船溜りをきずくことになった。その規模は東西六一間（約一一〇メートル）・南北五〇間（約九〇メートル）で、東側に一八間（約三二メートル）の入り口を設けた（『西讃府志』）。これを福島湛甫《たんぽ》といった。この湛甫の築造には人夫計五万六一四人、この扶持米《ふちまい》四三五石余を要したという（天保三年覚帳「長谷川家文書」）。福島湛甫の完成によって旅客は福島町をとおって浜町へとむかったため、福島町はおおいににぎわうようになった。

その後福島湛甫も手狭になり、天保二（一八三一）年に丸亀藩は城下町人の願いをうけて、幕府の勘《かん》定奉行《じょうぶぎょう》へ湛甫築造許可の伺 書《うかがいしょ》を提出した。つぎの史料はその一節である（「銅籠年継《どうろうとしつぎ》一件録・乾」）。

前々より領分廻米諸産物廻し方、専《もっぱ》ら相弁じ来たり候処、近来金毘羅参詣の旅船多く入り込み、別《べっ》して三月十月会式の節は、繋船《つなぎふね》充満《つかまつ》仕り用弁《ようべん》差し仕え、諸国廻船一同混雑仕り、風波の節は凌《しの》ぎ方難《なん》渋《じゅう》仕り候ニ付、城下町人共湛甫新たに箇所増し願い出申し候。

産物などの出入りとともに、金毘羅参詣客がふえてきているようすがわかる。築造場所は福島湛甫の東手の海であった。

この丸亀藩の伺書が幕府に認められ、翌三年から工事にかかり、領内九つの各組へ計六万三七四三人の人足を割りあてた（「丸亀東浜新湛甫就出来手控」鎌田共済会郷土博物館蔵）。天保四年に完成した湛甫は東西八〇間（約一二八メートル）・南北四〇間（約六四メートル）、西側に一五間（約二四メートル）の出入り口を設けた。これを新堀《しんぼり》湛甫という。この湛甫の南を埋め立て、通町とは地続きにした。

新堀湛甫の築造とともに丸亀城下の町人たちは灯籠《とうろう》の建立も願い出ており、その費用は講《こう》によってまかなうことにした。この講の一部を湛甫築造の費用にまわす計画であった。講の発起人は通町の柏屋団次《かしわやだんじ》ら五人、講元は見附屋勘蔵《かんぞう》ら三人として、丸亀藩江戸藩邸の出入り町人の伊勢屋喜兵衛ら五人に依頼し、常夜灯千人講《じょうやとうせんにんこう》を行うことにした。この千人講に功績のあったのが江戸詰藩士の瀬山登《せやまのぼる》であった。灯籠は一二基建てる予定であったが、経費的に無理とわかり三基に減らした。一基目の灯籠は天保五年に丸亀へ運びこまれている。この灯籠は現在も新堀湛甫の入り口に残っており、「江戸講中銅灯籠」とよばれ優美な姿をとどめている（以上、『新編丸亀市史2　近世編』参照）。

4　讃岐海運の発達

西廻りと塩飽廻船の活躍●

全国に散在している幕府領の総石高は約四〇〇万石といわれる。この幕府領の年貢米（城米という）の多くは江戸へ運ばれて、町人・職人などや江戸詰めの武士たちの消費にあてられていた。十七世紀後半にはいると江戸の町は大きく発展したため、これまで以上に大量の城米を運ぶ必要にせまられた幕府は、東北地方の城米の江戸輸送を計画した。幕府の命をうけた河村瑞賢《ずいけん》は、寛文十一（一六七一）年に東廻り、翌十二年に西廻りの航路を開発した。

東廻りは陸奥国の信夫《しのぶ》・伊達《だて》両郡の城米を太平洋側へ運び、そこから南下して房総《ぼうそう》半島を迂回し江戸へはいったが、のちには東北の日本海沿岸から津軽海峡を経て太平洋を南下するようになった。西廻りは出《で》羽《わ》国最上《もがみ》郡の城米を日本海側の酒田湊へ積み出し、そこから日本海を南下して赤間関《あかまがせき》（下関）を経て、瀬戸内海をとおって大坂へ至り、さらに紀伊半島を回って江戸に運ぶというものであった（のち大坂までとなる）。

この河村瑞賢の西廻りによる江戸廻米《かいまい》にさいしては、備前の日比浦《ひびうら》、摂津の伝法《でんぼう》・河辺《こうべ》（神戸）・脇浜《わきはま》などの船とともに、讃岐の塩飽・直島の船も参加した。米やその他物資を運ぶ船のことを近世には廻船《かいせん》という。新井白石《はくせき》は『奥羽海運記』のなかで、塩飽の廻船が堅固で性能がよく、また水主《かこ》が航海技術に秀で純朴で詐《いつわ》りがないことをいっている。西廻り航路の発達によって瀬戸内・九州・山陰はいうにおよばず、北陸・東北の日本海の各地域から、大量の米が運ばれるようになり、半世紀後の享保（一七一六～三六）ころには米のみならず多種多量の商品が大坂へ積み送られ、大坂は「天下の台所」として諸商品の一大集散地となった。

このの ち塩飽廻船は多くが城米を運ぶために幕府に直接雇われ、城米御用船として活躍することになった。その最盛期は延宝（一六七三～八一）から享保（一七一六～三六）のなかころにかけてであった。正徳三（一七一三）年には二〇〇石から一五〇〇石積の廻船が一一二艘、享保六（一七二一）年には同じく一一〇艘あった（真木信夫『瀬戸内海における塩飽海賊史』）。塩飽諸島のなかで中心となっていたのは本島《ほんじま》の南に浮かぶ小島の牛島《うしじま》であった。

牛島には宝永（一七〇四～一一）から享保七年にかけては、四五から四九艘の廻船が属しており、丸尾五左衛門と長喜屋《ながきや》一族が多数所持していた（「船入諸事之帳」「廻船会合控帳」『香川県史9　近世史料Ⅰ』）。宝永二年を例にとると、丸尾五左衛門一二艘、長喜屋伝助六艘、長喜屋吉之助五艘、長喜屋長右衛門四艘で、長喜屋一族では一五艘となって、丸尾五左衛門を三艘超えているが、牛島一の船持ちは丸尾五左衛門家であった。

牛島の廻船の規模をみると、宝永二年の場合には積み石数が一〇〇〇石から一五〇〇石までが一一艘、九〇〇石台が二五艘、八〇〇石台が九艘、七〇〇石台が二艘で、以下五九〇石が一艘、三二〇石が一艘となっており、八〇〇石以上の大型廻船、いわゆる「千石船」が四五艘となり、全体四九艘の約九割を占めている。丸尾五左衛門の場合には一二艘中一一艘までが八〇〇石以上で、大型の廻船を所持していたのがわかる（「船入諸事之帳」）。

この牛島の廻船も享保十三年には二三艘とそれまでのほぼ半数に減っている。これは幕府の城米の廻米方式がかわったためであるが（次項で詳述する）、なかでも長喜屋一族が急激に廻船数を減らしている。これに対して丸尾家は、享保年間までは一〇艘前後を維持している（「廻船会合控帳」）。このように牛島の廻船数は減っていくが、丸尾五左衛門家はその後もある程度の規模をもって廻船業に従事していた。では塩飽廻船の城米船としての活躍の状況はどうであったのだろうか。

但馬国今子浦の入津記録●

現在の兵庫県香美《かみ》町香住の今子《いまご》浦に、享保四（一七一九）年から十一年にかけて湊にはいってきた廻船を書き留めた「今子浦諸国廻船入津記録」（田島勝治氏蔵）がある。これによると、今子浦にこの享保四年から十一年までにはいってきた廻船の総数は四八七艘で、もっとも多い国は摂津の一〇六艘、ついで越前の七四艘で、三番目が讃岐の六八艘となっており、讃岐の廻船の多さが注目される。「入津記録」には積石《つみこく》高《だか》の記載はないが、船乗り数から換算すると讃岐の廻船は大体四〇〇石積以上となるが、一四人乗りのほぼ一〇〇〇石以上の大型廻船が三八艘と半数以上を占めている。

讃岐の廻船六八艘の内訳をみると、塩飽諸島が四五艘と圧倒的に多く、ほかは宇足津浦の二〇艘、粟島《あわしま》の三艘があるだけである。今子浦にはいった全国的な地域別総数をみると、塩飽諸島が一番多く、続いて摂津二ツ茶屋浦四一艘、和泉佐野浦三五艘となり、宇足津浦は六番目になり、塩飽・宇足津の廻船が多くはいってきていた。塩飽諸島のなかでは牛島が断然多く一七艘、ついで本島泊《とまり》浦の八艘、同じく笠島《かさじま》の七艘となっている。ここでも牛島の廻船業が盛んであったのが裏付けられる。牛島の廻船のうち一四艘が丸尾家の持ち船であった。

　この今子浦にはいってきた廻船のうち城米船は六年間で二一艘であるが、そのうち一四艘が塩飽の廻船でもっとも多い。塩飽のうち牛島が五艘、笠島が四艘となっている。塩飽廻船が運んでいるのは越後《えちご》・越前《えちぜん》・丹後《たんご》の城米である。丹後の場合に関しては、享保十年に塩飽牛島の船頭六左衛門が小泉百太郎代官所の城米二七五〇俵を積んで入港し、城米の管理にあたってい

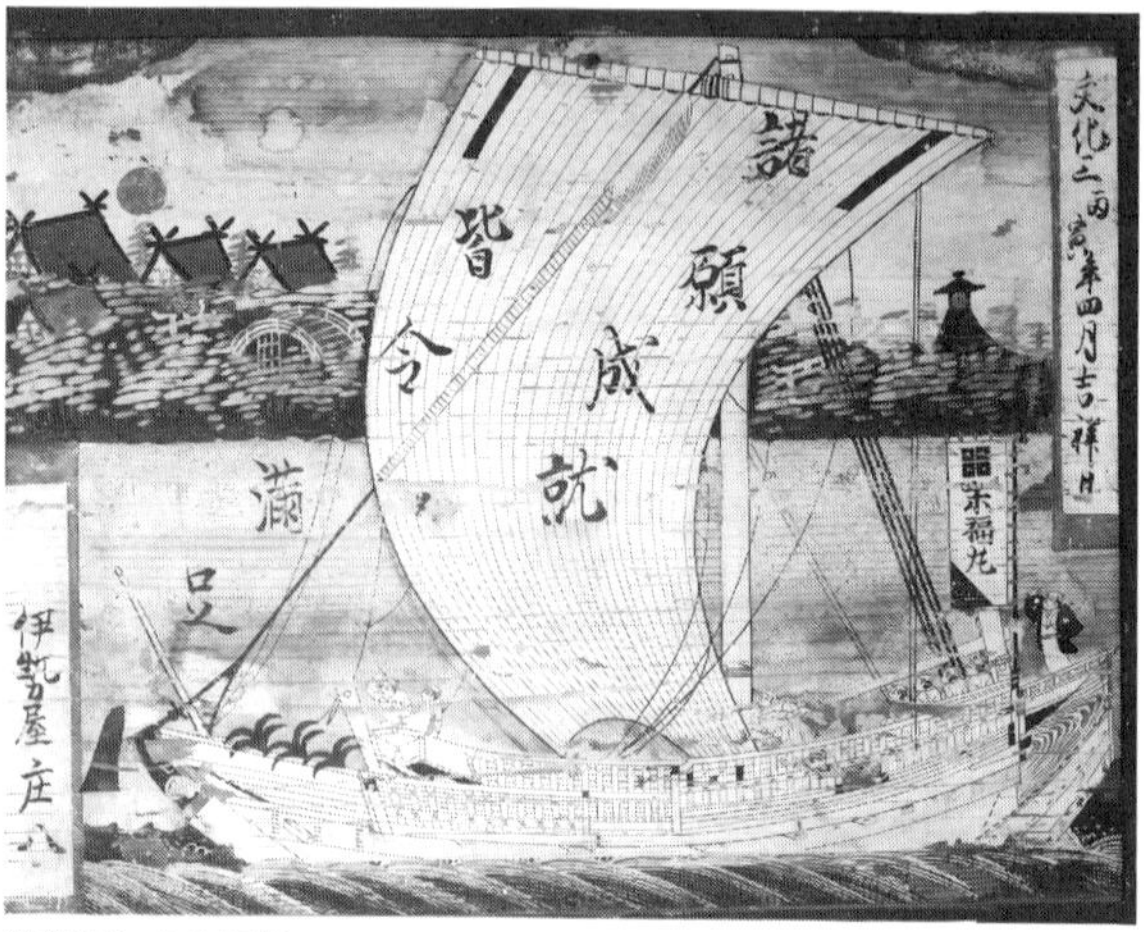

船絵馬にみる廻船

る熊野郡畑村（兵庫県加古川市）の重兵衛とともに、丹生《にぶ》湾にある出石《いずし》藩の柴山《しばやま》番所に城米積みであることを届け出ている史料が残っている。なおこの船頭六左衛門の船は一一〇〇石積で丸尾家の所持船であった。

幕府は享保五年から六年にかけて、江戸の廻船問屋《かいせんどんや》の筑前屋作右衛門に北国・出羽・陸奥の城米の江戸廻米を命じた。そして以後、これまでのように幕府が直接に城米船を雇って運送するという方式をやめ、廻船問屋の差配にまかせる請負《うけおい》方式をとることになった。これは城米をより安全にかつより安く運ぶことを狙ったものであったが、この結果塩飽廻船は直接幕府に城米船として雇われることがなくなり、また新方式の下での城米運送にもたずさわることも少なくなり、廻船数も減少していった（柚木学『近世海運史の研究』）。

享保六年から約五〇年後の明和二（一七六五）年ころ、塩飽には一八反帆《たんほ》から二〇反帆までの船が二五艘あった（真木信夫『瀬戸内海における塩飽海賊史』）。一八反帆は五〇〇石積といわれているが、これ以下の廻船のようすは明らかでない。先述のように享保六年に二〇〇石から一五〇〇石積の廻船が一一〇艘あったが、二〇〇石から五〇〇石積の廻船を加えたとしても、明和二年の廻船数は享保六年にははるかに及ばなかったといえる。

こうして十八世紀後半には塩飽の廻船業は衰えていったが、まったく行われなくなったわけではなく、石見《いわみ》の浜田（島根県浜田市）の外《と》ノ浦の廻船問屋清水屋《しみずや》の客船帳《きゃくせんちょう》には、寛延二（一七四九）年から文化元（一八〇四）年までの約半世紀のあいだに約五〇艘の塩飽廻船が記されており、「津軽登り」「出雲《いずも》下り」など外ノ浦からさらに日本海を北上しているのがわかり、また幕末には箱館《はこだて》からの帰途に清水屋に寄っているのを確認できる（『諸国御客船帳』）。しかし十七世紀後半から十八世紀初めにかけてみられたような、かつての隆盛はもう迎えることはなかった。

讃岐廻船の動き●

塩飽諸島以外の讃岐の各地においても、瀬戸内海に面した湊や島々で廻船業が盛んに行われていた。その状況についてつぎにみておこう。石見国《いわみのくに》の浜田（島根県浜田市）の外ノ浦に廻船問屋の清水屋があり、延享（一七四四～四八）から明治二十年代までの約一五〇年間にわたる、清水屋の得意先名簿の客船帳が残されている（柚木学氏によって『諸国御客船帳』として活字化されている）。これには山陰や北陸はいうにおよばず、近畿や山陽・四国の瀬戸内一帯の廻船の船名・船籍《せんせき》地・入港年月・取引商品名が記されている。近畿・瀬戸内の国別の廻船数は摂津が八九八艘ともっとも多く、ついで周防《すおう》五三四艘、長門《ながと》四八五艘、讃岐三七八艘の順となっており、讃岐の廻船が多く寄港しているのがわかる。時期的にみると延享から寛政（一七八九～一八〇一）にかけての、十八世紀中ころから後半の時期に二一五艘が集中しているのが特徴的である。船籍地をみると庵治浜《あじはま》村浦が六四艘と一番多く、ついで三本松《さんぼんまつ》五五艘、粟島四四艘、塩飽三八艘、小豆島三七艘の順となっている。ただし粟島の対岸の積《つも》浦の二八艘、詫間《たくま》の八艘があり、粟島地区で八〇艘となる。

これらの讃岐の廻船は浜村浦を例にすると、外ノ浦から出雲、米子《よなご》、加賀、越後《えちご》、庄内、秋田、能代《のしろ》へと日本海沿岸を北上し、さらに津軽、南部《なんぶ》にまで出かけている。こうした傾向は他の地域の廻船にもみられ、幕末・明治になると遠く蝦夷《えぞ》（北海道）の箱館、松前《まつまえ》にまで航海している。外ノ浦での取引商品は粟島廻船の場合、十八世紀後半のころには大豆・米を売り、扱苧《あつかいお》・干鰯《ほしか》・銅・材木を買い入れているが、幕末・明治期になると三本松の廻船は、白砂糖・塩・煙草《たばこ》を売り払っている。白砂糖・塩は讃岐の特産物であり、近世後期の取引では讃岐の特産物生産が深く関係しているのがうかがえる。

小豆島の草加部《くさかべ》村苗羽《のうま》の塩屋（木下家）が所有する廻船太神丸《たいじんまる》があった。船頭は沖船頭（雇われ船頭）であった。航海日誌である「太神丸宝帳」が、寛政十（一七九八、このとき三社丸という）・文政三（一八二〇）・同七・嘉永三（一八五〇）・同六・安政四（一八五七）・同五・文久二（一八六二）・明治十二（一八七九）・同二十三年の各年に残っている。太神丸は商品の取引を行う買積《かいつみ》船で、はじめ二〇〇石積程度であったが、嘉永二年以降は新造して四〇〇石程度に大型化している。

文政三年の航海をみると、草加部村の下村で塩、土庄村・池田村から素麵《そうめん》、途中備中の西大寺《さいだいじ》・天《あま》城《ぎ》で繰綿《くりわた》を買い入れて、九州の肥後《ひご》の高瀬《たかせ》にまで出かけているが、高瀬までの航海中に下関と唐津《からつ》

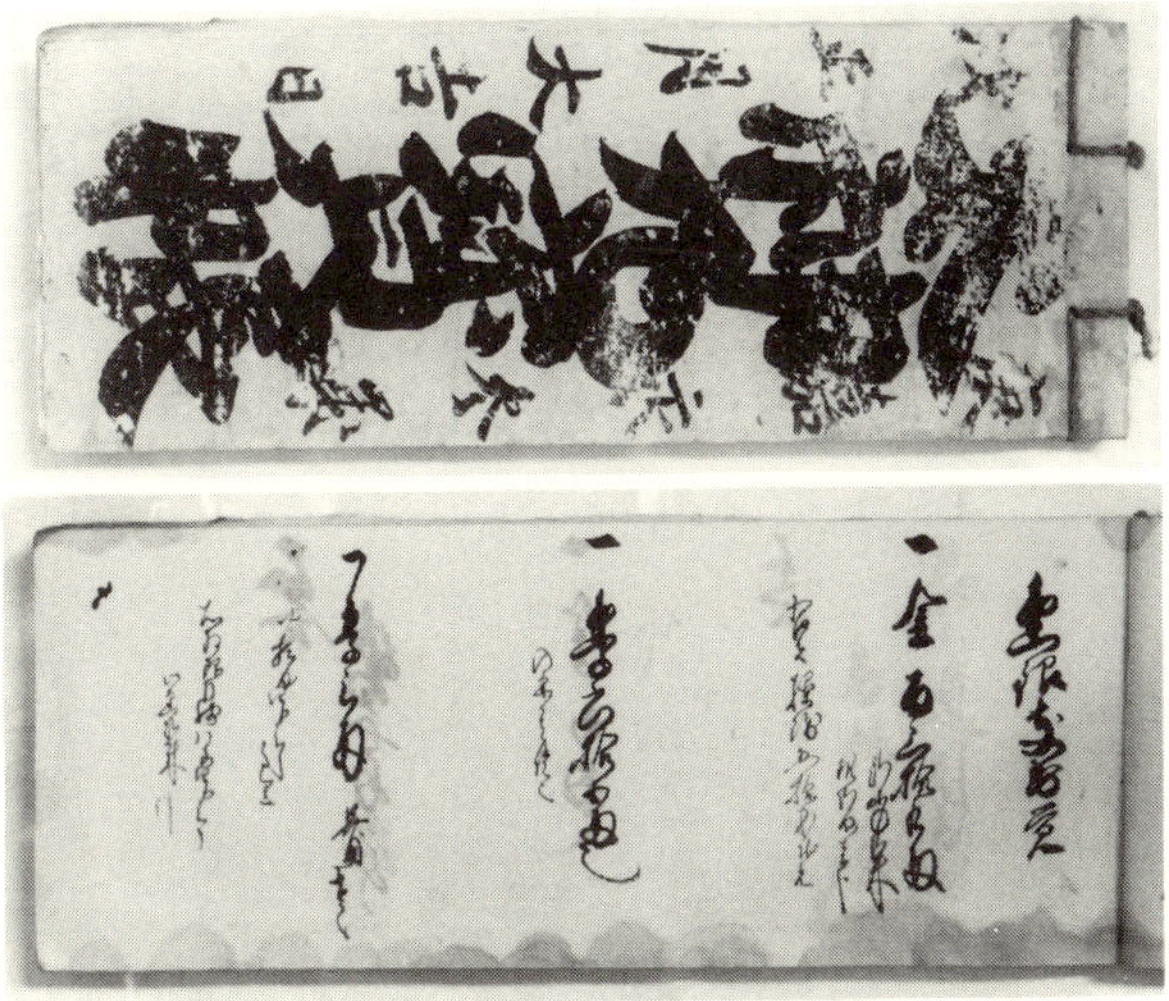

太神丸宝帳(嘉永 3〈1850〉年)

で塩、周防の中関《なかのせき》、肥前《ひぜん》の大村・野母《のも》・長崎で素麵と繰綿、同じく樺島《かばしま》で素麵をそれぞれ売り払っている。そして肥後の高瀬で小麦・大豆・小豆、肥前の島原で小麦、同じく島原や樺島で干鰯、肥前の唐津で米・干鰯、同じく呼子《よぶこ》で取粕《とりかす》・小麦などを買い入れている。

買い積みした商品のうち、干鰯の一部と米・小麦・小豆は小豆島へ持ち帰り、備後《びんご》の尾道《おのみち》で取粕と干鰯、備前の玉島と和泉で干鰯、播磨《はりま》の高砂《たかさご》で大豆を売り払っている。小豆島へ持ち帰った残りの干鰯は草加部村の上村・下村へ、小麦は池田村の素麵業者藤若屋広八《ふじわかやひろはち》や土庄村の素麵業者へ、小豆は小豆島各地へ売り払っている。つまり太神丸は小豆島の特産である塩・素麵を積み込んで、瀬戸内から西北九州にかけて買い積みに出かけていること、素麵の原料の小麦を西北九州で買い入れて持ち帰っていることがわかる。嘉永三年には大坂商人の依頼によると思われるが、出羽の能代にまで出かけて銅と鉛を買い入れている（木原溥幸「近世における讃岐の廻船について」松岡久人編『内海地域社会の史的研究』）。

また瀬戸内海の対岸の山陽地域にも讃岐の船が出かけていた。安芸《あき》の忠海《ただのうみ》（広島県竹原市）の廻船問屋江戸屋の十九世紀の初めから終わりにかけての「御客帳」によると、讃岐がもっとも多く九一五艘、ついで周防の六六八艘、伊予の六二九艘となっている。讃岐の内訳は観音寺《かんおんじ》の三四五艘をはじめとして、姫浜《ひめはま》の一三六艘、引田《ひけた》の八〇艘、伊吹《いぶき》の七〇艘、室本《むろもと》の六四艘、和田浜《わだはま》の四三艘、高松の三〇艘となっており、地理的関係からか西讃岐地方の廻船が多かった。

5章

産業の発達と文化

砂糖車(東かがわ市)

1 讃岐三白

綿生産の発展●

讃岐は気候が温暖で作物の生育に適しているのみならず、西廻り航路の瀬戸内《せとうち》の沿岸に位置し、しかも「天下の台所」の大坂に近いという地理的関係もあって、近世中期以降に各種の商品やその原料の生産が盛んになった。綿および木綿・和紙・塩・菜種《なたね》および絞《しぼ》り油《あぶら》・砂糖・蠟《ろう》などがつくられたが、これらのうち讃岐を代表する特産物となったのは、塩・綿・砂糖で、これを讃岐三白《さんぱく》という。

近世にはいると麻にかわって木綿が用いられるようになり、元禄（一六八八〜一七〇三）ころに全国的に普及していった。讃岐からは元文元（一七三六）年に木綿と繰綿《くりわた》、天明六（一七八六）年には白木綿五万反が大坂に送られていた（『大坂市史』）。丸亀藩ではすでに元禄八年に丸亀城下での夜間の綿打《わたう》ちを禁止し、宝永元（一七〇四）年には綿の取引のため旅商人が郷村へはいることを禁じ、また同七年には城下の繰綿問屋として唐津屋清治郎《からつやせいじろう》を指定しており、このころ領内での生産が相当盛んになっていた（「古法便覧」『新編香川叢書　史料篇(一)』）。

これからほぼ一世紀後の寛政末には、以前から大量に木綿が大坂に送られていたといい、文化四（一八〇七）年ころには「木綿売り代より外、他国より銀入り候義は御座《ござ》無く」とあるように、丸亀藩第一の特産となっていた（覚帳《おぼえちょう》「長谷川家文書」）。こうして発展してきた綿の生産に対して、丸亀藩では文化元年ころには年間銀三〇〇貫目の「生綿《きわた》銀」を割り当て、江戸藩邸での費用の財源にあてていた。

幕末の天保（一八三〇〜四三）ころには、「国々へ積み出す雪綿《ゆきわた》は、大与（大坂屋与十郎のこと）がかどさきにむれをなし」（「丸亀繁盛記」『日本都市生活史料集成七』）といわれたように、丸亀城下での活発な綿の取引のようすをうかがうことができる。なお綿の生産状況は安政三（一八五六）年の三野郡勝間《かつま》村の場合をみると、計一一町余の土地に一七四人が綿を植え付けており、ごく零細な規模での綿の栽培であった（「安藤家文書」）。嘉永五（一八五二）年に城下商人太田岩蔵《いわぞう》・高貴《たかき》清八《せいはち》の要望をいれて、綛糸《かせいと》（綛にまいてつくった糸）を大坂へ積み送るために城下に綛糸寄会所《よせかいしょ》を設置している。

高松藩では丸亀藩ほどではなかったが、享保の終わりころには「近年打ち続き鵜足《うた》郡・那珂《なか》郡は、別して木綿作り大分仕り」とあるように、藩領西部の鵜足郡・那珂郡で綿作りが盛んになっていた（諸事御用

綛作り（「三州奥郡風俗図絵」による。さらし糸をかせに巻く）

留之帳「日下家文書」）。そして延享四（一七四七）年に高松城下西通町《にしとおりちょう》の綿総問屋柏野屋市兵衛《かしのやいちべえ》の建言により、綿売り一俵につき銀一匁二分の運上をとることにした。ところが翌寛延元年にこれに反対する藩領西部の農民が柏野屋宅におしかけて、運上銀の徴収のかわりに綿栽培の肥料の代銀二〇〇〇貫目を貸与するよう求めた。柏野屋がこれを拒否したため、農民たちは柏野屋の屋敷を打ちこわしたという。これにより綿運上の実施は中止になった（『増補高松藩記』）。

その後安永四（一七七五）年に高松藩では、当時綿を積みだしていた引田・三本松・馬篠《うましの》・鶴羽《つるわ》・津《つ》田《だ》・志度《しど》・庵治《あじ》・香西《こうざい》・林田《はやしだ》・宇足津《うたづ》の一〇カ所の綿問屋に、繰綿・実綿・綿実の積みだしにさいして、運上銀を課すことにしている（浦方御用留「日下家文書」）。このときが高松藩の綿に対する初めての統制と思われ、綿の領外との取引が活発となっていることがうかがえる。

その後の高松藩の綿作りのくわしいようすは明らかではないが、寛政八（一七九六）年には鵜足郡の宇足津村に木綿所がおかれ、同十一年には綿会所の責任者として座本に阿野郡北の木沢《きさわ》村の丹後屋秀蔵《たんごやひでぞう》がなっている（御用日記「渡辺家文書」）。宇足津村の綿会所は明治まで存続した。高松藩では藩領の西部地域での綿作りが中心であったといえよう。

塩田と久米栄左衛門●

瀬戸内海に面している関係から、讃岐では古くから製塩が盛んであったが、近世初期からは入浜《いりはま》式による塩の生産が行われていた。元和（一六一五～二三）ころに播磨《はりま》の赤穂《あこう》から塩浜師が仲郡の塩屋へ移住してきて、塩田の開発を進めたという（『西讃府志《せいさんふし》』）。寒川《さんかわ》郡の志度《しど》で、生駒《いこま》藩の旗奉行で知行高五〇〇石の松原玄雪《げんせつ》が塩田を開き、寛永二（一六二五）年にその年貢として塩を一五〇俵おさめている（「松原家文書」

『新編香川叢書　史料篇(二)』)。

寛永十七年ころの塩の郡別の生産状況をみると、香東郡が四五三石余でもっとも多く、ついで香西郡の三五六石余、山田郡の三三八石余、三野郡二八九石余、仲郡の二八三石余、北条郡の二八〇石余となっており、とくに香東・香西の香川郡地域で八〇九石余となっている。村別の多いところは香東郡の西浜《にしはま》(高松市)が二九二石余、仲郡の円亀村《まるがめ》(丸亀市)が二八三石余、香西郡の笠居村《かさい》(高松市)が二六六石余である(「讃岐国小物成帳」『香川県史9　近世史料I』)。

その後のおもな塩田の築造をみると、丸亀藩では寛文(一六六一～七二)の終わりから延宝(一六七三～八〇)にかけて、三野郡の詫間《たくま》の塩生《しおき》古浜、蟻ノ首《ありのくび》古浜、貞享(一六八四～八七)ころに同じく松崎古浜、近世後期の天保七(一八三六)年には同じく仁尾《にお》古浜がきずかれた。

高松藩ではこれより遅れ、十八世紀中ころから盛んになり、寛延元(一七四八)年に藩の許可をうけて柏野屋市兵衛が山田郡の屋島の檀ノ浦《だんのうら》に、同三年には小谷四郎右衛門が牟礼《むれ》村(高松市牟礼町)の海浜に塩田をきずいていたが、宝暦五(一七五五)年に藩の財政難解決の一つの政策として藩営で屋島の西潟元《にしかたもと》(高松市)の干潟に塩田を完成させた。この年が亥《い》の年であったところから、亥浜《いのはま》と名付けられた。総面積二八町余で高松藩の代表的な塩田となった。完成から四年後に、築造に関係した高松城下の町人梶原三平《かじわらさんぺい》に払い下げられて町人塩田となった。

これから約七〇年後の文政十二(一八二九)年に、高松藩は天保改革の一環として阿野郡北の坂出村《さかいで》(坂出市)の海浜に東大浜・西大浜の塩田をきずいた。この坂出塩田は、塩田面積一一五町余の当時わが国有数の塩田で、明治以降の「塩田王国香川」の基礎となったことから考えると、塩田を献身的な努力によって完成させた久米栄左衛門《くめえいざえもん》の功績を忘れることはできない。

久米栄左衛門は安永元（一七七二）年に大内郡相生《あいおい》村馬宿《うまやど》（東かがわ市）に生まれ、若いころ大坂の天文学者間重富《はざましげとみ》の門にはいって天文測量技術を学び、文化三（一八〇六）年に高松藩から天文測量御用向を命じられた。また彼は小さいころから器械工作に秀でていたが、文化終わりころから兵器製作をはじめ、晩年の天保十（一八三九）年ころにはわが国でもっとも早く雷管《らいかん》式銃をつくったといわれる（岡田唯吉『讃岐偉人久米栄左衛門翁』）。

文政七年に久米栄左衛門は高松藩へ財政収入増加の方法の一つとして、坂出村の海浜に塩田をきずき、塩運上を徴収することを建言した。二年後の九年に藩は栄左衛門を普請奉行に任じて塩田築造をはじめた。工事費用は藩からだされたが、不足分は栄左衛門が調達したりして、文政十二年に塩田が完成した。釜屋《かまや》七〇軒で、一カ年産塩三〇万俵余、一年間に約二〇〇〇両余の益金があった（『増補高松藩記』）。坂出大浜塩田は、初の試みといわれる悪水などを抜くための排水溜めの設備をもっていた。

坂出墾田絵図

小豆島でも近世初期の慶長十（一六〇五）年以降、大坂城へ毎年島全体で塩二〇九俵（天和三〈一六八三〉年以降は二五九俵）を年貢としておさめており、塩の生産が盛んであったが、この島塩《とうえん》も寛政期にはいった十八世紀の終わりころには衰えていった。なお明治初めころの塩田の分布状況は阿野郡が一六七町余でもっとも多く、ついで山田郡一一八町余、香川郡七五町余、三野郡六七町余となっている（『愛媛県統計書』）。

向山周慶と砂糖の生産●

高松藩で第五代藩主松平頼恭《よりたか》の晩年に、砂糖製造の研究がはじまった。頼恭の命により明和（一七六四～七一）ころに藩医池田玄丈《げんじょう》が研究を進めた。同じころの明和五（一七六八）年に頼恭の意向により近習役の吉原半蔵《はんぞう》は江戸で、当時幕府に命じられて砂糖製造の研究をしていた池上太郎左衛門から砂糖製法の伝授をうけているが（和製砂糖一件御用相勤来候由緒書「池上家文書」）、これがその後藩地での研究にどう伝えられたのか明らかではない。

池田玄丈は砂糖製造に成功することなく他界したが、遺命をうけた弟子の向山周慶《さきやましゅうけい》は砂糖製造の研究を苦心しながら続け、寛政元（一七八九）年冬に薩摩《さつま》の人関良助《せきりょうすけ》の協力を得て砂糖製造に成功した。翌年周慶は甘蔗《かんしょ》（砂糖黍《さとうきび》）を大量に栽培して砂糖生産を積極的に行うよう、藩へ進言している。このときの砂糖は黒砂糖ではないかといわれるが、同六年には大坂へ砂糖が積み送られたという。文化の初めころ江戸で讃岐の白砂糖は、「雪白の如く、舶来品にいさゝかおとらず」と評判であった（小川顕道「塵塚談」『燕石十種　第一』）。

砂糖の原料である甘蔗の植付面積は、寛政二年が一町余、天保七（一八三六）年は一三七九町余、弘化元（一八四四）年一七五〇町余、嘉永元（一八四八）年二〇四二町余、安政三（一八五六）年三二二〇町余、慶応元（一八六五）年三八〇七町余と、明治に近づくにつれて確実に増加していった（前田正名「讃岐の砂糖」『明治前期財政経済史料集成第十八巻』）。天保初年に大坂に送られてきた和製砂糖のうち、高松藩産の砂糖が五割強を占めていたように（『大阪商業史資料』）、特産物として高松藩の砂糖の生産が盛んになっていた。明治六（一八七三）年の郡別の植付では大内郡の七六三町余がもっとも多く、寒川郡五八五町余、阿野郡四三二町余、香川郡三八一町余となっている（『農務《のうむ》顛末《てんまつ》　第二巻』）。

このような砂糖製造の発展に対して高松藩は、すでに寛政六年に流通の統制に乗り出して運上銀の徴収

砂糖締小屋（昭和30年代終わりごろ。坂出市青海町北山）

❖コラム

日下儀左衛門

讃岐の近世で日下儀左衛門《くさかぎざえもん》という名は、これまでほとんど取り上げられることはなかったが、『増補高松藩記』によると儀左衛門は、高松藩の天保六（一八三五）年の砂糖為替金趣法で中心的役割を果たした人物であった。高松藩では文政二（一八一九）年に砂糖会所を設置して以来、砂糖の統制に取り組んできたが、それを集大成したのが砂糖為替金趣法であった。天保六年当時、借銀の返済財源に苦慮していた高松藩は、札会所元締役であった儀左衛門を、江戸・上方などの借銀返済を管轄し勘定《かんじょう》奉行の担当であった済方《すましかた》を独立させて、その責任者に任命した。『増補高松藩記』は「儀左衛門事、経済に長じ非常の器量これ有る者に付き」というように、儀左衛門は武士でありながら経済問題に非常に詳しかったという。

そして儀左衛門は世帯方《せたいかた》の借銀返済の財源を済方にまわし、これを財源にして札会所から藩札を借り出し、砂糖為替金として荷主や船頭に、領内沿岸の九カ所におかれた砂糖会所から貸し出し、その返済は大坂で砂糖の売り払い代金である正貨によって行わせた。この方法はおおいに成功し、借銀の返済のみならず、江戸屋敷や藩地での支出にもあてられた。実は儀左衛門とともにこの趣法に参画したのは、吟味役松原新平《まつばらしんぺい》・北村佐七郎《きしちろう》であった。天保初年ころと思われる「高松藩役付」によると、「吟味人」として日下儀左衛門、同仮役に松原新平の名があり、ともに金八両・四人扶持となっていて、禄高は最下層の武士である。彼らによって高松藩の天保の財政改革が立案され、それが成果をあげたところに、近世社会の大きな変化が感じられる。

をはじめていたが、その後、文政二（一八一九）年には砂糖会所《さとうかいしょ》を設置して大坂への砂糖の積み送りを強化し、その代金を大坂の商人への負債の返済にあてる方法をとった。そして天保六年にはそれまでの砂糖に対する統制を集大成した砂糖為替金趣法を実施して、藩財政の財源確保をはかっている。この砂糖為替金趣法は、藩の国産統制の成功した例としてよく知られている。

丸亀藩では詳しくは明らかでないが、寛政ころに砂糖製造がはじまったといわれ、文化九（一八一二）年にその実情調査を行っており、このころには広まりはじめていた。その後砂糖の領外への積み出しにさいして運上銀がかけられていたが（「川口運上」「歩行荷運上」という）、文政三年にはこれをやめ、詫間村の土佐屋常蔵《つねぞう》を砂糖取締吟味方にして、砂糖車一輌につき一カ年銀一〇匁を取り立てさせている（覚帳「長谷川家文書」）。ここに丸亀藩では砂糖が国産として注目され藩の統制が強められているのがわかる。

のち安政四年には安政改革の一環として、大坂に積み送った砂糖の代金の一部をおさめさせて藩の財源にあてる、砂糖大坂趣法が実施されている。なお天保初年の各地からの大坂廻着の砂糖のうち丸亀藩産は五％であった（以上、木原溥幸「高松藩の砂糖流通統制」・同「丸亀藩の藩札と国産統制」『近世讃岐の藩財政と国産統制』所収）。

また小豆島でも砂糖の生産が行われており、肥土山《ひとやま》村（小豆郡土庄町）では文政十二年に三町余（「土庄町役場文書」）、草加部村の枝村安田村（同郡小豆島町）では天保十四年に一町二反余に甘蔗が植え付けられていた（「赤松家文書」）。

このような讃岐三白にみられる商品生産の発展は、農民の貨幣収入をふやし生活を安定させたが、他方では商品生産に従事するなかで、商品経済に巻き込まれて土地を失い、没落していく農民をも多くうみだしていった。

2　藩政の展開と塩飽勤番所

高松藩の宝暦財政改革●

享保九（一七二四）年の高松藩では、年貢が三万七〇〇〇石ほどの減収になるという大旱魃《かんばつ》となった。これを機に藩財政の悪化はいっそう進み、慢性的な財政難が続いた。このため寛保二（一七四二）年に奉行間宮武右衛門《まみやぶえもん》、さらに延享三（一七四六）年には年寄小夫兵庫《おぶひょうご》を責任者にして藩財政の再建に取り組んだ（『増補高松藩記』）。そして延享三年から七年後の宝暦三（一七五三）年には高松城下の富商に御用金を課しており、以後宝暦十年まで毎年のように城下や郷方へ御用金が続けられた（「高松松平氏歴世年譜」）。この御用金の賦課をはじめとしてこの後本格的に財政改革が進められた。

宝暦五年に山田郡屋島の西潟元村《にしかたもと》（高松市）に面積二八町余、釜屋二五軒前《まえ》の塩田が完成した。これは二年前に農民からだされていた願いをうけて、藩主直轄で藩財政とは別途会計の財源を扱っている御内《ごない》証方《しょうかた》から費用をだし、御側御用達の木村亘《わたる》を責任者として工事に取りかかっていた。完成年の宝暦五年が亥の年であることから、亥浜と名付けられた。亥浜は藩営塩田で「其の後年を経《へ》候て、上品の塩産出致し、御領中第一の良浜と相成り申し候」とあるように、当時高松藩の代表的な塩田になった（『増補高松藩記』）。四年後には、築造に関係した城下の町人梶原三平に払い下げられ、町人塩田となったが、そのときの寛政六（一七九四）年から同十一年までの一年平均の製塩高は二万八六八三俵余で、運上銀たる塩口銀《くちぎん》は八貫六三〇匁余であった（「上書秘記」『香川県史9　近世史料Ⅰ』）。

十七世紀後半から十八世紀初めにかけて、財政難解決の方法として藩札《はんさつ》を発行する藩が多くなってきた。藩の支出に藩札をあてるとともに、藩札との引き換えで得た正銀を藩の負債の返済や、江戸藩邸など領外での支出の財源にするというものである。高松藩では宝暦七年に藩札を発行した。当面の藩財政難を乗り切るとともに、抜本的な藩財政の立て直しの方法としても考えられていた。藩札の種類は初めは一五〇匁札から二分札までの七種類であった。

城下兵庫《ひょうご》町の判屋大和屋《やまとや》のとなりの屋敷を買い上げて札会所《ふだかいしょ》とし、その横に掛屋《かけや》職のものを住まわせ、藩札と正銀との引き換えにあたらせた。翌年には城下以外に東は志度の木屋《きや》清太夫《せいだゆう》出店《でみせ》、南は仏生山《ぶっしょうざん》の川崎屋吉兵衛《きちべえ》出店、西は宇足津の品川屋庄太郎出店に小引替所《こひきかえしょ》をおいた（御用留「日下家文書」）。年貢米の銀納分や諸雑税、町や郷への貸付金の返済など領民から藩へおさめるものはすべて藩札によることにして、藩札の領内への円滑な通用をはかった。発行された藩札は正銀との引き換えも順調に行われ、十分な成果をあげて藩財政の安定に寄与したという。しかし「宝暦七丑年銀札出来之節戯評判」によると、藩札の通用を強制された領民にとっては、必ずしも歓迎すべきものではなかった（城福勇「宝暦七年発行の讃岐高松藩銀札の発行について」『日本歴史』二五四号）。

そして宝暦九年には御勝手方御用向引受の年寄西尾縫殿《ぬいどの》と奉行山下太兵衛《たへえ》によって、支出の徹底的削減をはかる緊縮財政の実現に取り組むことになった。その手本は「元禄の定法《ていほう》」、つまり「年中御収納米銀を以て、御出し方配り合わせ」ということで、借銀によらずにその年の年貢収入のみによって藩財政を運営しようというものである。そして節約によって残った分は別置して蓄えることにし、そこから可能な範囲で借銀返済を行うことにした。また藩主経費の節約分は御内証金として責任者の西尾縫殿に預けられた。この緊縮財政の実現にさいして「元禄の定法」を手本にして「諸払明細帳《しょはらいめいさいちょう》」が作成され、藩主松平頼恭自身が序文を書いている。

宝暦九年から五年後の明和元（一七六四）年には借銀返済も順調に進み、剰余金を蓄えるまでになったが、明和七年には「軍用・御国民御撫育《ぶいく》御手当金《おてあてきん》」が半分ほど積み立てられ、天明四（一七八四）年には予定していた貯え金をすべて用意できたという（以上、『増補高松藩記』）。こうして御用金にはじまり、

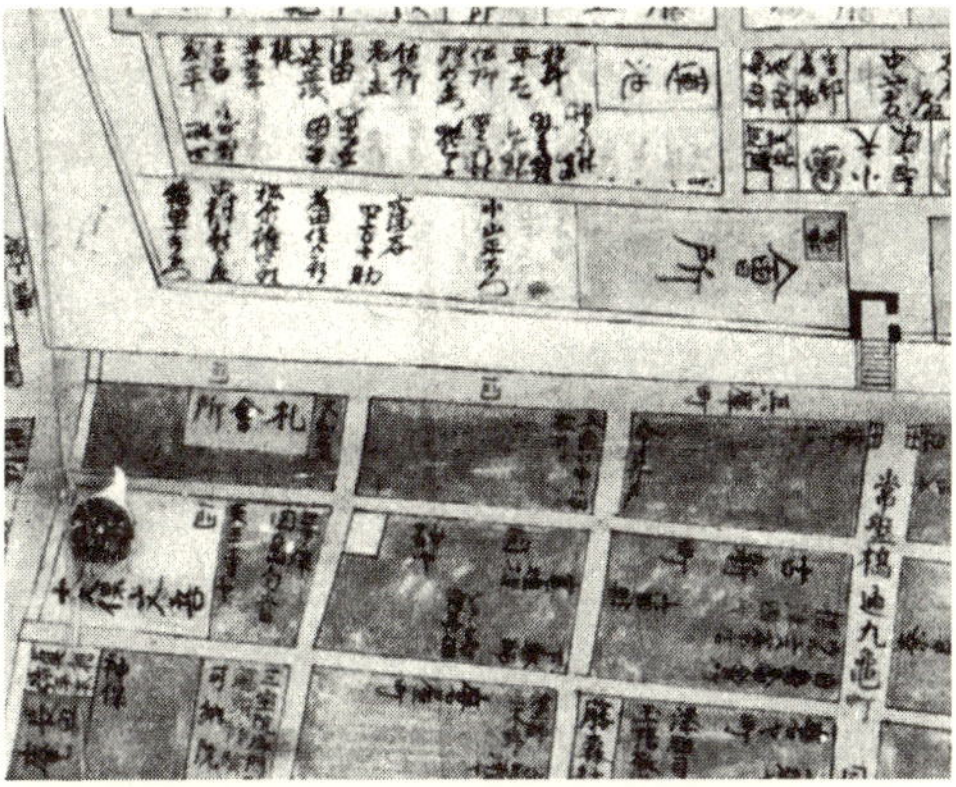

弘化年間高松城下絵図にみえる兵庫町の札会所

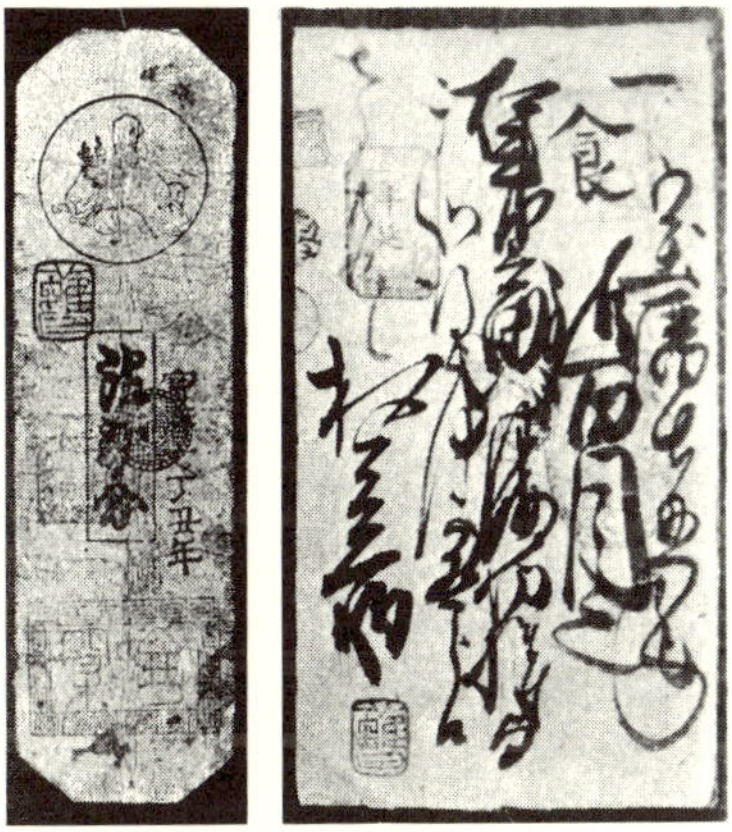

高松藩藩札（宝暦札）

屋島亥浜塩田の築造、藩札の発行、緊縮財政の実施と進められた宝暦の財政改革は、一応の目的を達成し藩財政の再建に成功したといえよう。この意味で高松藩第五代藩主松平頼恭は「中興の英主」であったといわれている。

高松藩の「享和新法」

宝暦の財政改革によって高松藩の財政は持ち直したが、寛政元（一七八九）年と同四年にあいついで江戸藩邸が焼失し、また同二年には大旱魃となり、寛政八年ころから江戸の掛屋播磨屋への調達金の返済がとどこおりはじめており、寛政の後期にはいると藩財政はゆきづまりの傾向をみせはじめていた。こうした状況の下で、積極的な藩札の貸しつけと国産の奨励を柱とする政策が、享和元（一八〇一）年から実施された。これを享和新法《きょうわのしんぽう》という。

ところで、これまでほとんど指摘されなかったことであるが、享和元年の二年前の寛政十一年に農村の土地の調査である順道下調書《じゅんどうしたしらべがき》の作成、翌年には検地帳と永引通《えいびきかよい》帳の提出が命じられている（月番帳「日下家文書」）。これらは検地帳に登録された土地のうち、永引地（年貢のかからない土地）となったものを整理するとともに、順道帳（検地帳に類する土地台帳）をつくって年貢のかかる土地の実態を把握し、年貢を安定的に徴収することを狙いとしていた。

宝暦七（一七五七）年に通用がはじまった高松藩の藩札は、藩札の信用を落とすことなく順調に通用した。寛政期にはいると、世帯方引受年寄《せたいかたひきうけとしより》の小笠原三助《さんすけ》ら藩政担当者は、藩札の増加に伴ってその信用が低下するのを恐れて、藩札の流通量を減らす方針をとり、札会所へ藩札を回収した。寛政十二年に玉《たま》井《い》三郎《さぶろう》右《え》衛門《もん》が年寄見習となって世帯方引受を命じられ、翌享和元年には年寄となり、藩政の方針を大きく転換することになった。

　玉井三郎右衛門は札会所に蓄えられた藩札を積極的に活用して、藩の財政収入をふやそうとした。家臣貸付・町郷貸付・元手銀《もとでぎん》貸付がその内容であった。困窮家臣へ城下の御用商人たる掛屋の大和屋清助を通して藩札を貸し、返済は家臣の知行米を大和屋が売り払い、その代金から貸付の元利を札会所へおさめさせた。知行高一〇〇石につき銀札六貫目を貸し付け、十カ年賦で利子は年五分であった。文化の末まで続いた。町郷貸付は城下や郷中の裕福者や金融業者に田地山林や質物などを抵当にしての貸付であった。のち札会所とは別に世帯方からも貸し付けるようになって貸付高が多くなり、藩札の信用を落としていく原因になった。

　このとき同時に国産の増大をはかる必要があるとし、城下の東《ひがし》浜《はま》の北の海岸を埋めて新湊町をきずき、ここに各種商品を取り扱う万問屋《よろずといや》を移住させて、国産の他国商船との取引を活発にしようとした。また藩みずから大型船を建造して米・綿・雑穀・藍《あい》・砂糖などの国産を、大坂やそのほかの湊へ送って売り払うことを計画した。こうした国産奨励の下でその生産資金として元手銀の貸付を行った。この具体例として確認できるのは、紙の生産に関

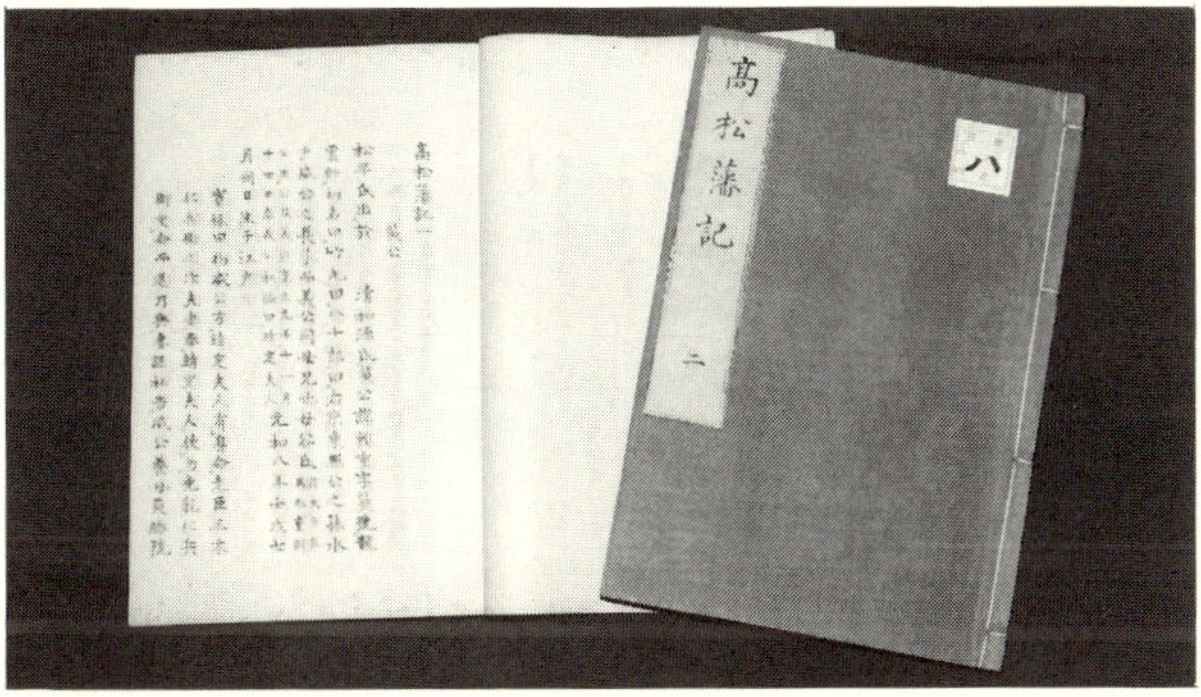

高松藩記の稿本

してであり、阿野郡北の青海《おおみ》村（坂出市）の紙漉《かみす》きの染次郎が享和三年に「紙漉元立銀《もとだてぎん》」として銀札七貫目を十カ年賦で借りている。しかし予定したような利益はあがらず、一〇年後には二貫目しか返済できていない（御用日記「渡辺家文書」）。元手銀貸付は文化五（一八〇八）年に中止された（以上、『増補高松藩記』）。

国産の奨励が行われていくなかで、国産品の使用を領内に達し、領外からの移入品をきびしく取り締まったが、他方では領外積み出しの国産に注目して、その代金の一部を正銀でおさめさせる方法をとっている。享和三年に繰綿・実綿・延綿・篠巻綿・綿実などの綿類の積み出しについては運上銀の徴収をやめ、かわってその売り払い代金を宇足津綿会所や東西各地の問屋におさめさせ、それに相当する額に利子をつけて藩札を渡すことにしている（御用留「大山家文書」）。この方法は砂糖の場合にも適用されたと思われる。

以上のように享和新法では藩札貸付や国産奨励とともに、永引改めによる年貢米の確保や国産代銀の正貨納による正銀の確保が行われていることがわかり、藩政全般にわたって新しい藩政の方針がとられていることは注目される。そして大量の藩札の通用によって引き換え正銀が不足して藩札の信用を低下させ、インフレ状態となって領内の経済的混乱を引きおこし、つぎの天保改革の重要な原因となったが、一方では国産奨励によって国産品の生産が盛んになったのであり、そのなかからとくに砂糖が重要な国産品として浮かびあがってくるのである。

丸亀藩の政治の動き●

丸亀藩の藩政の動きについては、高松藩のように藩政史のうえで重要な時期を確定してその政治の内容を明らかにするということは、史料的制約があって現在のところ困難である。したがってここでは十八世紀後期ころから十九世紀前期にかけての丸亀藩の政治の動きを紹介することにとどめざるをえない。

寛延二（一七四九）年に下作人《げさくにん》に対する取り締まりが行われている。すでに十七世紀後半の延宝（一六七三～八〇）ころから、地主へ小作米・年貢米をおさめない下作人に数回にわたって通達をだしていたが、延享（一七四四～四七）のころにはまた同じような状況がうまれていた。このため藩では寛延二年に、地主への小作人からの年貢納入の徹底、地主による生育した稲の差し押さえの強化、未進《みしん》などにより小作地を取り上げられた下作人へほかの地主が土地を預けることの禁止などを地主へ命じた（「大急御用書」『香川県史9　近世史料Ⅰ』）。これは、下作人の小作米・年貢米の地主への納入不足が、藩への年貢収入の減少をもたらして藩財政に影響をあたえていると考えられたからであるが、丸亀藩では早くから地主制が進展していたことが注目される。

また年貢に関係しては安永元（一七七二）年に、今後は「一村切《いっそんきり》」（村単位でおさめることか）で年貢をおさめること、年末の年貢の「中勘定《なかかんじょう》」は十二月二十八日までとすること、年貢勘定の皆済は翌年の五月中にすますこと、夏物成《なつものなり》は七月中におさめることを達しているが、収納を強化して安定的に年貢を確保しようとしたものであった。

丸亀藩は幕府から勅使馳走役《ちょくしちそうやく》や普請手伝役、朝鮮通信使馳走役を命じられ、これらの負担が藩財政を圧迫していた。天明元（一七八一）年の勅使馳走役のときには、丸亀藩の江戸掛屋播磨屋新右衛門から金二五〇〇両、同六年の伊豆《いず》の川普請手伝役では金二二〇〇〇両を調達して資金にあてている（日記「中井家文書」）。同時に領内へも御用金が課されていた。

丸亀藩の御用金は元禄十二（一六九九）年を初めとして以後数多くかけられ、藩財政の不足を補う重要な財源となっていた。天明元年の馳走役の場合には、御用金高は銀七二〇貫目（金一万二〇〇〇両）で、その内訳は郷中へ銀四〇〇貫目、城下町へ二〇〇貫目、網干《あぼし》領へ一一〇貫目、近江《おうみ》領へ一〇貫目となっていた（伝奏《でんそう》御馳走為被蒙仰候ニ付御用銀高掛り幷《ならびに》人別割覚書「平田家文書」）。郷中で御用金を多くおさめていた有力者たちは直支配《じきしはい》とよばれ、藩から特別の格式をあたえられていた。また直支配のほかに会釈《えしゃく》とよばれているものもいるが、直支配・会釈のくわしいことはまだわかっていない。

文化九（一八一二）年に以後五年間の倹約政治を実施することにした。これは前年の新藩主京極高朗《たかあきら》の襲封にさいしての出費増大のなかで、諸大名などとの交際上の贈答を取りやめるという徹底した支出抑制であった。しかし効果はなく、期限後の文政二（一八一九）年にはこれを延長し、さらに文政八年に再度延長しており、藩財政は深刻化しつつあった。そしてこの文政八年には酉年改正《とりどしかいせい》が行われている。そのくわしい内容は明らかでない。

ただこの一環として文政十年から田畑の実態調査が実施されている。その内容は、年貢不納地がふえ、また上・中・下などの田畑の位付《くらいづけ》（等級のこと）も実情にあわなくなってきたので、不耕作地を確定し、位付も実態にあったものにするというのである。このとき土地台帳に登録されず年貢のかからない新田開発地の調査も行うことにした。これを田面改《たづらあらため》といった。これは農民が心配したように、年貢収納の増大をはかろうとするものであったといえる。この田面改は三年間とされたが、期限がきても大庄屋からはまったく報告がないという状態で、農民の反発が強くおこっているのがわかる。

天保（一八三〇～四三）ころはそれほど財政難におちいることはなかったようであるが、弘化二（一八四五）年に江戸で臨時の支出が多くあったということで、年貢収納の強化がはかられ、大庄屋が管轄する行政単位である組ごとに二、三人の年貢取立肝煎《とりたてきもいり》庄屋をおき、年貢勘定や年貢納入期日を早める方針をだしている（以上、覚帳「長谷川家文書」）。

塩飽勤番所の創設●

藩に関係したことではないが、近世社会の変容をうかがわせる事柄が幕領の塩飽《しわく》でおこっているのでそれをつぎに紹介しておきたい。

塩飽は幕領でありながら六五〇人の船方衆による統治という独特の制度をとっていた。六五〇人というのは御用水主《かこ》の動員数で、元禄十三（一七〇〇）年には本島二〇八、広島七六、高見島七七、佐柳《さなぎ》島七、手島六六、牛島三七、沙弥《しゃみ》島九、瀬居《せい》島二〇、与《よ》島四〇、櫃石《ひついし》島一〇の配分であった。これらの水主役を負担するものを人名《にんみょう》（または人名株）といった。そして人名のなかの四人の有力者を年寄といい、彼らは島中政治の中心的存在であった。また泊浦と笠島浦には年番、島や各浦には庄屋が一人ずつおかれ、これらの年寄・年番・庄屋らによって島政が運営された。四人の年寄は寛永（一六二四～四〇）以降吉田家と宮本三家の四家から出、合計三五六石余を配分されており、庄屋が一八人で四二石余であるのにくらべると、その優位さは動かしがたいものがあった（真木信夫『瀬戸内海における塩飽海賊史』）。

しかし寛永七（一六三〇）年・明暦二（一六五六）年・万治二（一六五九）年と、年寄の恣意的支配は島中水主の反対によって少しは制約をうけたが、享保七（一七二二）年におこった、年寄の不法行為をきっかけとする水主らの年寄排斥《はいせき》の要望は受け入れられなかったように、島中に君臨する年寄の地位そのものが揺らぐということはなかった。

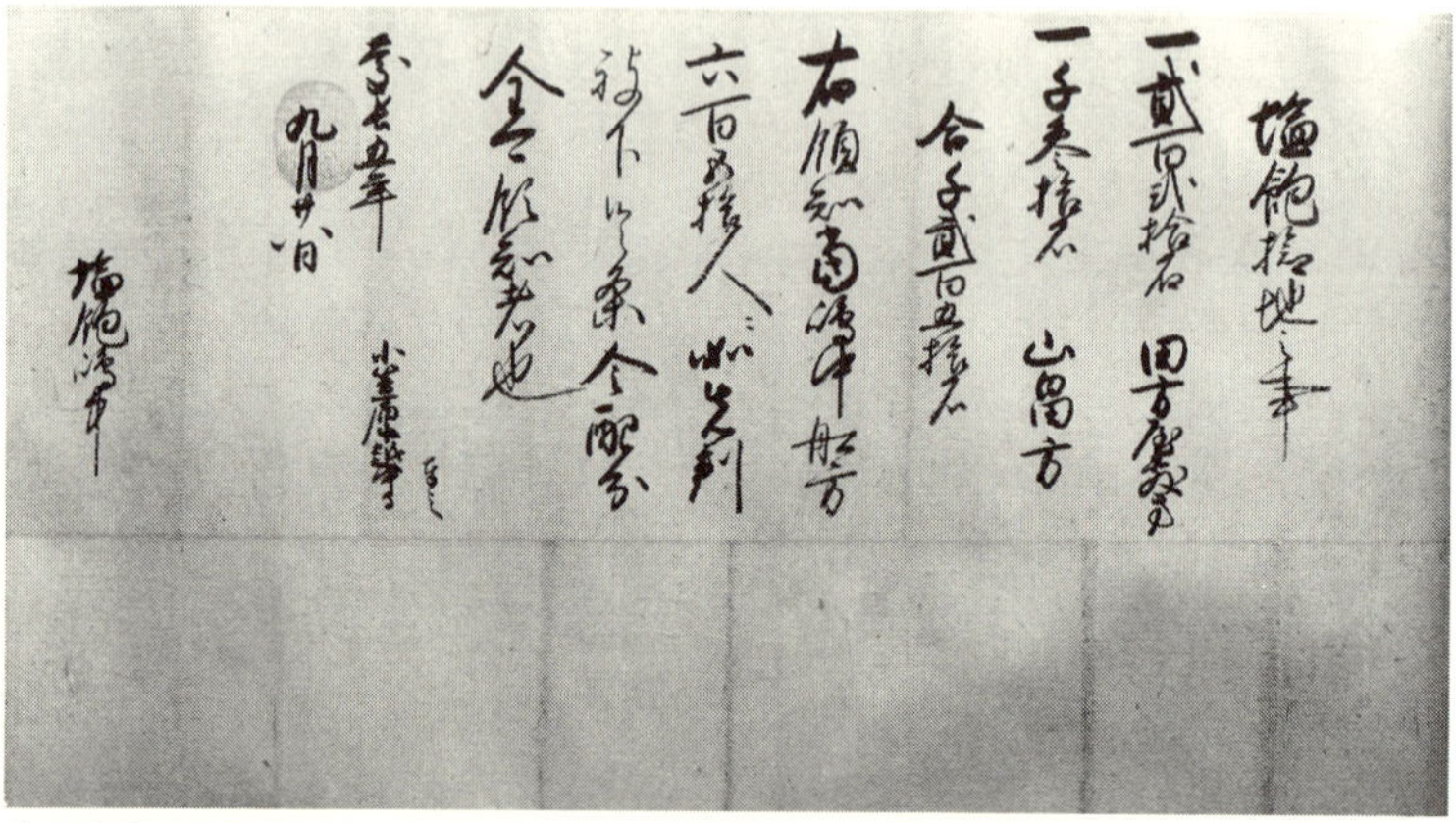

塩飽検地之事
一 弐百弐拾石 田方
一 千参拾石 山畠方
合千弐百五拾石
右領知当島中船方
六百五拾人ニ被下候条令配分
全可領知者也
慶長五年
九月廿八日
塩飽浦中

徳川家康が塩飽船方衆の領知を認めた朱印状(慶長5年9月28日付)

塩飽勤番所(丸亀市本島)

享保後期にはいると、西廻り航路の開設を契機に盛んになった塩飽の廻船業は、幕府の城米の運送方式が変わったことにより衰えていった。そして廻船業者のなかには漁業に従事したり、大工職で身を立てたり、また他地域の廻船に雇われたりするようになった。明和六（一七六九）年の塩飽の大工職たちが年寄吉田彦右衛門宅を打ちこわした事件は、塩飽における社会的変化を告げるものであった。

十八世紀も終わりに近づいたころになると船稼ぎや大工仕事が減り、島中が困窮におちいるようになった。寛政元（一七八九）年に笠島浦の年番高島惣兵衛《そうべえ》と人名で大工職の高宮小右衛門《こえもん》は、幕府巡見使が来島したのをとらえて、当時廻船業が衰退していっているのに年寄の不法行為によって人名の負担が倍になっているとして、その軽減を求める願書を提出した。願書では窮迫による水主らの負担を減らし、その困窮化を防ぐことを主張していた。この結果寛政四年に幕府は四人の年寄を罷免し、大坂船手奉行の関係者が処罰された。ここに近世初期以来、年寄として塩飽の島政に君臨してきたそのありかたが問われることになった。

島中水主の意向をいれながら選ばれた新しい年寄は丸尾喜平次《きへいじ》・高島惣兵衛・石川清兵衛《せいべえ》の三人で、いずれも年番・庄屋の地位にあったものたちであるが、彼らは強い権限をもっていた旧年寄のような性格をもっておらず、人名の要望にそって島政を運営していくことが新年寄の任務とされた。ここに性格の違う新・旧の年寄の交代という画期的な事態となった。そして旧年寄が近世初期以来の有力者として、広大な屋敷をもってそこで島政をみていたのをやめ、新年寄が島政を運営していくための年寄役場を建設することになった。そして塩飽の独特の政治形態である船方衆六五〇人による島の統治を認めた徳川将軍家の朱《しゅ》印状《いんじょう》や、そのほか織田信長・豊臣秀吉・豊臣秀次らのいわゆる「御朱印」も、この年寄役場で保管することにした。年寄役場はその後勤番所とよばれるようになっている（『香川県史3　近世Ｉ』『新編丸亀市史2　近世編』）。

寛政十年に勤番所が完成し、塩飽では新しい時代の幕開けとなったが、のち文政（一八一八〜二九）ころからは泊浦・笠島浦が召集する島中寄合《とうちゅうよりあい》が島政運営の中心的役割を果たすようになった（五味克夫「讃州塩飽島の人名制と漁業制」『鹿児島大学文理学部文科報告』九・十号）。勤番所は文久二（一八六二）年に改修されたが、昭和四十五（一九七〇）年に国史跡に指定され、同五十二年に解体修理、復元工事が行われ昔日の姿を再現している。

3　金毘羅信仰と四国八十八カ所

寺社領の寄進●

民衆の信仰を集めている寺院や神社に対して、領内統治のために近世の大名たちはその保護と統制に強い関心をもった。近世初期に讃岐を支配し、御家騒動により寛永十七（一六四〇）年に出羽の矢島《やしま》一万石に転封された生駒氏が、そのころ領内の寺院・神社に寄進していた寺社領高をみると（「生駒様御替り之時国中寺社領高」『香川叢書　第一』）、寺院では勝法寺《しょうぼうじ》一五〇石がもっとも多く、ついで法泉寺《ほうせんじ》が一〇〇石、以下国分寺《こくぶんじ》六〇・二石、白峯寺《しろみねじ》六〇石、弘憲寺《こうけんじ》・善通誕生院《ぜんつうたんじょういん》五〇石などとなっている。

勝法寺は生駒正俊《まさとし》が慶長十九（一六一四）年に三木郡池辺《いけのべ》村（木田郡三木町）から高松へ移したもので、京都の興正寺別院でもあった。法泉寺は生駒一正《かずまさ》・正俊の墓所である。神社では金毘羅《こんぴら》が三三〇石と圧倒的に多く、一宮《いちのみや》神社五〇石、詫間《たくま》神社四〇石、水主《みずし》神社三五石、引田《ひけた》神社・白鳥《しろとり》神社三〇石などとなっている（金毘羅については次項参照）。

生駒氏転封後、東讃岐を支配した高松藩内の寺社領高は、寺院では法然寺《ほうねんじ》・浄願寺《じょうがんじ》が三〇〇石で一番多く、ついで勝法寺一五〇石、白峯寺一二〇石、広昌寺《こうしょうじ》・大護寺《だいごじ》・法泉寺・蓮門院《れんもんいん》・霊源寺《りょうげんじ》・霊芝寺《りょうしじ》一〇〇石などとなっている。勝法寺・白峯寺・法泉寺以外は高松藩になって多く寺領をあたえられた寺である。

高松藩初代藩主松平頼重《よりしげ》は浄土宗に深く帰依《きえ》していた。法然寺は那珂郡小松荘生福寺《しょうふくじ》を香川郡百相《もあい》村（高松市）に移したもので、生福寺は浄土宗の開祖法然上人《ほうねんしょうにん》が讃岐に流されたときに住んでいたところである。延宝元（一六七三）年に寺領三〇〇石は幕府朱印地となり、のち藩主一族の墓所となった。浄願寺は高松城下にあり松平家の菩提所とした。なお勝法寺は興正寺領一五〇石の代僧で、興正寺領は同じく延宝元年に朱印地となった。

神社では金毘羅が三三〇石で、ついで石清尾《いわせお》八幡宮二〇二石余、白鳥宮二〇〇石、中野天神《なかのてんじん》一〇〇石、一宮神社五〇石、水主大明神・引田八幡宮三〇石などとなっている。金毘羅領は慶安元（一六四八）年に朱印地となった（以上、「寺社記」『新編香川叢書　史料篇(一)』）。石清尾八幡宮は高塔山《たかとうやま》からその麓に移して、高松城下町の氏神としたものである。

水主神社よりも白鳥神社の社領が、生駒時代の終わりころにくらべてふえているのが特徴的である。水主神社は古代以来大内郡全郷から崇敬されていたが、松平頼重の統治に協力しなかったのでその勢力が抑えられ、かわって同じ郡の松原村（東かがわ市）の白鳥神社に特別の保護を加えたといわれる（『新修香川県史』）。白鳥宮領二〇〇石は寛文五（一六六五）年に幕府朱印地となった。

なお寛文四年に高松藩は、領内の村々に散在していた小社を大社に合祀させて神社の整理を行っている。これを「寛文の寄せ宮」という。

讃岐の西を支配した丸亀藩での寺社領のおもなものは、寺では玄要寺《げんようじ》一五〇石、善通寺六〇石、伊舎那《いしゃな》院《いん》三〇石余、法華《ほっけ》大坊《たいぼう》二六石余、威徳院《いとくいん》・宗泉寺《そうせんじ》二〇石、神社では山北《やまきた》八幡宮六〇石、浪打《なみうち》八幡宮四〇石などである。玄要寺は丸亀藩主京極家の菩提寺《ぼだいじ》である。

高松藩の天保九（一八三八）年の寺数は二八四カ寺で、その内訳は浄土宗一二、禅宗六、天台宗一四、時宗一、真言宗一二八、法華宗四、一向宗一一六、律宗三で、神社は二二〇社である（「丸岡家文書」）。また丸亀藩の天保十一年の寺数は一三一カ寺で、その内訳は禅宗一二、真言宗六九、一向宗三五、天台宗一、浄土宗三、法華宗一一で、神社は九〇四社である（「丸亀市立資料館文書」）。

金毘羅大権現●

〝讃岐のこんぴらさん〟は全国的によく知られており、現在でも多くの人たちが訪れている。今は金刀比《ことひ》羅宮《らぐう》というが江戸時代は金毘羅大権現《こんぴらだいごんげん》といった。金毘羅はクンビーラに語源をもつといわれ、仏教守護のインド神であるとされている。その信仰のおこりははっきりしたことはわからないが、金毘羅に関する確かな最古の記録は、元亀四（天正元＝一五七三）年の金毘羅宝殿の棟札である。それにはこの年に、象頭《ぞうず》山松尾寺《さんまつおじ》に金毘羅堂が建てられ、本尊を安置したと記されている。

天正十三（一五八五）年に讃岐にはいってきた仙石秀久《せんごくひでひさ》は寄進状を松尾寺ではなく金毘羅宛にだしているが、生駒氏になると寄進状は金光院《こんこういん》宛となっており、生駒氏入部後には松尾寺の別当であった金光院が金毘羅の別当に変わっている。生駒氏からの数度にわたる所領寄進によって元和八（一六二二）年には三三〇石になった。御家騒動によって生駒氏は寛永十七（一六四〇）年に讃岐を去ったが、その後に東讃岐を支配した松平頼重は徳川幕府へ働きかけて、慶安元（一六四八）年に将軍徳川家光の朱印状がだされ、金毘羅領三三〇石は幕府の朱印地となった。

松平頼重は諸堂の整備に尽力するとともに二〇回近く金毘羅に参詣した。以後高松藩・丸亀藩、それに多度津藩からの代参は数えきれないが、讃岐以外の他国からの代参は宝永（一七〇四～一一）ころからはじまり、天明・寛政（一七八一～一八〇〇）ころが最盛期だったらしく、九州をはじめ西国の諸藩にも広まっていた（松原秀明「金毘羅信仰の歴史的展開」『悠久』四四号）。一方民衆による信仰については、元禄七（一六九四）年、同九年、同十年の年号のある灯籠が寄進されており（位野木寿一「金毘羅灯籠の交通地理的意義」『人文地理』一二巻三号）、元禄ころには民衆の参詣も行われはじめていたのがわかる。

大名の信仰にはじまって民衆にまで金毘羅信仰が広まった

象頭山金毘羅全図

のは、金毘羅が海上安全の神として信仰を集めたからとよくいわれるが、それだけではなく病気平癒・家内安全・無病息災など、日常的な現世利益《げんせりやく》を願う人びとの信仰があったことも無視できない。

著名な寺院・神社の門前には参詣者のために町が発展した。金毘羅門前町《もんぜんまち》はいつごろできあがったのかというと、門前町へだされた法度として、寛文六（一六六六）年のものがととのった内容になっており、このころほぼできあがっていたといえよう。これから約五〇年後の享保六（一七二一）年の町の人口は、町人一九一〇人、金光院家来三七五人、百姓一四五人など計二四六五人となっていた。

金毘羅には金毘羅五街道といって、高松街道・丸亀街道・多度津街道・伊予街道・阿波街道が通じていた。このなかで讃岐対岸の備前・備中、大坂や江戸からの参詣客でにぎわったのが丸亀街道であった。延享元（一七四四）年に大坂の江戸堀の明石屋佐次兵衛《あかしやさじべえ》と大川町の多田屋新右衛門は、金毘羅参詣船の運行をはじめており（参詣船渡海入割願書「琴陵家文書」）、以後金毘羅船を利用して丸亀に上陸し、丸亀街道を通って金毘羅へ参詣する人たちがふえていった。

現在、丸亀の中府口《なかぶぐち》に明和四（一七六七）年九月の、「従是《これより》金毘羅町口江《え》百五十丁　京大坂口仲間中奉献道案内立石」と銘のある、通称起点石《きてんいし》が残っている。琴平《ことひら》の北神苑《きたしんえん》にも同様のものがあり、これらは一対のものである。そして一丁（約七九メートル）ごとに立石《たていし》を配置した。この明和四年の立石の設置は丸亀から金毘羅への参詣客がふえたことに対して、丸亀街道の整備を行ったことを示すものである（木原溥幸「金毘羅丸亀街道」『地域にみる讃岐の近世』）。

遍路と結願寺●

四国遍路《へんろ》は平安時代に僧侶らによって行われはじめ、四国の海辺をまわる「四国ノ辺地《へぢ》」とよばれた廻国

❖コラム

金毘羅大芝居

金毘羅《こんぴら》では市立《いちだて》のときに初め勧進相撲《かんじんすもう》が行われていたが、その後歌舞伎芝居などにかわり、十七世紀中ごろには十月市芝居が金山寺町《きんざんじ》で演ぜられるようになり、のち文政十二（一八二九）年に三月市の新町横丁の芝居、六月の高藪町《こうやぶ》の芝居も金山寺町に定着した。

芝居の内容は宝永元（一七〇四）年ころには竹田《たけだ》芝居に代表されるように、上方の芝居を軸として興行されていた。三月と十月の市立のときの芝居興行の期間は、原則として三十日であった（佐藤孝義「金毘羅大芝居の研究（一）」『日本建築学会論文報告集』二五七）。金毘羅の歌舞伎芝居には若衆歌舞伎、子供芝居、巡業専門の地《ぢ》芝居や、著名な大歌舞伎などがあったという。天保元（一八三〇）年の金光院の「日帳」に、「此《こ》の度《たび》江戸役者尾上菊五郎・瀬川あやめ・頭取市川新四郎、今日《こんにち》御書院拝見願い出候」とあり、江戸役者尾上菊五郎が来演しているのがわかる。

町方からの瓦葺《かわらぶき》定小屋《じょうごや》を建てたいとの要望をうけて金光院は、天保六年正月に高松藩寺社奉行へ願い出、その許可を得て閏七月に手斧式《ておのしき》があり、九月末には建物が完成し、十月九日に定小屋で初めて芝居が興行された。これが金毘羅大芝居《おおしばい》である。以後名優の来演が続き、芝居はいっそう盛んになった（『香川県史4　近世Ⅱ』）。

昭和四十五（一九七〇）年に、現存するわが国最古の芝居小屋として重要文化財に指定された。同五十一年に金山寺町から参道脇の現在地へ移転・復元され、毎年歌舞伎の公演があり、全国的に有名となっている。

修行に由来している。中世になると「四国ノ辺地」が結びつけられて「四国辺路」となった。戦国時代の永正十（一五一三）年に讃岐の国分寺本堂に、「四国中辺路、同行《どうぎょう》只二人納め申し候」との落書があるが、このなかに同行二人とあるのはこれが初見である。民衆による遍路が行われるようになるのは近世にはいってからであり、とくに十七世紀後半の貞享四（一六八七）年に、宥弁真念《ゆうべんしんねん》が『四国遍礼道《へんれいみち》指南《しなん》』を著して、遍路札所《ふだしょ》八十八カ所とその順番を決め、さらに元禄二（一六八九）年に寂本《じゃくほん》の『四国遍礼霊場記』、翌三年に真念《しんねん》の『四国遍礼功徳記《くどくき》』によって広められ、各地から四国遍路にでかける人が多くなった。

遍路ははじめは霊場から霊場へと弘法大師《こうぼうだいし》空海《くうかい》のたどったといわれる跡を修行して歩けば、解脱成仏《げだつじょうぶつ》ができると信じられたのであるが、のちには病気平癒を祈って巡礼することも行われるようになった。遍路の服装は大体一定しており、「同行二人」の文字を記した菅笠《すげがさ》に白装束、背には笈《おい》、胸には納経《のうきょう》挟《はさ》みと数珠《じゅず》、腰に尾すげ、「さんや」と称する雑嚢《ざつのう》を肩からさげ、右手に金剛杖《こんごうづえ》、左手に鈴というのが遍路姿

87番札所長尾寺への逆順にまわる袖道標(さぬき市塚原)

であった。

遍路は難所の険しい道を道標を頼りに歩き、また長期にわたる行程のために、途中で行き倒れたりみずから命を絶つこともあった。天保五（一八三四）年に四国遍路にでた能登の羽咋《はくい》郡小川村（石川県押水町）のさく・のぶ姉妹が、阿野郡北の西庄《にしのしょう》村（坂出市）百姓惣兵衛に接待をうけて泊めてもらったが、妹ののぶが発病して死去しており、また文政元（一八一八）年に摂津の大坂の高津新地の友蔵が、白峯寺境内の古田というところで首をくくったことが、大庄屋渡辺家の「御用日記」に書き残されている。

札所は阿波を起点として、土佐・伊予をとおって讃岐にはいるが、讃岐の札所は六六番札所雲辺寺《うんぺんじ》（現徳島県）からはじまっており、豊田郡辻村（三豊市山本町）の六七番札所大興寺《だいこうじ》を経て東に進み、寒川郡奥山《おくやま》村（さぬき市長尾町）の八八番札所大窪寺《おおくぼじ》が結願寺《けちがんじ》である。大窪寺は、弘法大師空海の開基で薬師像をつくって安置したと伝える。

八七番札所（長尾寺）をでた遍路道はしばらく平坦地を進み、塚原を過ぎた辺りから道は登りになる。相草《そうそう》の辺りから路傍には遍路の墓が草陰に並ぶように立っている。さらに進んで一夜庵から三本松峠の一帯にも遍路の墓が多い。大窪寺の周辺の極楽谷《ごくらくだに》や地獄谷《じごくだに》といわれるところには無数の遍路墓がある。長い遍路の旅で大窪寺を目の前にして、あるいは大窪寺に着いて、精根尽きはてて亡くなった人たちが多かったことを物語っている。

4　学術の振興

藩校と洋学者●

高松藩の初代藩主松平頼重は儒学の振興に力をいれ、高松藩入部とともに徳川幕府の儒者林鵞峯《がほう》の高弟であった岡部拙斎《せっさい》を藩儒に迎え、禄四〇〇石をあたえた。寛永二十（一六四三）年に屋島檀ノ浦の源平合戦で主君源義経の身代わりとなった佐藤継信《つぐのぶ》の碑を拙斎に命じて立てさせた。つぎの藩主松平頼常は元禄八（一六九五）年に幕府の儒者林信篤《のぶあつ》の門人菊池武雅《たけまさ》、同十五年に同じく筒井政之進《まさのしん》にそれぞれ禄三〇〇石をあたえて召し抱えて藩儒とした。そして藩校・講堂を元禄十五年に城下の中野天満宮の南に設置した。

この講堂では藩士にかぎらず町人の子弟も受講することができたが、全国的にみて早い時期に藩校が創設されたのは、第五代将軍徳川綱吉が儒学を重んじたことが影響していると思われる。元禄十年に幕府で論語の講釈が行われたが、このとき聴講した大名のなかに松平頼常の名がみえる。『増補高松藩記』によると、この年松平頼常は将軍綱吉の前で論語を講じたという。講堂での教育はのち中断したこともあったが、元文二（一七三七）年に再興され、青葉士弘《しこう》・中村文輔《ぶんほ》らが講義した。のち安永九（一七八〇）年に、中野天満宮の北に、講堂に倍する規模の藩校を建て、講道館と名付けて後藤芝山《しざん》を総裁として、芝山・青葉半山《はんざん》・久保城山《じょうざん》・菊池武賢《たけたか》らに講義させ、儒学による藩士の教育に意を用いたが、この講道館では町人・農民の子どもも希望すれば受講できた。なお後藤芝山の弟子が寛政三博士の一人といわれた柴野栗山《りつざん》である。

丸亀藩では元文年間（一七三六〜四〇）に城下に学堂を建てたが、寛政六（一七九四）年に大手町に藩校・正明館《せいめいかん》を創設した。のち文政八（一八二五）年には城下の風袋《ふるたい》町に敬止堂《けいしどう》を建て、中級藩士と庶民に学ばせ、二年後には江戸藩邸に集義館《しゅうぎかん》をおいた。前期の儒者として井上本固《もとかた》と三田義勝《よしかつ》がおり、元禄の女流文学者として著名な井上通《つう》は本固の子、義勝の母である。正明館初代教授の渡辺柳斎《りゅうさい》は大坂の中井竹《ちく》山《ざん》に学び、その子杏林《きょうりん》は敬止堂で長く教えた。なお多度津藩では天保の初めころに藩校自明館《じめいかん》が設置された。

讃岐の洋学者としては、早くは丸亀藩の和田浜に生まれた合田求吾《ごうだきゅうご》がいる。若くして京都や江戸に遊学し、宝暦十二（一七六二）年に長崎に出かけ通詞《つうじ》吉雄耕牛《よしおこうぎゅう》に蘭書の訳読を学んだ。このうち内科の内容は

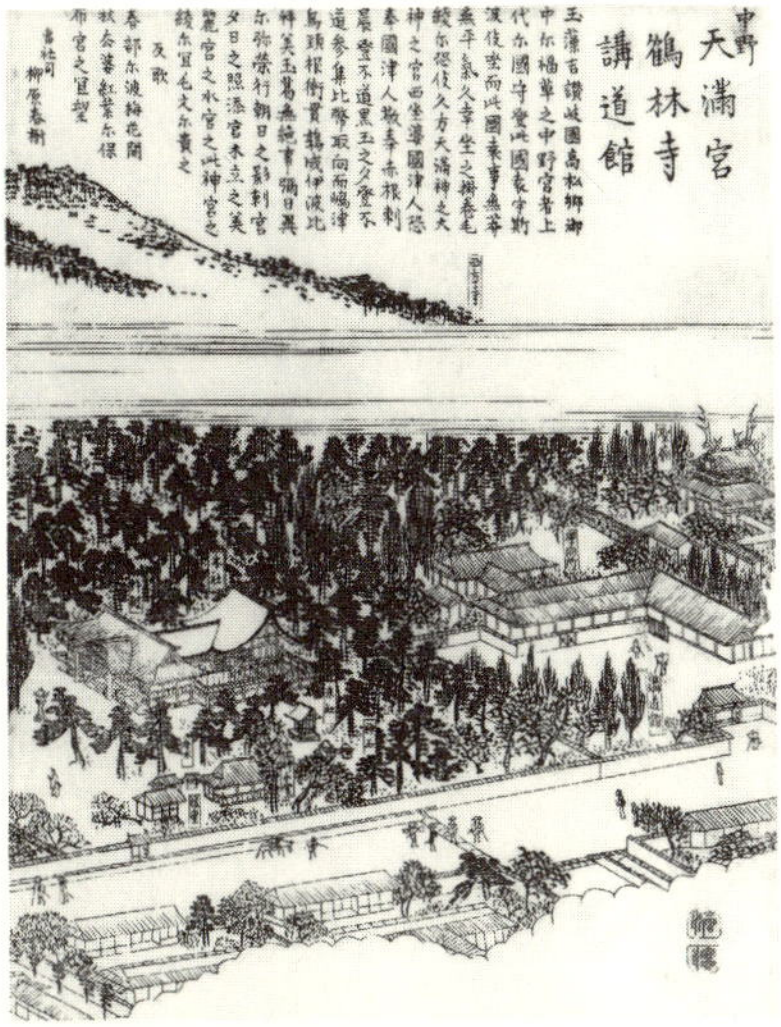

講道館の図（『讃岐国名勝図会』による）

『紅毛医術《こうもういじゅつ》』あるいは『紅毛医言《いげん》』の題で五巻にまとめられているが、これは杉田玄白らの『解体新書』よりも早く、わが国で西洋医学に触れた早い時期の一人である。求吾の弟大介《だいすけ》も一八歳のとき長崎に遊学して西洋外科を学び、二人とも郷里で開業医として活躍した。

この時期に讃岐出身で洋学を修めて江戸で著名となったのが平賀源内である。志度浦の蔵番であった源内は宝暦二年に長崎に遊学し、のち蔵番を退いて江戸へむかい、本草《ほんぞう》学者田村元雄《もとお》の門にはいった。その後江戸で物産会を開き、それに出品された物産などから選んで解説を加えた『物類品隲《ぶつるいひんしつ》』をあらわした。これは中国の物産学にオランダ博物学の知見を取り入れたものである。またエレキテルの復元など自然科学の面にも知識を発揮し、鉱山の採掘や経営に手をだし、浄瑠璃《じょうるり》の脚本を書き、洋風画を描き、製陶を行ったりするなど、多方面に才能をみせた。その力を十分に発揮できず、江戸の獄中で不遇な一生をおえた。

高松藩領潟元《かたもと》村（高松市）に生まれた柏原謙好《けんこう》は長崎に遊学してシーボルトに学んだが、嘉永三（一八五〇）年に高松藩の薬坊主となり、さらに表医師、奥医師に進んだ。安政五（一八五八）年のコレラ流行のさいには、自家製の薬を求める患者が殺到したという。高松藩領新名《しんみょう》村（高松市国分寺町）で生まれた河田雄禎《ゆうてい》は、のち丸亀藩医の養子となり、天保十三（一八四二）年に大坂の緒方洪庵《おがたこうあん》の塾で学び、嘉永三（一八五〇）年には大坂の種痘館《しゅとうかん》でその技術を修めて種痘を分苗してもらい、丸亀城下で種痘を実施している。

史・誌の編さん

讃岐では近世に多くの歴史や地誌に関する書物が書かれた。もっとも早いのは『讃岐国大日記』である。高松城下の石清尾《いわせお》八幡宮の祠官友安盛員《もりかず》が承応元（一六五二）年にあらわしたもので、古代から近世初期の慶安四（一六五一）年までを編年体でのべている。『南海治乱記《なんかいちらんき》』は寛文（一六六一〜七二）の初めに香川郡西の笠居村《かさい》（高松市）出身の香西成資《しげすけ》が南北朝から豊臣秀吉の四国平定までの、合戦を中心とした四国の歴史をのべたもので、のち宝永（一七〇四〜一〇）ころに増補して『南海通記』と改めた。高松城下中野天満宮の祠官小西可春《かしゅん》は延宝五（一六七七）年に讃岐の名所・旧跡・伝記・家記・戦記・伝説などをのべた『玉藻集《たまもしゅう》』をあらわした。同じく延宝・天和ころに高松藩儒七条宗貞《むねさだ》が書いたといわれる『讃陽簪筆録《さんようしんひつろく》』があり、讃岐府治沿革・郡名・山川・池・土産《みやげ》・寺社・人物などが記され、地誌としての体裁をととのえてきているといえよう。

讃岐で初めての本格的な地誌として延享二（一七四五）年に山田郡木太村《きた》（高松市）に住む増田休意《きゅうい》が『翁嫗夜話《おおうやわ》』をあらわした。父正宅《せいたく》の書き残したものを増補したという。休意の実弟で高松藩儒の菊池武

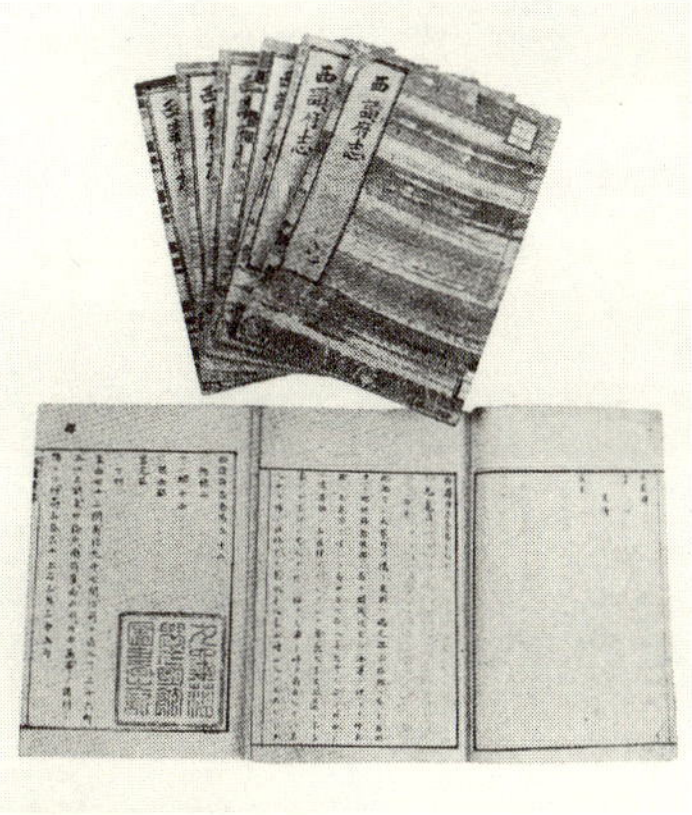

西讃府志の稿本

賢が校合して一五巻にまとめ、時の高松藩主松平頼恭に献上したところ、『讃州府志』の題をあたえられたという。最初に讃岐の歴史をのべ、東部の大内郡から西へ一郷ごとに村の名所・旧跡・神社・寺院・城跡・池などが記されている。休意はのち明和五（一七六八）年に祖父・父と三代にわたって見聞したものとして『三代物語』をまとめたが、内容はほぼ『翁嫗夜話』と同じであり、若干増補がなされている。

文政十一（一八二八）年に香川郡東の横井村（高松市香南町）の中山城山《じょうざん》は『全讃史』をあらわした。城山は儒学の徂徠《そらい》派の学者であったが、和漢の学を修めていた。郡郷志・人物志・神祠・仏廟志・古城志・名川志・陂池《はち》志・古冢《こちょう》志・名勝志・物産志などとなっている。なお『讃岐国大日記』のあとをついで、高松藩士矢野理助と弟伊八郎によって承応二年から享保六（一七二一）年までの『続讃岐国大日記』が書かれていたが、中山城山は享保元年から天保八（一八三七）年までの『続々讃岐国大日記』をあらわした。

天保中ころに那珂郡櫛梨《くしなし》村（善通寺市・仲多度郡琴平町）の秋山惟恭《これたか》は『讃岐小史』をあらわしたが、丸亀藩が天保十年に儒臣巌村秩《いわむらちつ》・加藤穀《こく》に命じて領内の地誌の編さんに着手するとこれに参加した。各村から田畑面積やその高をはじめ、年貢・小物成・戸口・人数・池・神社・寺院などを記した村明細である『地志撰述』を提出させた。これを基にして約二〇年かけて編さんし、安政五（一八五八）年に完成したのが『西讃府志』（全六〇巻）である。讃岐史上の人物、丸亀藩・多度津藩領の郡郷別の村明細、山川・名勝・物産などをのべている。讃岐の代表的な、唯一の官撰の地誌である。

現在よく知られている地誌として「讃岐国名勝図会《めいしょうずえ》」がある。これは高松城下の梶原藍水《らんすい》が、父藍渠《らんきょ》が稿をおこしていた名勝記を引き継いで編集し、嘉永六（一八五三）年に東の大内郡から出版をはじめた。

文人家老木村黙老

木村《きむら》黙老《もくろう》は近世後期の高松藩の年寄《としより》（家老）として藩政改革に尽力するとともに、文人としても著名であった。黙老は号で通称は亘《わたる》である。安永三（一七七四）年に高松城下二番丁屋敷で生まれた。祖父木村季明《すえあき》は高松藩五代藩主松平頼恭《よりたか》、六代頼真《よりざね》、七代頼起《よりおき》三代の家老をつとめた。黙老は文政六（一八二三）年に国家老となり、同八年から筧速水《かけいはやみ》とともに藩政改革に乗り出したが、同十二年に黙老は江戸家老を命じられ江戸屋敷詰になった。このころから日々のできごとや思いつきを書き留めるようになり、二〇年あまりのあいだに『聞くままの記』正編・続編合わせて八三冊をまとめた。近世後期の政治・経済・社会・文化などを考えるうえで貴重な史料である。黙老は天保六（一八三五）年に一度藩地へ戻っているが、同十一年にはまた江戸詰となり、江戸藩邸の財政改革を行っている。

江戸家老になったころから、当時江戸で戯作者として有名だった滝沢馬琴《たきざわばきん》との交友がはじまった。のち馬琴は黙老を親友三人のなかの一人にあげている。馬琴の作品に対して黙老が批評し、それに馬琴が答評をのべたものが残っており、二人の親交の深さを知ることができる。

黙老のあらわしたものは『聞くままの記』のほかに、『戯場思出草《ぎじょうおもいでぐさ》』『戯作者考《げさくしゃこう》』『曲亭戯作目録《きょくていげさくもくろく》』『国字小説通《こくじしょうせつつう》』『金瓶梅《きんぺいばい》批評』『筐底秘記《きょうていひき》』『帰郷《ききょう》日記』『道明勤仕録《みちあききんしろく》』など多数あるが、とくに歌舞伎など芝居に強い関心をもっていた。安政三（一八五六）年に八三歳の生涯を閉じた（『江戸時代人づくり風土記・香川』）。

前編の香川郡東の高松城下まで七冊を出版したが、それより西の後編は草稿のままで残されている。旧跡・寺院・神社・名所・墳墓などについてのべ、挿し絵が随所に加えられている。

梶原藍渠は天保三年に編集していた国史稿本一五〇巻を高松藩へ献上したが、高松藩では城内西ノ丸に考信閣《こうしんかく》を設け、献上本を底本として修史事業に乗り出し、天保十年に『大日本史』の続きとして『歴朝《れきちょう》要紀《ようき》首編・後醍醐天皇紀』が成ったので、これを朝廷および幕府へ献上した。

讃岐全体に関するものではないが、近世後期に盛んになった金毘羅参詣に関係して、『金毘羅山名所図会』『金毘羅参詣名所図会』があり、このほか『小豆島名所図会』『直島旧跡順覧図会』『香西記』『安原記』『大野録』などがある。

●漆芸・俳諧・農村歌舞伎●

讃岐の近世の文化については、文芸・絵画・製陶・建築・芸能などを含めた幅広い各分野における人びとの活躍についてふれなければならないが、その余裕はないので、ここでは高松の漆芸《しつげい》、丸亀の俳諧と小豆島の農村歌舞伎についてのべておくことにしたい。

香川県は漆芸の盛んなところとしてよく知られているが、その基を開いたのは玉楮象谷《たまかじぞうこく》である。象谷は文化三（一八〇六）年に高松城下外磨屋町《そとときや》の鞘塗師《さやぬりし》の家に生まれ、早くから父に鞘塗りを習った。若いころ京都へ遊学して東本願寺の雲華和尚《うんげおしょう》のもとで修業したが、とくに寺院の所有する漆器・絵画・書・陶器など最高の美術工芸品に接して研究を深め、鑑賞眼や製作技術を身につけたという。

象谷は高松藩主松平頼恕《よりひろ》・頼胤《よりたね》・頼聰《よりとし》につかえ三〇〇余の作品を製作したが、中国や東南アジアからはいってきた堆朱《ついしゅ》・堆黒《ついこく》・蒟醬《きんま》・存清《ぞんせい》などの技法に、象谷が研究した彫漆《ちょうしつ》技法を加えて、讃岐彫、象谷塗といわれる独自の技法で漆器をつくった。とくに彫漆菊紋鞍《きくもんくら》と蒟醤鐙《あぶみ》、一角印籠《いっかくいんろう》、堆黒狭貫《さぬき》彫の忘貝香合《わすれかいこうごう》、堆朱二重彫の鼓《つづみ》箱、彩色蒟醤の料紙箱・硯《すずり》箱が著名である（『江戸時代人づくり風土記・香川』）。なお、高松藩士の家の出の後藤太《た》平《へい》は玉楮象谷に学び、朱色の塗漆《ぬりしつ》技法を完成させ、彫抜《ほりぬき》盆や茶器を製作した。この彫抜漆器を後藤塗といった。

室町・戦国期の連歌師で俳諧の開基とされる山崎宗鑑《そうかん》がかつて住んだとされる一夜庵《いちやあん》が、丸亀藩内の豊田郡の興昌寺《こうしょうじ》境内（観音寺市）に天和元（一六八一）年に再興された。この一夜庵を丸亀藩三代藩主京極高或《たかもち》が訪れており、俳号を和風といっていたこともあり、丸亀藩では俳諧が盛んであった。丸亀出身の俳人として活躍した人に岸夕静《ゆうせい》と早川岱年《たいねん》がいる。夕静は宝暦二（一七五二）年京に上り、『俳諧菅之《すげの》か勢《せ》』『まそら事《ごと》』『冬木立』をあらわした。岱年は丸亀藩家老佐々九郎兵衛の家臣で花守《はなのもり》と号した。同じく京で活躍し文政十二（一八二九）年に『種《たね》木槿《きむくげ》』をあらわした。幕末の弘化年中（一八四四〜四七）の「讃岐俳諧見立角力《みたてすもう》」によると、東大関に丸亀藩士津坂木長《ぼくちょう》、西大関に丸亀藩士の家に生まれた斎

肥土山の農村歌舞伎舞台（小豆郡土庄町）

田五蕉《ごしょう》がおり、後見に先述の早川岱年と丸亀に住んだ西島烏谷《うこく》、勧進元に丸亀の菊壺茂椎《もすい》らの名がみえ、讃岐のなかでも俳諧が盛んであったようすがうかがえる（『新編丸亀市史　近世編』）。

農村歌舞伎は秋祭りや春祭り、市《いち》、麦刈前、稲の収穫後などに、神社へ奉納したり、また人びとの慰安のために行われたが、江戸時代の農村歌舞伎が盛んになるためには、都会で発達した歌舞伎芝居が地方へ広まっていくことが必要であった。元禄ころの作といわれる「金毘羅祭礼図屛風」には歌舞伎の舞台が描かれており、元禄ころにはすでに金毘羅で芝居が興行されていた。

讃岐各地で江戸時代の後期には農村歌舞伎が行われていたが、当時のようすを残し伝えているのが小豆島である。小豆島では宝永三（一七〇六）年に土庄で小屋掛けの芝居をしたことを伝える記録があり、早くから芝居が行われたというが、全島に広がって各村々で村人によって農村歌舞伎が演じられるようになるのは、十九世紀にはいった文化・文政（一八〇四〜三〇）ころ以後のことである。幕末ころには定設三三、小屋掛けを含めて一四六の芝居舞台があったという。現在春に肥土山、秋に中山で芝居奉納が行われており、その舞台は国の有形民俗文化財に指定されている。

暁鐘成《しょうせい》が嘉永年間（一八四八〜五三）にあらわした『小豆島名所図会』に安田《やすだ》村（小豆郡小豆島町）の祇園社、上村（同）の妙見社、肥土山村（土庄町）の離宮八幡宮、滝宮村（同）の天王社、福田村（小豆島町）の福田八幡宮などの舞台が紹介されている。このように小豆島でとくに農村歌舞伎が盛んであった理由は、塩・石材・醬油・素麵《そうめん》などの生産が発達し、おもに大坂など畿内都市で売られていたので、これらに伴って上方文化が小豆島にはいってきたからであろうといわれる。

6章

幕藩支配の崩壊と明治維新

屋島長崎鼻砲台跡(高松市)

1　農村の変容と百姓騒動

商品生産の発展と農民●

讃岐の十七世紀中ころの生駒《いこま》藩のときに、西島八兵衛《にしじまはちべえ》が各地に大規模な溜池《ためいけ》をきずき、また生駒藩のあと西讃岐に成立した丸亀山崎藩、ついで丸亀京極藩のもとでの井関《いせき》池築造による大野原の原野の開拓、東讃岐の高松松平藩初代藩主松平頼重《よりしげ》のもとでの溜池の築造などによって、灌漑《かんがい》施設が整備され恒常的な旱魃《かんばつ》に悩まされていた讃岐に農業生産の安定がもたらされたのみならず、それまでよりいっそうの農業の生産力を向上させていった。

また十七世紀終わりころから、肥料として金肥《きんぴ》の使用が盛んになって干鰯《ほしか》が田畑に投下されはじめたことも、農業生産力をさらに発展させることになった。つぎにのべる西讃《せいさん》百姓一揆がおこった寛延三（一七五〇）年ごろには「百姓買い候ほしか（干鰯）諸方より参」るとあり、この一揆の要求のなかに、干鰯問屋への新運上銀の賦課により干鰯の値段が上がって農民が迷惑しているとして、その中止を求めた箇条があり（「讃州丸亀百姓騒動ニ付御使者被遣幷御郡方ら承合之一件」『百姓一揆史料集成・第四巻』）、干鰯の使用が一般化しているようすがうかがえる（『香川県史4　近世Ⅱ』）。

こうした農業生産力の発展のなかで農民は米穀の生産だけでなく、市場に売り出して収益をあげるための商品の生産を積極的に行うようになる。大衆衣料の木綿の原料たる綿作については、丸亀藩ではすでに元禄（一六八八～一七〇四）ころからその生産が盛んになってきていたが、高松藩でも享保（一七一六～三六）末ころには高松城下より西の地域で生産されており、延享四（一七四七）年に高松藩が綿運上銀を課そうとしたことは先述したところである。

このほか紙は安永年間（一七七二～八一）に高松藩領の香川郡西の坂田村《さかた》（高松市）で紙漉《かみす》き場を設置してその生産を盛んにしたという（『鷺田村誌』）。また安永六（一七七七）年に高松藩領の大内郡引田村《ひけた》（東かがわ市）で菜種を原料とする絞り油の許可を藩へ申し出ており、菜種の生産がある程度進んでいたと思われる。のち天明二（一七八二）年には城下と各浦で積出切手《つみだしきって》をだして、大坂の讃岐屋安右衛門へ菜種を送ることにしている（浦方御用留「日下家文書」）。

幕末の高松藩の特産となったのは砂糖であるが、寛政六（一七九四）年に領外積み出しに統制を実施し砂糖運上銀の徴収をはじめており（御用留「大山家文書」、御用日記「渡辺家文書」）、このころ甘蔗の生産に伴う砂糖の製造が相当盛んになってきていた。また丸亀藩でも文化九（一八一二）年砂糖製造の実情調査に乗り出している（覚帳「長谷川家文書」）。高松藩領の寒川郡富田東村（さぬき市大川町）では安政五（一八五八）年ころ全戸数の約五五％が甘蔗生産に従事しており（寒川郡富田東村未春五人組合御改済帳「田中家文書」）、同じく大内郡引田村（東かがわ市引田町）では安政四年の甘蔗の作付地率は六〇％に達していた（大内郡引田村甘蔗植付畝御改畝引帳「日下家文書」）。

砂糖の製造は甘蔗の栽培、締小屋《しめごや》での白下地《しろしたじ》の生産、白下地を絞っての白砂糖への精製などの工程に分かれる。初めのうちは白下地を生産した砂糖百姓が押船《おしふね》を使って白砂糖をつくっていたが、のちには白砂糖の精製を専業に行う絞屋《しぼりや》が出現し、各地から白下地を買い集め、多数の奉公人を雇って大規模に白砂糖の製造を行うようになった。そして一般の砂糖百姓はこうした絞屋から生産資金を前借りして砂糖生産を

伊左衛門後家収支調査内訳

綿58貫900目	代銀２貫138匁５分
砂糖黍2761貫200目	代銀２貫802匁６分２厘
藁	代銀40匁
砂糖皮代見込	銀100匁
計　銀５貫80匁６分７厘	
内　銀16匁７分２厘	綿取片付ノ節諸品買入レ
172匁	右同断人足43人扶持米代銀相渡シ
193匁２分８厘	砂糖黍ムキ賃人々へ相渡シ
4匁２分	半紙６帖代銀相渡シ
61匁２分５厘	砂糖地２反５畝黍折賃渡シ方
35匁	右同断取片付日雇賃相渡シ，但シ人足５人
54匁２分５厘	右同断取片付村役人立合ノ者支度31度，但シ１度米５合ツヽ
46匁４分	綿取片付ノ節諸入目
3匁５分	砂糖入札ニ付村々飛脚賃
10匁	席料
計　銀596匁６分	
銀1貫124匁3分2厘	土免御蔵納2石6斗7升7合銀米代1石ニ付420目相場見込ニテ引除ケ置キ
合計　銀１貫720匁９分２厘	
残　銀３貫359匁７分５厘	全ク村方ニ預り置キ
籾　４石８斗	計立此俵12俵也

(明治元年11月鵜足郡東小川村伊左衛門後家勘六引継立毛取始末書出帳「木村家文書」による)

続けることになり、いわば絞屋に従属した状況の下におかれた。零細な経営でしか砂糖の生産を行えない農民がいる一方では、砂糖生産をとおして富を蓄積していく絞屋層が台頭してくるのである。

こうした商品生産の広まりは農村に大きな影響をあたえ、年貢徴収を至上課題とする本百姓を中心とする農村のありかたを変化させていった。商品生産に従事する農民のなかで、収益をあげて農業経営を拡大していくものもいれば、逆に収益をあげられずに損出を招き田畑を売り払ってしまわねばならないものもでてくる。この農民の階層の変化を農民層分解という。田畑を失った農民は地主の土地を小作するか、あるいは農業奉公人として生計を維持していかねばならなかった。

農民の階層構成を検討してみると、高松藩領鵜足郡上法軍寺村《かみほうぐんじ》（丸亀市飯山町《はんざん》）では寛政八年に所持高五石未満の下層農民が約七八％を占めており、五石から一五石の平均的な農民は二％強にすぎない（鵜足郡上法軍寺村百姓持高書出シ帳「十河家文書」）。また時代は下るが明治元（一八六八）年の下法軍寺村の階層構成をみると、五石未満が六五軒、無高が七二軒となっており、二〇石以上の上層農民六八人のうち四人が村役人層であった（『飯山町誌』）。同じ年の鵜足郡東小川村《ひがしおがわ》（丸亀市飯山町）の伊左衛門後家の収入をみると、籾《もみ》四石八斗とともに綿・砂糖の代銀五貫余が計上されている（前頁表参照）。

このように商品生産の発展は砂糖製造にみられるように、農村における加工業を展開させて農村のありかたそのものを変えていったが、他方零細な経営の下層農民を多数うみだすとともに、大規模に商品生産に従事して経営を拡大していく少数の上層村役人層を出現させていったのである。

西讃百姓一揆

近世初期以来、幕藩領主の支配に対する農民の抵抗は行われていたが、十八世紀中ころには広範な農民の結束による一揆、つまり全藩的強訴《ごうそ》が全国的に高まった時期であった。讃岐では延享元（一七四四）年ころから大雨洪水や旱魃など、災害が続いていたが、こうした状況を背景にして百姓騒動がおこってきた。

寛延元（一七四四）年に綿運上銀の賦課に反対する高松藩領西部の農民三、四千人が高松城下へ押しかけて、それを藩へ建言した綿総問屋柏野屋市兵衛《かしのやいちべえ》宅を打ちこわすという事件がおこった（『増補高松藩記』、「穆公外記《ぼくこうがいき》」）。翌年の秋には「木綿大違《たが》い、早稲《わせ》太唐《たいとう》ハ大概《たいがい》の出来ニ候処、晩稲実のり悪しく、凶年の処ニ検見《けみ》厳しく、東西一同ニ困窮と成」り、十二月二日から三日にかけて藩領東部の大内・寒川・三木・山田各郡の農民約二〇〇〇人が高松城下へ押しかけ、「富家の町人共へ養ハれ度《た》しと申すニ依《よ》り、何レも食事を調《ととの》へてもてなす」という騒ぎになった。

このとき南新町《みなみしんまち》の三倉屋久五郎《みくらやきゅうごろう》方へ一四〇人ほど、明石屋忠左衛門《あかしやちゅうざえもん》方へ一三〇人ほど、秋田屋彦十郎《ひこじゅうろう》方へ三二〇人ほど、西通町《にしとおりちょう》の柏野屋市兵衛方へ六〇〇人ほど、品川屋庄太郎《しながわやしょうたろう》方へ一五〇人ほど、川崎屋吉兵衛《きちべえ》方へ三〇〇人ほど、塩屋町の金川屋太助方へ二〇〇人ほどと、城下有力商人宅に押しかけた。このような農民の行動を袖乞《そでこい》という。十四日にも山田郡坂元村川島（高松市）で農民五〇〇人ほどが集まるという不穏な動きがあった。

こうした事態に対して高松藩はすぐさま困窮の小百姓へ米三五〇〇石の貸与を行うとともに、浮役《うきやく》・薪《たきぎ》銀・興炭《おこしすみ》の五割増や口銭場《こうせんば》増口銭・材木蔵増納を免除して農民の負担の軽減をはかり、さらに翌年春に年貢の高い地域にはその軽減を認める御貸免《おかしめん》を実施した。これは領内全体で三〇〇〇石余にあたった（以上、「穆公外記」）。

高松藩での袖乞が落ち着いた直後の寛延三年正月十七日に、西讃の丸亀藩領で讃岐最大の百姓一揆が勃《ぼっ》発《ぱつ》した。正月十五日に支藩多度津藩領の多度郡三井《みい》組の一四カ村の農民が天霧山《あまぎりやま》に立てこもり（一説には千七、八百人という）、大庄屋須藤猪兵衛《いへえ》宅を打ちこわしたが、翌日には平静化した。一方本藩領西部の三野郡・豊田郡では、十八日に蜂起するとの廻文《かいもん》が村々をめぐり、二十日には財田《さいた》川の本山《もとやま》河原に四万人が集まったという。彼らは三野郡岡本村（三豊市豊中町）庄屋太郎兵衛宅、豊田郡坂本村（観音寺市）大庄屋米谷《よねたに》四郎兵衛宅をおそった。この一揆は丸亀藩の三野郡笠岡村（三豊市豊中町）の大西権兵衛を中心に、同

❖コラム

漁場争い

瀬戸内海東部の備讃瀬戸《びさんせと》はタイやサワラの宝庫であり、漁場は国境や各藩領、幕府領の領界によって決まっていたが、近世にはいると漁場をめぐってしきりに争いがおきた。正保二（一六四五）年に幕府領の塩飽《しわく》と備前国《びぜんのくに》とのあいだで争いがあり、六口島《むつくち》・松島《まつ》・釜島《かま》が備前領となっている。承応三（一六五四）年には塩飽漁民と備前下津井《しもつい》など四カ村の漁民、塩飽漁民と丸亀城下の三浦《みうら》漁民とのあいだに争いがあり、寛文六（一六六六）年には高松藩領の香西《こうざい》漁民と下津井漁民との争いに、塩飽漁民も加わっていっそう騒ぎが大きくなった。延宝二（一六七四）年には香西漁民と塩飽漁民のあいだで小瀬居島《こせいしま》のタイやサワラをめぐっての争いがおこった。

その後十八世紀にはいっても争いは続き、享保十六（一七三一）年に香西漁民と備前の日比《ひび》・利《お》生《どう》・渋川《しぶかわ》の三カ村の漁民が、大曽瀬《おおそのせ》のサワラ漁をめぐる争いをおこして幕府の裁決にまでのぼり、大槌島《おおつち》の中央から北側が日比漁民らの漁場となった。このときの大槌島の中央の線が以後讃岐と備前の国境となった。

また小瀬居島の東の金手《かなて》の阻《そあい》はタイ・サワラの豊富な漁場であったが、ここは高松藩領と幕府領塩飽の境界に近く、以前から争いがたえなかった。元文四（一七三九）年に争いがおこり、高松藩は金手漁場は自領であると幕府へ訴えた。その結果寛保元（一七四一）年にこれが認められた。この金手の阻をめぐる争いは讃岐でももっとも大きな漁場争論であった。このときの幕府の裁決書が塩飽勤番所に残されている。

村の弥市郎《やいちろう》・嘉兵衛、同郡大野村(三豊市山本町)の兵治郎、那珂郡帆ノ山《ほのやま》村(仲多度郡まんのう町)の小山金右衛門、多度津藩領の多度郡碑殿《ひどの》村(善通寺市)の甚右衛門、同郡三井村(仲多度郡多度津町)の金右衛門(彼らを七義士という)らが事前に計画したものらしく、笠岡《かさおか》村(三豊郡豊中町)の宇賀神社の山門楼上で密議をしたという。

丸亀藩は役人を派遣し嘆願書を提出させて鎮めようとしたが、一揆勢はこれを拒否し、二十二日に善通寺へむかい、鳥坂《とっさか》で那珂郡や多度津藩領の農民と合流し(総勢六万人余という)、善通寺村庄屋助四郎宅を打ちこわした。翌日善通寺誕生院で大目付加納又右衛門に一三カ条の嘆願書を提出した。このうち年貢米未進や借銀・借米の三十カ年賦返納、日用銀・諸雑用銀などの過重負担の廃止、庄屋・組頭の罷免《ひめん》などの一〇カ条が即座に認められたため、一揆勢は当日解散した。

しかしこの正月に幕府は農民の強訴・徒党の禁令をだしており、丸亀藩・多度津藩は一揆勢との確約を破棄《はき》して、一揆関係者の探索に乗り出し、七月に首謀者七人の磔《はりつけ》・打

七義士神社(三豊市豊中町)

首・獄門をはじめ、永牢・追放など計五四人を処罰した。豊中町に七義士神社（権兵衛神社ともいう）がある（以上、佐々栄三郎『西讃百姓一揆始末』）。

このような高松藩の袖乞や丸亀藩の百姓一揆など、形態は異なるが百姓騒動がおこり、どちらも農民らの負担軽減が問題となっていることを考えると、藩領を超えて讃岐地域全体に共通する事態が何かおこってきていたのではないかと思われる。

坂出一揆と金毘羅打ちこわし●

全国的に天保元（一八三〇）年から不作が続き、天保四年には異常な天候不順となり、大飢饉《ききん》状態となった。とくに東北地方にその被害がひどかった。そしてさらに天保六年、七年と不作が続いた。こうした状況のなかで、天保八年に米不足に苦しむ大坂で元大坂町奉行与力《よりき》の大塩平八郎《おおしおへいはちろう》は、貧民や近郊の貧農を率いて蜂起したが、この事件は幕藩体制社会の動揺を如実に示すものであった。

これより三年前の天保五年に高松藩の阿野郡北の坂出村（坂出市）で一揆がおこった。讃岐では天保三年に旱魃があり、四年にかけて大雪となり、さらに霖雨《りんう》が続いたため、同年末には近年にない米価騰貴《とうき》となった。高松藩ではこれより以前の文政（一八一八～三〇）末以来、毎年藩財政の補塡《ほてん》にあてるために農村に冥加米《みょうがまい》や取立金《とりたてきん》などを課しており（御用日記「渡辺家文書」）、米不足とともに農民の困窮をいっそう激しくしていた。

天保五年二月にまず鵜足郡宇足津《うたづ》村（綾歌郡宇多津町）で、米価高騰につけこんで米を買い占めて、他領へ売り出していたとされた米問屋・質屋などの八軒の富商宅へ、農民たちが押しかけて打ちこわした。この影響をうけて二日後に宇足津村の東に隣接する阿野郡北坂出村で一揆がおこり、米の安売りを要求して米屋をはじめ商家五軒、大庄屋宅一軒、番所役人宅一軒が打ちこわされた。翌日にも坂出村に近い林田《はやしだ》村（坂出市）で不穏な動きがあった。当時の宇足津村・坂出村での米価は一石が一六〇匁を超え、平時の倍以上の米価となっていた。

　宇足津村では貧農層が騒動の中心であったらしいが、坂出村の一揆ではまず新開《しんかい》のものが天神《てんじん》堂に集まったという。新開とは、五年前の文政十二（一八二九）年に讃岐最大の塩田である坂出大浜《おおはま》がほぼ完成しており、その一角にあって製塩に従事する人たちが住んでいたところである。おそらく製塩従業者のなかの最下層の零細な日雇層がまず蜂起し、これに坂出村の貧農層が加わったのであろう。高松藩は坂出一揆直後に米の取引は石当り一一五匁以下とすることにした。この宇足津村・坂出村一揆の首謀者六人は翌六年閏七月に処刑された。

　天保八年に創建された常盤《ときわ》神社は、死罪となったものの霊をまつっているともいう。現在坂出市御供所墓地に、坂出村騒動で処刑された人たちの合葬墓や六地蔵、宇多

金毘羅領・池御料で打ちこわしにあった家々の控(天保 5〈1834〉年 2 月15日付)

津町西宇夫階《にしうぶしな》の共同墓地には、処刑された宇足津村の二人の農民の供養塔がある。

その後この騒動は二月中旬に坂出村から遠く隔てた那珂郡の金毘羅領周辺に飛び火した。金毘羅領に接する幕領池御料の五条《ごじょう》村（仲多度郡琴平町）庚申《こうしん》堂に大勢集まり、金毘羅領内の町々で二六軒、幕領の榎井《えない》村（琴平町）一六軒、四条村（同）八軒の商家を打ちこわしたという。当時金毘羅領での米価は石当り一三三匁の高値となっていた。騒動の翌日には金毘羅領では米一石について一一〇匁で取引するよう決めている。騒動がおこって三日目に高松藩から役人が到着して騒ぎはおさまったが、金毘羅領内で一八人が捕えられた。彼らはいずれも無宿者・虚無僧《こむそう》などを含む下層困窮民であった（以上、『香川県史4　近世II』）。

坂出一揆・金毘羅打ちこわしから二年後の、まだ不作の影響が残っている天保七年に、砂糖運上などの賦課に反対して、大内郡の砂糖生産者農民六〇〇人余が与田《よだ》川の堤防に集まって高松城下へむかったが、寒川郡の富田《とみた》で庄屋らに説得されて引き返している（大内郡騒動「田中家文書」）。この騒動の首謀者一六人がのち捕えられて処分されているが（「続々讃岐国大日記」『香川叢書　第二』）、前年の砂糖為替金趣法の実施に伴う農民の抵抗があったことをうかがわせる。そしておそらく零細な経営の砂糖百姓がこの騒ぎの中心となっていたであろう。

小豆島西部六郷一揆●

幕領小豆島のうち西部の土庄・渕崎・上庄・肥土山・小海・池田の六カ村が、天保八（一八三七）年に美作《みまさか》の津山《つやま》藩領となり、同十四年に渕崎村に陣屋が建てられた。津山藩領となって二四年後の文久元（一八六一）年に津山藩では藩政改革が行われ、その一環として小豆島六カ村にも改革が実施された。その内容は各村の庄屋を大庄屋へ格上げして役料三人扶持《ぶち》を支給し、また枝村《えだむら》の年寄を庄屋にするなどの村役人の待遇改善を行うとともに、津山から渕崎陣屋までの出張役人の送迎費用など、村落共通費として島民の負担となっていた村入用を減らして、島民の負担を減少させてその生活を安定させようとするものであった。

ところがそれから半年後の文久二年三月になると、島民の喜びもつかの間、先の方針を破棄して年貢の一割増、冥加銀・網運上《あみうんじょう》などの増加や新税が通達された。このような津山藩の増税の方針に対して島民は減税の実施を強く求め、なかでも肥土山村や渕崎村の枝村小馬越《こうまごえ》村（小豆郡土庄町）などは、大庄屋へ減税の嘆願書をだして陣屋との交渉を依頼したが実現しなかった。全国的な米価高騰のなかで、小豆島でも慶応にはいると米一石が八〇〇匁から一貫匁と、標準値段のほぼ一〇倍となった。このため文久三年の池田村の年貢などの全上納銀二〇四貫余が慶応元（一八六五）年には五七九貫余と三倍弱にまで増加しており、六カ村全体では多大な上納高になった。これは小豆島の津山藩領島民にとって大きな負担となり、その生活を困窮させていった。

慶応二年の十二月末に六カ村では各枝村から二人の嘆願惣

滝宮天王社(現八坂神社，小豆郡土庄町小海)

代をだし、六カ条の嘆願書を渕崎陣屋に提出した。その内容はつぎの点について負担の中止を求めたものであった。

(1)文久二年以来の年貢の一割増
(2)諸運上銀の増加
(3)津山城下への奉公人給銀の高割賦課
(4)第二次長州征討の広島行人足賃銭の高割賦課
(5)漁業新運上銀の賦課
(6)大庄屋・庄屋への給米の高割賦課

年が明けて翌三年正月初めに津山藩の郡代役所に嘆願書が届けられたが、惣代たちは協議を重ねて、改めて陣屋に嘆願書の回答を催促することにした。渕崎陣屋では津山から派遣された代官下役が事態収拾に乗り出し、取りあえず貧民救済のために米九〇〇俵を支給することにしたが、惣代らはこれを受け取ることを拒否した。そして一部の池田村の急進派は十三日を決起の日とし、小海村の滝宮天王社《たきみやてんのうしゃ》に集合することを各村に伝えた。

十三日の昼すぎに天王社に集まりはじめた一揆勢は、肥土山村・小馬越村の方へ侵入し、また小江《おえ》村・伊喜末《いぎすえ》村（土庄町）に波及した。その後一揆勢はしだいにふくれあがり、渕崎村・赤穂屋《あこうや》村・土庄村・上庄村へ押し寄せて打ちこわしを行った。この一揆で三六軒が打ちこわされたが、彼らは農間余業として問屋・質屋・酒屋・塩屋・油屋・仕立屋などをいとなむ富農であった。

この一揆は嘆願書が聞き届けられたということで、翌十四日夜には鎮静化したが、一揆の首謀者として八人が永牢に処せられ、津山の獄につながれた。のち四月になると、津山藩の圧力によって各村の村役人らは、六カ所の大庄屋をとおして聞き届けられた嘆願書の取り下げの願書をだすことになった。こうしてこの百姓一揆は首謀者の永牢と嘆願書の取り下げという、何の成果を得ることもなく空しい結果におわった（「乱暴後日の聞書」『日本庶民生活史料集成　第十三巻』、『香川県史4　近世II』）。

2　藩体制の動揺と藩政改革

藩財政の悪化●

高松藩では「享和新法」が行われてから一三年後の文化十（一八一三）年に、以後五年間藩財政の支出を抑える倹約政治を実施することにしており、藩財政が悪化しはじめていた。しかし翌年には屋島《やしま》で東照《とうしょう》宮《ぐう》の造営に取りかかり、また同十四年には幕府から京都への使者を命じられ、その直後に江戸上屋敷が焼失するなど出費が続き、「江戸上方《かみがた》御領中にての御借り金銀頻《しき》りに相増す」という状態におちいった。さらに文政四（一八二一）年には新藩主松平頼恕《よりひろ》が襲封し、翌年にはまた京都への使者を命じられたりして、藩財政は極度に悪化した（『増補高松藩記』）。

　財政難が進むなかで高松藩では文政元年に、城下と郷中に以後五年間の御用銀《ごようぎん》を課して収入をふやし（郷中は銀一一五貫余の割り当て。御用日記「渡辺家文書」）、また安永五（一七七六）年以来正規の四つ物成《ものなり》の支給であった家臣の知行米を、半分の二つ物成支給にして藩財政からの支出を減らしている（『増補高松藩記』）。このころ藩は大坂の商人加島屋《かしまや》市郎兵衛《いちろうべえ》と関係をもつようになった。時期ははっきりしないが、藩札《はんさつ》との引替金《ひきかえきん》を確保するために加島屋から調達している。そしてその返済に大坂での砂糖の売払代金があてられた（御用日記「渡辺家文書」）。

「続々讃岐国大日記」（『香川叢書　第二』）によると、文政四年に藩内の富民から年貢とは別に二万石を徴したが、これは天保三（一八三二）年まで毎年課されたという（天保二年は半減）。しかし文政六年には明和七（一七七〇）年以来の大旱魃となり、高一一万七〇〇〇石余が枯捨《かれすて》の被害をうけて年貢収入は四万七〇〇〇石余減少し（『増補高松藩記』）、さらに財政難は進んだ。

こうした財政状況のなかで高松藩は財政改革に取り組むことになり、文政八年に年寄見習兼奉行であった筧《かけい》助左衛門《すけざえもん》（のち速水《はやみ》）を江戸から藩地によびもどし、当時年寄役であった木村亘《わたる》とともに財政再建の担当者とした（「高松松平氏歴世年譜」）。しかし二年後の文政十年には「当今の御逼迫《ひっぱく》は古来これ無き程

筧速水肖像（『讃岐糖業之沿革』による）

の義故、格段の効《ききめ》も相見え申さず、此の儘《まま》にては程無く御取り続き相成り難《がた》きに至り申す」という状態であった（『増補高松藩記』）。

この財政難の主たる原因は藩主一族による江戸藩邸での支出にあった。文政九年に世子松平頼胤《よりたね》と将軍徳川家斉《いえなり》の女文姫《ふみ》との結婚があったが、そのころの江戸藩邸の経費は前藩主松平頼儀《よりのり》賄料《まかないりょう》七〇〇〇石、頼儀室賄料三〇〇〇石、前々藩主松平頼起《よりおき》室賄料五〇〇〇石、藩主松平頼恕室賄料二五〇〇石、世子頼胤賄料五〇〇〇石、文姫入用一万五〇〇〇石、藩主松平頼恕はじめ家内の者の平常公儀《こうぎ》大奥向《おおおくむき》賄料二万二五〇〇石、合計六万石となっており、このほかにも藩主の弟妹四人の賄料が必要であった（『増補高松藩記』）。当時の高松藩の年貢収入が八万七〇〇〇石余であるから（「地方纂要《ぢかたさんよう》」写、鎌田共済会郷土博物館蔵）、江戸藩邸費は最低で年貢収入の七割におよんでおり、家臣への知行米はもとより藩政の運営に関する諸経費も十分確保できない状態となっていた。

一方丸亀藩では文化八年に京極高朗《たかあきら》が襲封したが、翌年から以後五年間の倹約政治を行っており、江戸藩邸での経費が増加したため諸大名などとの交際上の贈答も取り止めるという、徹底した倹約を実施しようとしている（覚帳「長谷川家文書」）。この倹約政治は文政二、同八年と継続されたが、文政十年からは田面改《たずらあらた》めを行って、土地の調査によって耕作地を把握して年貢徴収の増加をはかろうとしたが、十分には徹底しなかった。文政十一年には幕府から鎌倉の鶴岡八幡宮《つるがおかはちまんぐう》再建の手伝いを命じられたが、このときも郷中に御用銀四〇〇貫を課している（御用銀覚書「大喜多家文書」）。丸亀藩も高松藩と同様に文政末には財政難の状態にあったが、天保期には財政状況は持ち直したようである。

❖コラム

高松藩の古城跡保存

阿野《あや》郡北の大庄屋渡辺家の文政十一（一八二八）年の「御用《ごよう》日記」のなかに、六月七日付で郡奉行宛に、「御領分ニこれ有り候古城跡、猥《みだり》ニ土石を取り、有形を変シ候様の義これ有り候哉ニ相聞こえ、如何《いかな》成る事ニ候、自今以後《じこんいご》右様不束《ふつつか》の義これ無き様」として、古城跡の保存に関するつぎの通知がだされている。

> 一古城跡の義は往古《おうこ》より領主姓名迄も相伝え、諸記録ニも相見《あいみ》え候程の古跡《こせき》の儀ニ付、末代其《まつだいそ》の形残し居《お》り候義は勿論の事ニ候処、弁《わきま》え無《な》き者共ハ何の心得これ無く、石土等を取り其の形を変じ、且つ平地ニこれ有る分ハ土居《どい》切り崩し堀等を埋《うず》メ、有形を変シ候様の義もこれ有る哉《や》ニ相聞こえ、不埒至《ふらちいた》りに候、自今以後ハ御林《おはやし》は勿論、百姓自分林又ハ野山《のやま》等ニこれ有り候分たり共、猥ニ石土ヲ取り、并《ならび》に堀を埋め候様の義堅《かた》く停止ニ候、尤平地ニこれ有る分も同様相心得申すべく候

つまり古城跡の破壊を禁じその保存を命じている。この古城跡破壊禁止の史料は、昭和十二（一九三七）年に「高松藩の史蹟保存」（田所眉束『讃岐史談』2巻1号）の題で、「高松藩諸達留」（当時は鎌田共済会図書館蔵、『香川県史9　近世史料I』所収）におさめられているとして紹介されたことがあるが、年代が明らかでなかった。しかし「御用日記」により確定することができた。

高松藩ではのち天保六（一八三五）年に藩主松平頼恕《よりひろ》みずから碑文を撰し、崇徳上皇旧跡の阿野郡北の林田村の雲井御所《くもいごしょ》に碑をたてて整備し、頼恕時代には史跡保存に力を入れていたのがわかる。

高松藩の天保改革●

文政八（一八二五）年から木村亘と筧速水《かけいはやみ》を中心として高松藩の天保改革は進められたが、木村亘は同十二年に江戸屋敷詰となって天保五（一八三四）年まで藩地を留守にしているので、天保六年までの一〇年間にわたる改革を主導したのは筧速水であった。改革の内容は文政九年の阿野郡北坂出村での塩田の築造開始、同十一年の藩札回収、天保元年の郷村取締強化と郡村入目《ぐんそんいりめ》の削減、同三年の以後三年間の各地商人への借銀支払い停止、同四年の新藩札の発行、同六年の砂糖為替金趣法《さとうかわせきんしゅほう》の実施などであった。

坂出塩田の築造は西潟元《にしかたもと》の亥浜《いのはま》塩田と同じように、藩が国産として塩に注目していたことを示すものであるが、坂出塩田は亥浜よりはるかに規模が大きく、全国的にみても当時わが国を代表する塩田であった。文政七年に久米栄左衛門《くめえいざえもん》は財政難解決の方法の一つとして坂出村の沖に塩田をきずくことを建言した。藩はこれをいれて彼を工事責任者にして文政九年から工事にかかり、三年後の同十二年にほぼできたが、最終的には天保五年に完成した。一年間に約二〇〇〇両の収益があったという（久米栄左衛門と坂出塩田については一八二頁参照）。

財政難が進むにしたがって、領内に大量に通用する藩札と正貨との引き換えができず、札会所《ふだかいしょ》を閉鎖せざるをえない状況になった。このため正貨との引き換えの裏付けのない藩札は価値を落とし、金一両が藩札六、七百匁で交換されて藩札は一〇分の一ほどに下がり、インフレ状態になって藩経済は混乱した。これに対し藩は通用藩札の回収を行うことにし、文政十年に藩有林《はんゆうりん》八〇カ所と藩の直轄地たる御用地の作徳《さくとく》米《まい》二四三石を売り払って、藩札一万六六二貫余を回収したが、翌年には「已《や》むを得ず、誠ニ不体裁至極《ぶていさいしごく》の事ながら」と、年貢米四三〇〇石の土地の永年売り払いを行って、藩札二万九四〇〇貫余を回収した。年貢米永年売りは三、四年で取り止められたというが、田地からの年貢米収納を否定する、領主の農民支配の根幹に関わる問題をはらんでいた。こうして領内の通用藩札は減少し信用も回復してきた。そこで天保四年に藩は新藩札を発行して旧藩札と引き換えさせ、金一両＝銀札六〇匁での通用を命じた。以後ときには正貨との引き換えに差し支えることはあったが、以前のように藩札の信用を落とすまでには至らなかったという（以上、『増補高松藩記』）。

農村支配に関しては天保元年に年貢米の俵仕立《たわらしたて》など、年貢米納入に関する取り締まりが行われているが、同時に大政所に郷村支配体制の強化を命じている。そして翌二年に郡や村の維持費である郡村入目の調査を行って、それまでよりも郡村入目を半減することにした（御用日記「渡辺家文書」）。郡村入目の負担を減らすことによって、農民から確実に年貢を徴収できる状態を作りだそうとしたのであろう。

天保三年に財政難克服の妨げになっていた江戸・大坂などの商人からの借銀を以後三年間返済しないことにしたが、三年後の同六年からの借銀返済の財源確保の方法としてとられたのが、砂糖為替金趣法であった。高松藩では文政二年に本格的に砂糖の流通統制に乗り出しており（砂糖については一八五頁参照）、以後大坂での取引のありかたをめぐって統制の変遷はあったが、天保六年にそれまでの統制を集大成させる形で砂糖の流通統制を実施した。その内容は砂糖生産者に藩札を貸し付け、その返済は砂糖を大坂で売り払った代金によって、正貨で大坂の蔵屋敷におさめさせるというものであった。この正貨が借銀返済資金にあてられた。

砂糖生産者へは砂糖荷主・船頭をとおして生産資金として貸し付けられたが、これを船中為替という。ほかに年貢納入時に砂糖を抵当にして貸し付ける別段為替や、甘蔗の栽培に必要な肥料購入資金を貸し付ける肥代《ひだい》貸付があったが、これらを総称して砂糖為替金という。砂糖為替金の貸付や領外移出砂糖の統制を行うために砂糖会所を領内沿岸部の九カ所に設置し、その地域で砂糖生産や取引に関係している有力農民が責任者として砂糖会所引請人《ひきうけにん》になった。

文政九年にはじまった一連の藩財政難克服のための改革は、この砂糖為替金趣法によって一段落するのであるが、砂糖為替金の貸付はその後順調に実施されており、この趣法の成功が藩財政難の解決におおいに貢献したのはいうまでもない。しかしのち天保十一年に江戸屋敷の財政再建に乗り出しているように、藩財政の実態はそれほど安定したものではなかったといえよう（以上、『増補高松藩記』）。

丸亀藩の安政改革●

嘉永六（一八五三）年にアメリカの東インド艦隊司令長官ペリーが神奈川県の浦賀《うらが》へ来航し、幕府に開国を要求した。翌安政元（一八五四）年に幕府はやむなく開国することにして日米和親条約を結んだ。このとき丸亀藩では佐脇内匠《さわきたくみ》に藩兵二〇〇余人を率いて江戸へむかわせ、三田《みた》の藩屋敷に詰めて警護にあたらせた（「旧丸亀藩事蹟」鎌田共済会郷土博物館蔵）。

こうしてペリー来航を契機にして丸亀藩では財政支出がふえたことに対処して、安政元年五月に郷村に五〇〇〇石の御用米を課すことにし、その半分は四斗五升入りの俵で、残り半分は一石につき銀一〇〇匁の相場によって銀でおさめさせた。またこの年家臣の知行米の借上《かりあげ》が行われて知行米支給高が減らされており、これは以後五年間実施される予定であった（『新編丸亀市史2　近世編』）。

当時丸亀領内では「御国内金不融通、他国え払い抜けニ相成る」とあるように（公用牒「安藤家文書」）、領内通用の正貨が不足する事態にもなっていた。このため正貨の藩札との引き換えが制限され、藩札の信用低下をおこして藩経済は混乱していた。こうした藩札の流通状況に対して安政二年五月に封札《ふうさつ》の方針がだされた。その内容は藩札を余分に所持しているものは銀札場《ぎんさつば》へ預けるか封印して各自で保管する、封印札には利銀としてその高の三分五厘を渡す、必要があれば申し出により開封する、藩札の信用が回復すれば全額の封を解くというものであった（「銀札御取締に付御口演書写」『香川県史9　近世史料I』）。封札は強制ではなかったが、のち十二月に郷中へ三〇〇〇貫目の封札が命じられた（覚帳「長谷川家文書」）。翌三年と四年にも封札が行われている。丸亀城下の封札高は一六七四貫余であった（「町会所万覚帳」丸亀市立資料館蔵）。封札は領民に大きな負担を強いるものであったのはいうまでもなく、多度郡大麻《おおさ》村（善通寺市）の百姓武兵《ぶへ》衛《え》が安政三年に一貫目、翌四年に四〇〇匁の封札を割り当てられたため、屋敷・田畑を売り払って封札を用意している例がある（諸願書「長谷川家文書」）。

安政二年十月の江戸大地震によって丸亀藩の上屋敷

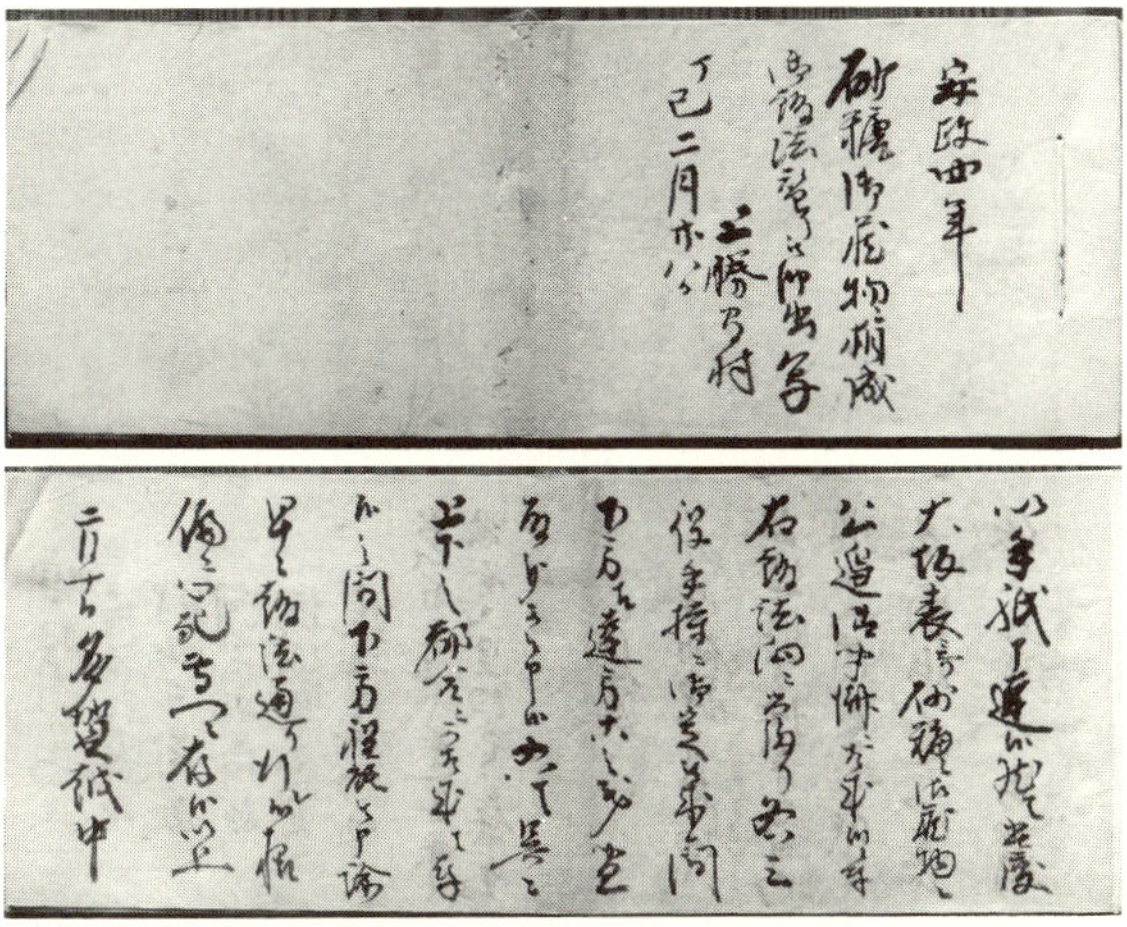

砂糖御蔵物ニ相成御趣法替り被仰出写（安政４〈1857〉年２月10日）

と中屋敷が大破したため、これの修築費が必要となり、またこの年十二月に炎上した京都御所の造営手伝普請を幕府から命じられた。こうした臨時の財政支出を乗り切るために、丸亀藩は家中知行米の借増《かりまし》と城下・郷中への御用銀を実施した（覚帳「長谷川家文書」）。これはあくまでもその場しのぎの対策でしかなく、恒常的な財政収入の確保、増加の方法を考えねばならなかった。

安政三年と四年に正貨獲得の方法として産物趣法金納《さんぶつしゅほうきんのう》と砂糖流通統制が行われた。安政三年の産物趣法金納は綿の植付面積一反に付金三歩、砂糖車一挺に付金三〇両、葉藍《はあい》売払代金の二割五分をそれぞれおさめさせ、代わりにそれに相当する藩札を渡すというもので、年内に金一万五〇〇〇両をおさめさせようとした。これはこの年限りであった（御産物御趣法御達写「安藤家文書」）。

翌四年にこれまでの砂糖に対する流通の統制がいっそう強化された。城下・郷中にあった産物会所を廃止し、あらたに城下・仁尾浦《におうら》・汐木《しおき》・観音寺《かんおんじ》・和田浜《わだはま》に砂糖会所をおき、これらの会所と大坂の藩屋敷内に設けられた大坂砂糖会所によって、領外積み出し砂糖の統制を行おうとした。そして大坂での売り払い砂糖代金の一部を大坂砂糖会所へ、大坂以外での売り払い分は藩地の砂糖会所へおさめさせることによって、正貨を獲得しようとした（「砂糖御蔵物ニ相成御趣法替り被仰出写」『香川県史9　近世史料Ⅰ』）。

翌五年には前年の方法を修正し、砂糖はすべて大坂へ積み出し砂糖代金の一部を掛屋蔵元になっていた大坂の炭屋彦五郎《すみやひこごろう》におさめることにしたが（万覚帳「佐伯家文書」）、砂糖生産者農民の反対により炭屋への「銀掛込《かけこみ》」は中止され、安政四年の方法にもどっている（諸願書・覚帳「長谷川家文書」）。藩は大坂の有力商人炭屋との関係を強めて藩財政の再建をしようとしたが、農民の反対によって実現できなかったのである。このように安政四年の砂糖の流通統制の方法によって以後正貨の確保がはかられていった。

3　幕末政局と讃岐

長谷川宗右衛門と安政大獄●

高松藩九代藩主松平頼恕《よりひろ》（天保十三〈一八四二〉年死去）は水戸藩の出で、水戸藩九代藩主徳川斉昭《なりあき》の兄にあたるが、その近侍であった長谷川宗右衛門《そうえもん》はかねて尊王論者《そんのう》であった徳川斉昭に心服しており、甥の松崎渋右衛門《じゅうえもん》とともに、当時幕府寄りの高松藩の政治的立場とは異なり、徳川斉昭寄りの尊王論の立場をとっていた。安政二（一八五五）年に『海防危言《かいぼうきげん》』をあらわして徳川斉昭や越前藩主松平慶永《よしなが》、公卿の三条実万《さねつむ》に献じ、翌年には尊王論者の梁川星巌《やながわせいがん》・頼三樹三郎《らいみきさぶろう》・梅田雲浜《うめだうんぴん》らに会ったが、藩の嫌疑をうけ安政四年に松崎渋右衛門とともに江戸退去を命じられ高松で謹慎に処せられた。

弘化元（一八四四）年に徳川斉昭は幕府の忌憚《きたん》により藩主の地位を退き、代わって世子慶篤《よしあつ》が藩主になったが、まだ若年であったため幕府は水戸藩の連枝《れんし》である高松藩主松平頼胤《よりたね》と守山《もりやま》藩主松平頼誠《よりのぶ》、宍戸《ししど》藩主松平頼縄《よりつぐ》に水戸藩の後見を命じた。後見役は嘉永二（一八四九）年に解かれたが、このときから松平頼胤は水戸藩内の反斉昭派との提携を強め、尊王論を主張する斉昭派と対立した。

徳川斉昭はその後尊王攘夷論を強く主張するようになるが、ペリー来航後幕府は開国し、さらに通商条約締結の方針をとった。徳川斉昭はこれに反対し、将軍継嗣《けいし》については斉昭の七男一橋慶喜《ひとつばしよしのぶ》を推す一橋派と提携し、幕府主流と決定的に対立した。安政五年四月に大老に就任した井伊直弼《いいなおすけ》は日米修好通商条約を締結し、将軍継嗣を紀州藩の徳川慶福《よしとみ》に決定した。これに反対する徳川斉昭らは不時登城して井伊直弼を詰問《きつもん》したため、幕府は斉昭を謹慎に処した。そして松平頼胤らに斉昭のいる水戸藩駒込《こまごめ》屋敷を兵で取り囲ませた。

ついで井伊直弼は幕府の方針に反対する藩士や草莽《そうもう》の志士の逮捕をはじめ、一橋派の諸大名の処罰を行った。これが安政の大獄《たいごく》である。これに関連して安政六年八月に松平頼胤は松平頼誠・松平頼縄とともに、水戸藩連枝として本家の取締りが不行き届きであったとして謹慎に処せられた。のち文久元年七月に松平頼胤は隠居した。

この安政の大獄にさいして長谷川宗右衛門は脱藩して京都へむかった。数日滞在して京都を発ち江戸にはいったが、探索の手を逃れて水戸へ潜居《せんきょ》した。しかし高松藩が宗右衛門の追捕を幕府へ依頼して探索がきびしくなったため、水戸を出てふたたび京都に潜入したが、梁川星巌ら同志が捕えられたのを知り、大坂の高松藩屋敷へ自首してでた。そして同じく尊王攘夷運動にしたがっていた子の速水とともに江戸伝馬《てんま》町《ちょう》の獄につながれた（「長谷川峻阜伝」『維新史料叢書』）。

伝馬町の獄には安政の大獄で捕えられた長州藩の吉田松《しょう》陰《いん》がいた。松陰はのち処刑されたが、彼の書き残した「留《りゅう》

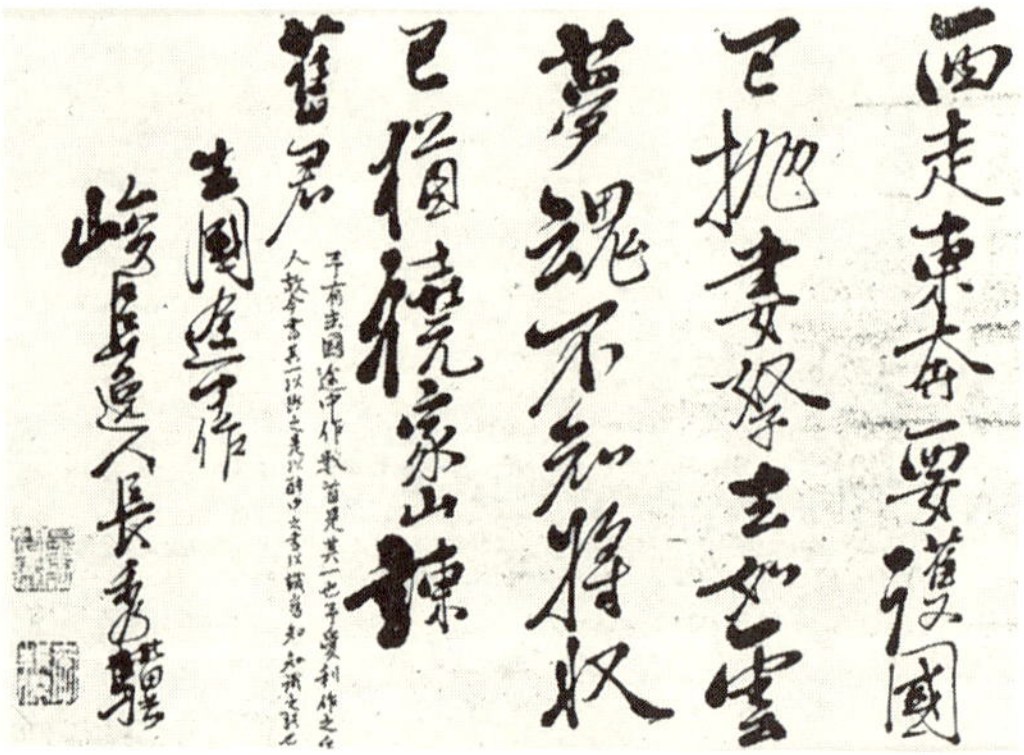

長谷川宗右衛門の書（『讃岐勤王志士遺墨集』による）

魂録《こんろく》」に、長谷川宗右衛門は年来高松藩と水戸藩の融和のために苦心した人物であるとのべ、「翁独語《おうひとりごと》するものの如くして曰《いわ》く、寧《むし》ろ玉となりて砕《くだ》くるとも、瓦となりて全《まった》かるなかれと。吾《わ》れ甚《はなは》だ其の意に感ず」（『吉田松陰全集』）とあって、宗右衛門に強い印象をうけているのがわかる。安政六年十月に宗右衛門・速水とともに高松の獄に移された。速水は獄中で没したが、宗右衛門は文久二年十一月に出獄した。その後も高松藩のために尽力するところがあり、明治三（一八七〇）年に没した。

日柳燕石と小橋安蔵●

尊王攘夷運動に従事してその中心的な役割を果たしたのは、藩士ではない草莽《そうもう》の志士とよばれる人たちであった。金毘羅《こんぴら》への参詣者によって讃岐の金毘羅領には各地からの情報が多くもたらされ、また志士たちの往来も盛んであったところから、金毘羅では日柳燕石《くさなぎえんせき》を中心にして上総《かずさ》の野城広助《のぎひろすけ》、阿波の美馬君田《みまくんでん》、備中の井上文郁《ぶんいく》、金毘羅領に隣接する幕領池御料榎井《えない》村（仲多度郡琴平町）の長谷川佐太郎《さたろう》・奈良松荘《しょうそう》らの尊王攘夷派の人たちが活躍した。

燕石の住んだ呑象楼《どんぞうろう》（仲多度郡琴平町）

日柳燕石は天保十一（一八四〇）年に、頼山陽《らいさんよう》の教えをうけた大和《やまと》の志士森田節斎《せっさい》に会ってその感化をうけたという。弘化元（一八四四）年に長崎を訪れて海外事情にふれ、嘉永三（一八五〇）年には尊王論者であった藩主一族の松平頼該《よりかね》（左近《さこん》）に謁し、その紹介で農兵取立《のうへいとりたて》を頼該に建言した藤川三渓《さんけい》と知りあった。文久三（一八六三）年八月に尊攘派による大和の天誅組《てんちゅうぐみ》挙兵に参加する予定であったが、病により実行できなかったという。

長州藩討幕派の中心人物の高杉晋作《しんさく》が慶応元（一八六五）年に反対派の手を逃れて榎井村にやってきたが、このとき燕石は晋作を金毘羅の金山寺《きんさんじ》町にかくまった。晋作の入江和作《わさく》への手紙によると、「当所にて日柳燕石と申す奇人に出会い、議論符合し、益《えき》得ること少なからず候、……、何《いず》れにしても、日柳氏一身を抛《なげ》うち潜伏《せんぷく》させせると申す位《くらい》につき、決して御懸念無用《ごけねんむよう》に存じ奉り候」、「日柳氏は博徒の頭、子分千人ばかりもこれ有り、学問詩賦《しふ》も腐儒迂生《ふじゅうせい》の及ぶ所にこれ無く、実に関西の一大侠客に御座候」とのべている（『日柳燕石伝』）。のち晋作は無事に長州へ戻ったが、燕石は美馬君田とともに晋作をかくまった罪で捕えられ、高松城下鶴屋《つるや》町の獄につながれた。獄中で当時高松藩内の保守派により入牢させられていた藤川三渓と一緒になった。明治元（一八六八）年にはいって明治維新政府の成立により出獄すると上京し、維新政府軍の日誌方《にっしかた》として奥羽越列藩《おううえつれっぱん》同盟軍の征討に従軍したが、越後の柏崎《かしわざき》で病にかかり八月に没した。

高松藩の尊攘派の草莽の志士として名高いのが香川郡西の円座《えんざ》村（高松市）の医師小橋安蔵《こばしやすぞう》である。大内郡南野《みなみ》村（東かがわ市）の伊藤南岳《なんがく》について漢籍と数学を学び、二〇歳のとき大坂、二二歳のとき江戸に遊学した。そして嘉永四年に貧民の救恤《きゅうじゅつ》、海防の強化を藩へ建言したがいれられなかった。安政元年に越後長岡の志士長谷川正傑《しょうけつ》が讃岐にきたときに会い、尊王攘夷のことを約したという（岡田唯吉『小橋安蔵一門勤王史』）。

文久三年に小橋安蔵はふたたび藩へ意見書を提出しようとした。その要点は幕府の文久改革に準じて政道を復古、一洗《いっせん》することを主張しており、とくに農民に対しては各村に演武舎《えんぶしゃ》をおいて、忠孝の道をはじめ文事・武道・習字・算勘《さんかん》などを身につけさせ、また養育舎《よういくしゃ》を設けて窮民や病人を収容することなどの必要を説いており、こうしたなかで農兵も整備され外国に対峙することができるという。安蔵の考えは夷狄《いてき》観《かん》に基づく攘夷論が基本であるが、農民への配慮もうかがえる（『香川県史4　近世II』）。

尊攘派は文久三年八月に大和行幸《やまとぎょうこう》によって攘夷親政《しんせい》を行って討幕を実行しようとした。讃岐ではこれに呼応して安蔵の子小橋友之輔《とものすけ》、女婿の太田次郎らは安蔵の妹箏子《ことこ》の嫁ぎ先である丸亀城下の村岡家に隠しおいていた武器弾薬を船に積んで出立した。安蔵も弟の木内龍山《りゅうざん》、箏子の子村岡宗四郎《そうしろう》らとただちに京都へむかう予定であったが、八月十八日に京都で政変がおこり、尊攘派は薩摩《さつま》藩や会津《あいづ》藩の公武合体派に京都を追われたため大和行幸は中止となり、安蔵らの京都への出立は取りやめとなった。

この小橋安蔵らの上京計画は高松藩の知るところとなり、十月に投獄された。翌年五月に出獄し自宅に幽囚《ゆうしゅう》されていたが、子友之輔が同年七月の禁門《きんもん》の変で長州藩軍に加わって戦死したことがわかり、ふたたび慶応元年正月に獄につながれた。村岡宗四郎もこれに連座し、慶応三年正月に獄中で没した。安蔵は明治元年正月に出獄した（以上、岡田唯吉前掲書）。

多度津藩赤報隊●

ペリー来航後多度津藩では、家老林三左衛門《さんざえもん》によって洋式大砲や小銃の採用が積極的に行われた。安政三

（一八五六）年に高島流野戦筒《やせんつつ》一五〇目玉筒の試し打ち、同五年に大坂御用達米屋左助《さすけ》から二〇ドイムモルチール砲の献上により試し打ち、文久元（一八六一）年には野戦筒の試し打ち、翌二年には白方《しらかた》で鋳造した六ポンドカノン砲の試し打ちなどが行われた。また文久二年には徒士《かち》や側《そば》衆《しゅう》はゲベール小銃を装備していた。翌三年には小銃方、大砲方で西洋流調練がはじまった（『香川県史4　近世II』）。この多度津藩の西洋式銃砲の採用による軍事力の強化は藩外からもおおいに注目されるところであった。

元治元（一八六四）年に郷中からあらたに足軽が徴発されて新抱《しんかかえ》足軽組が結成され、山田一左衛門組・畑庄司組それぞれ三四人で組織された。小銃を装備したこの足軽隊は歩兵銃隊で先進隊とよばれた。つぎにのべる赤報隊《せきほうたい》の先駆的な存在であったといわれる。翌慶応元（一八六五）年にはイギリス軍艦、同二年に長州再征のため幕府の順徳《じゅんとく》丸《まる》が多度津港に入港するなど、多度津藩は緊迫した事態を迎えることになった。

こうしたなかで時期ははっきりしないが、慶応二年ころ

高松藩が幕末に海防のために設けたのろし台の一つ大串のろし場跡(さぬき市志度町)

に藩内農民の志願による農兵隊を組織した。五〇人編成で、小銃があたえられて苗字帯刀が許され、二人扶持支給で新足軽の身分とされた。二人扶持は一年間七石三斗の支給で一年間の全隊員への支給は三六五石にのぼることになる。一万石の小藩にとってはかなりの負担であったと思われるが、家臣団軍事力を補完する役割を果たす小銃隊として必要なものだったのであろう。この農兵隊は赤報隊と名付けられた（三好昭一郎『幕末の多度津藩』）。

この赤報隊の創設に伴って慶応二年に小銃の買い入れが行われた。横浜で伊勢屋彦次郎を取引先にして、同年九月に買い入れたと思われる小銃六〇挺と六連砲の支払いとして、同年十二月に大納戸《おおなんど》から金一一〇〇両がだされている（「富井家文書」）。この年横浜で合計小銃一〇〇挺を買い入れて計金一七〇〇両支払っている（『多度津町誌』）。このように赤報隊員の扶持米支給三六五石と小銃買入代一七〇〇両が慶応にはいって軍事強化のために支出されているのがわかる。

すでに安政四年に軍事力強化の資金として領内へ御用銀

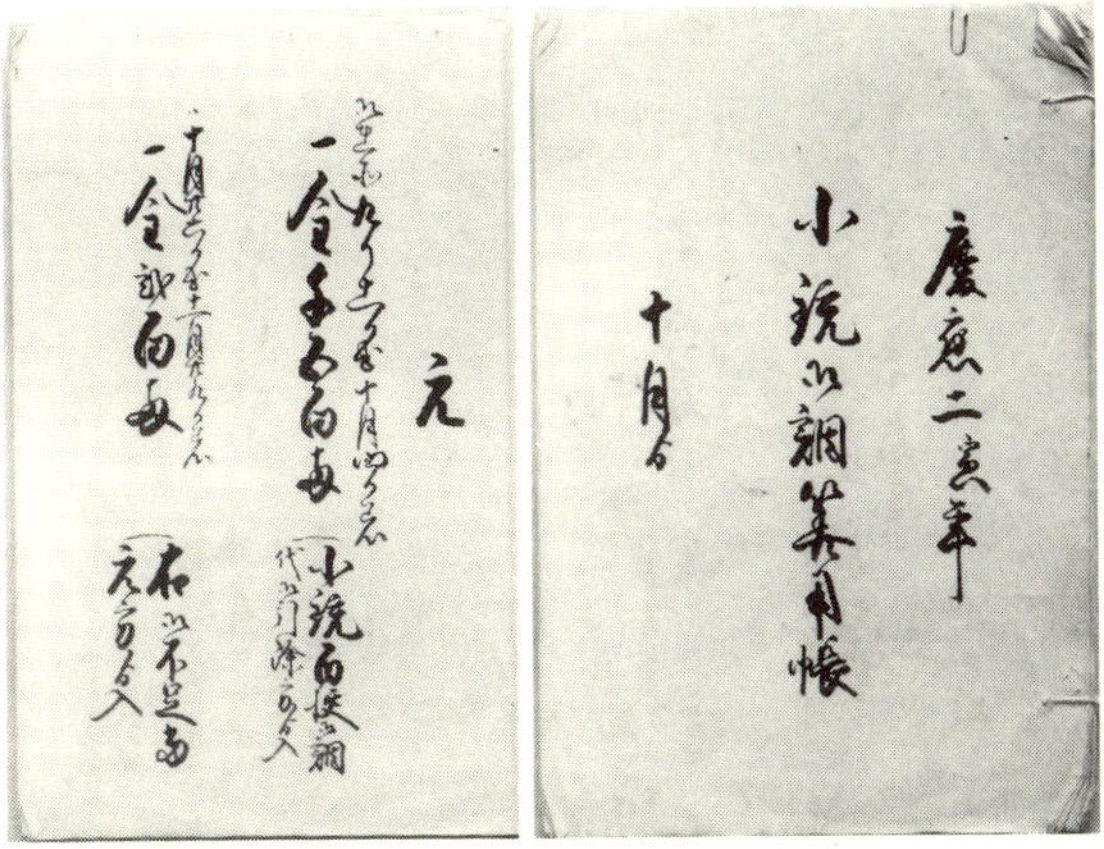

小銃御調算用帳(慶応 2〈1866〉年10月)

を課したが、最高の銀九貫目を上納した塩田（煙草屋）用助《ようすけ》・島屋孫兵衛《まごべえ》・尾道屋豊蔵《おのみちやとみぞう》をはじめ、多くをおさめたのは多度津の廻船問屋や干鰯《ほしか》問屋などの商人たちであったが（「富井家文書」）、彼らは天保九（一八三八）年の多度津湛甫《たんぽ》の完成によって繁栄していた。

明治元（一八六八）年の軍事費の収支をみると、収入は藩の元方《もとかた》一一〇〇両・吟味方《ぎんみかた》六〇〇両・引除別口《ひきよけべつくち》予備金一〇〇〇両等計三二二四両、藩士浅見為八《ためはち》の献金三五〇両、庄屋の木谷綱助《つなすけ》ら七人の献上金一三六一両、小銃売払代金三六〇両、元方より二四〇〇両、引除金より借入金五二七四両などの合計一万二八九七両である。支出は大砲・小銃の諸経費一二八九両余、武具方《ぶぐかた》経費二八七七両余、江戸・横浜での小銃代金五一九三両余、弾丸方《だんがんかた》・雷管方《らいかんかた》や火薬製造の諸経費に一七八六両などがおもなものである（「御軍用入目《いりめ》請払算用帳」『香川県史9　近世史料Ⅰ』）。

赤報隊は慶応四年正月に高松藩が朝敵となって追討をうけたときに（高松藩朝敵事件については次項参照）、土佐藩兵を中心とする高松征討軍の先鋒として、大目付服部《はっとり》喜之助《きのすけ》に率いられて高松にむかっている。明治三年にはいって赤報隊は解散したが、先進隊は廃藩後は倉敷県・丸亀県に引き継がれた（『香川県史4　近世Ⅱ』）。

4　明治初年の動向

高松藩朝敵事件●

尊攘論を主張する長州藩士と草莽の志士たちは、文久三（一八六三）年八月十八日に薩摩藩・会津藩らの公武合体派に京都を追われ、三条実美《さねとみ》ら七人の公卿《くぎょう》とともに長州藩へ逃れた。翌元治元（一八六四）年にはいって将軍徳川家茂《いえもち》は上洛して二条城にはいったが、このとき高松藩主松平頼聰《よりとし》も将軍上洛にあわせて入京した。高松松平家は御三家水戸徳川家の連枝で、譜代の最有力大名井伊家と会津松平家とともに江戸城中の溜間詰《たまりのまづめ》であるところから、幕府と行動をともにしていた。

京都を追われた長州藩と尊攘志士たちは翌元治元年七月に京都への突入をはかったが、幕府を中心とする公武合体派に撃退された。これを禁門《きんもん》の変という。この戦いにさいし松平頼聰は京都御所の小御所《こごしょ》を警備して藩兵を朔平門《さくへいもん》に配置した。また一門の松平頼覚《よりさと》は一橋慶喜（のちの徳川慶喜）の指揮のもとに日之《ひの》御門外を守衛した（「高松松平氏歴世年譜」）。これから三年後、第十五代将軍徳川慶喜は慶応三（一八六七）年十月に大政を奉還したが、このとき同時に薩摩藩・長州藩によって武力倒幕の計画も進んでいた。薩・長討幕派の優位のもとに進行する京都政局の動きのなかで、徳川慶喜にしたがい大坂城にいた幕府軍は、幕府の勢力回復を狙って翌年正月早々に大坂城を発って京都へむけて進軍を開始した。薩・長軍はこれを迎え撃って戦いがはじまったが、結果は幕府軍の敗北におわった。これが鳥羽《とば》・伏見《ふしみ》の戦いである。

高松藩では慶応三年正月に藩主に代わって松平頼覚が兵を率いて上洛していたが、この年終わりころ大坂に家老の小夫兵庫《おぶひょうご》・小河又右衛門《おがわまたえもん》の指揮のもとに、銃手・大筒の兵一大隊が駐屯していた。幕府軍の京都への進軍にさいしては幕命により幕府軍歩兵奉行並《ほへいぶぎょうなみ》佐久間近江守の統轄下に編入され、三宅勘解由《かげゆ》・寛謙助《けんすけ》が銃手八小隊（約三五〇人）と大砲六門を率いて出兵した。正月三日の夕方に幕府軍の会津藩兵と薩摩藩兵との交戦がはじまるなか、高松藩兵も薩摩藩兵へ発砲、応戦した。夜は中書島《ちゅうしょじま》付近で駐屯した。翌日は長州藩兵と交戦し、重軽傷者五人をだした。その後高松藩軍は戦場を去って大坂の高松藩屋敷に戻ったが、藩主の命によりただちに帰藩した（『香川県風土記』）。

薩摩藩・長州藩の討幕派を中心とする新政府は鳥羽・伏見の戦いで幕府軍にしたがって交戦したということで、幕府とともに高松藩・松山藩・大垣藩・姫路藩などを朝敵とした。そして高松藩の征討が土佐藩に命じられた。土佐藩の高松征討軍は深尾丹波を総督として正月十三日に高知を出発した。十九日に丸亀城下に到着し、翌日丸亀藩兵・多度津藩兵を先陣《せんじん》にして高松城下にはいった。高松藩ではあくまでも征討軍に抵抗するという声もあったが、結局責任者を処罰して征討軍に恭順することになり、藩主松平頼聰の名の赦免嘆願書を新政府に提出した。そして鳥羽・伏見の戦い当時大坂で高松藩軍を率いていた小夫兵庫と小河又右衛門が責任者として十八日に切腹した。翌日藩主松平頼聰は高松城をでて城下の浄願寺《じょうがんじ》にはいって謹慎し、高松城を土佐藩征討軍に明け渡した。

これから約一カ月後に嘆願書が聞き届けられ、高松藩は許されて土佐藩征討軍は高松城の接収をといて城下から引き上げていった。こののち高松藩は鳥羽・伏見の戦いからはじまった、新政府軍とこれに対立する奥羽諸藩軍の戦いである戊辰《ぼしん》内乱に、新政府のもとで積極的に協力する体制をとっていき、会津若松での戦いには藩兵約五〇〇〇人を従軍させた。

このように高松藩は徳川幕府の家門大名としての立場から、常に幕府と行動をともにしなければならず、家老小夫兵庫・小河又右衛門の切腹という、明治維新における高松藩の悲劇がおこったのである（『新編丸亀市史2　近世編』）。

藩制の改革と松崎渋右衛門・土肥大作事件●

薩摩藩・長州藩を中心とする新政府は、慶応四（一八六八、九月に明治と改元）年閏四月に政体書《せいたいしょ》を公布し、政府の政治組織を明らかにしたが、そのなかで全国を府・県（以上新政府の直轄地）・藩に分け、三治の地方制度を施いた。そして会津落城により戊辰内乱の終息に見込みがついた同年十月に、藩に対して「藩治職制」を示して各藩を新政府の地方組織として存続させる方針をだし、府・県に準じて画一的な藩内支配体制をとるよう求めた。翌明治二（一八六九）年六月には版籍奉還を実施し、三年九月には「藩制」を示して、これにしたがって職制、財政などの改革を実施するよう指示した。

高松藩では明治二年四月当時、これまでの職制を改めており、議政堂《ぎせいどう》と施政堂《しせいどう》をおきその下に農政局・会計局・軍務局・刑法局・講道館が設けられていた。大老は総裁、年寄は執政、奉行は参政と改め、総裁は議政堂、執政は施政堂の最高責任者となり、参政は執政のもとに属した（「年々日記」）。のち三年十月には藩制によって職制を定め、政庁を新設して民政局・会計局・軍務局・刑法局・議事局・学校・監察局をおいた。政庁の最高責任者は大参事《だいさんじ》で、その下に少参事がいた（「高松藩庁日誌」鎌田共済会郷土博物館蔵）。この大・少参事制の採用はすでに二年七月に政府から達せられていた。

丸亀藩では二年二月に職制をあらたに定め、議政局・軍務局・刑法局が設けられ、それぞれ執政と参政がおかれた。十月には大・少参事制をとっている。多度津藩では明治元年十一月に、理事局を設け、民政寮・監察寮・会計寮がおかれた。局の最高責任者は総裁とよばれた。三年二月には大・少参事制を採用している（『新編丸亀市史3　近代現代編』）。このように職制の改革は新政府の方針が受けいれられているといえるが、具体的に藩の政治がどのように行われたかということについては三藩ともに詳しくはわからない。

ただ高松藩については若干その内容を知ることができる。先述した朝敵事件後高松藩は新政府へ金一二万両を献納することにしたが、このとき郷中に以後三年間にわたって年二万両、計六万両の御用金を課している（御用留「山崎家文書」）。明治二年には村落維持費である郡村《ぐんそん》入目《いりめ》の削減が命じられており、寺社への初穂米《はつほまい》の半減、郡《ぐん》組頭《くみがしら》の給米削減、郷普請方助役《ごうふしんかたじょやく》の廃止などがあげられている（郡村入目規則書「渡瀬家文書」）。また明治元年十月に高島流歩兵《たかしまりゅうほへい》八〇〇人を結成する方針をだしている（御用留記録「田中家文書」）。

明治二年九月八日、高松藩執政の松崎渋右衛門《じゅうえもん》が高松城内桜ノ馬場において刺殺された。渋右衛門は安政の大獄で捕えられた長谷川宗右衛門の甥にあたり、水戸藩の尊王論の影響をうけていた。このため渋右衛門は佐幕派が優位を占めた藩内では孤立し、幕末の四年近くを鶴屋町の獄ですごした。明治元年六月に出獄し、翌二年三月に政庁見習《せいちょうみならい》、四月には執政となって会計局・農政局の長を兼ねた。兵制をめぐってイギリス式を主張するものたち（「十四人組」という）と対立していたといい、軍務局総ぐるみによる暗殺であったが、その背景には渋右衛門と対立する保守派勢力

松崎渋右衛門の墓地（高松市姥ヶ池墓地）

の存在があったと思われる。

また丸亀藩で明治四年七月に土肥大作《どひだいさく》が丸亀藩士族たちにおそわれ負傷するという事件がおこった。大作は幕末に尊王の志士たちとまじわっていたが、慶応二年九月に藩命により捕えられた。同四年正月に幽囚をとかれ、明治二年十月に権《ごん》大参事となって丸亀藩の改革を行ったが、その中心は藩士の給禄《きゅうろく》の大幅削減であった。禄高一〇〇石以上は五割引き、それ以下は石高に応じての歩合引きであったが、のち三年六月の改正では、合計でそれまでの給禄より八五一石余の削減となり、さらに四年の改正では合計三〇一四石余が削減された。こうして藩財政を維持していくためには給禄の削減が不可避であり、この結果、士族らの困窮を引き起こしていた。大作をおそったのは給禄削減に不満をもつ士族たちであった(『新編丸亀市史3　近代現代編』)。

この高松藩の松崎渋右衛門暗殺事件と丸亀藩の土肥大作襲撃事件は、新しい時代を迎えた讃岐における政治的混乱を物語る象徴的なできごとであったといえよう。

綾北山林騒動と川津村騒動●

明治三(一八七〇)年正月に高松藩領の阿野郡北の村々で、御趣意林《ごしゅいはやし》をめぐって騒動がおこった。御趣意林とは、寛政三(一七九一)年の野山《のやま》(入会地《いりあいち》)・空地などに木を植えて、各郡ごとに二〇〇町歩の林をつくることを目標に、各村で計画をたてるよう藩が命じたことにはじまり、この林からの収益は藩におさめるのではなく、各郡・村の困窮者の救済や道普請の費用にあてられ、その管理は郡・村に委託されていた(『炭所西生産森林組合史』)。

正月五日に林田村《はやしだ》の浜の庵で阿野郡北の山々の木を伐採する蜂起計画の打ち合わせをし、一戸から一人をだす、参加しないものは郡中の分配物などをあたえない、各村から総代をだすなどを決め、七日から総勢三〇〇〇人で登山を開始して御趣意林・野山の区別なく伐採していった。以後三日間で伐採範囲は五色台《ごしきだい》の北半分にあたる約六七町歩におよんだという（佐々栄三郎『讃州百姓一揆史』）。

十四日に蜂起勢は願書を提出した。その内容は御趣意林はすべて廃止するか、もしくは窮民救済を目的として半分にする、法因ケ谷《ほういんたに》の樹木売り払いの明細はどうなっているか、五年前の八月の洪水のときの人足米・土俵《つちたわら》代は払われたかどうか、昨年冬の年貢納入用の貸米《かしまい》はどうなったのかを明らかにしてほしいというものであった（「明治三年春綾北山林騒擾事件取扱嘆願数通控」）。御趣意林の管轄が庄屋・大庄屋にあったことを考え合わせれば、これらはいずれも村役人の不正を追及するものであったといえよう。

藩は二十四日に御趣意林を半分にし、そのほかについては調査して周知させるということにしたが、翌日再度蜂起勢は山登りを開始して城山《きやま》・金山《かなやま》の木を伐採した。その後この騒動の中心人物であった林田村

浜崎周吉顕彰碑(坂出市惣社神社)

の浜崎周吉《しゅうきち》が捕えられて後は、騒動は鎮静化したが、周吉は六月に高松城下内町の牢で没した。そして阿野郡北の庄屋・大庄屋らは一人の庄屋をのぞいてすべて罷免《ひめん》された（「綾北山林騒擾事件日誌」）。

この綾北《あやきた》山林騒動と同じころの正月二十日、高松藩領西端の鵜足《うた》郡の東・西川津《かわづ》村（坂出市）の農民が城山にのぼって火を焚《た》きはじめた。彼らの要望は困窮農民の救済と御趣意林を野山に戻すことなどであった。また同時に東川津村から御趣意林六カ所の設定によって農民がおおいに難渋しているとして、生木《なまき》の下げ渡しと、城山については野山に戻すことを願いでていた（「沢井家文書」）。

翌二月に高松藩へ東川津村から村役人の不正に関する訴状がだされた。その内容はつぎの五点に関するものであった。

(1)嘉永七（安政元〈一八五四〉）年の当村の峠奥《とうげおく》池の普請の算用内訳。

(2)嘉永五（一八五二）年からはじまった年貢の宇足津《うたづ》歳納入の入目の取り扱い。

(3)万延元（一八六〇）年の藩からの貸米の取り扱い。

(4)村役人におさめた軍用入目のその後の措置。

(5)明治元年秋の白峯寺《しろみねじ》への京都勅使下向《ちょくしげこう》の人足賃などの割り配り不履行。

訴状を提出した農民に対して藩は、宇足津の西光寺《さいこうじ》・聖通寺《しょうつうじ》・円通寺《えんつうじ》にその説得にあたらせることにしたが、直接に農民の要望に答えることはせず、「御善政御趣意書」を示すにとどまった。農民は騒ぎを大きくすることは望まなかったため、村役人の不正についてはほとんど解明されないまま、「内済《ないさい》」というかたちで決着した（「西光寺文書」、山下万由美「高松藩における明治初年の百姓騒擾について―川津村騒動―」『香川史学』一七）。

こうした綾北山林騒動や川津村騒動は、御一新《ごいっしん》によって新しい時代の到来したことを農民たちが期待したことのあらわれであり、村政の変革を求めたものであったといえるが、具体的に農民の要望に沿った成果を得ることはできなかった。明治四年九月に高松藩でおこった蓑笠《みのがさ》騒動（藩主引留一揆）は、農民の要望が入れられないことに対する不満の爆発であったといえよう。

7章

香川県の成立

戦前の香川県庁舎(高松市内町，明治27年建築)

1 香川県誕生の曲折

目まぐるしくかわる県名●

明治四（一八七一）年七月十四日、在京中の知藩事《ちはんじ》を前にして、全国一斉に廃藩置県《はいはんちけん》を断行する詔書が読みあげられた。

これより前、財政的に苦しい一三の藩がみずから廃藩を願いでており、そのなかに多度津《たどつ》藩（知藩事京極高典《きょうごくたかまさ》）と丸亀藩（知藩事京極朗徹《あきゆき》）があった。多度津藩は四年二月、廃藩願いが許されて、その領地は倉敷県に併合された。続いて丸亀藩知事京極朗徹が「廃藩県治準拠願」を上表し、あわせて戸籍の調整、四民同学のため郷校《ごうこう》の設置、藩兵の解散などを建言した。四月十日、丸亀県がおかれ、十二日に京極朗徹が県知事、高知出身の林亀吉《かめきち》（のち茂平と改名）が大参事《だいさんじ》に任命され、県庁は二番丁の岡元《はじめ》旧邸に設けられた。

高松藩は七月の宣下で廃止され、高松県がおかれた。知藩事松平頼聰《よりとし》はその職を解かれ、多くの他藩知事同様に東京移住を命じられた。大参事には旧藩大老の大久保頼均（主計《かずえ》また協《かなう》ともいう）が任命され、内町の松平操《みさお》旧邸に設けられた県庁で事務を取り扱った。

松平頼聰の東京移住を知った領内の民衆から、移住引き止めの騒動がおこった。旧藩主に対する惜別の情や新政への不安が入りまじっておきたのであろう。九月八日、蓑笠《みのかさ》姿に鋤《すき》や鍬《くわ》をもった群衆が城下に押し寄せ、船出しようとする旧藩主を引き止めるため、堀川港口に小舟を並べて行くてをさえぎった。松平

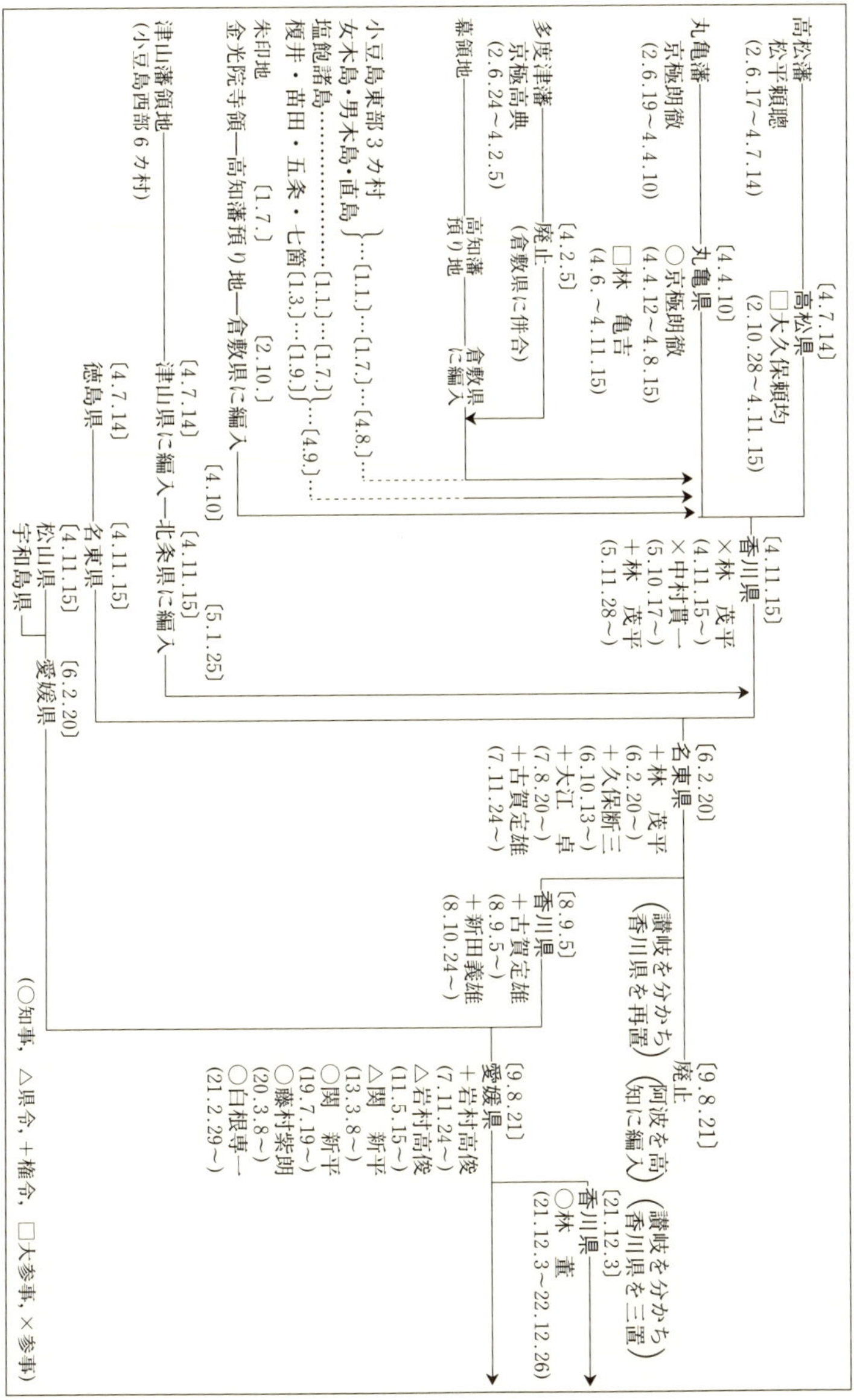
高松藩
松平頼聰
(2.6.17~4.7.14)
丸亀藩
京極朗徹
(2.6.19~4.4.10)
多度津藩
京極高典
(2.6.24~4.2.5)
幕領地
小豆島東部3カ村
女木島・男木島・直島
塩飽諸島
榎井・苗田・五条・七箇
朱印地
金光院寺領
津山藩領地
(小豆島西部6カ村)
〔4.7.14〕
高松県
□大久保頼均
(2.10.28~4.11.15)
〔4.4.10〕
丸亀県
○京極朗徹
(4.4.12~4.8.15)
□林　亀吉
(4.6.~4.11.15)
〔4.2.5〕
廃止
(倉敷県に併合)
高知藩預り地
倉敷県に編入
〔1.1.〕〔1.7.〕〔4.8.〕
〔1.1.〕〔1.7.〕
〔1.3.〕〔1.9.〕
〔4.9.〕
〔1.7.〕
高知藩預り地
倉敷県に編入
〔2.10.〕
〔4.10〕
〔4.7.14〕
津山県に編入
北条県に編入
〔4.11.15〕
〔5.1.25〕
〔4.7.14〕
徳島県
〔4.11.15〕
名東県
〔4.11.15〕
松山県
宇和島県
〔6.2.20〕
愛媛県
〔4.11.15〕
香川県
×林　茂平
(4.11.15~)
×中村貫一
(5.10.17~)
+林　茂平
(5.11.28~)
〔6.2.20〕
名東県
+林　茂平
(6.2.20~)
+久保断三
(6.10.13~)
+大江　卓
(7.8.20~)
+古賀定雄
(7.11.24~)
〔8.9.5〕
香川県
+古賀定雄
(8.9.5~)
+新田義雄
(8.10.24~)
(讃岐を分かち香川県を再置)
〔9.8.21〕
廃止
(阿波を高知に編入)
〔9.8.21〕
愛媛県
+岩村高俊
(7.11.24~)
△岩村高俊
(11.5.15~)
△関　新平
(13.3.8~)
○関　新平
(19.7.19~)
○藤村紫朗
(20.3.8~)
○白根専一
(21.2.29~)
〔21.12.3〕
香川県
○林　董
(21.12.3~22.12.26)
(讃岐を分かち香川県を三置)
(○知事，△県令，+権令，□大参事，×参事)

香川県の成立と地方長官(『近代日本政治必携』『日本史総覧VI』より作成)

家の家扶《かふ》や県官吏《かんり》がこもごもでて説得に時をついやすうち、事態はあらたな発展をみせた。群衆は村々へ人数を駆りだすと称して、坂出をはじめ阿野《あや》・鵜足《うた》・那珂《なか》郡のおよそ三〇カ村へ押しかけ、大庄屋や庄屋の邸宅を打ちこわし、放火しはじめたのである。県庁では高松営所の軍隊を出動させて、ようやくこの騒ぎを鎮圧した。

政府は封建割拠の弊をただすため、同年十一月十五日、狭小府県を整理して三府三〇二県から三府七二県に統合した。高松県と丸亀県も合併されて香川県がおかれた。県庁は高松の松平操旧邸を踏襲、管轄地はすでに倉敷県から丸亀県に編入されていた旧多度津藩領や天領地なども含め、讃岐《さぬき》一円である。長官は前丸亀県大参事の林茂平《もへい》が、初め参事として、のち権令《ごんれい》に就任した。

以来、第三次香川県設置までの長官を出身府県別でみると、高知県（林茂平、中村貫一、大江卓、岩村高俊）、山口県（久保断三、白根専一）、佐賀県（古賀定雄、関新平）、東京府（新田義雄）、熊本県（藤村紫朗）となる。藩閥人事であったことは、県官吏の構成からもわかる。たとえば明治五年の香川県官員は二八人で、うち香川県人は石川巌《いわお》・三橋政之《みつはしまさゆき》・中野武営《たけなか》ら一一人にすぎず、他方、同五年中に免官となったものは一四人中一〇人が県人（赤松渡《わたる》・松本貫四郎《かんしろう》・大塚一格《いっかく》ら）である（「香川県官員履歴」内閣文庫）。地元住民と利害のからむ人物の官吏登用は抑えようとするかにみえる。

明治六年二月、香川県は廃止されて、名東《みょうどう》県（阿波・淡路）に併合され、県庁は遠く徳島におかれ、旧香川県庁は高松出張所（五月に高松支庁と改称）となった。この統合は国の府県広域化政策の一環である。矢継ぎ早に打ちだされる近代化政策、新貨条例、地券の交付、地租改正条例、徴兵令、学制頒布、邏卒《らそつ》の設置、郵便制度、戸籍の編成などを実施するためには、国も府県も相応の財政基盤を確立する必要があり、

❖コラム

香川の事始め

〔郵便〕明治四（一八七一）年五月十五日、津田村に郵便役所が設けられたのが県内での始まり。五年七月一日、高松（片原町）、丸亀、多度津など一二カ所に郵便取扱所が設置された。

〔電信〕明治十年、高松城内に仮設した高松電信取扱所と丸亀歩兵第十二連隊の丸亀電信取扱所のあいだに設置された。本土と四国を結ぶ海底電信線は同年三月（完工）岡山側渋川村と讃岐側乃生《のう》村間に敷設された。

〔電話〕明治四十年二月、高松電話交換局が開業。加入者一四四人。丸亀は同四十三年二月。

〔日刊紙〕明治十四年八月、鈴木伝五郎らが『腰抜新聞』を創刊。創刊号は一万五四七部を新居活版所で印刷。翌十五年一月に『南海日報』、二十二年三月に『讃岐日報』、二十二年四月に『香川新報』（社長小田知周《ともちか》。『四国新聞』の前身）が創刊された。

〔放送〕昭和九年七月、NHK大阪中央放送局高松出張所が開局。十九年五月高松市今里町に臨時放送所を新設。ローカル放送は二十一年九月に高松放送局となってから実施。民間放送は昭和二十八年七月「ラジオ四国」が設立されたが、社名を同年十月「ラジオ香川」、同三十一年十月「西日本放送」と改称した。テレビ放送はNHK高松放送局が三十二年十二月から、西日本放送が三十三年七月に開始。

〔図書館〕明治三十八年二月、香川県教育会の付属図書館が高松市七番丁に開館。蔵書数二万六一九〇冊。閲覧券第一号購入者は菊池寛。昭和九年県に移管、県立図書館となる。

府県は広域であるに如《し》くはないとの発想からである。

七年八月、名東県権令久保断三《だんぞう》は県内の事情を承知しておきたいと、臨時県会を徳島に招集した。名代人は一村一区の利害にとらわれないようにとの注意にもかかわらず、会議にはいると、阿波と讃岐の利害対立が表面化した。吉野川治水費をめぐる激論は三日間も続き、そのほか「百事反対に出て一致共同せざることばかり」(『海南新聞』)というありさまであった。このようなことで、讃岐出身の官員たちが名東県からの分離を「切に請願」するところとなり、八年九月、ふたたび香川県の設置が認められた。

しかし、再置香川県も一年と続かなかった。この時期は地租改正事業の実施期にはいるが、改租事業こそ住民の協力なくしてはおぼつかない。そのためには隣の愛媛県で実施していた戸長公選制や地方民会を開設して、民意を汲みあげる必要がある。このような意見を讃岐出身の官員三橋政之や畑平学《へいがく》が県に具申したが、権令新田義雄と意見があわないため、三橋の率いる讃岐出身官員が「一時に辞職」することとなり、「為に再置香川県は全く治安を保つべからざるの有様」になったと『海南新聞』は「讃岐国沿革」考で指摘する。

この処置として明治九年八月、開明的県令で知られた岩村高俊治下の愛媛県に讃岐国を編入したといわれるが、これもまた国の府県広域化政策の一環であり、このとき全国は三府三五県に統合された。ともあれ、讃岐の改租事業は岩村県政のもとで進み、耕宅地は十一年十二月、林野の改租は十四年一月におわる。

大区小区制と区戸長公選の建議●

明治十一(一八七八)年二月十六日、讃岐国第三大区二小区戸長の日下《くさか》雪太郎が、時の愛媛県権令岩村高俊に、官選制にかえ区戸長を公選制にするよう建言した。第三大区二小区とはいったいどの町村をさし、区長とか戸長《こちょう》とはどんな官職だったのだろうか。

廃藩置県に伴い、地方行政区画も藩政時の町村にかえ、新政府の統一的支配のもとに再編成しようとの動きがおきた。区制または大区小区制（町村背番号制）の導入である。

区は本来、四年四月の戸籍法に基づき、戸籍編成のため、ある程度平均化するよう数カ町村を便宜的に組み合わせた地方行政区画で、区ごとに戸長・副戸長をおいた。しかし戸長の職務が戸籍事務だけにとどまらず、政令の布達と執行、租税の徴収、学校の開設、災害救助、風紀の監督など広範な行政事務にわたることになると、区が町村にかわって末端行政機構となってきた。五年四月、従来の大里正《だいりせい》（大庄屋）・里正・年寄《としより》の制が廃止され、戸長・副戸長と村役人が設置された。

香川県では五年二月、全県下を八八区に分け（郡部では一区平均四・九カ村、戸数一三三五戸となる）、東部（大内《おおち》郡）から順に番号を付した。これにより、たとえば高松市街は、常磐橋《ときわばし》通以東を第一三区（同年五月の改正で第三〇区）、以西を第一四区（改正で第三一区）、丸亀市街を第六一区（改正後も同じ）とよんだ（『香川県史5　近代Ⅰ』付表を参照のこと）。

名東県時代の七年二月、区制にかわり大区小区制を導入した。大区はおよそ旧郡域に当り、東部の淡路、阿波から番号を付し、讃岐国を第一三大区（大内郡）から第一四大区（豊田《とよた》郡）までとした。小区は讃岐国全域で五五小区に再編成されたから、一小区は八八区制にくらべてやや広域になる。大区の呼称番号は、その後再置香川県時代と愛媛県時代にかわる。愛媛県時代には大内・寒川《さんがわ》郡を第一大区とし、西部の三野《みの》・豊田郡を第七大区とした。冒頭の第三大区は小豆島《しょうど》にあたる。この時期大区に大区長、小区には小区長（もとの戸長）をおいた。戸長（もと副戸長、または村役人）はほぼ町村ごとにおかれ、のちの町村長に相当することになる。

　明治七年二月の大区長はつぎの人びとである。第一三大区（大内郡）工藤守豪《もりひで》、第一四大区（寒川郡）武井博暢《ひろのぶ》、第一五大区（三木郡）木村浩蔵《こうぞう》、第一六大区（山田郡）赤松渡、第一七大区（小豆島）溝渕久中《みぞぶちひさなか》、第一八大区（香川郡）松本貫四郎、第一九大区（阿野郡）山田政平、第二〇大区（鵜足郡）片山高義《たかよし》、第二一大区（那珂郡）大塚一格、第二二大区（多度郡）石川宗一、第二三大区（三野郡）西岡豹太郎《ひょうたろう》、第二四大区（豊田郡）畑平学。

　大区小区制は郡と町村を背番号であらわしたもので、上意下達の中央集権制には便利であった。しかし町村には、行政機構の役割だけでなく、町村自治の機能や慣習もある。たとえば水利慣行とか祭礼とか、役人の介入できない慣行があり、村の寄合など自治的組織によって村政が運営されてきた。これを無視しては、当時の重要な政策、地租改正事業や学校の開設、徴兵制の実施など、どれ一つとして住民の協力を得られるものではない。民意を汲みあげるためには、戸長を公選にし、寄合にかわる地方民会（町村会、区会、県会）を開設するのが望ましい

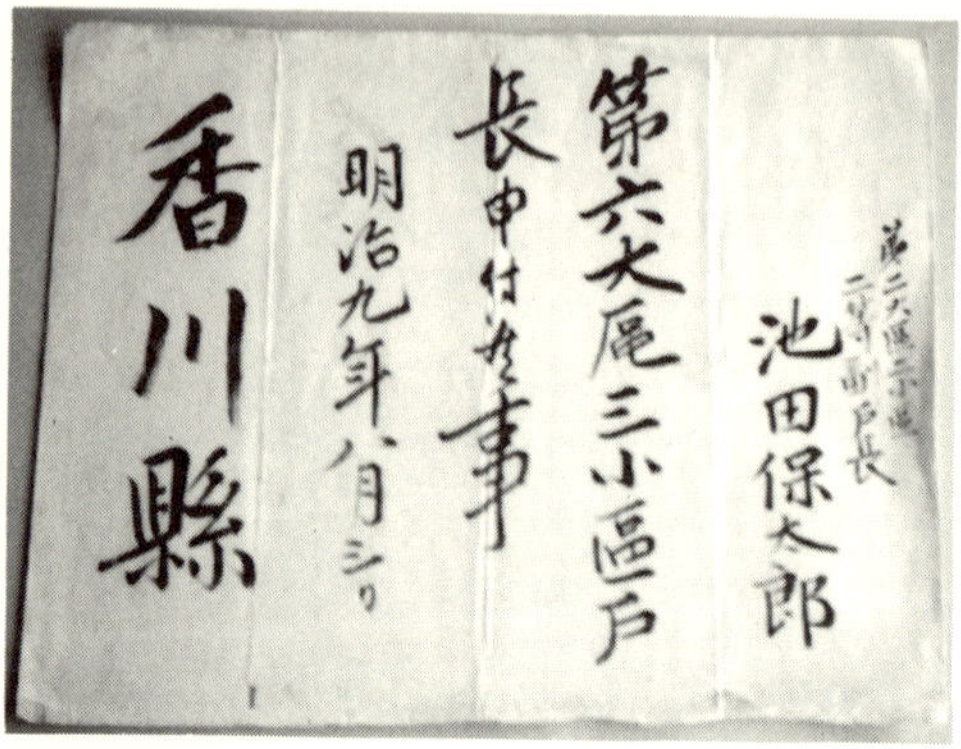

戸長辞令(明治9年8月3日付)

ことに、開明的な地方長官、たとえば兵庫県令神田孝平《たかひら》、千葉県令柴原和《やわら》（のち香川県知事となる）、愛媛県権令岩村高俊らは着目し、県政に取りいれ、実施していた。

讃岐でも九年四月、地租改正事業が日程にのぼると、区戸長公選の要望が活発になる。大区長だった松本貫四郎・木村浩蔵・赤松渡・畑平学、巡査部長だった三橋政之、愛媛県会議員となった佐々木清三・片山高義らは区戸長公選論者であり、冒頭でのべたように第三大区二小区（池田村・蒲生《がもう》村）の戸長日下雪太郎も岩村権令に建言書を提出している。

しかし開明的な岩村権令にしても、村長に当る戸長の公選制を認めたものの、郡長に当る区長の官選制はゆずらなかった。

やがて十一年七月、政府も大区小区制は「頗《すこぶ》ル人心ニ適セズ」と反省し、地方行政区として郡や町村を復活させる郡区町村編制法を公布した。なお郡区町村編制法と府県会規則、地方税規則をあわせて三新法とよんでいる。このときまた戸長公選制も全国的に認められた。

第百十四国立銀行と日庸蟻社●

秩禄《ちつろく》処分により経済的恩典を失った士族に対し、政府は帰農商を奨励したり、授産事業に資金を貸与するなどして、生活の更生をはからせていたが、彼らのなかには、いわゆる「士族の商法」で家産を蕩尽《とうじん》するものもあいついだ。高松における士族の授産事業には、つぎのものがあった。

松枝舎《まつがえしゃ》　明治四（一八七一）年設立。松平家の財産管理と士族育成の公益事業など。

信立社《しんりつしゃ》　明治八年、松本貫四郎や福家清太郎《ふけせいたろう》らが設立。「商法貸借をはじめとして尋常嫁娶《よめとり》のことに至るまで紹介周旋」した。

蜂蟻社《ほうぎしゃ》　明治十三年、赤松渡や下津永行《しもつながゆき》らが設立。マッチの製造から漸次「各種ノ職業ヲ伝習セシメ」ようとしたが、営業不振におちいり、明治十九年、下津永行に譲渡されて下津製燧所《せいすい》、のち下津燐寸《マッチ》会社となる。

高松就産《しゅうさん》会社　明治十八年設立。傘・提灯《ちょうちん》・人形・摺附木《すりつけぎ》・保多織《ぼたおり》・木綿などを製造。

窮迫していく士族を激励し、先頭に立って開拓や授産事業に奔走したのは、「讃岐西郷《さぬきさいごう》」と称された松本貫四郎である。彼は明治五年摺鉢谷《すりばちだに》（高松市峰山町）の荒地を開拓し、八年西浜の松本浜塩田を開いた。士族の窮乏をみかねて授産事業の信立社を、さらに高松就産会社をおこしている。

また福家清太郎や片山高義らと国立銀行の設立をはかり、明治十一年十一月に第百十四国立銀行を創立した。株主のほとんどは士族である。当初、松本貫四郎が頭取に就任予定のところ、大区長に任命されたので、頭取には宮本園丸《そのまる》がかわって就任した。第百十四国立銀行は公金の取り扱いを独占することができ、順風満帆の発展ののち、明治三十一年、普通銀行に改組して高松百十四銀行、また昭和二十三年、商号を変更して百十四銀行と改称する。

一方、丸亀には明治十二年二月、第百二十七国立銀行が開業しているが、頭取は高知県人で、当初高知に設立予定のものだった。やがて本店を高知に移し、同二十九年には第三十七国立銀行（四国銀行の前身）に吸収合併されている（『新編丸亀市史3　近代現代編』）。

丸亀で、高松の松本貫四郎に相当する人物は三橋政之《みつはしまさゆき》（伝四郎）であろう。彼は明治四年、不平士族五十人組が前の丸亀藩権大参事土肥大作《ごんのどいたいさく》を襲撃したとき、土肥大作の書生として手傷を負いながらも暴徒を撃退させる活躍をした。やがて県に出仕、邏卒《らそつ》総長・巡査部長となるが、再置香川県権令新田義雄と意見があわず辞職した。野に下った彼は明治八年九月日庸《ひよう》蟻社《ぎしゃ》を設立し、「(彼と行動を共にした) 退職官吏数十名と併せて丸亀士族壮士を纏《まと》め、人力車を挽《ひ》き又は飛脚《ひきゃく》夫となり、又米搗《こめつき》其他労力人夫となる」(「讃岐国沿革」『海南新聞』)など、率先して士族救済に奔走している。日庸蟻社は、人力車などのほか、牧牛や汽船取扱い、荷物質貸などを営業していた。同社は十六年ごろ、丸亀港の浚渫《しゅんせつ》・海面埋立事業を行っている豪商たちの盛港舎《せいこうしゃ》(十三年設立)に、汽船取扱い業務など一部の営業権を譲渡している。

三橋政之は、愛媛県時代の十一年、那珂《なか》・多度《たど》郡長としてふたたび出仕する。郡長退官後は後任郡長の豊田元良《もとよし》と連絡をとりながら、明治二十年、みずから団長となり、二二戸七六人を率いて北海道の洞爺湖《とうやこ》畔《はん》に開拓移住した(『讃岐移民団の北海道開拓資料』)。

丸亀の士族授産事業では、ほかに辻村角彦《かどひこ》らが飯びつ製造を行う勧倹社《かんけんしゃ》、大谷和七《わしち》らが団扇《うちわ》製造を行う及遠社《きゅうえんしゃ》を設立している。丸亀では武士の内職としてはじまった団扇製造が特別盛んで、明治期には製造・販売の主導権が士族からしだいに市民に移っていく。明治七年末、坂田弥平《やへい》・組橋馬次郎《くみはしうまじろう》らが大阪商人に働きかけて外国輸出の道を開き、十八年、組橋らが清国輸出用に平柄《ひらえ》団扇を編みだして、さらに製造を伸ばした。二十七年には会社組織の丸亀団扇合資会社が設立され、内外の販路拡大をはかる一方、三十五年団扇竹細工競技会を開催するなど、品質向上につとめている。

西讃農民騒動と小学校焼き討ち事件

明治六(一八七三)年六月二十六日の夕方、三野郡下高野村《しもたかの》(三豊市豊中町)に発生した農民騒動は、たちまち西讃六郡(豊田・三野・多度・那珂・鵜足・阿野郡)に広まった。参加した群衆は二万人に達するであろう。

ことの発端は「子ぅ取り婆あ」があらわれたという流言からである。かねてより徴兵告諭《こくゆ》のなかで、兵役を「血《けつ》税《ぜい》」とよび「その生血《いきち》を以《もっ》て国に報ずるの謂《いわれ》なり」とあるのを誤解していた民衆が、竹槍《たけやり》をひっさげて飛びだし、子どもかかえて逃げようとする挙動不審の蓬髪《ほうはつ》の女性をとらえて騒ぎだした。「徴兵検査は恐ろしものよ。若い児をとる、生血とる」という俗謡が流行していた折である（石島庸男「西讃農民蜂起と小学校毀焼事件」鹿野政直・高木俊輔編著『維新変革における在村的諸潮流』）。この農民騒動は血税一揆とか、讃州竹槍騒動の名でもよばれている。

一揆勢は高松をあるいは徳島の県庁をめざしたのであろう。翌二十七日から東に進撃し、一隊は海岸沿いに多度津へ、一隊は鳥坂《とっさか》越えに多度津・丸亀へ、一隊は下麻《しもあさ》をとおり琴平へ、一隊は財田上ノ村《さいたかみのむら》をとおり琴平へ、二十八日には琴平から鵜足郡・阿野郡の村々へと進撃している。

この情報が伝わると、名東県高松支庁では二十八日、高松営所から軍隊を出動させて鎮圧にむかう。二十九日、一揆勢は各所で軍隊に敗れ、七月四日ごろには騒動も鎮静化

血税一揆の指導者が半鐘を鳴らしたという延寿寺(三豊市豊中町)

した。

一揆によって侵寇《しんこう》された村は一三〇村、打ちこわしや焼き討ちされた個所は五九九カ所、内訳は役人宅一四五、平民宅二〇三、掲示場六三、小学校四八、戸長宅四五、区事務所三一、制札場《せいさつば》二四、邏卒《らそつ》出張所七などで、攻撃対象がおもに「官と名のつくもの」(佐々栄三郎『讃州竹槍騒動』)であったことがわかる。御一新に幻滅した民衆の心情がうかがえよう。処罰されたものは総計一万六六〇六人で、うち死刑七人、懲役五一人、杖罪等一三〇人、罰金一万六四一六人、除族《じょぞく》二人である。

騒動の原因は、直接には徴兵反対の血税騒ぎであったが、さらには過重な教育費、地券交付、物価騰貴などに対する不満、政府が矢継ぎ早に発するえたいの知れない近代化政策への不安が入りまじっていたであろう。被害のなかで注目をひくものに焼き討ちにされた小学校が四八校ある。小学校も自前の校舎はごくわずかで、大半は寺院や戸長などの民家を借用していた。村にも民衆にも校舎を建てる経済的ゆとりはまだなかったころである。

前年学制が頒布され、「邑《むら》ニ不学ノ戸ナク、家ニ不学ノ人ナカラシメン」と国民皆学の理念をうたったが、教育費は受益者負担が原則とされた。学校経費について具体的な徴収方法はまだ一様でなかったが、丸亀・多度津では貧富により三区分し、一カ年に上等戸は一円、中等戸は五〇銭、下等戸には二五銭を課し、郡部では田地草高《くさだか》一石に付米五合、富裕なものには一石に付一斗をおさめさせていた。民衆はその教育費負担を過重と感じていたわけである。

農民騒動が終息後、県は「速やかに学校を興《おこ》すべきの達」(「御布告綴簿」)をだしている。事件の中心地であった三野郡は、学校焼失のうえ、この年(六年)設立はゼロ校、ようやく翌七年に一四校と盛りかえしてきた。豊田郡は八校焼失し、六年には六校設立、那珂郡と多度郡はかなりの被害をうけたが、六年には一五校・一三校を設立して、復興を急いでいる。県下全体でいえば、六年には九六校設立され、翌七年には一五二校設立されるなど（熊野勝祥『香川県教育史』）、小学校の開設はようやく軌道にのりかけてきた。しかし就学率はまだ三二％（明治八年）で、うち男子は四五％、女子は一八％にすぎなかった。明治二十二年に至っても、香川県の就学率は四四％（男子六二％、女子二一％）で、全国順位第四〇番目であった。就学率が九〇％を超えるのは明治三十年代の後半になってからである。

2　自由民権と香川県の成立

小西甚之助の国会開設請願●

明治十三（一八八〇）年の秋、「国会開設哀願状」をたずさえて、三条実美《さねとみ》・有栖川宮《ありすがわのみや》・岩倉具視《ともみ》各大臣をはじめ、山田顕義《あきよし》・佐々木高行《たかゆき》・伊藤博文《ひろぶみ》ら政府要人の邸宅を訪問してまわる二六歳の若者がいた。「讃岐の名物男」と新聞をにぎわした小西甚之助《じんのすけ》である。

小西の国会開設請願書は三回目であり、すでに同年三月十五日、「讃岐国各町村会有志議員及有志人民総代」として第一回「願望国会開設之書」を、また同年八月十五日にも「讃岐国第二回国会開設哀願状」を元老院に提出していた。その論旨を要約するとつぎのようになる。わが国は文明が開化し、諸制度は近代化した。しかし内実をみると、国権は振わず、貿易は赤字、条約改正は行われず、民力は萎縮《いしゅく》して貧困に泣く庶民の声が満ちている。この閉塞《へいそく》状況を打破し、国民の元気を振いおこさせるには「参政自由ノ権利ヲ与」えること、すなわち国会開設以外にはない。それによって日本を「東洋ノ一大英国」、東京を「アジアノ新ロンドン」にすることができる、とのべている。

小西の第三回請願書は握りつぶされたのであろうか、国立公文書館などにも現存しない。このころ官憲の圧迫はきびしく、郷里では実父が県令によびだされて叱責をうけていた(「小西甚之助実歴書」)。

この年は一月の筑前共愛会《ちくぜんきょうあいかい》の建白にはじまり、十二月までに三四府県の人びとから四六件の建白書と一二件の請願書が提出されている(内藤正中『自由民権運動の研究』)。四月に提出された国会期成《きせい》同盟の二府二二県、総代九〇人、請願人八万七〇〇〇人による「国会ヲ開設スルノ允可《いんか》ヲ上願スル書」は、全国的なうねりを一本化しようとした請願活動であった。讃岐からも高松塩屋町《しおやまち》一三二六人(総代木庭繁《きばしげる》)、丸亀農人町《のうにんちょう》三七人(総代細谷多門《たもん》)、丸亀立志社《りっししゃ》人数不明(総代黒瀬幸太郎《こうたろう》)がこれに加わっている。このほか坂出の西條欣吾《きんご》が伊予国温泉郡一〇人を、高松の富永太一郎が伊予国新居郡岸之下《きしのした》立志社を、高松の士族森島鼎三《ていぞう》が広島県有志二万人を代表して、総代人に署名していた(『自由党史』)。

讃岐国の自由民権運動は、明治八年七月設立の博文舎《はくぶんしゃ》(博文社とも書く)が始まりとされる。博文舎は、文明開化の時代にあって「宇内《うだい》(世界)ノ形勢ヲ知リ識見ヲ明ニスル」ため、すでに明治六年以来、有志の私財によって購読されてきた新聞・雑誌・官報類を「衆人ノ縦覧ニ供ス」る目的で(「博文社檄文」『高松市史』)、高松兵庫町に「新聞誌縦覧所《じゅうらんじょ》」を設置した。博文舎設立の発起人は川崎舎竹郎《かわさきやちくろう》・富山甚三郎《とみやま》・中野瀧次郎《たきじろう》・鈴木伝五郎《でんごろう》・十河権三郎《そごうごんざぶろう》・佐々木清三《せいぞう》で、いずれも高松城下町の旧藩御用商人、苗字《みょうじ》・帯刀《たいとう》を許されていた豪商であった。

文化サロンであった博文舎を活動拠点にして、十年十二月、平民だけで結成したと自負する純民社《じゅんみんしゃ》が佐々木清三や鈴木伝五郎らによって設立され、毎週月曜日の夕刻定期的に演説会を開くようになった。その演説内容ははじめ『演説雑誌』、のち『純民雑誌』と改題した機関誌に収録されている。

東讃の寒川郡長《なが》尾名《おみょう》村（さぬき市長尾名）で同志の間島馬二《ましまうまじ》や蓮井慎一《はすいしんいち》らと、明治九年に政治結社の翼賛社《よくさんしゃ》を結成していた小西甚之助も、純民社から客員として招かれ、十一年夏ごろしばしば演説を行っている。十二年には地元の長尾でも定期的演説会を開くようになった。小西はこの年五月、全国の各府県会議員の連合会を開いて、当面は国会に代替させようという「府県会聯合ノ義ニ付意見」を提案したが、これは黙殺された。

高松では純民社と別に、高知立志社からの遊説に応じて十一年九月ごろ高松立志社が設立された。細谷多門・井上甚太郎《じんたろう》・久保財三郎《ざいさぶろう》・森島鼎三・鈴木伝五郎らが中心である。豪商・士族の相乗りであるが、森島・久保らの「過激ナル政論」をとなえる士族民権派が牛耳る場面も多かった。純民社のなかには、急進論をとなえる士族民権派を「不平徒《ふへいと》ニシテ名ヲ民権ニ仮リ、愚民《ぐみん》ヲ教唆《きょうさ》シテ政府ニ抵抗」させていると、批判するものもあった（『純民雑誌』）。高松立志社が自由党につながるとすれば、純民社はイギ

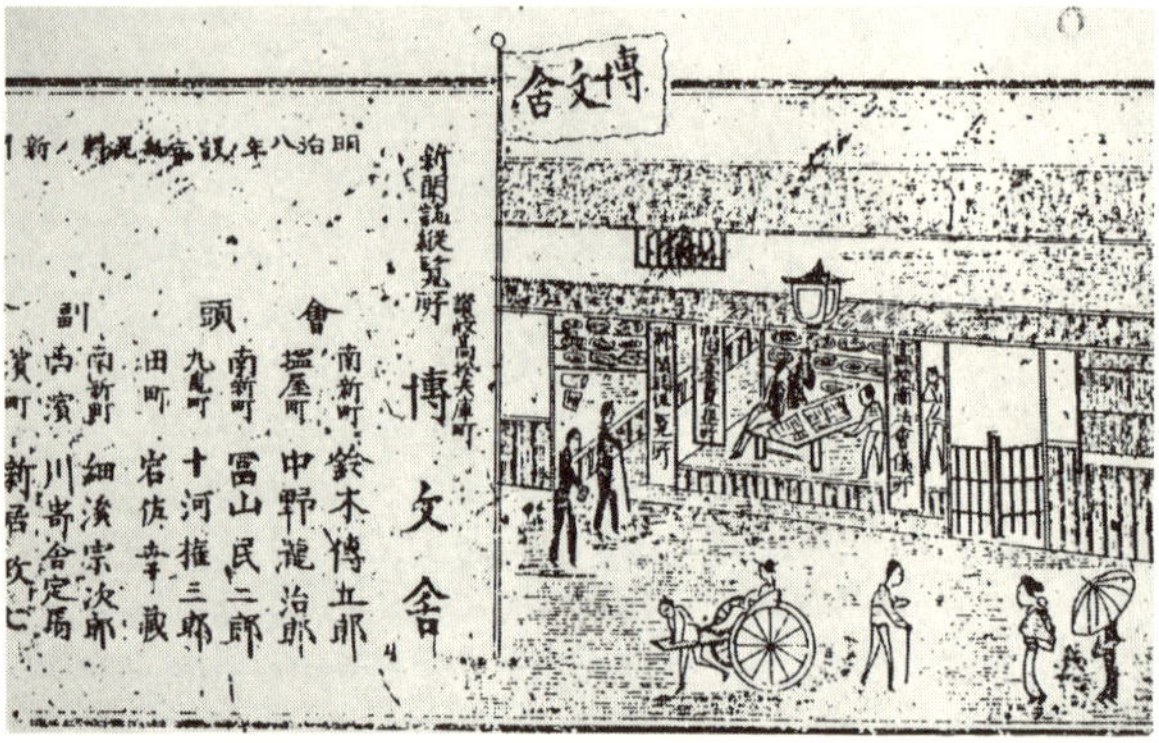

博文舎(高松市兵庫町)

リス流漸進的立憲論を範とする立憲改進党路線に近かった。

興民社と讃岐糖業●

讃岐国の民権結社には、純民社・高松立志社・翼賛社のほか、丸亀立志社や興民社《こうみんしゃ》も結成されている。丸亀立志社には黒瀬幸太郎や遠山正和《まさかず》らがいた。代言人（弁護士）の遠山は高知自由党に属したこともあり、自由民権をとなえることに熱心で、明治十五（一八八二）年十一月には土器川原《どきかわら》でもよおした政談演説会では違警罪で一〇日間拘留《こうりゅう》されることもあったが、「四隣郡村ニ名望」（「政党員名簿」愛媛県立図書館蔵）あって、のち初代丸亀市会議長、衆議院議員にもなっている。

明治十一年、東讃の大内郡三本松村（東かがわ市三本松）に興民社が設立された。廃藩置県により旧高松藩の保護を失った東讃の製糖業者が、讃岐糖業の振興をはかるために設立したもので、勧業部と教育部をおいて、経済活動とともに学習活動も熱心に行った（村上稔『東讃産業史』）。興民社本来の中心勢力は鎌田長五郎（勧業部副部長）ら三本松の製糖業者であったが、興民社を牛耳ったのは、士族の泉川健《たけし》（興民社社長）や筧康志《かけいやすし》（副社長）である。泉川は大内寒川三木郡長（のち山田香川郡長）の地位につき、県・郡の勧業政策を左右できる立場にたっていた。

このころ讃岐国では、旧高松藩が糖業保護策として砂糖問屋を通じて貸与した砂糖為替貸下金《かわせかしさげきん》の取り立て問題で紛議が生じていた。明治十二年県は、貸付金穀《きんこく》取立法則（天保十四〈一八四三〉年以前の貸付けは一切棄捐《きえん》）により、砂糖為替として貸与した貸下金を棄捐（帳消し）にすると通達した。同時に旧砂糖問屋に対し、棄捐分と拠出金を資本に高松砂糖会社（社長笠井深八《しんぱち》）を設立するよう指導している。

ところで旧砂糖問屋は製糖業者などに又貸付けを行った為替貸下金を、製糖業者からすでに返済取り立てていた分もあった。製糖業者からすれば、棄捐の恩典は自分らこそあずかるべきであるのに、旧問屋が差益を独占していると、不満をいだいていた。郡長の泉川健は興民社の製糖業者を鼓舞して、旧問屋に抵抗させた。この紛争を知った高松立志社の森島鼎三ら急進派は興民社に加担する。このようにして糖業資金貸付を業とする高松の豪商と郡部の製糖業者の利害対立は、しだいに政治色に染まっていく。十五年七月、県の方針は一転して、棄捐取消しの通達をだし、旧砂糖問屋にはきびしく返済を命じた。高松砂糖会社の笠井深八が代表して農商務省に不服の申し立てを行ったが、すでに他方で泉川らが先手をうって農商務省に働きかけていた。

農商務省は解決策として、旧問屋から返済させた貸下金をあらためて県庁から下付するので、これを資本の一部として、高松砂糖会社と興民社が合体して一大会社を設けるよう指導した。こうして十八年一月、呉越《ごえつ》同舟の讃岐糖業大会社が創立された。しかし、金融貸付業主体の高松豪商派と、急進派の支持する製糖業主体の興民社系の対立はとけず、四年後の二十二年、興民社系が脱退して讃岐糖業会社に改組されるこ

甘蔗(砂糖きび)のシメグルマ(四国民家博物館)

とになる。脱退した東讃の製糖業者は大内郡糖業組合（二十年設立）に拠り所を求めた。

讃岐糖業は明治期にしだいに衰退する。原因の第一は旧藩および明治政府の保護を得られなかったことである。第二の原因は、経営の前近代的性格である。たとえば、明治七年、旧砂糖問屋系の讃岐国産《こくさん》砂糖取扱所が志度村《しどむら》製糖場（宮武清三郎・塩田忠五郎ら）にイギリスから購入した八馬力の器械をすえつけて、甘蔗圧搾《かんしょあっさく》・糖蜜《とうみつ》分離の製糖を試みたことがある。締小屋《しめごや》二〇カ所分の能率をあげるはずで、大阪中之島の製糖場と並んで内務省勧農局指定の模範工場に数えられた。しかし期待に反し、器械は旧式で、蒸気力が不足して絞汁《しぼりじる》は不充分、糖蜜分離は「釜底《かまそこ》ニ焼付キ、不結晶糖ニ」なるなど、製糖に失敗。経営は「砂糖製造ノコトニハ意ナク、砂糖質取《しちとり》ノミヲ会社ノ姿トセル」と評されたように（農林省『農務顛末』）、産業資本としてではなく、前貸し資本主体に傾斜していく。このような前近代的経営では、とうてい外糖との競争に勝目はなかった。

糖業不振の第三の原因は、外国製砂糖による圧迫である。幸い明治前期の輸入は白砂糖にくらべて赤砂糖が多く、白砂糖中心の讃岐糖業にも体質改善をはかるべき時間が残されていたのだが、やがて明治二十四年ごろから、白砂糖の輸入が赤砂糖をしのぐようになり、ついで日清戦争後、台湾の製糖業が軌道にのった三十二年ごろを境に、讃岐の糖業は決定的な痛手をうけることになった。

他方、讃岐三白のうち製塩業は明治年間、しだいに伸びていった。ことに明治二十年代以降の塩田開拓はめざましく、二十四年、讃岐の製塩業は面積・産額ともに全国第三位となっている。この躍進の背景には、松本貫四郎《かんしろう》が東讃塩業者を指導して、塩の生産制限法をとなえる十州《じっしゅう》塩田組合に対抗して組合からの脱去会《だっきょかい》をつくり、違約金は支払ったものの、明治二十年、政府をして塩の生産制限法を解除させたことや、政府の保護政策を要求して奔走した井上甚太郎の活動などがみられた（渡辺則文「十州塩田」地方史研究協議会編『日本産業史大系7　中国四国地方篇』）。やがて明治三十八年、塩専売法が公布され政府の保護をうけてさらに発展することになる。

「讃予分離ノ檄文」●

明治十五（一八八二）年六月二十日、高松の弘憲寺《こうけんじ》に一六五人の人びとが参集して、愛媛県からの分県運動について熱心に協議した。三週間ほど前、鈴木伝五郎・森島鼎三・渡辺克哲《かってつ》がよびかけた「讃予分離ノ檄文《げきぶん》」（「大山家文書」）に応じて集まった人たちであり、協議の結果は翌十六年二月「予讃ヲ割キ讃岐ニ一県ヲ置キ、高松ニ県庁ヲ設置スル上願」書にまとめられた。

分県を願望する理由には、つぎの四点があげられている。

まず第一に、讃岐は県の離合が目まぐるしく、そのため「殖産ニ工業ニ教育ニ商業ニ皆至大《しだい》ノ影響」不利をこうむっている。たとえば県立の学校についてみてみよう。再置香川県から愛媛県になって、高松の讃岐師範学校（前身は成章《せいしょう》学校、香川県師範学校）は十年十一月、松山の伊予師範学校に統合され、高松女子師範学校も十二年五月に廃校となり、讃岐国に師範学校はなくなった。愛媛県会で小西甚之助や福家清太郎らが、師範学校を分割して高松にも設置するよう建議案を提出したが（『愛媛県議会史第一巻』）、いずれも実現しなかった。中学校についても、讃岐に高松・亀山（丸亀）・飯山の三中学校と伊予に五校がおかれていたが、十七年に第一（松山）・第二（高松）・第三（宇和島）の三中学校に整理され、さらに十九年には中学校令の一県一中学校制によって、第二・第三中学校も廃止された。公立中学校のなくなった讃岐国で中等教育を埋めたのは、高松の葆真舎《ほうしんしゃ》（林滝三郎）や栄義塾《えいぎじゅく》（三野弥平）、盈科塾《えいかじゅく》（黒木茂矩《しげのり》）、坂出の済々学館《せいせいがっかん》（鎌田勝太郎）、琴平の明道学校《めいどう》（金刀比羅宮）、三野郡の屛陽義塾《へいよう》（柳川竹堂《やながわちくどう》）、忠誠塾（大久保彦三郎）などの私立学校や私塾である。

第二の理由は、地理上の不便である。県庁の松山まで、西讃の豊田郡から「陸路三〇里（約一二〇キロ）、行程三日」、東讃の大内郡からは六〇里という。海路なら港は多度津からの乗船となるが、荒天、風待ちも勘定に入れておかねばならない。火急を要する請願や届けは間にあわず、機を逸することもしばしばであった。

第三の理由は、地形・人情（産業の立地や慣習）が異なること。たとえば、讃岐糖業の改良をはかるため海外伝習生の派遣を県会で提案するが、伊予側議員の理解を得られない。また讃岐には「ネコ車」とよぶ農作業用の手押し一輪車がある。これは通常の物資を輸送する荷車とは異なるから、国税の対象からはずしてほしいという讃岐側県会議員の提案も、伊予側議員の理解を得るのに苦労している。

第四の理由は、地方税負担の不均衡である。讃岐側は伊予のために「年々四万円」を貢いだことになるという。

讃岐特有のネコ車(「壱輪車減税建白」による)

明治十五〜十六年の分県運動は鈴木伝五郎・森島鼎三ら高松立志社が主導権をにぎっていた。この直後、砂糖為替貸下金の棄捐取り消しの通達がだされ、高松の豪商派と東讃の製糖業者の対立が表面化すると、急進派の森島は豪商の鈴木と袂《たもと》を分かって、興民社支持に走った。

分県運動第二回の高揚期、明治十八年には両派の違いが明確化する。高松グループは小田知周《ともちか》や中野武《たけ》営《なか》ら改進党系が主導権をとり、博文舎に事務所をおいて「独立置県旨趣《ししゅ》要領」（「大久保家文書」）を配布し、高松に県庁をおこうとよびかけている。

これに対し東讃大内郡では、泉川健や永峰雄吉《ながみねゆうきち》（郡書記）が松本貫四郎や渡辺克哲（讃予分離檄文の提唱者）らを抱き込んで、讃岐はむしろ徳島に合併したほうがよいという特異な案を掲げて運動を行う。これには興民社の鎌田長五郎らも同調できず、急進派と一線を画そうとしたのか、政治色の濃い分県運動には消極的とみえた。

一方、東讃でも寒川郡の小西甚之助や蓮井慎一らは、坂出の鎌田勝太郎や久米与平《よへい》らと組んで、高松グループとは別に「予讃ヲ分割シ讃岐高松ニ県庁ヲ設置スルノ儀ニ付建議」書（福家惣衛『香川県近代史』）を提出している。このグループは自由党系・改進党系の相乗りであった。

なお西讃の三野郡や多度郡には、伊予に近いという感覚からか、愛媛県残留を主張する石井文太郎や乾《いぬい》金治郎らがいた。

明治二十一年、三たび分県運動は高揚する。同九年の三府三五県は十六年末までには三府四一県に復し、二十年に奈良県が独立し、現在とくらべて残るは香川県だけとなっていた。この時期、熱心に奔走したのは小田知周・菊池武熈《たけひろ》ら高松の改進党系グループで、中野武営も愛媛県会議長の職にありながら、県会を欠席して運動に奔走している。

ここに至って政府もようやくこれをとりあげ、十一月六日「香川県設置之件」（「公文類聚」）を閣議にはかっている。府県制実施後になれば「分県ノ事容易ナラサル」ものがあり、最後の機会であるからと、香川県の設置を認めることにした。元老院で審議のあと、二十一年十二月三日付で、第三次香川県設置の勅令（第七十九号）が公布された。

念願のかなった県民、ことに高松市民の喜びは一方ならず、「有頂天《うちょうてん》になり、殆《ほと》んど商売も手に就《つ》かざる有様」（『豫讃《よさん》新報』）で、祝賀の花火も数十発夜空を彩った。

3 香川県の歩み

県会の知事不信任決議●

明治二十一（一八八八）年十二月三日、愛媛県から分離独立した香川県の管轄区域は、讃岐一円一二郡八三町四〇四村で、戸数一三万六八七七戸、人口六六万五〇三六人であった。県庁は高松五番丁の浄願寺《じょうがんじ》に仮庁舎がおかれたが、のち同二十七年七月、高松市内町《うちまち》に二階建青ペンキ塗りのモダンな新庁舎が完成して、そこに移転する。

初代県知事は、のちに西園寺公望《さいおんじきんもち》内閣の外務大臣になった林董《ただす》である。彼は幕府御殿医林洞海《どうかい》の養子で、慶応二（一八六六）年イギリスに留学、帰国直後、戊辰《ぼしん》戦争では榎本武揚《たけあき》に随行して箱館五稜郭《ごりょうかく》に立てこもった一人である。外国通の開明性と藩閥に無縁であったことが、数度にわたる県の分合で「自然猜《さい》忌《き》ノ心ヲ養成シ、ヤヤモスレハ管《(官)》庁ノ措置ヲ疑フノ気風」(「県政引継演説書」)があった県民感情をやわらげ、官民協調の道を開き、行財政を軌道にのせた。風紀を乱すとして長らく禁止されていた盆踊りを復活させたのもこの時期であった。

県庁の開庁に続いて、県会議員が選出された。当選議員三六人のうち最年長は五六歳の松本貫四郎、最年少は二七歳の鎌田勝太郎で、平均年齢は三六歳であった。政党色は改進党系一八、自由党系一三で、いわゆる民党議員が定数の八割を超えた。

県会では、県民負担を軽減するため予算案にきびしい査定を行い、不用不急のものは削減がはかられた。しかし、初代林知事と二代柴原和《やわら》知事のころは概して県と議会の関係は良好であった。柴原和は播州(兵庫県)生まれ、大久保利通《としみち》の知遇を得て新政府に出仕し、千葉県令・山形県知事などを歴任するが、「開明的知事」の一人に数えられていた。香川県政でも養蚕業を奨励したり、県道・里道《りどう》(町村道)の改修、コレラ病予防の督励、北海道開拓移住の勧誘などに取りくみ、「良二千石《せき》」(名知事)と称えられたが、林知事同様、在任一年余の短期間で転任し、香川県を去っていった。

三代知事谷森真男《たにもりまさお》(東京出身)、四代知事小畑美稲《こはたうまいね》(高知県出身)のころ、県民感情は一転してとげとげしくなった。谷森知事に対する不評は、二十五年二月の衆議院議員総選挙におけるはげしい選挙干渉からである。また御真影不敬事件で失態のあった大内寒川三木郡長の池袋啓造(鹿児島県出身)をかばって、三野豊田郡長に転任させようとしたが、露骨な藩閥人事に憤った三野豊田郡民の反対運動で、池袋は新任地へはいることもできず(『香川新報』)、ついに職務を免ぜられた。

四代小畑知事も着任以来、地価修正問題、商品取引所認可問題などで県民感情を逆なでしていた。この小畑知事に対し、二十八年八月十日の臨時県会は全会一致で不信任案を可決した。不信任の理由はつぎの六項目である。一、師範学校問題。二、備荒貯蓄に関すること。三、監獄費中囚人給与金に関すること。四、昨年末の通常県会に出席せず、かつ議会に対して不親切なること。五、伝染病予防に関し臨時県会を開くに機を失したこと。六、徴兵召集に関し数度の過誤をなし、地方税を浪費したこと。

ことの発端は県師範学校生徒がおこした同盟休校問題にはじまる。校長三橋得三《みつはしとくぞう》が、反校長派の教員を退職させたため、生徒たちは授業を放棄して校外の寺院に籠城した。一週間たって県会常置委員が説得に赴いたため、ようやく生徒も帰校した。ところが三橋校長が同盟休校の首謀者を停学処分にしたことから、またもや再燃の兆しがあらわれた。面目をつぶされた県会議員が反発し、知事が三橋校長を更迭《こうてつ》しても、校長監督者たる知事の責任を問い、攻撃の鉾をおさめなかったのである。

不信任を議決された小畑知事は、内務大臣に申請して県会の解散を命じた。しかし改選の結果も、議員

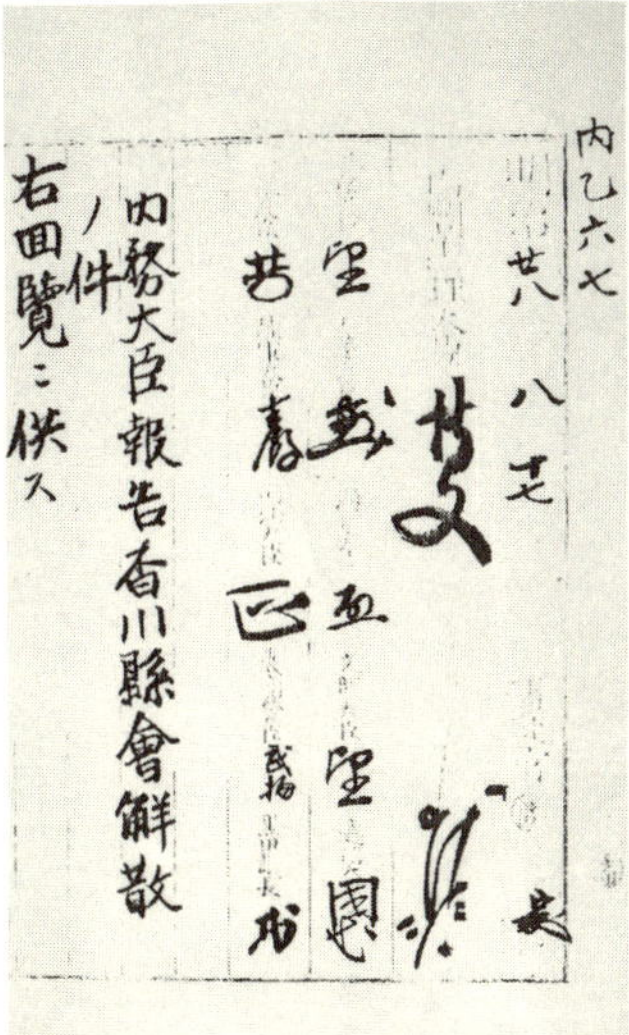
内乙六七
内務大臣報告香川縣會解散ノ件
右回覧ニ供ス

知事不信任決議に対抗する県会解散命令(明治28年8月16日)の閣内報告

の顔ぶれは改選前とほとんどかわらず、結局小畑知事が依願免官となり、十一月八日、香川県を去っていった（「公文雑纂」）。

知事が県政に意を注ぐようになったのは明治三十年代である。このころは「日清戦後経営」期で、軍事力増強（多度《たど》郡善通寺村〈善通寺市〉に第十一師団が設置された）とともに、勧業政策も推進された。第六代徳久恒範《とくひさつねのり》、第八代吉原三郎《よしわらさぶろう》知事は「勧業知事」とよばれ、蚕業、農事巡回講習、害虫駆除、農会設立、各種共進会、水産業などの奨励に補助金を計上したり、実業教育を推進した。県立工芸学校、郡立粟島《あわしま》航海学校、町立琴平工業徒弟《とてい》学校、村立塩飽《しわく》工業補習学校などが設立されたのもこの時期である。知事が「最も華麗《あで》やかにして最も成蹟の挙げ易きものは勧業と教育」（『香川新報』）だといわれ、この傾向は日露戦争後の地方改良運動の時期、第十一代小野田元凞《おのだもとひろ》、第十二代鹿子木小五郎《かのこぎこごろう》知事にもうけつがれていく。

高松市と丸亀市●

明治二十一（一八八八）年四月に公布された市制・町村制が、県下で施行されたのは同二十三年二月十五日である。

市制・町村制は近代日本の地方行政制度を確立した法律で、市や町村は内務大臣―知事―郡長の強い監督下におかれた末端行政機構として行政事務を分任するが、一面では自治的性格もあたえられ、それぞれ予算をたて事業を執行する法人資格が認められた。それぞれが「独立自治ニ耐《た》」えられる市町村であるためには、町村合併によって相応の財力をそなえることが、市制・町村制施行の前提とされた。

愛媛県時代の二十一年七月、高松と松山には市制を、そのほかの町村には町村制を実施できるよう準備の命令が知事から各郡長にだされた。郡長は町村合併の案を作成して、各町村に諮問した。しかしこのころ讃岐国では、分県独立運動に熱心で、町村制施行の準備どころではなく、他府県のような二十二年四月施行はまにあわなかった。

香川県が設置され、林知事のもとで二十二年四月、市町村制取調《とりしらべ》委員が任命されると、ふたたび町村合併の指導が活発になった。たとえば高松市街と接続七カ町村（西浜村・宮脇村・上ノ村・中ノ村・藤塚町・福岡下村《しもむら》・東浜村）の合併案諮問に対して、九月から十月にかけてしばしば会合が開かれている。しかし接続町村は合併に同意せず、わずかに東浜村の字十番長屋《あざじゅうばんながや》（のちの八坂町《やさかまち》）と瓦焼《かわらやき》（南瓦町）、中ノ村の字樋ノ上《といのうえ》（東田町《ひがしたまち》）が高松市への編入を希望したにすぎない。ほかの郡部でも、商工業地域と農村地域では事情が異なるからとか、村の沿革が異なるとか、わが村は今少し戸数割をふやせば財政上も一村独立が可能だからとか、住民感情が異なるからとか、町村合併に消極的な村々が多かった（『香川県史5　近代Ⅰ』）。しかし、相応の財政力をそなえるために、ほぼ十八年の連合戸長役場区域を基準とした町村合併に落ち着かざるをえなかった。旧村は新町村の大字《おおあざ》となる。

このようにして、香川県は二十三年二月十五日、高松に市制を、丸亀・坂出・多度津・琴平・観音寺《かんおんじ》に町制を、そのほか一七六の新しい村に村制がしかれた。

高松市は全国で四〇番目に誕生、人口は三万三八六三人、戸数は六三五六戸であった。市役所は古馬場《ふるばば》町《ちょう》の福善寺《ふくぜんじ》を仮庁舎とし、市長候補には赤松渡《わたる》・吉本信次《しんじ》・鈴木伝五郎の三人が推薦され、内務大臣から赤松が初代市長に選任された。

那珂《なか》郡丸亀町の初代町長には大塚一格《いっかく》が選任された。その後丸亀は明治三十一年になって、時の町長吉岡六蔵から徳久香川県知事に「市制施行ノ儀建議」書（『新編丸亀市史4　史料編』）が提出されたのをきっかけとして、三十二年四月一日に市制が施行された。全国で五三番目の市である。人口は二万三六三四人、戸数は六九一六戸。初代市長には、豊田元良《もとよし》・中島尚岬《ひささき》・百々《どど》正雄の三人の候補から、豊田が選任された。市役所は当初、通町《とおりちょう》の旧町役場におかれたが、のち浜町《はままち》に移転する。

一方、県下の一二郡は曲折を経て、三十二年四月一日、大内・寒川郡が大川郡に、三木・山田郡が木田郡に、阿野・鵜足郡が綾歌郡に、那珂・多度郡が仲多度郡に、三野・豊田郡が三豊郡に統合され、同年七月一日、従来の小豆《しょうず》郡、香川郡とともに県下七郡に郡制が施行された。香川県は府県制・郡制最後の施行県である。なおこの郡制は町村財政を圧迫するため、大正十二（一九二三）年に廃止される。

四国新道と讃岐鉄道●

四国新道の開削を提唱したのは大久保諶之丞《じんのじょう》である。八年の歳月をついやして完成した四国新道は、丸亀と多度津から金蔵寺《こんぞうじ》・琴平・阿波池田を経て高知、須崎《すざき》に達し、佐川《さがわ》・松山・三津浜《みつはま》に至る全長約二八〇キロの四国横断幹線道路である。計画書では「道幅三間以上、並木敷《なみきじき》両側一間宛《あて》」（新道開鑿「申合書」）と当時としては大きなスケールであった。明治二十三（一八九〇）年に多度津・琴平間が竣工したとき、道は直線道路で両側に桜二〇〇〇本が植えられた。

大久保諶之丞は山村の三野郡財田上ノ村《さいたかみ》（三豊市財田町）の生まれで、羊腸《ようちょう》のごとくまがり、物資を運び交易するには「わずかに人馬の肩背《かたせ》によるほか」（国道開鑿主意書）ない阿讃にまたがる山道の不便さを早くから知っていた。地域経済の発展はこの不便を克服するほかないというのが持論であった。

彼の提唱は四国三県の知事を動かし、内務大臣に申請して費用の三分の一の補助金を得ることになり、十九年四月、琴平において起工式が行われた。大歩危《おおぼけ》の難所や岩盤掘削の難問などをかかえ、工事は中断することもあったが、二十七年四月に完成する。

このころ並行するようにして、丸亀・多度津・琴平間に讃岐鉄道が敷設された。こんぴら（金毘羅）参詣客をあてこんだもので、現在とは逆に琴平行きが上り列車であった。二十年五月、景山甚右衛門《かげやまじんえもん》（多度津の豪商）ら一八人が出願し、二十一年四月琴平で起工式、二十二年五月に開通した。開通式の祝辞で、大久保諶之丞は讃岐鉄道が将来四国一周の鉄道網に発展すること、また「塩飽《しわく》ノ諸島ヲ橋台トナシ、山陽鉄道ニ架橋連絡セシメバ、常ニ風波ノ憂《うれ》ヒナク」（大久保諶之丞「祝辞」）と、一〇〇年後に実現した瀬戸大橋架橋の夢を語って、人びとをあっけにとらせた。

鉄道の出現は人力車営業の死活にかかわると、人力車夫たちが景山家に押しかける騒ぎなどもあったが、開通してみると、案に相違して騒ぎも静まり、物めずらしさに見物人も多くやってきた。

明治三十年、讃岐鉄道は丸亀・高松間を延長させたが、三十七年には山陽鉄道に買収され、さらに三十

望遠鏡をもつ大久保諶之丞の像（仲多度郡琴平町，琴平公園）

九年十二月には国有鉄道となる。対岸で岡山・宇野間の鉄道が開通した四十三年、高松と宇野を結ぶ宇高《うこう》《うたか》連絡船が就航し、高松は名実ともに四国の玄関となっていく。その後鉄道は、大正年間（一九一二〜二六）、多度津から観音寺・川之江《かわのえ》へと西にのび、琴平から讃岐財田《さいた》へと南に、高松から志《し》度《ど》・津田へと東にのび、昭和九（一九三四）年にはほぼ現在の姿となる（『四国鉄道75年史』）。

一方、馭者《ぎょしゃ》が「ポピー・ポピー」とラッパを鳴らしながら田舎道《いなかみち》を走っていた乗合馬車は、明治三十一年三月、讃岐馬車合資会社が高松出晴《ではれ》・長《なが》尾《お》間に開業したのが初めと思われる。三十年代にはこのほか丸亀・琴平間、大川郡町田《まちだ》・相生《あいおい》間、三豊郡和田村・本山《もとやま》間など一四路線が認可をうけ、四十年代には仏生山《ぶっしょうざん》・奥鹿《おくしか》間、仏生山・清水《しみず》間など阿讃国境まで結ばれるようになった（『香川県史』明治四十三年刊）。しかし、大正三（一九一四）年、長尾・津田間の運行にはじまる乗合自動

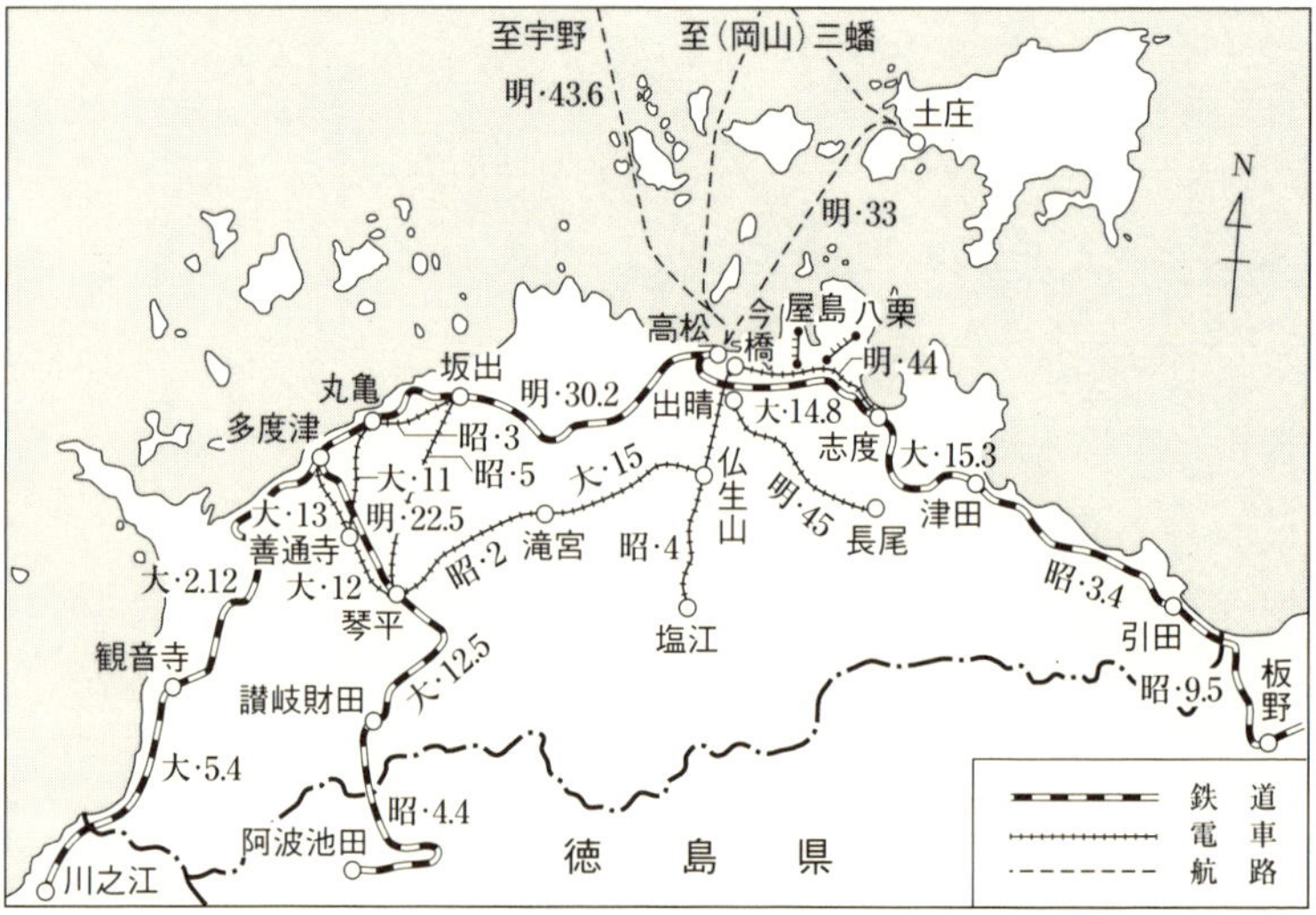

鉄道と電車の開通略図

車が広まってくると、しだいに馬車は消えていく。

電車が姿をみせたのは明治四十四年十一月で、東讃電気軌道会社が高松今橋《いまばし》・志度間（運賃一九銭）を開通させた。翌年、高松電気軌道が高松出晴・長尾間を、また四国水力電気会社が築港・高松駅・栗林公園前間の市内電車（チンチン電車）を開通。大正十二年、琴平参宮電鉄が丸亀・琴平間を、昭和二年には琴平電鉄（のちの高松琴平電気鉄道）が高松・琴平間を全線開通させた。同四年の塩江《しおのえ》温泉鉄道はガソリンカー、同五年の琴平急行電鉄は広軌のレールであった。

本県の近代工業は、二十二年、土庄《とのしょう》村に小豆島紡績が創設されたのが初めである。日清戦争前後はわが国の第一次産業革命期で、県下でも蒸気機関や石油発動機を取りいれた「企業熱勃興」（『香川新報』の時期で、三十年開業の讃岐紡績（坂出町〈坂出市〉）はイギリス製八〇〇〇錘《すい》の製紡機をそなえて稼動した。このころ、ほかにも高松織物会社・西讃織物会社・南海製糸会社・西讃製糸会社・高松煉瓦《れんが》会社・讃岐煉瓦会社・屋島海運会社・高松電燈会社・西讃電燈会社などが設立されている。

高松電燈《でんとう》会社は、高松藩家老だった牛窪求馬《うしくぼもとめ》によって明治二十八年に設立された。高松市内町《うちまち》に出力一〇〇キロワットの火力発電所を設置、当初は市内に六五九灯を取りつけたが、明治末には二五〇〇灯にふえている。

二十九年、金蔵寺でも西讃電燈会社が発起（三十一年設立。三十三年、讃岐電気会社と改称）されているが、三十六年に至ってようやく多度津・丸亀へ送電を開始した。翌三十七年、第十一師団からの要請で善通寺町に一〇〇〇灯が新設された。当初は出力六〇キロワットの火力発電であったが、やがて水力発電の導入を計画、四十三年、四国水力電気会社に改組、吉野川支流の祖谷《いや》川に三縄《みなわ》発電所（出力二〇〇〇キロワット。大正元年完成）を建設し、西讃のみならず高松へも電力供給をはじめた。大正元年、福沢桃介《ももすけ》を社長に迎えたが、同六年景山甚右衛門がふたたび社長になると、岡田電燈・大川電燈・東讃電気軌道・高松電気軌道・琴平電鉄・高松電燈などをつぎつぎに合併し、「四水《しすい》王国」をきずきあげていく。

戦後経営と地方改良運動●

連隊長友安治延《ともやすはるのぶ》が率いる丸亀の歩兵第十二連隊も参戦した日清戦争は、明治二十八（一八九五）年四月におわる。戦後の富国強兵政策を一般に日清「戦後経営」とよんでいる。

軍備拡張では、陸軍管区の改正で近衛《このえ》師団を含む七個師団が一三個師団となり、二十九年、善通寺村に第十一師団（師団司令部は三十一年十二月開庁）が設置されて、四国を管区とした。初代師団長は乃木希典《のぎまれすけ》で、のちに日露戦争で東鶏冠山《ひがしけいかんざん》（旅順をまもる堡塁《ほるい》）の総攻撃に指揮をとることになる。

戦後経営には多額の財力を必要とし、増税があいついだ。三十年度からは従来地方税として徴収していた営業税を国税に移し、地方税としては国税五分の一の付加税とした。これによって課税額が約二倍になることで驚いた高松市民が不服運動を展開している。また懸案の地租増徴法も三十二年に成立するが、香川県会は満場一致で「吾人《ごじん》は地租増徴に反対す」と決議し（『香川新報』）、国に対し請願活動を行っている。

政府部内でも増税一本槍でなく、国民に租税をになう能力を培う必要性が認識され、三十年代には勧業政策が活発に推進される。

県下ではすでに二十年代から、団扇《うちわ》・醤油・食塩・素麺《そうめん》・保多織《ぼたおり》・傘《かさ》・竹細工など在来産業の品評会や共進会が郡単位や村単位で頻繁にもよおされていたが、三十五年には五〇日間にわたって高松で第八回関西府県連合共進会を開催、三十八年には栗林公園内の県博物館（翌三十九年に県物産陳列所と改称。現商工奨励館）で、第一回香川県重要物産共進会を開催している。出品種類も在来型特産品に加えて、麦稈真田《ばっかんさなだ》（麦わらで真田紐のように編む。麦わら帽子の材料）や花筵《はなむしろ》、畳表《たたみおもて》・金属器・紙製品・漆器・繭《まゆ》など、多彩になってきた。

農業指導では、明治三十一年、各郡ごとに農事巡回講習所が、三十二年栗林村に県農事試験場が、また大川・綾歌・仲多度・三豊郡に郡農事試験場が設置されて、技術改良にあたった。三十一年、県が町村農会規則を制定すると、村々に農会の設立があいついだ。三十四年には県農会と各郡農会も設立され、いわゆる系統農会による指導体制がととのった。これは明治前期の農業指導が老農《ろうのう》（奈良専二《ならせんじ》ら農事熟練者）や手作り地主などによる個別指導が色濃かったのに対し、地主層がしだいに居住村や手作り経営から離れ寄生地主化したため、これにかわる組織としての指導が要請されたからである。

系統農会の事業には樹木の苗の配布・耕地整理の推進・籾《もみ》種《だね》の交換配布・小作米の品評会・苗代田《なわしろだ》の品評会・養蚕《ようさん》・畜産の奨励などがある。しかし高額小作料をおさめるため経営意欲をそがれている多くの小作人にも徹底した農事改良を普

麦稈真田編みの作業

及させるためには、権力に依存する強制が必要であった。強制は警察官を伴って巡回指導するので、これをサーベル農政とよんだ。とくに害虫駆除のため、地域全体で協調する必要のあった短冊苗代《たんざくなわしろ》や正条植《せいじょううえ》などはしたがわぬものを科料に処した。これにより三十六年には一三％しか行われていなかった正条植が、四十年に九五％、四十一年に一〇〇％となった。

日露戦争が勃発（三十七年二月）すると生産の増強は急務とされ、県は前に農商務省の頒布した「時局に対する農業上の注意事項」一四項目（米麦種子の塩水撰《えんすいせん》、短冊苗代、正条植、桑園《そうえん》、堆肥《たいひ》、耕地整理など）を「務めて実践」するよう告諭をだしている（山下正義『香川県農事改良に於ける民間活動の系譜』）。

日露戦争は多くの死傷者をだしただけでなく、日清戦争の八倍に及ぶ戦費を使いながら賠償金が得られなかったので、その負担は国民に重くのしかかった。租税の徴収は国税優先のため、町村税が圧迫され、村の財政は危機に瀕《ひん》した。村の産業を振興し、村の財政危機を立て直し、利己的になりがちな住民の風紀や生活を善導して、国家的協同意識を高揚させる官主導の運動を地方改良運動とよんでいる。

四十一年秋、官民協力して勤労に励み、浪費を戒め、「自彊息《じきょうや》マザルベシ」という「戊申《ぼしん》詔書」が渙発され、各地で二宮尊徳《そんとく》の報徳《ほうとく》思想に学ぼうという報徳会が結成され、機関誌『斯民《しみん》』が発行された。

県では産業振興の指針として「香川県勧業七年計画」を立案して、四十三年度から実行に移した。米の生産に関しては、これに先んじて粗悪米を防ぐため四十一年から米穀検査を行ったため、阪神市場でしだいに讃岐米の評価を高めていった。

地方改良運動を推進するため、村では基本方針となる「村是《そんぜ》」を定めて改革に取りくんだ。また村長や小学校長が指導して、若者組を青年会に再編成し、在郷軍人会とともに、生産・学習・互助・矯風などの推進団体に育てていった。

宮武外骨と香川不抱●

明治二十二（一八八九）年三月の『頓智《とんち》協会雑誌』二八号に、帝国憲法発布の式典をパロディにした戯画が掲載された。玉座の骸骨が、帝国憲法ならぬ「頓智研法《とんちけんぽう》」を下賜する戯画と、「第一条　大頓智協会ハ讃岐平民ノ外骨《がいこつ》之ヲ統轄ス」にはじまる「大日本頓智研法」を掲載した。これが天皇と帝国憲法を愚弄《ぐろう》したとして当局の忌諱《きい》にふれ、不敬罪で発行人の宮武外骨《がいこつ》は重禁錮三年と罰金一〇〇円の刑を宣告された。

宮武外骨は、慶応三（一八六七）年、阿野郡羽床《はゆか》村（綾歌郡綾川町）の庄屋宮武吉太郎の四男として生まれた。幼名は亀四郎《かめしろう》だが、『康熙《こうき》字典』を調べ「亀ハ外骨《そとほね》ニシテ」から外骨《がいこつ》と改名した。一五歳にして上京、郷里高松で発行の『南海日報』や『屋山旭影《おくざんきょくえい》』にしばしば投稿し、将来の文筆活動を志している。諷刺や諧謔《かいぎゃく》を得意とし、士族だと威張る人間に反発し、「讃岐平民宮武外骨」を自称、悪徳官吏や政治家、不節操な文筆家を茶化し、揶揄《やゆ》した。

「平民主義」をとなえた徳富蘇峰《そほう》が日露戦争を境に節をまげて政府寄りになったあとは、蘇峰に会うのを生涯拒み続けた。反面、社会主義者には随分肩入れもし、また普選運動では率先して活動したりした。

二〇歳で発行した『屁茶無苦《へちゃむく》新聞』が風俗壊乱のため発売禁止になって以来、生涯の間筆禍による入獄四回、罰金刑一五回、発禁一四回の処分をうけた。ことに明治三十四年から四十一年まで大阪で発行した『滑稽《こっけい》新聞』は警視の賄賂《わいろ》問題を取りあげて諧謔揶揄《かいぎゃくやゆ》したため、官吏侮辱罪の筆禍が繰りかえしおきた。

東京帝国大学法学部の中田薫《かおる》・吉野作造《さくぞう》・尾佐竹猛《たけし》博士らの知遇を得て、大正十三（一九二四）年、「明治文化研究会」を結成、昭和二（一九二七）年、六一歳の年、東大法学部に付設された「明治新聞雑誌文庫」の事務主任に迎えられ、昭和二十四年に八三歳で退職するまで、その仕事に情熱を注いだ。昭和三十年、八九歳で没した（吉野孝雄『宮武外骨』）。

香川県出身で、文藝春秋社をおこし、文壇の大御所として一世を風《ふう》靡《び》したのは菊池寛《ひろし（かん）》（一八八九～一九四八）である。大正七年、『中央公論』に「無名作家の日記」を、つづいて「忠直卿行状記《ただなおきょうぎょうじょうき》」を発表して、文壇の地位を確立した。彼は畏友芥川龍之介《あくたがわりゅうのすけ》と異なり、純文学の規矩《きく》にとらわれず、新聞・婦人雑誌を問わず、長編小説や戯曲などもつぎつぎに発表した。

このほか作家としては、明治三十七年、日露戦争出征中に『大阪毎日新聞』の第一回懸賞小説に『琵琶歌』が当選して、一躍有名になった大倉桃郎《おおくらとうろう》（一八七九～一九四四）、昭和十三年に第一回透谷《とうこく》記念文学賞を受賞した『愛恋無限《あいれんむげん》』や『天の夕顔』をあらわした中河与一《なかがわよいち》（一八九七～一九九四）、昭和十六年『曲馬団《きょくばだん》の娘』をあらわし、「少女の家」創設に尽力した竹田敏彦《としひこ》（一八九一～一九六一）、大正十年シベリア出兵中に書きとどめた『軍隊日記』や、軍隊生活の体験からうまれた『渦巻《うずま》ける烏《からす》の群』などの反戦文学、『銅貨二銭』や『豚群《とんぐん》』などのプロレタリア文学を発表した黒島傳治《くろしまでんじ》（一八九八～一九四三）、昭和

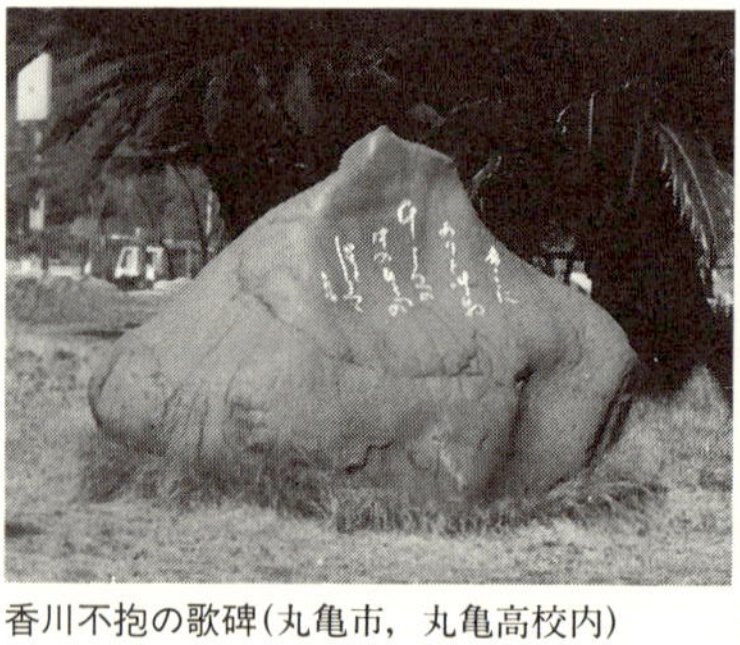
香川不抱の歌碑（丸亀市，丸亀高校内）

黒島傳治の文学碑（小豆郡小豆島町）

十三年処女作『大根の葉』、十六年に『暦』で第四回新潮文芸賞を受賞し、戦後は『二十四の瞳』であまねく知られた壺井栄（一八九九〜一九六七）らがいる。

歌人には香川不抱《ふほう》（一八八九〜一九一七）、間島琴山《ましまきんざん》（一八八八〜管見未詳）、神原彩翅《かんばらさいし》（一八八四〜一九五四）、荒木暢夫《のぶお》（一八九三〜一九六六）、中河幹子《なかがわみきこ》（一八九五〜一九八〇）、久保井信夫（一九〇六〜七五）など、詩人には壺井繁治《しげじ》（一八九七〜一九七五）、阿野赤鳥《あのせきちょう》（一八九七〜一九七二）らがいた。

香川不抱は石川啄木《たくぼく》に比肩される生活派の歌人である。明治二十一年鵜足郡川西村（丸亀市）に生まれた。丸亀中学のころから『明星』や『スバル』に投稿している。与謝野鉄幹は不抱の自嘲的な風狂調の短歌を「自家の窮境を歌ひてユーモラスな新体を開くことは、石川啄木に先行せり」と評した（桂孝二『彩翅・琴山・不抱』）。

泣き顔の苦き不抱が口笛を
　吹く時ばかり悲しきは無し

丸亀高校の校庭にたてられた歌碑の句はつぎのものである。

吾ここにありと叫びぬ千萬《ちよろづ》の
　中の一つの星と知りつつ

8章

「四国の玄関」をめざして

平和の群像(「二十四の瞳」記念像，小豆郡土庄町)

1　民衆運動の高揚

大正デモクラシーと香川の農民運動●

大正二（一九一三）年、桂《かつら》太郎藩閥内閣を総辞職に追い込んだ「閥族《ばつぞく》打破・憲政擁護《ようご》」の護憲運動は、地方にも波及していた。香川県では同年一月十三日、第一回の憲政擁護県民大会が高松で、翌十四日には丸亀でも憲政擁護市民大会が開かれ、県選出国会議員の林毅陸《きろく》（政友会）や小西和《かなう》（立憲国民党）が演壇にたって熱弁をふるっている（『香川新報』）。ちなみに林は尾崎行雄《おざきゆきお》と、小西は犬養毅《いぬかいつよし》とのちのちまで行動をともにすることになる。

この県民大会を契機に、新聞記者や雑誌記者らが香川県同志記者会を、また少壮弁護士や医者、実業家らが香川県立憲青年会を結成し、護憲運動のみならず、大正三年には東京商業会議所（会頭は県出身の中野武営《たけなか》）と連携して、営業税などの減廃税運動も活発に行っている（『香川県史6　近代II』）。

このころ県会は、明治三十四（一九〇一）年四月、政友会香川支部の発足以来、県会議員がこぞって政友会支部に加入する「一県一党の奇現象」を呈していたが、大正四年の県会議員選挙にさいし、護憲運動で活躍した小西和が指導して県政刷新会という非政友会の団体を組織した結果、政友会一九人に対し、非政友会一〇人、中立二人の当選者をだした。国会レベルで政友会と憲政会の二大政党に移りつつあった時期で、香川県会地図も二大政党色になるかと思えたが、参事会員の選出をめぐって非政友会連合が分裂し、結局、非政友会はわずか四人に、のちには一人に減ってしまい、なおしばらく政友会王国が続いた。

しかし大正デモクラシーの波は、普選運動や農民運動にうけつがれていく。

県内の普選運動は高松雄弁会の活動からはじまる。高松雄弁会は、大正三年、当時高松中学校の生徒であった前川正一《しょういち》や松野庫太《くらた》らが計画した校内弁論大会を、内容が政治にわたるとの理由で中止させられたため、雄弁会を組織して、校外で演説会を開いたのがはじまりである。雄弁会ははじめ政友会色をもち、代議士の三土忠造《みつちちゅうぞう》（のち大蔵大臣などを歴任）を弁士に迎えたこともあるが、政友会が普選に消極的だったため、憲政会の中村皎久《こうきゅう》（高松市会議員、弁護士）らと提携して、しばしば普選促進演説会を開催している。

高松雄弁会はやがて大正十年、大川郡津田町で小作人が麦年貢の全廃を要求し、年貢不納の小作争議をおこすと、その応援演説会を開いて、小作農民を支援した。以来、普選運動とともに農民運動の指導にも力をそそいでいく。

元来、耕地面積が少ないうえに、巨大地主や中小地主の多い香川県は、全国でも小作地率がもっとも高く、地主王国とよばれていた。

大正十一年四月、神戸で杉山元治郎《げんじろう》や賀川豊彦《かがわとよひこ》らによって日本農民組合（日農）が結成されたとき、香川からも前川正一が創立大会に参加した。同年秋、大川郡の長尾支部、綾歌郡の坂本支部をはじめとして、翌十二年にはぞくぞくと日農の支部が結成された。同年六月、日農香川県連合会が設立されるが、傘下の支部組合は四九、組合員は二二五一人であった。その後、小豆《しょうず》郡をのぞく各郡連合会も設立され、組織最大時、香川県連傘下の支部組合は一二七、組合員一万二二六三人となり、全国最大の組合員を擁する府県支部に発展した。県内平均すると、小作人およそ四人に一人の割で組合に加入していたことになる。

小作争議も大正十年の一三件から、翌年は六〇件、十三年には八〇件と急増し、大阪・兵庫につぐ多発県となった。このころ、全国の耳目《じもく》を集めた香川の三大小作争議、伏石《ふせいし》（大正十三年）・金蔵寺《こんぞうじ》（大正十四年）・土器《どき》（昭和二年）の各事件がおきている。これらは本来、民事事件として処理されるべき小作争議が、刑事事件として摘発されたものである。

　ところで、香川の農民運動を際立たせたのは、たんに小作争議の激烈さによってではなく、普選を促進し、農民代表を議会に送ろうという政治運動に熱心だったことである。日農の提唱で無産政党組織準備委員会が設置されると、委員長となったのは香川県連の前川正一であった。無産政党、労働農民党（労農党）の支部はむろん香川でも早々に結成された。県支部は日農支部をはじめ水平社支部、労働組合など幅広い勤労者の勢力が同盟し、結成されたものである。

　このころ農民代表が定員の過半数を占めた町村会は志《し》度《ど》町など一三町村あり、なかでも長炭《ながすみ》村（仲多度郡まん

伏石事件記念碑(高松市伏石町)

刑事事件にされた三大小作争議

　小作争議はつぎのように展開する。まず小作側は結束して年貢米《ねんぐ》を地主に納めず、共同保管して争う。これに対し地主側は不納年貢の抵当に立稲毛《たちいなげ》を差し押さえ、それを競売に付す。小作人が安く落札できればよいが、地主側に落札されると、農業経営にも生活にも差しつかえることになる。

　伏石争議では競売で四人分の立稲毛が地主側に落札された。麦まきの時期がせまっていた小作側は、地主側に即刻刈り取るように要求したがいれられなかった。そこで日農幹部の大林熊太が顧問弁護士の若林三郎と相談の結果、民法に規定された「事務管理」を適用して、小作側が共同で稲を刈り取り、その費用が支払われるまで「留置権」を行使して、刈り稲の保管をすることができると考え、これを実行した。ところがこれは窃盗罪にあたるとして、検挙・起訴されたのである。裁判の結果、若林三郎ら四人は窃盗教唆《きょうさ》の罪で、そのほかの被告は窃盗罪で有罪を宣告された。

　金蔵寺争議は、立稲毛を安く落札するため、小作側は農民を多数動員して、その威力で地主側を閉めだそうとはかったが、思うように運ばなかった。地主代理が高値をつけるのにいきどおった農民たちが地主代理を袋だたきにし、警戒にあたった警官ともみあったため、三六人の農民が騒擾《そうじょう》罪で起訴・懲役に処せられた。

　土器争議では立ち入り禁止にされた土地の共同刈り入れをしようとしたが、まだ未熟だったので中止して、地主宅へ示威《じい》運動を行った。そのさい、投石や放火があったとして検挙、騒擾罪で起訴・懲役に処せられた。このようにしていずれも刑事事件にされたのである。

のう町）では村長も助役も農民代表から選ばれた。やがて昭和二（一九二七）年、普選による最初の県会議員選挙では労農党から四人を当選させ、全国の注目を集めている。

四国の玄関高松と全国産業博覧会●

高松が四国の玄関としての地位をきずきはじめたのは明治三十（一八九七）年ころからである。この年に讃岐鉄道が丸亀から高松まで路線を延長し、また高松港の第一期拡張工事がはじまっている。

高松港は、明治初期、田中庄八によって波止《はと》（防波堤）がきずかれ、同八年に高松・大阪間の定期航路が開かれ、十七年に大阪商船会社が設立されて瀬戸内海航路が開業した。しかし、港の設備は悪く、水深も浅かったため、沖合に船を停泊させ、艀《はしけ》を使って田中波止付近で客や荷物の揚げおろしをしていた。船も初めて寄港した大勢丸《たいせいまる》は八一トンの小型蒸気船で、明治二十年ころも一五〇トン級の小型船だった。

高松港拡張の第一期工事は明治三十年に起工し、三十三年に竣工した。堀川港を内港とし、外側に西突《とっ》堤《てい》（五五五メートル）と、北浜町から沖に弓形の東突堤をきずいて波浪を防ぎ、数百トンの汽船を繫留《けいりゅう》できるようにした。しかし日清戦争後は木造船から大型の鉄鋼船にかわってきたので、高松港も引き続き翌三十四年から三十七年にかけ第二期拡張工事が行われた。この工事で船留《ふなどめ》突堤一六〇メートル、桟橋一五三メートル、東防波堤継足《つぎたし》一一八メートルや荷揚場の建設がなされ、また港湾の浚渫《しゅんせつ》なども行われた。

このころ高松と岡山を結ぶ航路としては、明治三十三年讃岐汽船が高松・小豆島《しょうど》・岡山間を、三十六年に山陽汽船が同じく岡山・小豆島・高松間に玉藻丸《たまもまる》二二四トンを就航させ、四十三年には当時の国鉄が宇野線を開通させたのに伴って、宇野・高松間を結ぶ宇高《うこう》連絡船（玉藻丸・児島丸《こじままる》）を就航させた。

船の大型化がさらに進み、港へ出入りする船数も急増してきたため、高松港の第三次拡張工事が大正十一（一九二二）年から六年の歳月をかけて行われることになった。これによって、一七〇〇トンの豪華船菫《すみれ》丸も就航できるようになり、名実ともに高松は四国の玄関として完成した。

陸路では、昭和二（一九二七）年には国鉄の高松・松山間、琴平《ことひら》電鉄の高松・琴平間が全線開通した。

高松市は高松港竣工を記念して、昭和三年三月二十日から五月十日まで全国産業博覧会を開催した。三府三六県のほか満州（中国東北部）・蒙古・台湾・朝鮮からの出品もあり、展示品は一五万四二九五点にのぼった。会期中には多くの無料アトラクションが行われ、曲芸・奇術・活動写真・仮装行列・獅子舞《ししまい》・花火大会・相撲《すもう》大会などを毎日のようにもよおして、会を盛りあげた。入場者は四八万七三九八人で、これは当時の高松市人口の六倍余にあたる。

産業博覧会は、これを契機に県内の観光業を振興し、折からの不況風を吹き飛ばそうとする企画でもあ

全国産業博覧会ポスター　（『高松全国産業博覧会協賛会誌』による）

った。高松市では昭和五年、野口雨情《うじょう》作詞・中山晋平《しんぺい》作曲の「高松小唄」を発表、翌六年には八人の委員に委託して観光発展策を諮問《しもん》した。七年に内定していた瀬戸内海の国立公園指定も九年正式に発表され、屋島・栗林《りつりん》公園をはじめ、東の琴林《きんりん》公園（さぬき市津田町）、西の琴平・琴弾《ことひき》公園（観音寺《かんおんじ》市）を巡遊する広域観光が宣伝された。

大正新教育●

大正デモクラシーの雰囲気のなかで、学校教育にも新しい潮流がおきた。従来の画一的に知識を注入する教育とは異なって、児童の自発的学習や個性を尊重する教育方法であり、これを大正新教育とよんだ。

大正新教育に大きな影響をあたえた先覚者に香川県出身の谷本富《たにもととめり》がいる。京都帝国大学教授のとき、たまたま乃木将軍の殉死を批判したことで世論の誹謗《ひぼう》をうけ、大学を去ることになった彼は、ヘルバルト教育学の紹介者として知られ、教育の目標は、国家心の発動よりも個人の知徳を発展させ、「活人物」をつくることであると説き、児童本位、個性伸張の個人主義教育をとなえた。

一方、香川県師範学校では大正二年、校長渡辺辰次郎《たつじろう》の懇望によって赴任した四人の若い教師（広島高師卒）が新風をまきおこしていた。国語・漢文の赤坂清七《あかさかせいしち》は新しい文学観をもち、文学者であるとともに芸術家的な教師でもあった。博物の田中常吉《つねきち》は博物のほか農業も担当し、なりふりかまわず、ズボンをめくり、肥《こえ》たごをかついで農場にいく率先垂範型の教師であった。のちに玉川学園を創立する小原國芳《くによし》は英語担当で、英語教育の頂点は英語による学校劇であると考え、学芸会でシェークスピア劇を演じさせた。彼はまた寮生活・課外活動・スポーツなどでも生徒のなかにはいり、文字通り「全人教育」に取り組んだ。このほか音楽担当の内藤俊二《しゅんじ》がいた。ベテラン教師にまじって、彼ら新任教師の活動は目ざましく、当時の教え子たちは「香川師範のルネサンス」となつかしがっている。大正時代にはその薫陶をうけた卒業生や師範の講習会に参加した現場教師たちが、やがて新教育に取り組んでいく。

たとえば木田郡川添村の水田《みずた》小学校（高松市東山崎町）の校長長尾七郎は子どもの情操を培《つちか》う文芸教育に力をいれ、鈴木三重吉《みえきち》の主催する雑誌『赤い鳥』に子どもたちの詩をしばしば投稿させた。水田校のほか氷上《ひかみ》校（木田郡三木町）・三渓《さんけい》校（高松市三谷町）・下高岡《しもたかおか》校（三木町）・坂出《さかいで》校（坂出市）・吉野校（仲多度郡まんのう町）・師範付属の各小学校などもよく投稿した（日本作文の会編『日本の子どもの詩』）。

師範を大正五年に卒業し、丸亀城乾《じょうけん》尋常小学校につとめた斎田喬《さいたたかし》は、子どもの創造性と自由表現をのばす目的で学校劇に取り組み、児童劇に一新生面を開いた。戦後に文部大臣賞をはじめ数々の賞を受賞している。

学芸会も各小学校で開かれるようになり、丸亀城北校のように、ステージの装置・照明・引幕《ひきまく》などに特別の工夫をこらし、演出効果を高めようとする例もみられた。

谷本富

山本鼎《かなえ》の提唱する自由画教育も、鉛筆・墨・水彩絵具よりもクレヨンが普及したため、子どもたちはのびのびと作品を描くようになった。

理科教育では実験や観察の重要性が説かれ、温室や飼育園をそなえた学校もあらわれた。丸亀城西校の飼育園には猿・ホロホロ鳥・モルモット・ウサギ・ヤギ・小鳥・鶏・アヒル・インコ・蜜蜂・亀などが飼われていた（『丸亀学校教育百年史』）。

大正新教育で「八大教育主張」とよばれたなかに、分団式動的教育論がある。分団式とはグループ班編成による学習である。県下では丸亀城乾校と大見《おおみ》校（三豊市三野町）が分団式動的教育で名をあげ、全国各地からしばしば視察者が訪れた。

しかし、大正末期ころから新教育に対する批判がおこり、道徳教育や公民教育・学校教練が声高《こわだか》に主張されるようになっていく。長野県松本女子師範付属小学校の川井訓導《くんどう》事件（国定教科書を使用しなかったため、休職処分にされた）は、大正新教育に冷や水をあびせる出来事であった。

2　昭和恐慌から太平洋戦争へ

琴平銀行の休業から農業恐慌へ●

大正十五（一九二六）年十二月二十五日に年号は昭和とかわる。その二日後、琴平銀行が取付け騒ぎのなかで臨時休業を行った。預金者は預金の回収ができなくなり、とくに大口預金者だった財田《さいた》信用購買販売組合や、豊原《とよはら》村信用購買販売組合など近隣一二の信用組合が被害をこうむり、金融不安が県内に広まった。

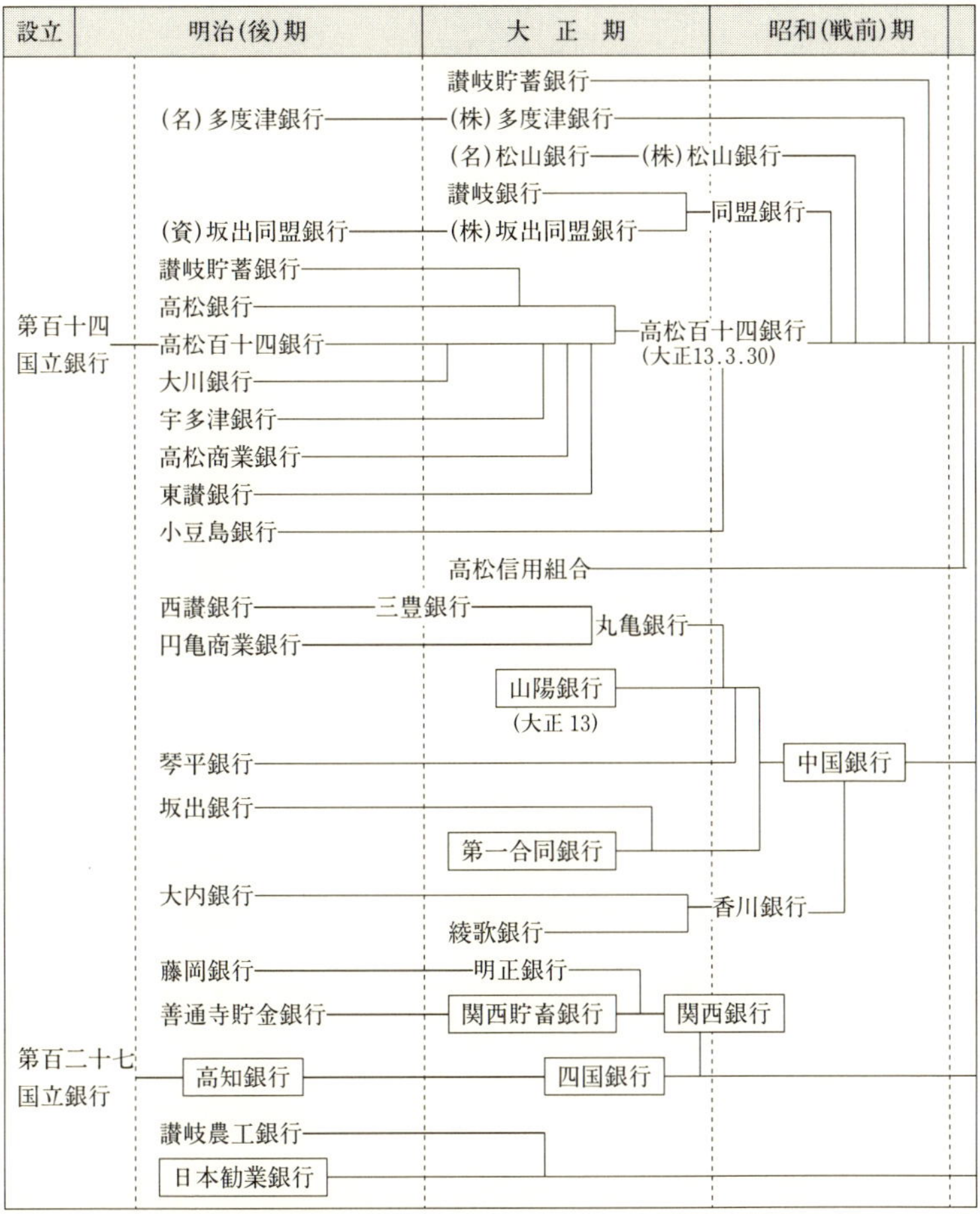

大正・昭和戦前期の銀行合併図　□は県外銀行。『百十四銀行八十年誌』による。

知事は昭和二年一月六日付で、高松百十四銀行に琴平銀行の財産状況調査を委嘱するが、琴平銀行は営業を再開できないまま、同年十月、山陽銀行に吸収されていった。

全国的にもこの年三月十五日、東京渡辺銀行の休業から波及して、中小銀行で休業があいついだ。四月十八日台湾銀行の休業で、金融恐慌は一挙に拡大、二十二日・二十三日、全国一斉に金融機関は臨時休業にふみきった。田中義一内閣は三週間のモラトリアム（支払猶予令）を発して、ようやく事件の処理をはかることができた。

金融恐慌を通じて中小銀行の合同整理が促進された。昭和初頭、県内に本店のある銀行は普通銀行が九行と貯蓄銀行が一行であったが、昭和二年に丸亀銀行と琴平銀行が吸収合併され、坂出同盟と讃岐銀行が合併して同盟銀行となり、同三年に小豆島銀行、九年に同盟銀行が高松百十四銀行に、六年に香川銀行が中国銀行に吸収合併され、十年までに六行が姿を消している。

企業の合併は銀行以外の部門でも進行する。

紡績部門では倉敷紡績が、大正七年に讃岐紡績を吸収して倉紡《くらぼう》坂出工場となり、同九年には高松工場を開設、また同十五年倉紡系の三豊《みとよ》紡績を創設し、ついで昭和四年に三豊紡績丸亀工場を設立している。一方、東洋紡は昭和八年に三本松《さんぼんまつ》工場と淵崎《ふちさき》工場を開設した。

電気事業では四国水力電気会社が、電灯料金値下げ競争の末、昭和五年に高松電燈を吸収合併し、四水《しすい》王国を現出した。しかし翌年、四国水力も高松実業聯合会が消灯作戦でのぞんだ電灯料三割値下げ運動には手を焼いている。結果は高松市長の仲裁で解決された。

大企業による独占化に対し、中小企業は経営に苦しんでいる。白鳥《しろとり》の手袋業は第一次世界大戦後の輸出

❖コラム

島木健作が描いた香川の農村風景

北海道生まれだが、昭和初期、日農香川県連の書記として三木町に滞在した島木健作（本名、朝倉菊雄）の小説から、香川の農村風景を抜粋してみた。

○瀬戸内海の入り口にあたる、美しい味のいい米で名高い農村地方（『蒲団《ふとん》』）

○土地といふ土地が隙間なく開け切って、箱庭のやうにちんまりとした、所によっては田圃《たんぼ》のなかに家があるといふよりは、家と家との間に田圃があるといった方が適切なこの地方の農村風景（『同前』）

○晴れた春の空の北の方を望むと、屋島と五剣山が向ひ合って霧のなかに浮かんでゐる。謡曲海士《あま》の志度寺もあのすぐ手前だと思ひ出される。春がたけなはになるにつれ、彼の小屋の前の道を行き来する遍路達の群が多くなった。（『同前』）

○（弘法）大師が掘って与へたといふ溜池が方々にあって、溜池一つにまつはる伝説も農民生活の現実に結びつけて考へる時は面白かった。（『同前』）

○てんぷらといふのは竹輪の類で、小エビの肉を摺《す》り込んで揚げたものだが、これを輪切りしてうどんかけの上にのせて食ふ（『同前』）

○（盆の日は）村のうどん屋が朝から非常に賑はった。女や子供が粉を一升二升と持って行って、うどんに打ってもらふのである。非常に混み合って、自分の番が来るまでには、一時間の余も立ちつづけなければならなかった。（『生活の探求』）

不振で、大工場一貫生産システムを放棄して、家内工業的下請態勢に逆もどりした。

昭和四年秋、世界恐慌はまたたく間に日本をも巻き込んだ。時あたかも浜口雄幸《おさち》内閣の金輸出解禁政策が裏目にでた。翌五年、アメリカ市場の後退で生糸の繭《まゆ》の価格が暴落、また豊作にもかかわらず、米価も暴落して、現金収入の激減した農村は恐慌に呻吟する。大正八年を一〇〇とする昭和六年の生産指数は、県内総合で六二、農業生産は三三にまで落ち込んだ（『香川県史6　近代Ⅱ』）。

この農業恐慌も八年には米価が上昇に転じたかにみえたが、翌九年は大干ばつに加えて、室戸《むろと》台風が襲い、大被害をこうむっている。

昭和七年、農村救済の請願運動をうけて、政府は同七～九年度の三カ年事業として、時局匡救《きょうきゅう》事業に取り組んだ。土木事業をおこし、農民の労働力雇用をはかる一種の失業救済事業である。事業費の四分の三が国費でまかなわれたため、県も市町村もこぞって出願した。このとき県のおもな改修道路にはつぎのものがある。

高松琴平線、高松観音寺線、高松塩江《しおのえ》線、高松相生《あいおい》線、小豆島循環線、屋島観光線。

昭和九年度で時局匡救事業が打ち切られると、これにかわって農山漁村経済更生運動が展開される。これは政府の補助金をあてにせず、地方住民が計画的に副業収入の途を拡大し、負債を整理するという自力更生の運動であった。

普選の実施と民衆運動の抑圧●

昭和三（一九二八）年二月、普選による初めての総選挙では、前年秋の県会議員選挙の成果で注目をあびた日農香川県連および労働農民党（労農党）香川支部は、〃輝ける委員長〃で知られた大山郁夫《いくお》を香川二区から立候補させた。一方、政友会では大蔵大臣として今をときめく三土忠造《みつちちゅうぞう》を立候補させ、選挙戦は全国の注目するところとなった。新しく赴任した警察部長は左翼に対し徹底的な選挙干渉でのぞんだ。結果は三土がトップ当選し、大山は落選した。

この選挙期間中、全国で地下の共産党が労農党の名で公然たる活動を行ったことから、官憲側は労農党および日農を弾圧する格好の口実をつかんだ。全国に吹き荒れた三・一五事件のはじまりである。県下では日農県連書記の宮井進一《しんいち》と朝倉菊雄《きくお》の検挙を手はじめに、日農県連のおもな指導者がつぎつぎに拘引され、脱退や支部の解散を強要されたため、三月から四月にかけて、一つの支部も一人の組合員も残らず、日農香川県連と労農党香川支部は壊滅した。六月には四人の労農党県議も強要されて辞職する。このあと、全国農民組合（全農）と自由法曹団が香川県当局へ抗議し、「香川奪還闘争」を行ったが、成果は実らなかった。

検挙された宮井進一は学生時代早稲田大学の軍事教練反対闘争で活躍し、やがて前川正一に請われて香川県連の書記となった。三・一五事件では治安維持法違反で懲役五年の刑に処せられた。朝倉菊雄は札幌生まれ、東北帝大在学中、仙台で労働組合の書

伏石事件の公判廷

記をしていたが、宮井進一の推薦で香川県連の書記となる。朝倉も懲役五年の刑であったが、肺結核のため獄中喀血《かっけつ》が続き、「転向」を声明したため、懲役三年に減刑され、昭和七年に釈放された。出獄後は島木健作のペンネームで『再建』や『生活の探求』など、香川の農村を舞台にした小説をつぎつぎに発表している(山本繁『大正デモクラシーと香川の農民運動』)。

『再建』に登場する世話好きで小作人大会の開催を計画する谷川清吉は、昭和二年の県会議員選挙で労農党から当選した平野市太郎をモデルにしたと考えられる。平野市太郎は、日農壊滅の翌年、林雪次《ゆきじ》らと香川郡一帯の農民七六〇戸を穀物検査改正期成同盟に結集させ、七年には会員一万五〇〇〇人を擁する香川県穀物検査程度緩和協議会に発展させ、十年の選挙では県会議員に返り咲き、溝淵松太郎・大林千太郎とともに「三太郎」とよばれ、農民問題を県政に反映させる闘いを続けた。

このころファシズムは進行し、思想の自由はいちじるしく狭められていた。

昭和五年に発行された雑誌『新興教育』は、新鮮な内容で購読者を広げていったが、新興教育研究所が日本プロレタリア文化連盟に加入すると、当局はさらに警戒を強めていった。そのようななか、香川県下でも八年二月、久留島義忠《くるしまよしただ》らによって新興教育同盟香川支部が結成され、ほかの文化団体とともに日本プロレタリア文化連盟(コップ)香川地方協議会を構成した。久留島は香川師範在学中、滝口春男らとサヌキ詩話会を結成し、機関紙『詩と創作』を発行したが、当局の圧力で自然消滅した。師範卒業後、当局の監視付で久留島は草壁《くさかべ》小学校(小豆郡小豆島町)に、滝口は吉津《よしづ》小学校(三豊市三野町)に就職し、児童の創作活動などを指導していた(石井雍大『あしたの教育』)。

昭和八年三月三日未明、高松署をはじめ全県下の警察官を動員して、高松高等商業学校の学生を中心に久留島や滝口も含めた日本プロレタリア文化連盟香川地方協議会のメンバー二八人が一斉に検挙され、治安維持法に問われた。これを高松八・三三事件という。

一方、この年六月に被差別地区の青年二人に有罪を科した高松地方裁判所の差別裁判がおきている。裁判では、被告の青年が身分を結婚約束の相手に明かさなかったことを要件にして、有罪を宣告した。明治四（一八七一）年の身分解放令で法的にあるはずのない封建的身分を、こともあろうに司法官がそれを要件にしたのだから、悪質な差別裁判といわなければならない。

全国水平社の糾弾闘争によって、司法当局も差別の事実と不当性を認め、裁判長の退職、検事の更迭、青年二人の釈放をした。同年十一月、この闘争の報告演説会が地元の公会堂で開催されたとき、聴衆と警官の乱闘事件が発生し、活動家がつぎつぎに検挙された。これを契機に県内の水平社は解散を強要され、九年四月までにすべて融和団体へと看板替えを行った。しかし権力をもってしても闘いの芽を根絶することはできず、昭和十年二月、全国水平社香川県連は再建されている（『香川県史6　近代Ⅱ』）。

戦時体制下の県民生活●

昭和六（一九三一）年柳条湖《りゅうじょうこ》事件がおきると、日本軍はたちまち満州（中国東北部）の主要部を占領、翌年「満州国」を発足させた。国際連盟の勧告を拒否し、満州占領を続けるため、政府は国策として満州移民を計画・遂行した。県民の満州移住は十一年にはじまり、綏稜《ソイロン》県黒馬劉《りゅう》の四国村や王栄廟の香川村などが開拓された。綾歌郡栗熊《くりくま》村（丸亀市綾部町）では村内中堅農家の適正耕地規模を確保するという理由で、村の貧農を大幅に満州へ移住させる計画を立て、牡丹江《ムータンチャン》省樺林《ホワリン》に栗熊分村を建設した。十三年にはじまる満蒙開拓青少年義勇軍でも二十年までの合計移住者は二三七九人、農業移民の五五〇六人とあわせ、香川県は全国一五位の多人数送出県となった（『香川県史6　近世II』）。彼らの多くは開拓が軌道に乗るまもなく、補助軍事力に利用され、あげくは敗戦前後に悲惨な逃避行をせまられた。

昭和十二年、日中戦争の拡大で、戦時体制の確立が急がれた。学校・団体・会社・工場・商店とすべての単位で国民精神総動員運動が展開される。また人的・物的資源を政府が統制できる国家総動員法が施行されると、市民生活に規制と強制が加わる。十三年にダンスホールやカフェの閉鎖、十四年料理店の営業時間を制限、十五年パーマネントの禁止、男子国民服の制定、十七年婦人にモンペの着用が強いられた。生活物資の配給切符制も十五年に砂糖・マッチ、十六年に味噌・醤油・石けん、十七年には衣料品へと範囲が広げられた。街頭には「ぜいたくは敵だ」とか「欲しがりません勝つまでは」のポスターが風にゆれ

戦時貯蓄債券

ていた。米や麦の配給も一日二合四勺《しゃく》から二合一勺に落ち、キビ・イモなどのまじる割合がしだいにふえていった。

徴兵召集によって不足した労働力を補うため、はじめ農作業の勤労奉仕をしていた学徒も、太平洋戦争勃発後は造船所や軍需工場に勤労動員され、児童たちが農作業の奉仕にかりだされるようになった。女学生や青年女子も女子挺身隊に組織され、軍需工場に動員された。十八年には学徒出陣が定められ、十一月二十日高松高商《こうしょう》生の出陣式が行われた。

十九年七月、サイパン島が連合軍の手中におちると、日本全土はB29の爆撃圏内にはいり、学童は集団疎開し、大人は竹槍訓練で本土決戦の備えを固めた。

二十年七月四日午前二時五六分、高松市上空に飛来した一一六機のB29が、一時間四六分にわたって高性能爆弾と焼夷弾八三三トンを投下し続けた。不意を襲われて逃げまどう市民は、あるものは水田のなかにうずくまり、あるものはすでにいっぱいになった橋の下に割りこもうとし、あるものは水を浸したふとんを覆って火のなかをくぐり抜けた。逃げきれなかったものは、炸裂した焼夷弾の火の粉をあびて、全身に火傷をおった。火ダルマとなったものはやがて黒焦げとなり、死体のうえに死体が重なり、異臭を放っていた。市街地の七八％が焼土となり、死者は一二四〇人（ほかに不明一一九人）といわれ（『高松空襲戦災誌』）、負傷者は数えきれなかった。

やがて八月十五日。ラジオから敗戦を告げる玉音放送が全国に流れた。

3　新しい香川の伸展

民主化と県民生活の向上●

敗戦によって軍国主義体制は解体され、連合国軍総司令部の指令により、日本は民主的な体制に転換した。日本国憲法、教育基本法、学校教育法、労働基準法、改正民法、地方自治法などが制定された。

地方自治法の施行で、公選制による初の県知事選挙が昭和二十二（一九四七）年四月に執行され、増原恵吉《ますはらけいきち》が当選した。同月実施された県議会議員の投票率は八六％で、住民の地方自治に対する関心の高さをあらわしていた。

二十二年には新学制がスタートする。新制の公立中学校は一八一校、生徒数は当初予定人員の三倍、校舎建築もままにあわず、教科書や教員も不足のままの発足だった。翌年新制高校が発足する。全日制は県立三二校・高松市立二校・私立九校、定時制は一六校だったが、翌年公立は二七校に統合される。香川大学は二十四年七月に開校（同年五月三十一日、設

讃岐農村風景と案山子《かかし》(三豊市高瀬町)

置）したが、当初は高松・坂出・善通寺に分散して授業が行われた。

戦前の封建制をささえてきた寄生地主制は、戦後の農地改革によって決定的な打撃をうけた。県内の自作地率は戦前の四四％から改革後には九二％となった。農地改革で勢いづいた農民は、耕地の交換分合や水利慣行の合理化を進め、農業技術を改良し、乳牛・養豚・養鶏などの有畜化や多角経営、適地適作栽培などによって、確実に農業生産力を増大していった。農村の生活改良運動や4Hクラブなど青年団の活動も民主化を推し進めることになった。

戦後、組織化のあいついだ労働組合は、折からのインフレ進行のなかで、賃上げや労働協約、企業内民主化などの要求を掲げて労働争議を闘った。解決が難航する場合は、県地方労働委員会が斡旋・調停にあたった。二十二年に予定されていた二・一ゼネストは不発におわったが、国鉄労組をはじめ多くの労組が労働協約の締結に成果をあげた。しかし東西陣営の対立やドッジラインによる不況のため、労働運動は二十四年を境に守勢に立たされるようになる。

二十七年講和条約が発効し、朝鮮戦争の特需景気で潤ったころから、労働運動はふたたび活発化する。この時期は反合理化闘争・勤評闘争などとともに原水爆禁止運動や平和運動と連携して国民運動に発展、昭和三十五（一九六〇）年の安保闘争へと展開していく。

資材不足や輸送難で低調だった県内産業もボタン・手袋・保多織《ぼたおり》・漆器・団扇《うちわ》・日傘・ちり紙・醬油など地場産業が二十四年ごろ戦前の水準に回復し、二十五年にはじまる朝鮮戦争の特需で「糸へん」「金へん」の産業はフル操業にはいった。

電力事業は過度経済力集中排除法によって日本発送電が分割され、二十六年高松市に本店をおく四国電力株式会社が発足する。

民主化は地方自治を進めたが、市町村にとって大きな課題は膨大な行政需要をこなす財政の不足であった。丸亀市など財政再建団体の認定をうけた市町村も少なくなかった。この打開策が市町村合併による行財政機構の合理化で、県内の市町村は三十四年ごろまでに五市三八町に再編された。

番の州工業地帯と農漁村の変貌●

香川県総合開発計画が策定されたのは昭和三十一（一九五六）年、金子正則《かねこまさのり》知事のときで、経済・社会・文化に関する総合的な施策ながら、懸案の水不足の解消に吉野川の総合開発を取りいれるなど積極的な構想を打ちだしていた。

四国知事会・県議会議長会などの合意を経て、四国総合開発審議会が発足したのは昭和二十六年で、検討を重ねるなかで、吉野川の開発を中心に総合開発を図る方向がうまれた。これはやがて三十五年、四国地方開発促進法の公布につながる。この促進法に基づき四国地方開発審議会のなかに吉野川総合開発部会が設けられ、日本屈指の多目的ダムとして早明浦《さめうら》ダムの建設が立案された。水量八億六三〇〇万トンのうち、香川県へは二億四七〇〇万トンが配水されることになり、その取水口として池田ダムが建設され、五十年には工事が完了した。

この展開に対応して、県内では農林省の認可を得て香川用水事業が進行する。池田ダム（徳島県側）で取水し、香川県西部財田《さいた》町（現三豊市）から県東部白鳥《しろとり》町（現東かがわ市）宮奥《みやおく》分水まで九七キロの幹線水路とそこからの支線を建設し、上水道用・工業用・農業用に配水するもので、四十九年に暫定通水式、翌五十年に本格的な通水がはじめられた。

昭和三十五年度には県総合開発計画の終了をうけついで、あらたに香川県長期経済計画が策定され、産業基盤の整備として土地・水・道・橋の四大プロジェクトがとなえられた。

工業用地の造成（土地）では高松・坂出・丸亀・観音寺・詫間《たくま》地区が臨海工業地帯に指定され、用地の造成には多く塩田跡地が転用された。折しも政府の進める全国総合開発計画の新産業都市に高松を中心とする地域も立候補したが、香川県は指定もれとなった。

ところが幸いにも、対岸の水島《みずしま》臨海工業地帯の発展で瀬戸内海は大型タンカーの航路となり、備讃瀬戸《びさんせと》

番の州工業地帯

香川用水幹線通水式

の浚渫《しゅんせつ》工事がはじまった。香川県はこの浚渫した土砂で坂出沖の番《ばん》の州埋《す》立て工事を行い、臨海工業地帯が造成されたのである。三十九年にはじまり五十一年に完成、川崎重工業坂出造船所・三菱化成・アジア共石・四国電力火力発電所など六工場が立地し、一大コンビナートが形成された。

高度経済成長は国民生活を豊かにした反面、過度の産業活動が大気汚染や水質汚濁、騒音、悪臭などの公害をうんだ。また、産業廃水や生活排水に含まれるチッソやリンによる海水の富栄養化で、プランクトンが異常発生する赤潮《あかしお》が毎年のごとく発生し、大きな漁業被害をもたらした。さらに四十九年の水島重油流出事故でも、漁業は致命的被害をこうむった。

工業化の波で農業と工業の所得格差が広まり、農民が工場勤めをする兼業化が進行、「三ちゃん農業」とよばれる状況もうまれた。所得格差の解消をめざした農業基本法やそれに続く総合農政に基づき、県でも農業構造改善事業に取り組んだが、専業農家の経営はなかなか安定しなかった。

打撃をうけた漁業の振興策では「獲る漁業からつくる漁業」をめざして、養殖漁業からさらに栽培漁業をと奨励しているが、成果は今ひとつ充分でない。

瀬戸大橋以後の新時代●

昭和四十八(一九七三)年のオイルショックによって高度経済成長は安定成長へと転換がせまられた。翌四十九年、過去六期知事の座にあった金子正則にかわり、「人間を大切にする対話の県政」を基本姿勢に掲げる前川忠夫《ただお》が知事に当選した。

前川県政は五十一年に県民福祉総合計画を策定し、つぎの四項目を推進目標とした。(1)社会福祉の向上をはかり、健康と暮らしを守る。(2)均衡ある産業の振興をはかる。(3)自然環境を守り、安全で快適な環境

❖コラム

香川ルネサンス計画

竹下内閣が昭和六十三（一九八八）年、全国の自治体に基金を交付して「ふるさと創生」事業を提唱するが、それよりも数年前から、香川では「町おこし」（地域振興イベント）事業である「香川ルネサンス計画」（一九八四年策定）を推進していた。これは昭和六十三年に開通予定の瀬戸大橋時代を迎えるにあたり、積極的に地域振興をはかる必要があるという戦略からであった。

町おこし事業に取り組んだのは県下ほとんどすべての自治体であるが、瀬戸大橋開通前に実績をあげていたのは一市一二町一広域組合で、つぎのテーマを掲げていた。

観音寺市「銭形と宗鑑《そうかん》の町」、長尾町「竹の町」、小豆島(広域)「オリーブ王国」、牟礼町「子供の夢のまち」、飯山町「さぬき富士と桃の町」、満濃町「花梨《かりん》の里」、琴平町「歌舞伎の町」、仲南町「飛行機の町」、高瀬町「音の町」、豊中町「水と森と健康の町」、仁尾町「ふるさと会」、財田町「瀬戸大橋発想の町」、大野原町「萩の町」、豊浜町「わたの町」。

なかでも琴平町が町をあげて取り組んでいる「四国こんぴら歌舞伎大芝居」の毎年の興行は好評を博し、全国の注目を集めている。昭和六十年、旧金毘羅大芝居（金丸座）の重文指定一五周年を記念した、中村吉右衛門や澤村藤十郎ら花形役者による歌舞伎公演が始まりである。日本最古の芝居小屋（天保六〈一八三五〉年創建）で、せり、すっぽん、廻り舞台、ローソク、明り窓など江戸時代のままの舞台装置も人気をよび、第一回公演は三日五回だったものが、年々公演回数をふやし、第一〇回には一七日三四回公演。それでも入場券がなかなか手にはいらないほどである。

をつくる。⑷豊かな人間性を目指して、教育・文化・スポーツの振興をはかる。この総合計画によって、老人医療費無料化の年齢引き下げ、大的場《おおまとば》健康体育センターの開設、同和事業の積極的推進、香川医科大学の開学、香川型農業をめざす県新農業計画、屋島栽培漁業センター、高度技術化に対応する県工業技術センター、シルバー人材センターの設置、マンモス高校の緩和をはかるため高松西・高松北・香川中央の高校新設、公渕《きんぶち》森林公園の充実、国営讃岐まんのう公園の整備、埋蔵文化財調査センターや県民ホールの建設などがすすめられた。

ところで、四十八年の石油危機によって、政府は総需要抑制策を決め、準備の進んでいた本四《ほんし》架橋《かきょう》三ルートの同時着工を延期すると発表した。起工五日前のことで、地元関係者の落胆は大きかったが、関係漁協の同意を取り付けたり、橋と自然景観の調整をはかる環境影響評価書（アセスメント）の作成など、地道な作業を継続した。やがて五十三年十月十日、瀬戸大橋架橋の起工式が行われた。その二カ月後、県出身の大平正芳《おおひらまさよし》が首相になり、国家財政が窮迫しているなかにありながら、瀬戸大橋完成への期待が高まった。その後一〇年の歳月をかけて橋は完成、六十三年四月十日開通式が行われた。架橋を記念して坂出市番の州で開催された「瀬戸大橋博覧会'88四国」は目標の三〇〇万人を上回る入場者があった。

瀬戸大橋の架橋によって四国は本州と地続きになり、濃霧に災いされることなく、いつでも（随時性）きまった時（定時性）に人や物を運ぶことができ、しかも輸送時間が大幅に短縮された。

本四架橋は四国内の高速道路と連結されたとき、その効果は一層発揮される。「8の字」ルートに循環する四国縦貫・横断自動車道は、六十年にまず伊予三島《いよみしま》・土居《どい》間が開通し、県内では六十二年善通寺・川之江間、平成四（一九九二）年に善通寺・高松間が開通した。

空の玄関では、滑走路二五〇〇メートル、大型ジェット機が就航できる新高松空港が平成元年十二月十六日に開港した。

この間昭和六十一年、前川忠夫にかわって平井城一《じょういち》が知事に就任した。折から、円高ドル安で輸出不振が県内産業に影響をおよぼすきびしい情勢下にあった。平井知事は「物心ともに豊かな田園都市香川の創造」を基本目標に、瀬戸大橋・四国横断自動車道・新高松空港の三大プロジェクトの着実な完成をはかり、これによって県内産業の一層の振興を推進しようとした。瀬戸大橋が開通した昭和六十三年は、奇しくも明治二十一（一八八八）年に第三次香川県が誕生して一〇〇周年の節目の年にあたり、県では置県一〇〇年を祝って数々の記念事業や行事を行った。

三大プロジェクトが順調に進行したあと、県はつぎのような社会基盤の整備に取り組んでいる。(1)高度技術に立脚した工業開発に関する計画（香川田園テクノポリス開発計画）。(2)頭脳立地法に基づく香川中央地域集積促進計画。(3)旧空港跡地（高松市林町）の整備（香川インテリジェントパーク計画）。サイエンスソフトパークとカルチャーパーク、リザーブゾーンに区画し、サンメッセ香川や産業頭脳化センター、産業技術総合研究センター、県立図書館・文書館などを設置する事業。また香川大学工学部を開設する運動（平成九年十月設置、十年四月開校）。(4)高松港頭地区（サンポート高松）の整備、などである。

県はこのような基盤整備をはかりながら、国際化・情報化・技術革新そして高齢化の潮流に柔軟に対応し得る、都市のもつ活力と田園のもつゆとりを兼ねそなえた「魅力ある田園都市香川」の形成を進めようとしているが、これを成功させるのはひとえに県民の熱意と活力にかかっている。

あとがき

　香川県における地域史の研究は郷土史家の方たちの努力によってすすめられ、数多くの研究成果を生み出してきたが、それはあくまでも個人的な研究活動の枠内にとどまり、相互に研究の交流をすることはほとんどなかったように思われる。こうした状況のなかで、大正十一（一九二二）年から香川地域の歴史の史・資料の調査、収集に乗り出した鎌田共済会図書館調査部の活動は注目すべきであり、集められた膨大な史料類は、香川の地域史の研究になくてはならない貴重なものとなっている。

　香川の地域史研究にとって画期となったのは、置県百年を記念して行われた『香川県史』の編纂であった。とくに、分野や時代別の部会ごとに調査を行い、研究発表等によって意見を交換してそれぞれが担当部分を執筆するという、共同研究の成果として『香川県史』全一五巻が成ったのはこれまでにないことであった。そして各部会で収集された史料類が整理・保存され、香川県立文書館で一般の研究者に公開されていることは、地域史研究を今後盛んにしていくための素地ができたといえよう。

　一〇年をかけて編纂され、最新の研究成果を盛り込んだ県史であったが、編纂が終わって五年たち、その内容が県民の人たちにどの程度理解されているのだろうかということは、編纂に従事した一人として気になっていた。地域の歴史に関心をもつ人たちが、手軽に手にとって読むことができる、親しみやすい香川県の通史の必要さを感じていたときに、山川出版社から新県史シリーズの話があり、喜んでお引き受けした。原始・古墳時代（1章、2章1・2）を丹羽佑一氏、古代・中世（2章3～5、

3章）を田中健二氏、近・現代（7・8章）を和田仁氏に執筆を依頼し、近世（4〜6章）と「風土と人間」は木原が担当することにして編集に取りかかった。県史の成果をできるだけ取り入れるようにつとめたが、紙数に限りがあり、ふれることができなかった部分も多いことと思うが、ご寛容いただきたい。とくに近・現代は『県民百年史』シリーズにゆだねることにしたため、最少限の記述にとどめた。詳細は近刊予定の『香川県の百年』を参照して頂ければ幸いである。

県史の編纂事業は終わったが、香川地域史の研究がこれですべて終わったわけではもちろんない。限られた期間内の編纂であったため、多くの課題が残されており、これからも継続してその研究をすすめ、不十分な点を補いながら、さらに新しい研究成果を生み出し、いっそう内容の豊かな香川地域史を作り上げなければならない。

とはいっても、歴史関係の研究団体の活動はあまり活発ではないし、研究者の数もそれほど多くはないのが現状であるが、香川県の歴史に関心をもっている人たちの地道でたゆまない努力によってこれを乗り越え、研究がさらに発展することを期待したい。本書がその裾野を広げる役割を果たすことができれば幸いである。

なお、本書「付録」の「祭礼・行事」については藤井洋一氏に執筆をお願いした。お礼を申し上げる。原稿の提出が遅れて編集部に大変ご迷惑をおかけしたことをお詫びしたい。

一九九七年九月

木原 溥幸

香川県全図
都道府県界
市郡界
町村界
JR線
高速道路
有料道路
国道
県庁
N
1:550,000
0
5
10km
和気町
相生市
赤穂市
備前市
赤穂線
兵庫県
鹿久居島
姫路市
瀬戸内市
長島
家島
西島
前島
小豆郡
小豆島
土庄町
小豆島町
豊島
男木島
瀬戸内海
かまつ
淡路島
南あわじ市
しど
高松市
高徳線
さぬき市
東かがわ市
鳴門海峡
木田郡
三木町
高松自動車道
鳴門市
なると
板野町
大滝山
1946
上板町
藍住町
北島町
徳島阿波おどり空港
松茂町
美馬市
阿波市
吉野川
とくしま
石井町
徳島市
徳島線
吉野川市
徳島県
小松島市
神山町
佐那河内村
阿南市
勝浦町
那賀川
上勝町
250
436
11
28
377
318
193
192
55
492
438

木原　溥幸　きはらひろゆき
1939年，福岡県に生まれる
1967年，九州大学大学院文学研究科史学科専攻修士課程修了
現在　徳島文理大学文学部教授（香川校），香川大学名誉教授
主要著書　『幕末期佐賀藩の藩政史研究』（九州大学出版会，1997年），『地域にみる讃岐の近世』（美巧社，2003年）

丹羽　佑一　にわゆういち
1947年，京都府に生まれる
1978年，京都大学大学院文学研究科考古学専攻博士課程単位取得退学
現在　香川大学経済学部教授
主要論文　「縄文集落の配置はなぜ円いのか」（『論苑考古学』天山舎，1993年），「縄文集落の基礎単位の構成員」（『文化財学論集』文化財学論集刊行会，1994年）

田中　健二　たなかけんじ
1949年，熊本県に生まれる
1979年，九州大学大学院文学研究科史学科専攻博士課程単位取得退学
現在　香川大学教育学部教授
主要著書・論文　『香川県史1（原始古代）・2（中世）』（共著，香川県，1988・89年），「讃岐国の郷名荘園について」（『香川大学教育学部研究報告』第Ⅰ部第97号，1995年）

和田　仁　わだひとし
1935年，香川県に生まれる
1957年，京都大学文学部史学科卒業
現在　高松工業高等専門学校名誉教授
主要著書　『讃岐の歴史』（共著，講談社，1975年），『香川県史5（近代Ⅰ）・6（近代Ⅱ）・7（現代）』（共著，香川県，1987・88・89年）

香川県《かがわけん》の歴史《れきし》　　県史　37

1997年10月25日　第1版第1刷発行　　2012年7月30日　第2版第2刷発行

著　者　木原溥幸《きはらひろゆき》・丹羽佑一《にわゆういち》・田中健二《たなかけんじ》・和田仁《わだひとし》
発行者　野澤伸平
発行所　株式会社　山川出版社　　〒101-0047　東京都千代田区内神田1-13-13
電話　03(3293)8131(営業)　03(3293)8134(編集)
http://www.yamakawa.co.jp/　　振替　00120-9-43993
印刷所　図書印刷株式会社　　製本所　株式会社ブロケード
装　幀　菊地信義

ISBN978-4-634-32371-1

付　　録

■ 索　　引

●さ　行

● た　行

● な　行

● は　行

● ま　行

● や　行

● ら・わ　行

■ 年　　表

年代	時代	事項
2万年BC	旧石器時代	鹿児島姶良火山が噴火し，火山灰(AT層)が東北地方までおよぶ。ナイフ形石器文化が国分台ではじまる。人口が塩飽山地(与島・羽佐島など)・丸亀低地(黒島遺跡)・高松低地(中間西井坪遺跡)に拡散するとともに金山産サヌカイトが用いられる。塩飽山地に細石刃文化流入する。瀬戸内海は旧石器時代を通じて陸地化していた。
1万年BC	縄文草創期	列島で土器・弓矢・釣り針・磨製石斧などの使用がはじまる。県下では有舌尖頭器を用いる旧石器時代的な生活が継承される。
8000BC	早期	瀬戸内の海化が進み，塩飽諸島を中心に縄文式生活が広まる。瀬戸内の遺跡が断絶する。
4000BC	前期	塩飽諸島の浜辺を中心に生活が再開される(大浦浜・小豆島伊喜末遺跡)。瀬戸内の海化がクライマックスに達する。高松平野(下司遺跡)・三豊平野(南草木遺跡など)にも生活がはじまるなど県下縄文社会が確立される。
3000BC	中期	荘内半島での生活がはじまる(大浜遺跡など)。
2000BC	後期	沿岸・島嶼部の伝統的社会での人口の激増，平野低地部での新しい社会(永井遺跡，高松市前田東・中村遺跡など)の形成など，縄文社会に大きな変化が進行する。総社市南溝手遺跡ではすでに稲が栽培されている。
750BC	晩期半	県下縄文社会に水稲耕作が伝播する(林坊城遺跡・丸亀市平池南遺跡)。
500BC	弥生前期	このころ塩飽諸島を通じて新文化が伝わる(坂出市・下川津遺跡など)。水田(高松市さこ長池遺跡)，井堰(坂出市川津下樋遺跡)建設される。環濠集落建設される(中の池・鴨部川田遺跡など)。円形周溝墓が築造される(善通寺市竜川五条遺跡)。近畿地方で銅鐸の製造はじまる。
200BCころ	中期	北部九州，近畿地方で戦死者の埋葬が知られる。県下平野中央部では集落の多くが中断され，不安定な状態になる。沿岸部・島嶼部に高地性集落が建設される(紫雲出山遺跡など)。我拝師山銅鐸が東奈良遺跡で鋳造される。県下平野周辺部の山丘に高地性集落が建設される(久米池南遺跡など)。矢ノ塚遺跡(掘立柱建物・銅剣形土製品)など善通寺の弥生集落群が発展。中細形銅剣が中・四国に普及し，近畿地方を中心とした銅鐸，北部九州を中心とした銅矛の3種の青銅祭器流通圏が中部瀬戸で交錯する。瀬戸内沿岸部で土器製塩がはじまる。
50ころ	後期	中部瀬戸内で高地性集落が廃絶される。平形銅剣が瀬戸内を中心に分布し，西日本では銅矛・銅鐸・銅剣の3流通圏が鼎立する。鉄製農工具が普及する。丸亀市平池南遺跡では青銅製鋤先が知られる。県下平野部の集落が再開，あるいは新村の形成

		で激増する（高松市井出東Ⅰ遺跡で琴出土）。後漢もしくは倭製の破鏡が普及する（善通寺市彼の宗，稲木遺跡など）。
200ころ		瀬戸内西部，近畿中央部で高地性集落ふたたび盛んになる。岡山・楯築墳丘墓つくられる(双方中円墳)。鶴尾神社4号墳，丸井古墳つくられる。高松市空港跡地遺跡に前方後円形の周溝墓がつくられる。銅鐸が廃棄される(寒川町森広遺跡)。三角縁神獣鏡が前畿内王権によって各地の首長に配布される。下川津遺跡で弥生時代末から古墳時代初期に続く集落がいとなまれる。
300ころ	古墳前期	三豊地方をのぞく県下で前方後円墳がつくられる。積石墳丘が盛行する。空港跡地遺跡に前方後方形の周溝墓がつくられる。県下の集落のほとんどが廃絶される。
350ころ		県下で刳抜式石棺はじまり，中期前葉まで前方後円墳の埋葬施設となる。沿岸部の古墳築造が盛んとなる。
400ころ	中期	荒神島で海上祭祀はじまる(～8C)。高松市中間西井戸坪遺跡の埴輪焼成土坑・工房に組合式陶棺知られる。石清尾山積石塚古墳群，造墓おわる。香東川対岸に今岡古墳(組合式陶棺)築造される。高松平野最大の三谷石舟塚築造される。以後高松平野では前方後円墳の築造絶える。観音寺市青塚古墳に阿蘇溶岩製の石棺が用いられる。大川町に四国最大の富田山茶臼山古墳築造される。以後東讃では前方後円墳の築造絶える。高松市六条所遺跡，長尾町尾崎西遺跡に韓式系土器知られる。このころまでに朝鮮半島南半部から須恵器の製造伝わる。高松市三谷三郎池窯，高瀬町宮山窯で初期須恵器生産される。
450ころ		丸亀平野東部以東で鉄製武器・武具を副葬する中小円墳群が出現する。島嶼部で箱式石棺を埋葬施設にした方墳などが築造。
500ころ	後期	善通寺市弘田川西岸遺跡に竈をもつ竪穴住居址が知られる。各平野で集落が増加する。王墓山古墳築造される(最古の横穴式石室，最後の前方後円墳か)。
550ころ		島嶼部を中心に製塩活動が盛んになる。海人の祭祀知られる。須恵器の生産が盛んになる(志度町末1号窯，丸亀市青の山1号窯)。横穴式石室が普及し，同埋葬施設をもつ群集墳の形成が盛んになる。下川津遺跡に2重の溝で囲まれた掘立柱建物群知られる(豪族館か)。

西暦	年　号	事　　項
667	(天智)6	九州，瀬戸内沿岸に山城がきずかれる(屋島城『日本書紀』，坂出市城山城)。このころ氏寺の建立盛行する(開法寺－綾氏，仲村廃寺－佐伯氏)。
701～704	大宝年間	讃岐守道守，那珂郡万農(満濃)池をきずく。
752	天平勝宝4	***10-25*** 山田郡宮処・香川郡中間・鵜足郡川津3郷の戸計150戸を封戸として東大寺へ施入する。
804	延暦　23	***7-6*** 空海，遣唐使とともに唐に出発する。
888	仁和　4	***5-6*** 讃岐守菅原道真，降雨を阿野郡城山神に祈る。

940	天慶 3	***8-18*** 藤原純友ら南海の海賊，讃岐国府を焼く。
1004	寛弘 1	この年，大内郡入野郷の戸籍がつくられる。
1039	長暦 3	このころ，讃岐国里海荘，上東門院彰子へ寄進され東北院領となる。
1040	長久 1	***6-8*** 朝廷，讃岐国の郡司・百姓らの訴えにより守を停任する。
1069	延久 1	この年，曼荼羅寺僧善範，同寺および出釈迦寺の本堂を再建し，大窪寺において一千日の法華経講演を行う。
1090	寛治 4	***7-13*** 白河上皇，夢想により多度郡葛原荘・三野郡内海御厨などを賀茂御祖社へ寄進する。
1101	康和 3	この年以前，那珂郡塩飽荘，関白藤原師実領となる。
1129	大治 4	***12-25*** 讃岐藤原氏の祖という藤原家成，讃岐守となる。
1156	保元 1	***7-23*** 崇徳上皇，配所讃岐国へむかう。
1185	文治 1	***2-18*** 源義経，山田郡屋島の平氏を攻撃し屋島合戦がおこる。
1199	正治 1	***3-5*** 後藤基清，讃岐国の守護職を罷免され，近藤国平が任命される。
1207	承元 1	***3-26*** 配流された法然，那珂郡塩飽にいたる。
1224	元仁 1	***9-7*** 幕府，承久の乱の勲功により那珂郡櫛無保の地頭職を藤原忠義にあたえる。
1246	寛元 4	***3-18*** 讃岐守護三浦光村の代官，讃岐国御家人藤左衛門尉の海賊逮捕を幕府へ報告する。
1268	文永 5	***2-27*** 幕府，讃岐守護北条有時に蒙古襲来に備えることを讃岐国御家人に伝えるよう命じる。
1276	建治 2	***8-21*** 善通寺，朝廷と幕府の命により蒙古人治罰の祈禱を行う。
1316	正和 5	このころ，讃岐国の悪党，伊予国の武士らとともに同国弓削島荘へ乱入。
1333	正慶 2 (元弘 3)	この年，伊予国の反幕府方の武士，讃岐へ攻め込み，三野・多度郡境の鳥坂でたたかう。
1335	建武 2	***11-26*** 足利方の細川定禅，讃岐で挙兵する。
1337	4 (延元 2)	この年，三野郡財田城と小豆島に拠る南朝方の武士，細川氏とたたかう。
1344	康永 3 (興国 5)	***8-17*** 足利直義，寒川郡造田荘についての領家・武士間の争いを裁定する。
1350	観応 1 (正平 5)	***11-16*** 讃岐守護細川顕氏，観応の擾乱にさいし足利直義方につく。
1362	貞治 1 (17)	***7-24*** 南朝方の細川清氏，細川頼之と阿野郡白峯の麓でたたかい敗北する。***10-*** 細川頼之，讃岐守護となる。
1389	康応 1 (元中 6)	***3-7*** 足利義満，厳島参詣の途中，宇多津の細川頼之を訪ねる。
1397	応永 4	***3-11*** 安富盛家，東方守護代として綾南条郡陶保の諸役を免除する。
1400	7	***9-15*** 香川元景，西方守護代として三野郡山本荘につき守護細川満元の遵行命令をうける。
1431	永享 3	***7-24*** 丹波守護代香西元資，将軍足利義教より罷免される。
1460	寛正 1	***12-*** 守護細川勝元，讃岐一宮田村神社に壁書を下す。
1467	応仁 1	***6-24*** 応仁の乱にさいし，守護代の香川・安富氏が上洛し東軍に属する。
1507	永正 4	***6-23*** 香西元長，細川澄之の命により管領細川政元を殺害する。***8-1*** 香西元長，守護代安富某・香川某，細川高国らに攻められ討ち死にする。
1511	8	このころ，秋山源太郎，細川澄元に属し櫛無山にたたかう。

1539	天文	8	***10-6*** 阿波の細川持隆，白峯寺に禁制を下す。
1558	永禄	1	***8-*** 三好実休，讃岐に侵入し，香川之景とたたかう。
1568		11	***11-*** これより先，香西氏，阿波衆とともに備前の児島元太城を攻める。
1575	天正	3	***5-13*** これ以前，宇多津西光寺，織田信長と交戦中の石山本願寺へ銭と兵糧を送る。
1577		5	***3-26*** 織田信長，堺への塩飽船の航行を保障する。***7-*** 毛利・小早川氏の部将，讃岐元吉城に攻め寄せ，三好方の讃岐惣国衆とたたかう。
1578		6	この年，長宗我部元親，藤目城・財田城を攻め落とす。この年，宣教師フロイス，京都から豊後への帰路，塩飽島に立ち寄る。
1582		10	***9-21*** 十河存保，阿波勝瑞城の戦いに敗れ，虎丸城に退く。***9-*** 仙石秀久，十河存保救援のため小豆島から屋島を攻める。この年，長宗我部親政，阿野郡国分寺に本陣を構え，各地でたたかう。
1583		11	***4-*** 長宗我部元親，寒川郡にはいり田面山に陣をしく。***4-*** 仙石秀久，讃岐に至り引田で長宗我部勢とたたかう。
1584		12	***6-*** これより先，十河存保，長宗我部勢に十河城を包囲され逃亡する。
1585		13	***7-*** 仙石秀久，豊臣秀吉から讃岐国をあたえられる。
1586		14	***12-24*** 豊臣秀吉，仙石秀久から取りあげた讃岐国を尾藤知宣にあたえる。
1587		15	***8-10*** 豊臣秀吉，讃岐国を尾藤知宣から取りあげて，生駒親正にあたえる。
1588		16	この年，生駒親正，香東郡野原庄の海浜で高松城築城に着手。
1590		18	***2-***晦 豊臣秀吉，塩飽1250石の領知を船方衆650人に認める。
1597	慶長	2	春，生駒親正，西讃岐支配のため丸亀城をきずく。このころ，生駒藩内の検地がはじまる。
1605		10	***10-*** 片桐且元，小豆島の検地を実施。
1615	元和	1	閏***6-13*** 一国一城令により丸亀城廃城。
1621		7	***7-*** 生駒高俊幼少につき外祖父藤堂高虎が執政。
1622		8	***8-*** 藤堂高虎，家臣西島八兵衛を讃岐に派遣。
1631	寛永	8	***2-*** 寛永５年10月から着手していた満濃池の築造工事が完成。
1637		14	春，西島八兵衛，高松城下東の福岡・木太・春日の新田を干拓。***7-*** 生駒帯刀，江戸家老前野助左衛門・石崎若狭の不法を土井利勝・藤堂高次らに訴える。
1640		17	***7-26*** 幕府，御家騒動により生駒高俊の所領を取りあげ，出羽矢島１万石に移す。石崎若狭ら切腹。
1641		18	***9-10*** 幕府，肥後天草領主山崎家治を西讃岐５万石余に移封。このころ，那珂郡の五条・榎井・苗田を池御料とする(高2100石余)。
1642		19	***2-28*** 幕府，松平頼重を常陸下館から東讃岐12万石に移封。
1643		20	***5-6*** 京都の豪商平田与一左衛門ら，丸亀藩へ豊田郡大野原の開拓を願い出る。
1644	正保	1	この年，高松城下に上水道を敷設。
1645		2	このころ，高松領内で新池406がきずかれ，あわせて1366になったという。
1648	慶安	1	***2-24*** 幕府，金毘羅領330石を朱印地とする。
1649		2	***3-28*** 丸亀藩，豊田郡大野原新田で初めて検地を実施。
1657	明暦	3	***3-9*** 幕府，丸亀藩主山崎家断絶により所領を没収。
1658	万治	1	***2-26*** 幕府，京極高和に山崎家旧領をあたえる。

1664	寛文	4	***11–16*** 松平頼重，大内郡白鳥宮を造営し，神主として京都から猪熊千倉を招く。翌年幕府，白鳥宮領200石の朱印状をあたえる。
1665		5	この年，高松藩，領内検地をはじめる(寛文11年におわる。これを亥ノ内検地という)。
1667		7	この年，高松藩，沖松島・木太・春日の新田を干拓。
1669		9	***5–10*** 高松城天守閣上棟式が行われる(翌年8月6日に造営成る)。 ***8–25*** 高松藩，御座船を新造し飛龍丸と名付ける。
1670		10	***1–25*** 高松藩主松平家墓所仏生山法然寺の造営が成る。***11–11*** 金毘羅三十番神社神人内記・権太夫，別当金光院の非を幕府寺社奉行へ直訴したが，斬罪に処せらる。このころから延宝にかけて丸亀藩，領内の検地を実施。
1671		11	***5–17*** 高松藩，軍役帳・分限帳を作成。***9–3*** 高松藩，家臣への知行米渡しを四つ物成とする。***9–*** 高松城普請がはじまる(延宝5年にすべて竣工)。***12–28*** 直島領主高原数馬，取締不行届として改易され，直島は以後幕領となる。
1673	延宝	1	***12–20*** 幕府，法然寺領330石，興正寺領150石の朱印状をあたえる。
1679		7	この年，延宝5年からの小豆島・直島など幕領島々の検地が終了。
1688	元禄	1	***9–*** 丸亀藩主京極高豊，下金倉海辺に中津別館を建てる。
1694		7	***6–18*** 丸亀藩から多度津支藩1万石が分封。
1695		8	この年，丸亀藩，城下での夜間の綿打ちを禁止。
1702		15	この年，高松藩主松平頼常，困窮人救済のため栗林荘の庭普請を行う。この年，高松藩，藩校講堂を創建。
1705	宝永	2	***9–*** 丸亀藩，藩札を発行。
1711	正徳	1	***5–25*** 小豆島池田村庄屋平井兵左衛門ら，幕府勘定奉行に年貢減免の嘆願を越訴。翌年3月兵左衛門ら，処刑される。
1718	享保	3	***1–1*** 高松城下で江戸時代最大の火災。
1724		9	この年，高松藩，以後3年間の「享保の大浪人」を実施。
1730		15	***8–29*** 丸亀藩，藩札を再発行。***9–23*** 香西と備前児島郡日比・利生・渋川の漁民，大曽の瀬をめぐる争いをおこす。
1732		17	***9–27*** 多度津藩，藩札を発行。
1733		18	このころ，高松藩領の鵜足郡・那珂郡で綿作が盛んとなる。
1734		19	この年，滝宮念仏踊りをめぐって高松藩領と丸亀藩領のあいだで争いがおこり，以後中止となる(寛保2〈1742〉年7月に再開)。
1739	元文	4	***8–*** 高松藩領漁民，塩飽を相手取り金手の阻の漁業権をめぐって幕府に訴える。寛保1(1741)年に幕府の裁許がでる。
1744	延享	1	***3–*** 讃岐出身の大坂船宿多田屋新右衛門，金毘羅参詣船仕立を許される。
1748	寛延	1	***5–*** 高松藩領鵜足郡・那珂郡の農民ら，前年の綿運上銀の賦課に反対して城下に押しかける。これにより高松藩，綿運上銀を中止。
1749		2	***12–2・3*** 高松藩領東部の農民，高松城下へ押しかけて有力町人へ物乞をする(これを袖乞という)。
1750		3	***1–19*** 丸亀藩領大一揆が勃発(*–23* 一揆勢，善通寺で解散)。
1755	宝暦	5	秋，高松藩領山田郡西潟元村に，釜屋25軒前の藩営塩田が完成(亥ノ浜という)。
1757		7	***10–21*** 高松藩，藩札を発行。

1758	宝暦	8	*7-1* 高松藩，西尾裁殿を世帯方に任じ，藩財政の再建にのりだす。
1761		11	*5-7* 高松藩領那珂郡郡家村と鵜足郡西小川村とのあいだで，土器川からの取水をめぐって争いがおこる(剣ケ端水論という)。
1768	明和	5	この年，高松藩主松平頼恭，江戸藩邸で近習の吉原半蔵に池上太郎左衛門から製糖技術を学ばせる。
1769		6	*1-13* 塩飽で大工組合の規則違反の処分をめぐって，島中の大工が年寄・庄屋宅をおそう(塩飽大工騒動)。
1771		8	*3-* 丸亀藩，前年に続き夫食の貸与を実施する。*6-20・22・23* 高松藩領の百姓，年貢減免を要求し高松城下に押しかける。
1775	安永	4	*4-2* 高松藩，寛延3年から続いた農民救済のための貸免を一時中止(翌年からふたたび実施)。*8-* 高松藩，引田・津田・香西など11カ所の湊に綿会所を設置。
1780		9	*1-15* 高松藩，藩校を拡張し講道館と名付ける。
1787	天明	7	この年，大内郡湊村医師向山周慶，砂糖の試製を行う。
1789	寛政	1	*4-28* 塩飽笠島の年番高島惣兵衛ら，幕府巡見使へ水主百姓の負担軽減の願書を提出。冬，向山周慶，砂糖製造に成功。
1790		2	*6-28* 高松藩領香川郡東の一ノ井掛かりの百姓ら，上流の芦脇井関に関して大庄屋へ訴える(芦脇井関水論の発端で，以後天保14年まで繰り返し争いがおこる)。
1791		3	*9-* 高松藩領鵜足郡東坂元村の百姓ら，庄屋伝三郎の罷免を要求して箱訴を行う。
1792		4	*5-3* 幕府，寛政1年の塩飽笠島年番高島惣兵衛らによる訴願に対し，これを認めて旧来の年寄4人を罷免。
1794		6	*6-* 高松藩，向山周慶・百姓礒五郎に藩内東部での砂糖製法の伝授を認めるとともに，移出砂糖の統制にのりだす。
1795		7	*7-5* 丸亀藩，藩校正明館を設置。
1798		10	*6-* 塩飽勤番所が完成し，朱印状を移管。このころまでに高松藩白砂糖の製法がほぼ確立する。
1799		11	*5-22* 高松藩，順道帳の下調べに取りかかる。
1801	享和	1	*12-* 高松藩年寄玉井三郎右衛門，享和の新法をはじめる。
1804	文化	1	この年，小豆島草加部村の橋本屋文右衛門，大坂に初めて醤油を出荷。
1805		2	*2-* 高松城下東浜の埋め立てが完成し，新湊町と名付ける。この年，丸亀藩，城下福島町の北に湛甫をきずく。
1819	文政	2	*9-25* 高松藩，領内各地に砂糖会所を設置して，大坂での砂糖代金の加島屋掛込をはじめる。
1825		8	*9-* 高松藩，前年からの天王寺屋掛込を止めて砂糖車元調達金を実施。*10-17* 筧助左衛門，江戸から帰藩して財政担当年寄となり，高松藩の天保改革がはじまる。
1827		10	*1-* 高松藩，藩札の回収を実施しはじめる。*3-* 丸亀藩，田面改めを以後3年間の予定で行う。*11-14* 高松城下大工町の山川元助宅に，町人教育の明善郷校を設置。
1828		11	*6-7* 高松藩，古城跡や名将勇士墓の保存を命ず。
1829		12	*6-20* 多度津藩主京極高賢，完成した多度津陣屋にはいる。*8-* 久米栄左衛門，高松藩領坂出村に塩田をきずく(坂出大浜という)。

1831	天保	2	***5***– 高松藩，以後5年間の村入目の削減を命ず。
1832		3	この年，高松藩，江戸・大坂などからの借銀の返済を3年間猶予。
1833		4	***3***–*2* 高松藩，新藩札(天保札)を発行。***8***– 丸亀藩，丸亀城下に新堀湛甫をきずく。
1834		5	***2***–*9* 高松藩領鵜足郡宇足津村で打ちこわしがおこり，11日に隣村の坂出村に移る。15日朱印地金毘羅領，池御料那珂郡榎井村・五条村などに波及。
1835		6	***9***–*23* 金毘羅の芝居定小屋(金毘羅大芝居)が完成。***9***– 高松藩，砂糖為替金趣法をはじめる。
1837		8	***11***–*15* 小豆島西部6カ村，津山藩領となる。
1838		9	この年，多度津藩，多度津湛甫をきずく。
1843		14	***3***– 高松藩，城下商人が農村で商業活動することを制限。***4***– 高松藩領阿野郡北青海村の百姓，高屋浜塩田の石炭焚により作物・山林に被害がでているとして，石炭焚の禁止を嘆願。
1846	弘化	3	***6***–*15* 高松藩，郷中の無願い商いや認可以外の商品の取引を禁止。
1852	嘉永	5	閏***2***– 丸亀城下宗古町太田岩蔵ら，綛糸の大坂売りさばきを藩へ願い出て許可され，5月ころ城下に綛糸寄会所，領内各地に綛糸小寄所を設置。
1854	安政	1	この年，丸亀藩，「異国船手当」として御用米を課す。
1855		2	***5***– 丸亀藩，藩札の信用回復のため封札令をだす。
1856		3	***6***–*17* 高松藩領鵜足郡中通村の百姓ら，13年来の同郡造田村との山論により，阿波国三好郡太刀野山村に越境。
1857		4	***2***– 丸亀藩，領内4カ所に砂糖会所をおき，砂糖の流通統制を実施。 ***12***–*26* 多度津藩，軍事資金確保のため領内に御用銀を課す。
1858		5	***8***– 高松藩士長谷川宗右衛門，脱藩して京都へむかう。***9***–*17* 丸亀藩，大坂の炭屋彦五郎を掛屋蔵元とし，砂糖の他国積を禁じすべて大坂積とする(砂糖生産者が反対し翌年ふたたび他国積を許可)。
1860	万延	1	***1***–*13* 笠島の兵吉ら塩飽出身者35人，咸臨丸乗組員として浦賀を出航。
1863	文久	3	***3***–*28* 高松藩，海岸防禦のため固場を設置。***8***– 小橋友之輔・太田次郎ら，大和行幸が伝えられ武器をたずさえて丸亀を出立。
1864	元治	1	***2***–*13* 多度津藩，領内の郷村より新抱足軽を徴発。***11***–*5* 高松藩主松平頼聰，第1次長州征討に出立。この年，高松藩，陸軍所に洋学校を設ける。
1866	慶応	2	***6***–*21* 丸亀藩，第2次長州征討の混乱にそなえ領内8カ所に固場を設置。この年，多度津藩，横浜でミネール銃100挺(代金1700両)を購入。
1867		3	***1***–*13* 津山藩領の小豆島西部6カ村で一揆がおこる。***11***–中ころ ええじゃないか，讃岐に広まる。
1868	明治	1	***1***–*3* 幕府軍に参加していた高松藩兵，鳥羽・伏見で薩摩藩兵と交戦。***1***–*10* 維新政府，幕府などとともに高松藩を朝敵とする。***1***–*18* 高松藩家老小夫兵庫・小河又右衛門，責任をとって切腹。翌日藩主松平頼聰，城下浄願寺で謹慎。20日土佐藩の高松征討軍，丸亀藩・多度津藩を先陣として高松城下にはいる。***1***–*25* 高松藩の嘆願書が維新政府に聞き届けられる。***10***– 高松藩，高島流歩兵800人結成の方針をだす。***11***–*12* 高松藩，「藩治職制大意」を定める。
1869		2	***2***–*26* 丸亀藩，職制を改定。***9***–*8* 高松藩執政松崎渋右衛門，高松城内桜

			ノ馬場で刺殺される。
1870	明治	3	***1-7～9*** 高松藩領阿野郡北の農民，御趣意林の廃止を求めて，五色台北半分の林を採伐(綾北山林騒動)。***1-20*** 高松藩領鵜足郡東・西川津村の農民，御趣意林と困窮百姓の救済を求めて城山で火を焚く(川津村騒動)。
1871		4	***2-5*** 多度津藩を廃し，倉敷県に編入。***4-10*** 丸亀藩を廃し，丸亀県を設置(***-12*** 京極朗徹を丸亀県知事に任命)。***7-10*** 五十人組が前丸亀藩権大参事土肥実光を襲撃。***7-14*** 高松藩を廃し，高松県を設置。***9-8*** 前高松藩知事松平頼聰の東京移住を阻止する民衆騒動がおき，庄屋邸宅などの焼きうちに発展。***11-15*** 高松・丸亀両県および旧多度津藩領をあわせて(第一次)香川県を設置。
1872		5	***1-25*** 県下に邏卒をおく。***2-*** 県内の地方行政区画を88区に分ける(***5-3*** 戸長・副戸長・村役人を設置)。***6-*** 香川県小学校，『抜萃新聞誌』を創刊。
1873		6	***2-20*** 香川県を廃し，名東県に編入。***6-26*** 徴兵令に反対する農民蜂起(血税一揆)がおこり，小学校焼きうちなど被害が西讃一円に及ぶ。
1874		7	***2-13*** 讃岐国に大区小区制を導入。***8-*** 名東県臨時県会の開催。***12-4*** 広島鎮台高松営所の丸亀転営が完了(翌年***5-10*** 丸亀歩兵第十二連隊)。
1875		8	***7-*** 博文舎，新聞展覧所を設置。***9-5*** 名東県から分離し，ふたたび香川県を設置。
1876		9	***4-8*** 地租改正に源して「実地丈量条款」「地引順道帳雛形」が定められる。***8-21*** (再置)香川県を廃し，愛媛県に編入。***8-*** 小西甚之助，翼賛社を設立。***12-8*** 讃岐国に町村会開設の布達。
1877		10	***6-22*** 愛媛県会仮規則に基づき特設県会を招集。***11-10*** 伊予・讃岐両師範学校を合併し，愛媛師範学校とする。***12-*** 純民社の設立。
1878		11	***1-*** 興民社の設立。夏，小西甚之助，純民社の客員として定期的に演説。***11-1*** 第百十四国立銀行の創設。***12-*** 『演説雑誌』を『純民雑誌』と改題。この年，高松立志社の設立。
1879		12	***1-28*** 旧高松藩の砂糖為替貸下金を棄捐するとの通達。***3-26*** 府県会規則による愛媛県会の招集。***6-*** 小西甚之助，府県会の連合会開設を提案。
1880		13	***3-15*** 小西甚之助，第１回の国会開設建白書を提出。
1881		14	***8-3*** 鈴木伝五郎ら，『腰抜新聞』を発刊(***10-*** 国会開設の勅諭を批判したため発行停止処分をうける)。
1882		15	***5-29*** 鈴木伝五郎・森島鼎三ら，「讃予分離ノ檄文」を配布。***6-20*** 予讃分県の有志協議会が開かれる。***7-7*** 砂糖為替貸下金の棄捐を取消す通達。
1883		16	***2-15*** 予讃分県の請願上京委員に鈴木・森島ら選出される。
1884		17	この年，大久保諶之丞，四国新道のプランを提唱。
1885		18	***1-5*** 讃岐糖業大会社の創立。***11-16*** 小西甚之助・鎌田勝太郎らによる予讃分離の建議書。***11-*** 小田知周らによる分県運動。
1886		19	***4-7*** 四国新道開鑿起工式を開催。***8-2*** 県立第二(高松)・第三(宇和島)中学校を廃止。
1887		20	***8-*** 松本貫四郎・井上甚太郎ら，東讃塩業者を指導して十州塩田組合脱去会を組織。
1888		21	***12-3*** 愛媛県から讃岐国を割き，香川県を設置。

1889	明治	22	***1–20*** 香川県会議員の選挙。***4–10*** 日刊『香川新報』(社長小田知周)を創刊。***5–23*** 讃岐鉄道，丸亀・琴平間に鉄道を開通。
1890		23	***1–7*** 香川県尋常師範学校の授業を仮校舎で開始。***2–15*** 高松に市制，その他の県下に町村制を施行。***7–1*** 第1回衆議院議員総選挙。
1891		24	***10–25*** 讃岐婦人進徳会，進徳女学校(県立高松高等女学校の前身)を開校。***12–*** 県北海道移民奨励会，「北海道移民奨励趣意書」を頒布。
1892		25	***5–4*** 奈良専二死去，水稲の改良普及に尽力。***7–1*** 多度津測候所の設置。
1893		26	***4–7*** 香川県尋常中学校(高松)と分校(丸亀)を開設(***5–8*** 授業開始)。
1894		27	***4–23*** 四国新道開通式をもよおす。***7–27*** 香川県庁舎が落成。
1895		28	***8–10*** 県会，小畑美稲知事の不信任を決議。***11–7*** 高松電灯会社，四国で初めて配電を開始。
1896		29	***7–13*** 善通寺村に第十一師団の設置が決定。***8–1*** 讃岐糖業会社，高松銀行に改組。
1897		30	***2–21*** 讃岐鉄道会社，丸亀・高松間を開業。***11–20*** 讃岐紡績会社(坂出)が創業開始。
1898		31	***3–29*** 乗合馬車，高松・長尾間に開通。***4–1*** 県立工芸学校が創立。***10–3*** 善通寺第十一師団長に乃木希典が就任。
1899		32	***4–1*** 丸亀に市制を施行。***7–1*** 香川県で府県制・郡制を施行。
1900		33	***4–22*** 高松築港落成式を挙行。***4–*** 讃岐汽船会社設立。岡山・小豆島・高松の連絡航路を開業。
1901		34	***4–27*** 政友会香川支部の発会式を開催。***9–*** 県農会が設立。
1902		35	***4–11*** 高松市で第8回関西府県聯合共進会を開催。***5–1*** 丸亀市で団扇竹細工競技会を開催。
1903		36	***3–18*** 山陽汽船会社，岡山・高松間，尾道・多度津間の航路を開設。***6–13*** 高松汽船会社，高松・神戸・大阪間に航路を開設。
1904		37	***6–1*** 県庁と各郡役所間に電話架設。***12–1*** 山陽鉄道会社，讃岐鉄道会社を合併。
1905		38	***1–4*** 高松で旅順陥落祝賀会がもよおされた。***2–10*** 県教育会図書館が開館(菊池寛，閲覧券第1号を入手)。***4–*** 大倉桃郎，『琵琶歌』を刊行。***7–16*** 金刀比羅宮宝物館開館。***9–3*** 高松で講和条約反対県民大会。
1906		39	***5–12*** 県，市町村に対し稲田正条植を訓令。***8–21*** 県博物館を県物産陳列所と改称。***12–5*** 高松市内電話加入者の電話番号が決定。
1907		40	***3–17*** 県，米穀検査開始を告諭。
1908		41	***3–1*** 高松で教育勅語の奉読を目的とする思徳会が成立。***4–1*** 義務教育年限を4年から6年に延長。***11–15*** 小豆島でオリーブを試作。
1909		42	***6–*** 教育勅語並びに戊申詔書を奉読する目的の香川斯民会が結成。
1910		43	***3–*** 県，勧業七年計画を策定。***6–12*** 連絡船，高松・宇野間に就航。
1911		44	***11–18*** 東讃電気軌道会社，高松今橋・志度間に電車を開通。
1912		45	***4–30*** 高松電気軌道会社，高松出晴・長尾間に電車を開通。***10–23*** 四国水力電気会社の三縄発電所が竣工。
1913	大正	2	***1–13*** 憲政擁護県民大会，高松で開催。香川県同志記者会が発足。***2–11*** 立憲青年会が発足。***4–18*** 犬養毅・尾崎行雄を招いて高松・坂出で憲政擁護大演説会開催。***12–20*** 多度津・観音寺間の鉄道が開通。
1914		3	***3–8*** 高松電気軌道栗林線の電車が開業。***7–31*** 讃岐自動車商会，長尾・

			津田間の乗合自動車を開業。この年，前川正一ら，雄弁会を結成。
1915	大正	4	***4-22*** 東讃電気軌道の今橋・栗林公園間が開通。***4-*** 高松で最初の日の出タクシーが開業。***8-19*** 第1回全国中等学校野球大会に高松中学が出場，京都二中に敗退。***9-18*** 主基斎田の抜穂式を行う。
1916		5	***4-1*** 観音寺・川之江間の鉄道が開通。***8-17*** 高松商業，第2回全国中等学校野球大会で全国優勝。***9-5*** 四国水力，東讃電気軌道を合併して，四国水力屋島遊覧電車と改称。
1917		6	***1-*** 菊池寛，戯曲『父帰る』を発表。***5-20*** 四国水力，栗林公園・高松駅間に市内電車を開業。***10-1*** 三菱直島精錬所が開設。***10-5*** 明星派の歌人香川不抱死去。
1918		7	***4-4*** 讃岐紡績会社，倉敷紡績会社に合併。***8-9*** 潟元・木太塩田浜子のストライキ。***8-14*** 高松市内で米騒動発生。
1919		8	***4-21*** 香川自動車会社，高松・穴吹間に乗合自動車を開業(***9-11*** 高松・徳島市間を開業)。***12-14*** 寒霞渓遊覧定期乗合自動車が開通。この年，黒島傳治，『軍隊日記』を綴る。
1920		9	***1-*** 屋島を県立公園に指定。***10-1*** 第1回国勢調査。香川県の人口67万7852人，世帯数14万5252。
1921		10	***6-19*** 高松雄弁会の前川正一ら，津田町小作争議支援の演説会を行う。***11-2*** 高松市上水道工事の通水式を行う。
1922		11	***2-4*** 香川県普選期成同盟会の主催する普選促進演説会が高松市で開催。***3-3*** 栗林公園が名勝に指定。***4-9*** 日本農民組合の創立大会に前川正一が参加。***10-5*** 安松九一，長尾町で日農支部を結成。***10-22*** 琴平参宮電鉄，丸亀・善通寺間の電車を開通。
1923		12	***2-23*** 普選即行の演説会，高松劇場で開催。***2-*** 日農伏石支部が結成され，小作料減免を要求。***6-1*** 日農香川県連合会の結成(支部数49，組合員数2251人)。***7-27*** 琴平参宮電鉄の善通寺・琴平間が開通。
1924		13	***3-30*** 高松百十四銀行，高松銀行を合併。***7-11*** 香川県水平社，結成大会を開催。***11-29*** 太田村伏石の小作争議で地主の稲立毛を農民側が刈取りを断行，刑事事件に発展(***12-4*** 農民が検挙される〈伏石事件〉)。
1925		14	***6-10*** 小作争議の激化に対抗して地主側が讃岐土地株式会社を設立。***9-7*** 伏石事件で高松地裁の判決。***11-4*** 金蔵寺事件が発生。
1926		15	***7-3*** 労働農民党香川県支部連合会の発会式。***12-27*** 琴平銀行休業。
1927	昭和	2	***3-15*** 琴平電鉄，高松・琴平間の電車を全面開通。***4-20*** 三土忠造，田中義一内閣の文部大臣に，***6-2*** 大蔵大臣になる。***6-1*** 土器事件発生。***9-25*** 普選による初の県会議員選挙(労農党から4人当選)。
1928		3	***2-20*** 普選による初の衆議院議員選挙。***2-22*** 朝倉菊雄・宮井進一，検挙される。4月7日までに日農香川県連傘下の118支部はすべて解散。***3-20*** 高松市主催の全国産業博覧会が玉藻公園で開催。
1929		4	***4-21*** 屋島にケーブルカーが開通。***4-28*** 讃岐財田・阿波池田間の鉄道が開通。***11-12*** 塩江温泉鉄道のガソリンカーが開通。
1930		5	***4-7*** 琴平急行電鉄，坂出・琴平間を開業。***8-30*** 高松小唄発表会。
1931		6	***2-15*** 八栗山ケーブルカーが開通。***3-17*** 三越高松支店が開業。
1932		7	***9-14*** 時局匡救の臨時県会，農村振興土木費補助規程を定める。
1933		8	***3-3*** 高松高等商業学校学生らコップ香川地方協議会のメンバー，一斉

		に検挙される(高松八・三・三事件)。*6-3* 高松地方裁判所，結婚問題に関して差別裁判の判決。
1934	昭和 9	*3-16* 瀬戸内海を国立公園に指定。*8-30* 日照りが108日にわたり各市町村で一斉に雨乞い祈願。*9-21* 室戸台風で大被害。
1935	10	*9-25* 県会議員選挙で平野市太郎，大林千太郎らが当選。
1936	11	*2-* 満州農業移民として県下から初めて2人が出発。*11-3* 作家中河与一，沙弥島に柿本人麻呂碑を建立。
1937	12	*4-30* 社会大衆党から前川正一が衆議院議員に当選。*9-23* 国民精神総動員香川県地方実行委員会会則。*12-27* 島木健作『生活の探求』。
1938	13	*1-* ダンスホール，カフェ，喫茶店の閉鎖指令。*1-27* 満蒙開拓青少年義勇軍の先遣隊が出発。*8-4* 繊維製品などの最高販売価格を指定。
1939	14	*2-9* 県，廃品回収価格を通達。*4-1* 各市町村に警防団を設置。*9-13* 坂出実修女学生，軍事訓練を行う。
1940	15	*4-28* 県下の中学校生徒を勤労奉仕に動員。*6-16* 高松市で砂糖の切符配給制実施。*12-26* 大政翼賛会香川地方支部の発会式。
1941	16	*6-1* 高松で防空総合訓練。*9-* 旅客用自動車に木炭車が出現。
1942	17	*2-11* 県翼賛壮年団の結成。
1943	18	*11-20* 高松高等商業学校生の学徒出陣式が行われる。
1944	19	*1-23* 林村に陸軍飛行場の設置が決定。*5-7* 日本放送協会高松放送所開設。*8-8* 大阪からの縁故疎開児童数は6409人。
1945	20	*5-9* 香川県国民義勇隊結成。*7-4* B29，高松市を空襲。*10-28* 連合国軍先遣隊が高松に到着。*12-17* 丸亀新生教育者組合が結成。
1946	21	*1-2* 連合国軍四国軍政府を高松市の徴兵ビルに設置。*3-24* 香川地方労働組合連合会結成。*7-4* 第1回戦災高松市復興祭を開催。*12-21* 南海大地震発生。
1947	22	*4-5* 公選による初の知事選挙で増原恵吉が当選。*5-3* 新制中学校186校が一斉に開校。*5-18* 香川県教員組合結成。
1948	23	*3-7* 国家警察と26の自治体警察が設置。*4-1* 新制高等学校が発足。*11-1* 香川県教育委員会が発足。
1949	24	*3-20* 高松で観光大博覧会が開催。*5-31* 香川大学設置(*7-1* 開校)。
1950	25	*3-13* 昭和天皇，香川県に巡幸。*9-11* 知事選挙で金子正則が当選。
1951	26	*4-1* 四国地方総合開発審議会を設置。*10-1* 21の自治体警察廃止。
1952	27	*2-1* 神島化学工業坂出工場を誘置。*11-24* 屋島山上にエドモンド＝ブランデンの詩碑を建立。
1953	28	*4-13* 県総合開発基本方針を策定。*7-12* 内場ダム建設が竣工。*7-16* 県，臨海工業地帯造成事業第一次計画を発表。*10-6* 県，町村合併促進審議会を設置。*10-22* 第8回国民体育大会，高松などで開催。
1954	29	*4-21* 吉野川総合開発促進協議会が発足。*6-9* 県議会，原水爆使用禁止に関する意見書を可決。
1955	30	*5-11* 紫雲丸，第三宇高丸と衝突して沈没。*7-28* 宮武外骨死去。*8-23* 森永ドライミルク中毒事件が発生(県下の患者数489人)。
1956	31	*3-14* 県総合開発計画書が完成。*9-30* 高松市，周辺15町村を合併。
1957	32	*4-26* 五名ダムが竣工。*10-15* 原水爆禁止香川県協議会が結成。
1958	33	*7-1* 西日本放送テレビが開局。*11-7* 勤評紛争で警察官出動。

1959	昭和	34	***8-31*** 瀬戸大橋架設推進委員会香川県協議会が設立。
1960		35	***4-28*** 四国地方開発促進法が公布。***7-2*** 安保不承認総決起大会，県庁前で行われる。
1961		36	***4-15*** 四国初の急行列車四国号が運行開始。***7-1*** 県農業基本法対策審議会の設置。***8-12*** 宇高国道フェリーが就航。
1962		37	***4-20*** 高松高専が開校。***5-*** 四国地方開発審議会吉野川総合開発部会が発足。***5-9*** 第１回県公害対策協議会を開催。
1963		38	***1-7*** 学力テスト連続３年日本１位の祝賀会を開催。***1-28*** 県，農村改善基本構想を公表。***12-5*** 曼陀トンネルが竣工。
1964		39	***4-1*** 高松・丸亀両市に少年育成センター設置。***9-27*** 五色台スカイラインが竣工。***10-5*** 西日本放送テレビ，カラー放送を開始。***10-8*** 五郷ダム竣工。***10-21*** 番の州工業地帯の第一期造成工事に着手。
1965		40	***2-*** 原水爆禁止香川県民会議結成。***4-*** 早明浦ダム建設に着手。
1966		41	***4-16*** 県文化会館が落成。***8-15*** 彦根城と高松城が姉妹縁組。
1967		42	***3-28*** 府中ダムの貯水式。***4-1*** 県，大気汚染・水質汚濁の実態調査を開始。***7-13～9-13*** 干ばつで高松は水飢饉。
1968		43	***10-23*** 明治百年記念式典開催。***10-24*** 香川用水事業起工式を挙行。
1969		44	***8-1*** 県公害対策審議会設置。***9-30*** 県下最後の蒸気機関車運転。
1970		45	***5-19*** 県教育委員会，五色台教育推進室を設置。***6-17*** 旧金毘羅大芝居，重要文化財に指定。***9-21*** 県，三豊海域へドロ調査を実施。
1971		46	***3-20*** 香川県公害防止条例を制定。***6-4*** 川重坂出造船事業部，60万トンドック建設起工式を挙行。***10-1*** 日中国交回復県民会議が結成。
1972		47	***1-29*** 県下から流下式塩田が消える。***6-6*** 県長期振興計画を策定。***7-18*** 東讃海域に赤潮発生。***8-21*** 雨滝山遺跡群を守る会が結成。
1973		48	***6-1*** 県，中讃地区に初の大気汚染予報を発令。***7-13*** 高松市，異常渇水で第１次給水制限。***8-13*** 内場ダム貯水量ゼロを記録。高松砂漠の異名。***11-3*** 瀬戸内海歴史民俗資料館が開館。
1974		49	***4-13*** 高松・彦根・水戸の３市，親善都市となる。***5-30*** 香川用水の暫定通水式。***9-5*** 前川忠夫，知事に就任。***12-18*** 三菱石油水島製油所で重油流出事故が発生。
1975		50	***4-9*** 国道11号高松南バイパスが開通。***6-11*** 香川用水の本格的通水の開始。***11-10*** 香川用水記念館が完成。
1976		51	***3-29*** 県民福祉総合計画を策定。***4-27*** 旧金毘羅大芝居の復元工事が竣工。***9-11*** 台風17号により小豆島・東讃に集中豪雨の被害発生。
1977		52	***4-*** 県立農業大学校が開校。***4-1*** 県立高松西高校が開校。***8-19*** 引田町沖に赤潮発生。***11-1*** 瀬戸大橋工事に伴う埋蔵文化財発掘調査開始。
1978		53	***9-8*** 高松市文化協会が発足。***10-1*** 国立香川医科大学が創立。***10-10*** 瀬戸大橋起工式。***12-7*** 第１次大平正芳内閣が成立。
1979		54	***2-15*** 高松市新庁舎落成。***11-3*** 県美術工芸研究所が開所。
1980		55	***5-9*** 多度津町に原子力工学試験センターが完成。***8-1*** 高松市などで全国高校総体を開催。***10-1*** 県，初の「訪中青年の翼」を実施。
1981		56	***3-21*** 太陽熱試験発電所を記念して仁尾町で太陽博覧会(～58年***11-***)。***4-*** 第２次県民福祉総合計画を策定。***5-10*** 第１回サンサン祭り，栗林公園で開催。***6-6*** 全国町並ゼミを琴平町で開催。

1982	昭和	57	***4–17*** 高松中央球場が閉場記念式。***6–10*** 四国工業技術試験所で世界初の海水ウラン回収に成功。***7–17*** 生島の県営野球場が竣工。
1983		58	***2–*** 四国横断自動車道建設工事に伴う埋蔵文化財発掘調査開始。***8–24*** 県，香川県西部田園テクノポリス構想を発表。
1984		59	***3–31*** 仁尾町の太陽熱発電プラント，試運転を終了。***10–5*** 県議会，非核三原則をまもる宣言を決議。
1985		60	***6–27*** 旧金毘羅大芝居で「四国こんぴら歌舞伎大芝居」を公演。***12–6*** 国，香川田園テクノポリス開発計画を承認。
1986		61	***4–1*** 香川県身体障害者総合リハビリセンターが落成。***5–14*** 小豆島農村歌舞伎，中山舞台で公演。***9–5*** 平井城一，知事に就任。
1987		62	***3–15*** 香川ルネサンスのつどいを高松中央公園で開催。***4–24*** ミューズホール及びラポールイン高松が落成。***11–10*** 国際赤潮シンポジウムを高松で開催。***12–16*** 四国横断自動車道善通寺・川之江間が開通。
1988		63	***3–20*** 瀬戸大橋博'88四国が開幕。***4–10*** 瀬戸大橋の開通式。***8–6*** 高松市美術館が開館。***9–20*** 香川県民ホールが落成。***12–3*** 香川県置県百年記念式典を挙行。
1989	平成	1	***7–31*** 全国高校総体，四国４県共同で開催。***10–20*** 国営まんのう公園の起工。***12–16*** 新高松空港が開港。
1990		2	***3–4*** 連合香川が発足。***4–29*** 四国のみち完成記念式を挙行。***8–18*** 四国４県で全国中学校選抜体育大会が開催。
1991		3	***4–20*** レオマワールドがオープン。***8–1*** 第15回全国高校総合文化祭が県下で開催。***11–23*** 丸亀市猪熊弦一郎現代美術館が開館。
1992		4	***11–3*** 新設の高松市図書館・菊池寛記念館・高松市歴史資料館が開館。
1993		5	***5–15*** 鴨場，栗林公園に復元。***9–5*** 東四国国体夏季大会が開幕(***10–24*** 秋季大会が開幕)。***11–9*** 豊島の産業廃棄物不法投棄問題で住民が公害調停を申請。
1994		6	***3–30*** サンメッセ香川がオープン。***8–*** 異常渇水で高松まつり中止。
1995		7	***4–1*** 阪神大震災でストップの寝台特急「瀬戸」，74日ぶりに運転再開。***4–5*** 選抜高校野球大会で初出場の観音寺中央高校が全国優勝。***5–26*** 地域伝統芸能フェスティバル「日本のまつり」，高松で開幕。***7–4*** 高松市平和記念室が開室。
1996		8	***9-7*** サンポート高松(高松港頭地区)再開発の土地区画整備事業の起工式を挙行。***11-24*** 宇高連絡船や観光船として親しまれた讃岐丸の終航式。
1997		9	***2-26*** ＪＲ予讃線坂出駅周辺の連続立体交差事業が完成。***4-23*** 百貨店コトデンそごうが開店。***5-14*** 丸亀うちわ，国の伝統的工芸品に指定。***10-1*** 香川大学に工学部設置。***10-25*** 第12回国民文化祭かがわ'97，県下５市23町の会場で開催(～***11-3***)。
1998		10	***4-*** 国営讃岐まんのう公園が開園。***4-*** 滝宮にうどん会館オープン。
1999		11	***4-1*** 高松市が中核都市に移行。***11-*** 香川県歴史博物館が開館。
2000		12	***3-31*** 香川県農協が発足。***6-*** 豊島産業廃棄物問題25年ぶりに解決。
2001		13	***3-*** 香川県緑化推進基本計画(みどりの創造プラン)策定。
2002		14	***4-1*** さぬき市が発足。***8-31*** 真鍋武紀知事再選される。
2003		15	***4-1*** 東かがわ市が発足。***4-10*** 瀬戸大橋開通15周年記念式典。
2004		16	***5-20*** シンボルタワーの「サンポートホール高松」開館記念式典。

■ 沿 革 表

1．国・郡沿革表

（2011年 7 月現在）

国名	延喜式	吾妻鏡 その他	郡名考・天保郷帳	郡区編制	現在 郡	現在 市
讃岐	大《お》　内《ほち》	大　内	大《お》　内《ほち》	大　内	大川郡《おおかわ》	東かがわ市 さぬき市
	寒《さむ》　川《かは》	寒　川	寒《さん》　川《がは》	寒　川		
	三《み》　木《き》	三　木	三《み》　木《き》	三　木	木《き》田《た》郡	
	山《やま》　田《た》	山　田	山《やま》　田《だ》	山　田		
	香《か》　川《かは》	香川 香東 香西	香《か》　川《がは》	香　川	香川《かがわ》郡	高松市
	阿《あ》　野《や》	阿野 南條 北條	阿《あ》　野《や》	阿　野	綾歌《あやうた》郡	坂出市
	鵜《う》　足《たり》	鵜　足 宇　足	鵜《う》　足《た》	鵜　足		
	那《な》　珂《か》	那　珂 仲	那《な》　珂《か》	那　珂	仲多度《なかたど》郡	丸亀市 善通寺市
	多《た》　度《と》	多　度 多　渡	多《た》　度《ど》	多　度		
	三《み》　野《の》	三　野	三《み》　野《の》	三　野	三豊《みとよ》郡	三豊市 観音寺市
	刈《かっ》　田《た》	豊　田	豊《とよ》　田《た》	豊　田		
			小豆島《しょうどしま》	小　豆	小豆《しょうず》郡	

2．市・郡沿革表

（2011年 7 月現在）

高《たか》松《まつ》市

明治23年 2 月15日　市制施行

内町・東浜町・新材木町・通町・本町・上横《かみよこ》町・下横町・北浜材木町・鶴屋町・魚屋町・内磨屋《うちとぎや》町・工《たくみ》町・浜ノ丁・天神前・南鍛冶屋町・北亀井町・南亀井町・西瓦町・東瓦町・田町・中新町・新瓦町・南新町・旅籠《はたご》町・西通町・兵庫町・丸亀町・古新町・外磨屋町・南紺屋町・一番丁・二番丁・三番丁・四番丁・五番丁・六番丁・七番丁・八番丁・九番丁・十番丁・西新通町・西浜町・木蔵《きくら》町・塩屋町・片原町・百間町・大工町・桶屋町・野方《のかた》町・今新町・七十間町・御坊町・新通町・井口町・新塩屋町・築地町・福田町・北古馬場町・古馬場町・十番長屋・瓦焼・

樋ノ上《といのうえ》

大正３年５月１日　宮脇村を合併

大正10年１月１日　東浜村を合併

大正10年11月１日　栗林村を合併

昭和15年２月11日　鷺田《さぎた》村・太田村・古高松村・屋島町（大正９年１月１日，潟元《かたもと》村を屋島村と改称。昭和８年４月１日，町制施行）・木太村を合併

昭和29年４月１日　一宮村大字鹿角の一部を編入

昭和31年９月30日　前田村・川添村・林村・三谷村・多肥《たひ》村・仏生山町（明治31年２月15日，百相《もまい》村と多肥村大字出作が合併して仏生山町と改称，町制施行）・一宮村・円座村・檀紙村・川岡村・弦打《つるうち》村・上笠居村・香西町（大正４年２月11日，中笠居村を改称，町制施行）・下笠居村・雌雄島村を合併

昭和33年４月１日　香川町寺井地区中部を編入

昭和41年７月１日　山田町（昭和30年４月１日，川島町〈大正11年４月１日，坂ノ上《さかのうえ》村を改称，町制施行〉・十河《そがわ》村・東植田村・西植田村が合併，町制施行）を合併

平成17年９月26日　香川郡塩江《しおのえ》町(明治23年２月15日，村制施行，昭和31年９月30日，塩江村〈大正７年４月３日，安原上東村を改称〉・安原村・上西村〈昭和26年４月１日，安原上西村を改称〉が合併，町制施行，塩江町となる，昭和31年10月25日，字東谷・字安原下の各一部を分離，香川町へ編入)を編入

平成18年１月10日　木田郡牟礼《むれ》町(明治23年２月15日，村制施行，昭和37年１月１日，町制施行)・庵治《あじ》町(明治23年２月15日，村制施行，昭和43年４月１日，町制施行)・香川郡香川《かがわ》町(明治23年２月15日，村制施行，昭和30年４月１日，浅野村・川東村・大野村が合併，町制施行，香川町となる，昭和31年９月５日，寺井地区北部を分離，一宮村へ編入，昭和31年10月25日，塩江町字東谷・字安原下の各一部を編入，昭和33年４月１日，寺井地区中部を分離，高松市へ編入)・香南《こうなん》町(明治23年２月15日，村制施行，昭和31年９月30日，池西村・由佐村が合併，町制施行，香南町となる)・綾歌郡国分寺《こくぶんじ》町(明治23年２月15日，村制施行，昭和30年３月20日，瑞岡村・山内村が合併，町制施行，国分寺町となる)を編入

丸《まる》　亀《がめ》　市

明治23年２月15日　町制施行

御供所《ごぶしょ》町・北平山町・西平山町・瓦町・風袋《ふるたい》町・葭《かや》町・米屋町・松屋町・魚屋町・宗古町・通町・富屋《とみや》町・塩飽町・南条町・横町・浜町・福島町・一番丁・二番丁・三番丁・四番丁・五番丁・六番丁・七番丁・八番丁・九番丁・十番丁・中府《なかぶ》村・地方《じかた》村・土居村・津森《つのもり》村字三軒家

明治32年４月１日　市制施行

大正６年６月１日　六郷村を合併

昭和26年４月１日　南村を合併

昭和29年３月31日　川西村・本島村を合併

昭和29年５月３日　上器村を合併

昭和29年10月17日　郡家《ぐんげ》村を合併

昭和30年３月10日　善通寺市原田町および金蔵寺町の一部を編入

昭和30年５月３日　飯野《いいの》村の一部を合併
昭和33年５月１日　垂水《たるみ》村・広島村を合併
昭和34年４月１日　宇多津町大字東分の一部を編入
平成17年３月22日　綾歌郡綾歌《あやうた》町(明治23年２月15日，村制施行，昭和34年４月１日，久《く》万玉《またま》村〈昭和26年４月１日，富熊《とみくま》村・栗熊村が合併，久栄村となる。同日，久万玉村と改称〉・岡田村が合併，町制施行，綾歌町となる)・飯山《はんざん》町(明治23年２月15日，村制施行，昭和31年８月１日，法勲寺《ほうくんじ》村・坂本村が合併，町制施行，飯山町となる，昭和42年１月１日，東坂元字北谷の一部を分離，坂出市へ編入)を編入

坂《さか》出《いで》市

明治23年２月15日　町制施行
昭和11年６月１日　金山村を合併
昭和11年９月１日　西庄《にしのしょう》村を合併
昭和17年７月１日　林田村を合併，市制施行
昭和26年４月１日　加茂村を合併
昭和28年４月１日　与島村を合併
昭和29年４月１日　府中村を合併
昭和30年１月１日　川津村の一部を合併
昭和31年７月１日　松山村・王越村を合併
昭和42年１月１日　飯山町東坂元字北谷の一部を編入

善《ぜん》通《つう》寺《じ》市

明治23年２月15日　村制施行
明治34年11月３日　善通寺村・吉田村・麻野村が合併，町制施行，善通寺町となる
昭和29年３月31日　善通寺町・吉原村・筆岡村・竜川村・与北村が合併，市制施行，善通寺市となる
昭和30年３月10日　原田町および金蔵寺町の一部を分離，丸亀市に編入
昭和33年３月31日　象郷《ぞうごう》村大字下櫛梨《しもぐしなし》の一部を編入

観《かん》音《おん》寺《じ》市

明治23年２月15日　町制施行
昭和24年１月１日　伊吹村を分離
昭和30年１月１日　観音寺町・柞田村・高室村・常磐村が合併，市制施行，観音寺市となる
昭和30年４月10日　粟井《あわい》村・豊田村・紀伊村大字木之郷を合併
昭和31年９月30日　一ノ谷村・伊吹村を合併
平成17年10月11日　三豊郡大野原《おおのはら》町(明治23年２月15日，村制施行，昭和30年２月11日，大野原村〈昭和４年４月1日，中姫村と合併〉・五郷村・萩原村が合併，町制施行，大野原村となる，昭和30年４月10日，紀伊村〈大字木之郷を除く〉を合併)・豊浜《とよはま》町(明治23年２月15日，村制施行，明治31年２月11日，町制施行，姫之江村を豊

浜町と改称，昭和30年4月1日，豊浜町・和田村が合併，豊浜町となる)を編入

さぬき市

明治23年2月15日　寒川《さんがわ》郡津田村・鶴羽《つるわ》村・松尾村・富田村・志度村・小田村・鴨部下《かべしもの》庄《しょう》村・鴨部《かべ》村・石田村・神前《かんざき》村・長尾村・奥山村・造田村に村制施行

明治31年2月11日　津田村・志度村にそれぞれ町制を施行，津田町・志度町となる

大正4年11月10日　長尾村に町制を施行，長尾町となる

昭和30年1月1日　志度町・小田村・鴨庄《かもしょう》村（大正5年1月1日，鴨部下庄村を改称）が合併，志度町となる

昭和30年4月1日　長尾町・多和村（大正8年1月1日，奥山村を改称）が合併，長尾町となる

昭和30年4月15日　松尾村・富田村が合併，大川村となる

昭和30年7月1日　石田村・神前村が合併，寒川村となる

昭和31年9月8日　津田町・鶴羽村が合併，津田町となる

昭和31年9月16日　長尾町・造田村が合併，長尾町となる

昭和31年9月30日　志度町・鴨部村が合併，志度町となる

昭和34年11月1日　長尾町に三木町大字井戸昭和地区を編入

昭和36年9月1日　大川村・寒川村にそれぞれ町制を施行，大川町・寒川町となる

平成14年4月1日　津田町・大川町・志度町・寒川町・長尾町が合併，市制施行，さぬき市となる

東《ひがし》かがわ市

明治23年2月15日　大内郡引田《ひけた》村・小海《おうみ》村・相生《あいおい》村・白鳥村・福栄《ふくえ》村・松原村・五名山《ごみょうやま》村・誉水《よみず》村・丹生《にぶ》村・三本松村に村制施行

明治31年2月11日　三本松村に町制施行，三本松町となる

明治41年1月1日　松原村に町制施行，白鳥本町となる

明治42年10月1日　引田村に町制施行，引田町となる

昭和29年4月1日　誉水村・丹生村が合併，大内《おおち》町となる

昭和30年3月15日　大内町・三本松町が合併，大内町となる

昭和30年4月1日　引田町・小海村・相生村が合併，引田町となる

昭和30年7月1日　白鳥本町・白鳥村・福栄村・五名村（大正12年4月1日，五名山村を改称）が合併，白鳥町となる

平成15年4月1日　引田町・白鳥町・大内町が合併，市制施行，東かがわ市となる

三《み》豊《とよ》市《し》

平成18年1月1日　三豊郡高瀬《たかせ》町(明治23年2月15日，村制施行，昭和30年3月31日，勝間村・麻村・二ノ宮村・上高瀬村・比地二《ひじふた》村が合併，町制施行，高瀬町となる)・山本《やまもと》町(明治23年2月15日，村制施行，昭和30年4月1日，財田大野村・神田《こうだ》村・辻村・河内《こうち》村が合併，山本村となる，昭和32年11月3日，町制施行)・三野《みの》町(明治23年2月15日，村制施行，昭和30年4月1日，吉津村・下高瀬村・大見村が合併，三野村となる，昭和36年9月1日，町制施行)・豊中《とよなか》町(明治23年2月15日，村制

施行，昭和30年３月31日，桑山村・笠田村・本山村・比地大《ひじだい》村・上高野村が合併，豊中村となる，昭和32年１月１日，町制施行）・詫間《たくま》町（明治23年２月15日，村制施行，昭和17年４月15日，町制施行，昭和30年４月１日，詫間町・荘内村・粟島《あわしま》村が合併，詫間町となる）・仁尾《にお》町（明治23年２月15日，村制施行，大正13年４月１日，町制施行）・財田《さいた》町（明治23年２月15日，村制施行，昭和45年２月15日，町制施行）が合併，市制施行，三豊市となる

小豆《しょうず》郡

土庄町《とのしょうちょう》　明治23年２月15日　村制施行

明治31年２月11日　町制施行

昭和30年４月１日　土庄町・渕崎村・大鐸《おおぬで》村・北浦村・四海《しかい》村・豊島《てしま》村が合併，土庄町となる

昭和32年７月１日　大部《おおべ》村を合併

小豆島町《しょうどしま》　平成18年３月21日　小豆郡内海《うちのみ》町（明治23年２月15日，村制施行，昭和26年４月１日，草壁町〈大正６年１月１日，町制施行〉・安田村・苗羽《のうま》村・坂手村・西村が合併，内海町となる，昭和32年３月31日，福田村を合併）・池田《いけだ》町（明治23年２月15日，村制施行，昭和４年５月５日，町制施行，昭和29年10月１日，池田町・二生《にぶ》村・三都《みと》村が合併，池田町となる）を合併，町制施行，小豆島町となる

木田《きた》郡

三木町《みきちょう》　明治23年２月15日　村制施行

昭和29年10月１日　平井町（大正８年４月１日，町制施行）・神山村（昭和16年１月奥鹿《おくしか》村を改称）・田中村・氷上《ひかみ》村・下高岡村が合併，三木町となる

昭和31年９月30日　井戸村を合併

昭和34年11月１日　大字井戸昭和地区を分離，長尾町へ編入

香川《かがわ》郡

直島町《なおしまちょう》　明治23年２月15日　村制施行

昭和29年４月１日　町制施行

綾歌《あやうた》郡

宇多津町《うたづちょう》　明治23年２月15日　村制施行

明治31年２月11日　町制施行

昭和30年５月３日　飯野《いいの》村の一部を編入

昭和34年４月１日　大字東分の一部を分離，丸亀市へ編入

綾川町《あやかわちょう》　平成18年３月21日　綾歌郡綾上《あやかみ》町（明治23年２月15日，村制施行，昭和29年４月１日，山田村・羽床上《はゆかかみ》村・枌所《そぎしょ》村・西分《にしぶん》村が合併，綾上村となる，昭和37年２月１日，町制施行）・綾南《りょうなん》町（明治23年２月15日，村制施行，昭和29年４月１日，滝宮《たきのみや》村・陶《すえ》村・昭和村〈昭和４年４月，千疋《せんびき》村・畑田村が合併〉・羽床《はゆか》村が合併，町制施行，綾南町となる）を合

併，町制施行，綾川町となる

仲《なか》多《た》度《ど》郡

琴《こと》平《ひら》町《ちょう》　明治23年２月15日　町制施行

昭和30年４月１日　琴平町・榎井《えない》村が合併，琴平町となる

昭和31年３月31日　満濃町五条地区西区を編入

昭和32年10月10日　満濃町五条地区東区を編入

昭和33年３月31日　象郷《ぞうごう》村（大字下櫛梨の一部を除く）を合併

多度津町《たどつちょう》　明治23年２月15日　町制施行

昭和17年５月10日　多度津町・豊原村が合併，多度津町となる

昭和29年５月３日　多度津町・白方《しらかた》村・四箇《しか》村が合併，多度津町となる

昭和31年９月30日　高見島村・佐柳島《さなぎじま》村を合併

まんのう町《ちょう》　平成18年３月20日　仲多度郡琴南《ことなみ》町(明治23年２月15日，村制施行，昭和31年９月29日，美合《みあい》村・造田村が合併，琴南村となる，昭和32年11月１日，綾歌郡より仲多度郡へ編入，昭和37年４月１日，町制施行)・満濃《まんのう》町(明治23年２月15日，村制施行，昭和30年４月１日，神野《かんの》村・吉野村・四条村が合併・町制施行，満濃町となる，昭和30年７月１日，高篠村を合併，昭和31年３月31日，五条地区西区を分離，琴平町へ編入，昭和31年９月30日，長炭村を合併，昭和32年10月10日，五条地区東区を分離，琴平町へ編入，昭和3２年11月１日，綾歌郡より仲多度郡へ編入)・仲南《ちゅうなん》町(明治23年２月15日，村制施行，昭和30年４月１日，七箇《しちか》村・十郷《そごう》村が合併，仲南村となる，昭和45年１月１日，町制施行)を合併，町制施行，まんのう町となる

■ 祭礼・行事

（2011年7月現在）

〔1月〕

1　**金刀比羅宮《ことひらぐう》元旦祭**　➔仲多度《なかたど》郡琴平町・金刀比羅宮（JR土讃線琴平駅下車30分）
大晦日《おおみそか》に除夜の鐘を聞いてから，家内安全・無病息災を願う初詣《はつもうで》客が，各地の社寺を訪れる。金刀比羅宮へは20万人を超すといわれる。初日の出を拝む行事は，五色台山項・屋島《やしま》山上・大麻山《おおきやま》・聖通寺《しょうつうじ》山・大坂峠・志度《しど》大串《おおぐし》公園・雨滝《あめたき》山・丸亀城など各所で行われる。

1　**八坂《やさか》神社おけら祭**　➔丸亀市飯山町下法軍寺《しもほうぐんじ》・八坂神社（JR予讃線坂出駅から車20分，琴電栗熊駅から車10分）
除夜の鐘が鳴りおわるとはじまる神事。社前に4本の笹竹をたてて注連縄《しめなわ》を張り，なかで火を焚《た》き，紅白の丸い輪をくぐる。流行病や災厄をまぬがれるという。供《そな》え物《もの》の餅《もち》を焼き，もちかえる。

2・7　**長尾寺の三味線《しゃみせん》餅つき・福奪《ふくば》い**　➔さぬき市長尾西・長尾寺（琴電長尾線長尾駅下車5分，JR高徳線造田《ぞうた》駅から車5分）
長尾寺大会陽《だいえよう》は年頭七夜の護摩祈禱《ごまきとう》と民衆へのお守札を投与したのにはじまる。この行事は金剛力《こんごうりき》授与の餅をつくる2日の三味線《しゃみせん》餅つきと，7日の宝木・餅投げ，大鏡餅（総重量150kg）運搬競技からなり，近隣の正月行事となっている。

10　**十日えびす**　➔高松市東浜町蝦子《えびす》・東浜神社（JR高徳線高松駅バス東浜下車15分）
古くから恵比寿《えびす》神社とよばれて，商売繁盛を願う商人の講がいとなまれてきた。誓文払《せいもんばら》いとして，商売上の駆け引きや嘘《うそ》をついた罪の祓い，神罰からの赦免を願う。

中旬日曜日　**櫃石《ひついし》百々手祭《ももてまつり》**　➔坂出市櫃石島《ひついしじま》・王子神社境内（バス瀬戸大橋線櫃石下車〈坂出駅から40分，児島駅から20分〉）
年のはじめに島の豊作祈願と悪魔払いのために，11人の若衆が袴《はかま》姿で白紙に角形の的に弓射を行う祭り。弓射がおわると射子たちは島中をかけめぐる。

25　**滝宮《たきのみや》天満宮お初天神**　➔綾歌郡綾川《あやかわ》町・滝宮天満宮（琴電琴平線滝宮駅下車5分）
正月のあいだ飾った注連縄や，古くなったお札の御《お》たき上げを行う。みかん焼きの行事やぜんざいなどの接待がある。

〔2月〕

3　**田村神社節分《せつぶん》祭**　➔高松市一宮《いちのみや》町・田村神社（琴電琴平線一宮駅下車10分）
厄除《やくよ》け開運の御祈禱《ごきとう》に多数の参詣がある。特設した舞台から年男の豆まき，餅投げのほか，福引きやぜんざいの接待がある。夕方鬼追い・神楽の奉納がある。

下旬　**善通寺はだか祭り**　➡善通寺市総本山・善通寺伽藍《がらん》境内（JR土讃線善通寺駅下車20分）

春をつげる真言宗の主要行事。大会陽の法要，宝木奉投は千数百人のはだかの男が雌雄2本の宝木を奪いあう。翌日は力餅競走・稲穂投げなどがある。

〔3月〕

旧暦2月1日に近い日曜日　**生里《なり》百手《ももて》祭**　➡三豊《みとよ》市詫間《たくま》町・三宝荒神《さんぼうこうじん》神社境内（JR予讃線詫間駅バス生里行終点下車5分）

安永3（1774）年から伝わる古式「百手作法」にのっとり，漁業繁栄・五穀《ごこく》豊穣《ほうじょう》・家内安全を地域をあげて祈る行事。詫間町では生里のほか，大浜・粟島でも弓射の百手祭が行われる。県指定無形民俗文化財。

旧2月15　**法然寺《ほうねんじ》のおねはん**　➡高松市仏生山《ぶっしょうざん》町・法然寺（琴電琴平線仏生山駅下車20分）

お釈迦さまのご命日のこの日，法然寺の寝釈迦像《ねじゃかぞう》のご開帳がある。稚児《ちご》行列を繰りだして練り供養が行われ，植木市や露店がならび，多くの参詣者がでる。

21　**どぶろくまつり**　➡三豊市豊中《とよなか》町・宇賀《うが》神社境内（JR予讃線本山駅から車10分，四国横断自動車道さぬき豊中ＩＣから車5分）

珍しい御神酒《おみき》の“どぶろく”が参拝者にもふるまわれる。祭りの20日前に仕込み，口あけの儀式のあと神前にそなえて当屋振舞《とうやぶるまい》がある。無病息災・五穀豊穣を祈願する。

〔4月〕

10　**桜花祭《おうかさい》**　➡仲多度郡琴平町・金刀比羅宮（JR土讃線琴平駅下車30分）

桜の満開のころ，金刀羅宮の祭員・舞人・巫女《みこ》が，祭儀用品に桜の花をつけて境内を練りあるく。秋の紅葉祭と並んで，優美温雅な神事として参詣者が多い。

第2日曜日　**鎮花《はなしずめ》の祭**　➡さぬき市長尾名亀鶴《きかく》公園・宇佐神社（琴電長尾駅から車5分）

散る花に無病息災を祈る「厄払い」の神事。桜のトンネルの下を，時代衣装をまとった行列が優雅な平安絵巻を繰り広げる。

23・24　**そばくらさん**　➡高松市一宮町・田村神社素婆倶羅《そばくら》大明神（琴電琴平線一宮駅下車10分）

素婆倶羅大明神は医薬と病気を司るといわれる少彦名命《すくなひこなのみこと》を主神として，女・子どもの守り神としての信仰がある。秋9月23・24日にも祭りがある。

24　**うそかえ神事**　➡綾歌郡綾川町・滝宮天満宮（琴電琴平線滝宮駅下車5分）

天満宮境内で老若男女が，「かえましょう」とよびかけて「うそ」（木製の鳥を模したもの）を互いに交換する。罪や悪事が祓いきよめられ，吉兆を招くといわれる。

〔5月〕

2・3　**石清尾《いわせお》市立祭**　➡高松市・石清尾八幡神社（JR高徳線栗林公園北口駅

下車５分）
足利《あしかが》幕府管領《かんれい》細川右馬頭頼之《うまのかみよりゆき》が伊予の河野氏を討ったとき，石清尾八幡神社に立願成就を感謝してはじまった祭り。多数の高松市民の参詣がある。

3　**肥土山《ひとやま》農村歌舞伎公演**　➡小豆郡《しょうず》土庄《とのしょう》町・肥土山離宮八幡神社境内（土庄港からバス大鐸《おおぬで》線肥土山下車７分）
貞享３（1686）年溜池《ためいけ》の完成を喜んで，「ところ芝居」を演じてから300年の伝統をもつ農村歌舞伎。舞台は国重要有形民俗文化財。

3　**造田《ぞうた》神社釜《かま》鳴り神事**　➡さぬき市造田是弘・造田神社（JR高徳線造田駅下車10分，高松自動車道志度ＩＣから車10分）
籾播《もみま》き前に豊饒を祈願して，本殿西側の井戸のところに設けられた祭壇の，３基の窯に火入れをし，釜の鳴り方で豊作を占う祭り。

3～5　**白鳥《しろとり》だんじり歌舞伎**　➡東かがわ市松原・白鳥神社境内（JR高徳線讃岐白鳥駅下車５分，バス白鳥神社前下車）
だんじり（山車）を舞台に子どもが歌舞伎を演じる。一時途絶えていた江戸時代からの伝統の「だんじり芸」が，近年復活した。

5　**金刀比羅宮蹴鞠《けまり》**　➡仲多度郡琴平町・金刀比羅宮表書院前庭（JR土讃線琴平駅下車30分）
蹴鞠は現在京都と金刀比羅宮だけでしか行われていない。５月５日，７月７日，12月下旬の３回，伝統の典雅な遊びが見学できる。県指定無形民俗文化財。

7・8　**田村神社のお蚊帳《かちょう》たれ神事**　➡高松市一宮町・田村神社（琴電琴平線一宮駅下車10分）
田の神去来の信仰による神迎えの神事で，ご神幸のあと大きな蚊帳《かや》がそなえられる。この日から民家では蚊帳をつるした。10月８日にはお蚊帳あげ神事が行われる。

18　**春日《かすが》川の灌頂市《かんじょういち》**　➡高松市・春日橋付近の川原（JR高徳線高松駅バス庵治《あじ》行春日川下車３分）
春日川では数日の間隔をおいて川をさかのぼり，川筋の要所で施餓鬼《せがき》供養が行われて川市がたつ。植木・農具・日用品・雑貨などの露店が並ぶ。

〔６月〕

1　**宝円寺《ほうえんじ》の春市**　➡さぬき市長尾東・宝円寺（JR高松駅大川バス引田・田面行清水《しみず》下車２分，JR高徳線造田駅から車５分）
東讃岐の春市の最後の市というので，植木・苗・農具などの露店が並び，夜おそくまでにぎわう。もともとは，同寺にある二十四輩《にじゅうよはい》さんのための市立ちであった。

中旬　**満濃池《まんのういけ》のゆる抜き**　➡仲多度郡まんのう町・満濃池堤防（JR土讃線琴平駅から車15分，バス春日・塩入行満濃口下車10分）
日本一のため池「満濃池」は，６月中旬から毎秒４㎥の農業用水が放出され，一斉に田植えがはじまる。満々と水をたたえた自然の雄大さ，放出の壮烈さ

が満喫できる。

下旬　**主基斎田《すきさいでん》お田植まつり**　➔綾歌郡綾川町・主基斎田跡地（琴電陶《すえ》駅町営バス南山下車１分，高松から車30分）

大嘗祭《だいじょうさい》のための穀物を供納する斎田には，主基と悠紀の２カ所があるが，この地は大正天皇即位のとき主基斎田に勅定された。古式ゆかしい当時の田植えを再現する。

〔７月〕

２　**虫送り**　➔小豆郡土庄町・肥土山離宮八幡神社境内（土庄港からバス大鐸線肥土山下車７分）

肥土山に300年前から伝わる稲虫退治の行事で，太陽から採った火を多聞寺の仏前や虫塚にそなえて豊作と害虫駆除を祈願する。夕暮に火手のゆらぐ光景が美しい。

上旬　**豊稔池《ほうねんいけ》ゆるぬき**　➔観音寺市大野原町・豊稔池（JR 土讃線観音寺駅から車20分，高松自動車道大野原ＩＣから15分）

中世ヨーロッパの古城を思わせる豊稔池は，日本唯一の石積みアーチダムとしてその偉容と風格は広く知られている。ダムから水が放流される景観がみごとである。

16　**志度《しど》寺十六度《じじゅうろくど》市《いち》**　➔さぬき市志度・志度寺境内（JR 高徳線志度駅・琴電志度駅下車ともに10分）

海女《あま》の玉取り伝説にちなみ，藤原房前《ふささき》が法華八講を修して菩提《ぼだい》を弔ってから，海女の命日の十六度会に市が立つようになった。古い歴史をもつ，よくにぎわう市である。

中旬　**皇子《おうじ》神社の船まつり**　➔高松市庵治《あじ》町・皇子神社（JR 高松駅琴電バス庵治行庵治漁協前下車５分）

全国でも珍しい夜の船祭り。神社をでた神輿がお練りのあとで，御座船にのせられ，獅子舞《ししまい》やその他をのせた十数隻の船をしたがえて屋島湾をまわる。

最終土・日曜日　**山王宮《さんのうぐう》夏まつり**　➔東かがわ市・馬宿《うまやど》山王宮（JR 高徳線引田駅下車15分）

山王宮から馬宿地区を若衆が引くだんじりが練り歩き，境内へ帰ると，獅子舞のあとで，罪けがれを祓う掛け声とともに，だんじりを投げたり倒したり大活劇を演じる。

旧暦６月14　**大川《たいせん》神社の祭**　➔仲多度郡まんのう町・大川神社（JR 土讃線琴平駅バス美合《みあい》線中通下車約２時間，国道438号 JA 美合支所手前を右折，頂上まで車20分）

標高1043m の大川山《だいせんさん》の頂上にある神社で，獅子舞・奴《やっこ》もでて神輿の渡御がある。大川念仏踊りは，八幡神社・龍王社・天川神社でも行われる。

〔８月〕

１　**ヤッシッシ**　➔小豆郡小豆島町・八幡神社金羅《きんら》明神（坂手港バス坂手線馬木《うまき》下車３分）

この日の夜，金羅明神に奉納されるこっけいな踊り。裸に赤フンドシの男が，手に赤い玉と白いふさ毛のついた毛槍をもって踊る。奴踊りをまねしたものらしい。

4・5　**津嶋神社夏祭り**　➔三豊市三野《みの》町大見・津嶋神社（JR予讃線津島の宮駅下車1分。当駅は夏季大祭の両日のみ開設）

子どもの守り神として有名で，祭りの日にJR津島の宮駅が臨時に設けられる。参拝者は250mの橋を渡って参る。塩飽《しわく》諸島や岡山県からも船で詣でる人もある。

第1日曜日　**権兵衛《ごんべえ》まつり**　➔三豊市豊中町・七義士神社（JR予讃線比地大駅から車5分，高松自動車道さぬき豊中ICから車5分）

寛延3（1750）年の西讃百姓一揆の首謀者大西権兵衛ら7人にちなみ，権兵衛芝居・権兵衛踊り・太鼓の演奏など，慰霊のためのいろいろな催しが行われる。

14　**餓鬼《がき》めし**　➔小豆郡小豆島町・神懸《かんかけ》通別当川の河原（坂手港バス神懸通下車5分）

施餓鬼供養《せがきくよう》の民俗行事。朝早く別当川の河原にカマドをつくり，餓鬼飯を炊いて柿の葉12〜13枚に盛りつけ，家族そろって食べ無縁仏の供養をする。

15　**精霊流し《しょうろうながし》**　➔さぬき市津田町各所（JR高徳線讃岐津田駅下車）

その年に新仏のあった家では，だんご・果物・菓子・花を積んだ精霊舟を海岸から流す。新仏の位牌《いはい》を包んだ風呂敷包みを背にしての精霊踊りも有名である。

20　**大師山《だいしやま》の火祭り**　➔さぬき市大川町・大師山周辺（JR高松駅バス引田線国木下車3分，JR高徳線讃岐津田駅から車7分）

虚空蔵菩薩《こくぞうぼさつ》をまつる山頂一帯の108カ所に設営された供養の火に，午後7時太鼓の合図で一斉に点火する。大国木周辺の家々では，盆の送り火として客を迎える。

21　**天福寺の虫干会**　➔高松市香南町岡・天福寺(JR高松駅バス由佐岩崎線または由佐空港線，岡バス停下車10分)

四国三十六不動霊場のひとつ天福寺は，行基《ぎょうき》菩薩が開き弘法大師が密教の精舎とした由緒あるお寺。年に一度の虫干会には，行基作の薬師如来立像をはじめ、多くの寺宝が一般公開される。

25　**滝宮の念仏踊**　➔綾歌郡綾川町・滝宮神社・滝宮天満宮（琴電琴平線滝宮駅下車7分）

讃岐国司だった菅原道真《すがわらみちざね》の徳を称えて農民が踊ったことに由来する。近郷の踊り組が勢揃いし，太鼓・笛・鉦《かね》・ほら貝などのはやしと，「ナムアミドーヤ」ととなえる歌詞にあわせて踊る。国重要無形民俗文化財。

下旬の日曜日(隔年)　**綾子踊**　➔仲多度郡まんのう町・佐文《さぶみ》加茂神社（JR土讃線琴平駅JRバス中佐文下車1分）

雨乞い踊り。小踊大踊ともに男子が皆振り袖姿で女装して行列をしたて，

笛・鉦・太鼓・鼓《つづみ》の鳴物入りで踊る。国重要無形民俗文化財。

〔9月〕

上旬の土・日曜日　**清少納言《せいしょうなごん》まつり**　➔東かがわ市与治山《よじやま》・与治山神社（JR白鳥駅から車10分）

瀬戸内海播磨灘《はりまなだ》を望む山頂にあり，鎌倉時代末期の少納言忠光の息女をまつった与治山神社の祭。女性の守り神とされ，懐中電灯を手に夜祭りが行われる。

上旬　**ひょうげまつり**　➔高松市香川町・新池《しんいけ》神社（JR高松駅バス塩江線川東下車15分）

新池築造の功労者矢延平六《やのべへいろく》の慰霊にちなみ，高塚山から新池までのあいだを，神輿の渡御と扮装した人がひょうげて練り歩く祭りで有名。県指定有形民俗文化財。

16　**あずき神社の祭**　➔小豆島寒霞渓《かんかけい》山頂・阿豆枳《あずき》神社（寒霞渓ロープウエーで山頂へ，または車で山頂まで30分）

小豆島の最高峰星ケ城・寒霞渓山頂には，大野手比売《ひめ》神をはじめ，小豆島の発展と島民の幸福をまもる神々が国魂神としてまつられており，島中の神主が集まって祈る。

〔10月〕

5　**松熊《まつくま》八幡宮の祭り**　➔綾歌郡綾川町山田下・松熊八幡宮（琴電琴平線陶《すえ》駅町営バス天神下車10分）

祭りの1週間前に大頭屋でシメオロシの行事がある。ニワへ注連《しめ》を張り，どこからもよく見える所へオハケを立てる。祭りには神輿の行列・獅子舞・巫女の舞がある。

6～8　**白鳥神社秋季大祭**　➔東かがわ市・白鳥神社（JR高徳線讃岐白鳥駅下車5分，JR高松駅・高徳線引田駅・三本松駅から大川バス引田線白鳥神社前下車1分）

古くは7日間の祭りであった。奴・神輿の渡御と稚児行列《ちごぎょうれつ》などが行われ，「国姓爺《こくせんや》合戦」にちなむ県指定無形文化財虎頭の舞を含む勇壮な獅子舞が奉納される。

7～9　**木熊野《きぐまの》神社特殊神事**　➔善通寺市・木熊野神社境内（JR土讃線善通寺駅から車10分）

御由留輪《ゆるわ》桶，露払桶，的板，注連縄を奉持し，神職・統本《とうもと》など神幸のおもな役が素裸で禊《みそぎ》を行い，神輿が統本から発輿する古い伝承をもつ神事。県指定無形民俗文化財。

7・8　**鉾《ほこ》八幡宮例大祭**　➔三豊市財田《さいた》町・鉾八幡宮（JR土讃線琴平駅から車20分，JR観音寺駅から車20分）

祭り前の一斉点検は，江戸時代に丸亀藩と多度津藩の寺社奉行のそれの名残といわれる。ちょうさや獅子舞などの多数の奉納物があり，たいへん盛りあがる。

中・下旬　**湯立神楽**《ゆだちかぐら》　➔丸亀市垂水《たるみ》町・垂水神社（JR 丸亀駅から車20分），郡家《ぐんげ》町・神野神社（JR 予讃線丸亀駅から車15分）
湯神楽ともよび，大釜のたぎる熱湯でご幣を湯伏せし湯浴みさせて慰める祭り。午後10時神事がはじまり，神寄せの舞・榊《さかき》の舞・うずめの舞など夜明けまで奉納する。

第１日曜日　**吉津**《よしづ》**八柱**《やつはしら》**神社秋まつり**　➔三豊市三野町吉津・八柱神社（JR 予讃線みの駅から車５分）
五穀豊穣を祈って奉納される吉津夫婦獅子舞は，古流小笠原匍獅子《おがさわらはいじし》の流れをくむもので，寛永年間（1624～44）から伝承されている。県指定無形民俗文化財。

上旬の土・日曜日　**富田神社の祭り**　➔さぬき市大川町・富田神社（JR 高徳線讃岐津田駅から車５分，JR 高松駅バス引田線並松下車15分）
神社には県の保存木の大楠と杉と，農村歌舞伎の桟敷《さじき》の遺構がある。祭りには各地から集まった大獅子・虎獅子など10頭と，奴・お鉄砲・挟箱などの行列が見もの。

上旬の土・日曜日　**菅生**《すがう》**神社の祭り**　➔三豊市山本町・菅生神社（JR 予讃線観音寺駅から車20分）
太鼓台・獅子舞・頭人行列・長刀おどり・里神楽など多彩な民俗芸能がある。社叢は国の天然記念物で，本県唯一のカンザブロウノキをはじめ多数の植物が繁茂。

上旬　**綾南の親子獅子舞**　➔綾歌郡綾川町・春日《かすが》神社と畑田八幡神社（琴電琴平線挿頭丘《かざしがおか》駅下車７～10分）
天保年間（1830～44）から伝承する獅子舞で，春日神社は矢坪《やつぼ》組が，畑田八幡神社は中筋万屋《なかすじよろずや》獅子組が親子獅子舞を演じる。県指定無形民俗文化財。

９～11　**金刀比羅宮例大祭**　➔仲多度郡琴平町・金刀比羅宮（JR 土讃線琴平駅下車30分）
10日夜お頭人《とうにん》様とよばれる稚児が頭人となって，大名行列を思わせる豪華な神輿行列が本宮から785の石段を踏みしめてお旅所へ行幸する。平安絵巻さながらのこの行列を，全国から10万の参拝者が興奮のうちに見物する。

10　**冠纓**《かんえい》**神社秋季大祭**　➔高松市香南町・冠纓神社（JR 予讃線高松駅バス由佐岩崎線・由佐港線由佐下車７分）
全長20m，頭の重さ200kgの雄獅子と，少し小ぶりの雌獅子の２頭の大獅子を，若い衆の勇壮な頭使いによって踊りながら参道を練り歩くのが見もの。

10　**尺経**《しゃっきょう》**獅子舞**　➔東かがわ市横内・誉田《ほんだ》八幡神社（JR 高徳線三本松駅下車25分）
大内町川東地区に伝承する雌雄２頭の獅子舞，18世紀中ごろ当地の大庄屋が，京都で能楽「石橋」を鑑賞し，帰って若者に舞わせたのがはじまり。県指定無形民俗文化財。

第２日曜日　**塚原稲荷**《つかばらいなり》**神社のあばれ神輿**　➔さぬき市長尾西・塚原稲荷神社（琴

電長尾駅から車５分）

本神輿の渡御に随伴して，野菜や野の花で飾ったにわか神輿を，ボロをまとい顔を塗りたくった若い衆がかついで大活劇を演じる。荒っぽさで有名な奇祭。

中旬　**誉田《ほんだ》八幡宮秋祭り**　➔東かがわ市引田・誉田八幡宮（JR 高徳線引田駅下車10分）

投げ奴・御神船・神輿・獅子連が往復２kmの道を練り歩く。長さ６mの樫《かし》の棒の先に鶏の尾羽根をあしらったものを２人１組で投げあう投げ奴は実に勇壮である。

中旬　**産宮《さんのみや》神社秋祭り**　➔さぬき市大川町・産宮神社（JR 高松駅バス田面引田線筒野下車５分，JR 高徳線神前《かんざき》駅から車５分）

安産の神として有名な神社。宵祭りには露店が並ぶ。本祭りには奴・神輿が練り歩く。大獅子は鉦・太鼓・拍子木・曲打がついて舞う。

中旬　**直島《なおしま》八幡宮秋季大祭**　➔香川郡直島町・直島八幡宮（直島港下船５分）

宵祭りに６人乗りの屋台と，４人乗りの大人太鼓・子供太鼓が奉納され，本祭りに神輿・子供樽神輿・太鼓などがでる。猩々《しょうじょう》の舞の神楽もある。

13　**賀茂神社大祭**　➔三豊市仁尾町・賀茂神社（JR 予讃線詫間駅下車10分）

オクジイレにはじまり，オハケオロシ・お膳あげを経て大祭となる。長床《ながとこ》の儀は室町期以来のもの，御神船がでる。県無形民俗文化財。

13～15　**さぬき豊浜ちょうさ祭**　➔観音寺市豊浜町各所（JR 予讃線豊浜駅下車15分）

金糸銀糸の刺繡《ししゅう》で飾られた豪華な太鼓台“ちょうさ”23台が，３日間にわたり八幡神社・神田神社・一宮神社などと場所をかえながら，勇壮にかき競べをする。

14～16　**琴弾《ことひき》八幡御大祭**　➔観音寺市・琴弾八幡宮（JR 予讃線観音寺駅下車15分，高松自動車道大野原ＩＣから北へ約２km）

有明浜の寛永通宝の銭形《ぜにがた》大砂絵はあまりにも有名。祭りには勇壮な奴や７台の太鼓台“ちょうさ”が繰りだして，はなばなしく市内を練りまわる。

15　**内海《うちのみ》八幡神社例祭**　➔小豆郡小豆島町・安田植松馬場（坂手港からバス坂手線安田下車１分）

ふとん５段の太鼓台や，幟《のぼり》さしなどがでる。幟さしは神輿渡御の露払い役で，浴衣《ゆかた》姿の若い衆が８mの大幟をあやつって技を競う。

19～20　**宇夫階《うぶしな》神社秋の大祭**　➔綾歌郡宇多津町・宇夫階神社（JR 予讃線宇多津駅下車東へ10分）

神明造《しんめいづくり》の本殿裏の巨石など古くからの信仰形態を伝える神社。この巨石の前で例祭が行われる。神幸行列があり，太鼓台十数台が繰りだしてはなばなしく練り歩く。

19～20　**田潮《たしお》八幡神社例大祭**　➔丸亀市土器《どき》町・田潮八幡神社（JR 予讃線丸亀駅から車10分）

大勢の若者にかつがれた神輿が，本宮から見物人の待つ土器川のお旅所へゆっくりと練って歩く。神輿が川に着くと，水しぶきも荒く飛び込み豪快に暴れまわる。

〔11月〕

上・中旬　**塩江《しおのえ》もみじまつり**　➔高松市塩江町・塩江自然休養村（JR 高松駅からバスで50分，高松西ＩＣから車30分）

雄大な阿讃山脈の山ふところ。1200年前に発見された温泉郷で，紅葉の錦は実に見事である。期間中手作りの料理で味覚も楽める。

3　**シカシカ踊り**　➔善通寺市・“総本山”善通寺伽藍《がらん》（JR 土讃線善通寺駅下車20分）

太鼓・鐘・笛と，袖をまくった浴衣着の男女の踊り子が中心となる。テンポの遅い島踊り・岡田踊り・一合《いちご》まいたのあとでシカシカ踊りとなる。県指定無形民俗文化財。

10　**紅葉祭《もみじまつ》り**　➔仲多度郡琴平町・金刀比羅宮一円（JR 土讃線琴平駅下車20分）

４月の桜花祭と対をなす金刀比羅宮の起源の古い華麗な祭典で，錦をおりなす紅葉のお山を背景に，古式ゆかしい衣装をまとった舞人や巫女が練り歩く。

下旬　**大坊市《たいぼういち》**　➔三豊市三野町下高瀬・高永山本門寺《ほんもんじ》（JR 予讃線みの駅下車５分）

14世紀に秋山氏によって建立された古刹本門寺の境内で開かれる市。江戸時代から「食物市」ともよばれるが，農工具・金物・瀬戸物・植木などの店もならぶ。

〔12月〕

8　**白鳥神社おみかん焼**　➔東かがわ市・白鳥神社（JR 高徳線讃岐白鳥駅下車５分，バス白鳥神社前下車１分）

使い古した神棚・護符・祭礼用具などを燃やす火で，竹に串ざししたみかんをあぶる。このみかんを食べると１年中風邪《かぜ》をひかず健康に過ごせると信じられている。

14　**義士を偲《しの》ぶ茶会**　➔小豆郡土庄町長浜・長勝寺《ちょうしょうじ》（土庄港からバス四海線長浜下車５分）

播州赤穂《ばんしゅうあこう》の大石内蔵助《くらのすけ》の邸宅を移築したものと伝えられる当寺の客殿で行われる茶会。多くの茶人が義士の名を書いた輪げさをかけて茶を楽しむ。

21　**霜月大師市**　➔小豆郡土庄町西光寺（土庄港下船15分）

１年を締めくくる市。土庄町中央通りから，いちょう通りを抜けて，西光寺の山門まで，たくさんの露店や屋台が並んでにぎわう。

■ 参考文献

【地方史研究の現状と課題】

香川県は明治21（1888）年に全国で最後に成立した県であるが，明治42(1909)年から翌年にかけて『香川県史』6冊をだしており，早くから県史編纂に取り組んでいたといえる。その後昭和12（1937）年に香川県では県史編纂に着手し，収集した史料の一部を『香川叢書』と名付けて刊行することにした。昭和14年から18年にかけて寺社縁起，古記録・近世史料，地誌類などを収録した3冊をだした。以後も古文書類など刊行の予定であったが，太平洋戦争激化のために刊行が中断し，収集した多数の史料が高松空襲によって焼失したのは，実に惜しまれるところである。戦後昭和28年に香川県教育委員会から刊行された『新修香川県史』は，昭和10年代の県史編纂の成果を示すものである。

昭和54年に香川県教育委員会では『香川叢書』の後をつぐ形で『新編香川叢書』5巻（史料篇㈠，同㈡，文芸篇，民俗篇，考古篇）の刊行をはじめたが，これと前後して昭和63年の置県百年の記念事業として，『香川県史』の編纂が知事部局で行われることになり，昭和55年に県史編纂室が設置された。以後平成3(1991）年までに，通史編として「原始・古代」「中世」「近世Ⅰ」「近世Ⅱ」「近代Ⅰ」「近代Ⅱ」「現代」，資料編として「古代・中世史料」「近世史料Ⅰ」「近世史料Ⅱ」「近代・現代史料Ⅰ」「近代・現代史料Ⅱ」「考古」「民俗」「芸文」の全15巻と「索引・総目次」「年表」，普及版として『ふるさと香川の歴史』を刊行した。この県史編纂事業によって香川県の地域史研究は大きく発展した。しかし研究段階としては香川地域史の基礎固めができたところであり，今後は『香川県史』を土台にしてそれぞれの分野で研究を深化させていくことが求められている。

自治体史の編纂のうち市については高松市・坂出市・丸亀市・善通寺市・観音寺市の5市ともに戦後の編纂はおわっている。戦後3度目の市史編纂で平成8年に完結した『新編丸亀市史』（全5巻）は，『香川県史』の成果を基にして，丸亀という地域に根ざした本格的な市史として高く評価される。県都高松市では市史編纂から30年余経っており，県史編纂後の研究水準にかなったあらたな市史の編纂が要請されているといえよう。町については38町すべて戦後の町史編纂はおわっており，2度目の編纂をおえたところも多い。資料編を刊行する町がでてきているのは注目される。

香川県でもっとも早くおかれた県段階の資料館は昭和48年に開館した瀬戸内海歴史民俗資料館である。瀬戸内地域を対象とする広域資料館で，歴史・考古・民俗の分野にわたって活動している。讃岐近世史に関する多くの文書を収蔵している。昭和50年代からの香川県における大規模開発に対処するために，昭和62年に香川県埋蔵文化財調査センターが設置され，埋蔵文化財・考古分野の一大センターとなっている。また平成6年に公文書などの収集・整理・保存のために香川県立文書館が設置された。香川県史編纂の過程で収集された史料類はここで保管・公開されている。平成11年に香川県歴史博物館が開館し，総合展示室で香川の歴

史全体を，また部門展示室で香川県の歴史に特徴的な事柄を展示している。

このように香川県では歴史関係の施設は整備されてきているが，個々の施設の機能強化のためにはその内容の充実や相互の連携がいっそう求められている。また現在市・町段階の歴史資料館が約15カ所あるが，これらを含めた歴史情報ネットワークをつくることが急務である。そして香川地域史研究を今後発展させるためにも，歴史資料の調査・保存を積極的に進めるとともに，今後継続的に県史史料集や雑誌『香川県史研究』を刊行して研究条件をととのえることが望まれるところである。

【通史・事典類】
伊丹正博ほか『香川県の百年』 山川出版社 2003
市原輝士・山本大『香川県の歴史』 山川出版社 1971
市原輝士・宮田忠彦『改訂郷土史事典・香川県』 昌平社 1982
香川清美ほか編『讃岐のため池』 美巧社 1975
香川県漁業史編さん協議会編『香川県漁業史』通史編・資料編 香川県漁業史編さん協議会 1994
香川県師範学校・香川県女子師範学校編『香川県綜合郷土研究』 香川県師範学校 1939
香川県中学校社会科研究会編『郷土歴史人物事典』 第一法規 1978
香川県農業史編纂委員会編『香川県農業史』 香川県農業改良普及会 1977
香川大学学芸学部同窓会編『香川県教育史』 香川大学学芸学部同窓会 1953
香川地方史研究会編『讃岐の歴史』 講談社 1975
香川県の歴史散歩編集委員会編『香川県の歴史散歩』 山川出版社 1996
「角川日本地名大辞典」編纂委員会編『角川日本地名大辞典・香川県』 角川書店 1985
桂重喜『讃岐の池と水』 香川県郷土読本刊行会 1962
川野正雄・武田明監修編『香川県の地名』 平凡社 1989
木原溥幸・和田仁『讃岐と金毘羅道』 吉川弘文館 2001
熊野勝祥『香川県教育史』明治編Ⅰ・明治編Ⅱ 香川県図書館学会 1994・95
黒木安雄『讃岐史要』 宮脇開益堂 1899
坂口良昭ほか編『香川県風土記』 旺文社 1989
讃岐のため池誌編さん委員会編『讃岐のため池誌』本編・資料編 香川県 2000
四国新聞社出版委員会編『香川県大百科事典』 四国新聞社 1984
四国新聞社編『讃岐人物風景』18冊 大和学芸図書 1980-88
新香川風土記刊行会編『香川県の歴史と風土』 創土社 1982
曽川寿吉『讃岐通史』 上田書店 1926
福家惣衛『香川県近代史』 上田書店 1959
福家惣衛『香川県通史－古代・中世・近世編』 上田書店 1965

【県　　史】
香川県編『香川県史』通史，陵墓・人物・名勝古跡，治績現勢上，同下，付録補

遺，年表　香川県　1909・10
香川県編『香川叢書』3冊　香川県　1939–43
香川県編『香川県史』原始古代，中世，近世Ⅰ・Ⅱ，近代Ⅰ・Ⅱ，現代，古代中世史料，近世史料Ⅰ・Ⅱ，近代・現代史料Ⅰ・Ⅱ，考古，民俗，芸文，索引・総目次，年表，普及版ふるさと香川の歴史　香川県　1985–92
香川県教育委員会編『新修香川県史』　香川県教育委員会　1953
香川県教育委員会編『新編香川叢書』史料篇㈠，同㈡，文芸篇，民俗篇，考古篇，索引　新編香川叢書刊行企画委員会　1979–84

【市郡町村史誌類】
青井常太郎編『讃岐香川郡志』　香川郡役所　1944
庵治町教育委員会編『庵治町史年表』　木田郡庵治町　1982・83
庵治村誌編集委員会編『庵治村誌』　木田郡庵治町　1971
綾歌郡役所編『綾歌郡史』　綾歌郡役所　1923
綾歌町教育委員会編『綾歌町史』　綾歌郡綾歌町　1976
綾上町教育委員会編『綾上町誌』　綾歌郡綾上町　1978
綾・松山史編さん委員会編『綾・松山史』　綾・松山史編さん委員会　1986
飯野村史編集委員会編『飯野村史』　綾歌郡飯野村　1954
飯間亀太郎『東植田村史』　木田郡東植田村　1955
一宮郷土誌編集委員会編『さぬき一宮郷土誌』　一宮郷土誌編集委員会　1990
一宮村史編集委員会編『一宮村史』　一宮村史編集委員会　1965
岩田実太郎ほか編『庵治町史』　木田郡庵治町　1974
宇多津町誌編集委員会編『新宇多津町誌　うたづ』　綾歌郡宇多津町　1982
内海町編『内海町史年表』　小豆郡内海町　1971
大内町史編さん委員会編『大内町史』2冊　大川郡大内町　1985・86
大内町史編さん委員会編『大内町史　補遺』　大川郡大内町　2003
大内町史資料集編集委員会編『大内町史資料集』　大川郡大内町　1986
大川町史編集委員会編『大川町史』　大川郡大川町　1978
王越校区連合自治会編『王越村誌』　王越校区連合自治会　1980
大野原町誌編集委員会編『大野原町誌』　三豊郡大野原町　1956
大野原町誌編集委員会編『新修大野原町誌』　大野原町　2005
大野原三十年のあゆみ編集委員会編『大野原町三十年のあゆみ』　三豊郡大野原町　1985
小海長寿会編『小海郷土誌』　小海長寿会　1978
香川県大川郡誌編纂会編『大川郡誌』　大川郡役所　1926
香川町誌編集委員会編『香川町誌』2冊　香川郡香川町　1993・94
上笠居公民館編『上笠居村史』　上笠居公民館　1952
上高瀬村史編纂委員会編『上高瀬村史』　上高瀬村史編纂委員会　1951
川島郷土誌編集委員会編『川島郷土誌』　川島校区地域おこし事業推進委員会　1995
川西村史編集委員会編『川西村史』　綾歌郡川西村　1957

川野正雄ほか編『内海町史』 小豆郡内海町 1974
川野正雄ほか編『池田町史』 小豆郡池田町 1984
観音寺市史増補改訂版編集委員会編『新修観音寺市史』 通史編，資料編 観音寺市 1985
紀伊村誌編集委員会編『紀伊村誌』 紀伊村誌編集委員会 1973
木太町郷土誌編集委員会編『木太町郷土誌』 木太町郷土誌を作る会 1995
栗林三郎『府中村史』 府中村史頒布会 1963
香南町史編集委員会編『香南町史』 香川郡香南町 1996
香南町史編集委員会編『香南町史 生活と文化・資料編』 香川郡香南町 2000
国分寺町史編集委員会編『国分寺町史』 2 冊 綾歌郡国分寺町 1976・77
琴南町誌編集委員会編『琴南町誌』 仲多度郡琴南町 1986
琴平町史編集委員会編『町史 ことひら』原始・古代・中世・自然環境・生物，近世・近現代通史，同史料，民俗・文化財・人物，絵図・写真編 仲多度郡琴平町 1995–97
財田町誌編纂委員会編『新修財田町誌』 三豊郡財田町 1992
坂出市史編纂委員会編『坂出市史』 坂出市 1952
坂出市史編さん委員会編『坂出市史』資料，年表 坂出市 1988
坂本村史編集委員会編『坂本村史』 綾歌郡坂本村 1956
寒川町史編集委員会編『寒川町史』 大川郡寒川町 1985
塩江町史編さん委員会編『新修塩江町史』 香川郡塩江町 1996
塩江町史編集委員会編『塩江町史』 香川郡塩江町 1970
四箇村史編集委員会編『四箇村史』 明徳会図書館 1957
志度町史編さん委員会編『新編志度町史』 2 冊 大川郡志度町 1986
下笠居村史編集委員会編『下笠居村史』 下笠居村史編集委員会 1956
白鳥町史編集委員会編『白鳥町史』 大川郡白鳥町 1985
城福勇編『女木島の歴史』 香川大学学芸学部地方史研究会・高松市役所女木支所 1957
新大見村史編纂委員会編『新大見村史』 三豊郡大見村 1955
新宮史編集委員会編『新宮史』 新宮自治会 1993
新修豊浜町誌編さん委員会編『新修豊浜町誌』 2 冊 三豊郡豊浜町 1995・96
善通寺市教育委員会市史編さん室編『善通寺市史』 3 冊 善通寺市 1977–94
十河歴史研究会編『十河郷土史』 十河村制百周年記念事業実行委員会 1992
高瀬町編『高瀬町史 史料編・民俗自然編・通史編』 3 冊 高瀬町 2002-05
高瀬町誌編集委員会編『高瀬町誌』 三豊郡高瀬町 1975
高松市円座公民館編『円座村史』 高松市円座公民館 1957
高松市弦打小学校ＰＴＡ編『弦打風土記』 高松市弦打小学校ＰＴＡ 1969
高松市史年表編集室編『高松市史年表』 高松市 1960
高松市史年表編集室編『続高松市史年表』 高松市 1979
高松市史編集室編『新修高松市史』 3 冊 高松市 1964–69
高松百年史編集室編『高松百年史』 2 冊 高松市 1988・89
高室地区自治協議会編『高室郷土誌』 高室地区自治協議会 1981

詫間町誌編集委員会編『新修詫間町誌』 三豊郡詫間町 1971
多度津町誌編集委員会編『多度津町誌』2冊 仲多度郡多度津町 1990・91
多肥郷土史編集委員会編『多肥郷土史』2冊 多肥郷土史編集委員会 1981
垂水町史編集委員会編『垂水町史』 垂水町史編集委員会 1984
檀紙村誌編集委員会編『檀紙村誌』 檀紙村誌編集委員会 1986
仲南町誌編集委員会編『仲南町誌』 仲多度郡仲南町 1982
津田町史編集委員会編『再訂津田町史』2冊 大川郡津田町 1986
津田町史編集委員会編『津田町 外史』 大川郡津田町 1986
土器村史編集委員会編『土器村史』 仲多度郡土器村 1954
土庄町誌編集委員会編『土庄町誌』 小豆郡土庄町 1971
豊中町誌編集委員会編『豊中町誌』 三豊郡豊中町 1979
直島町史編集委員会編『直島町史』2冊 香川郡直島町 1990
長尾町史編集委員会編『改訂長尾町史』2冊 大川郡長尾町 1986
仲多度郡編『仲多度郡史』 仲多度郡役所 1918
仁尾町誌編纂委員会編『新修仁尾町誌』 三豊郡仁尾町 1984
西村望『男木島の歴史』 男木島の歴史出版委員会 1958
西山侃一『白方村史』 白方村史編集委員会 1955
林村史編集委員会編『林村史』 高松市役所林支所 1958
飯山町誌編さん委員会編『飯山町誌』 綾歌郡飯山町 1988
引田町史編さん委員会編『引田町史』3冊 大川郡引田町 1995
古高松郷土誌編集委員会編『古高松郷土誌』 高松東部農業協同組合古高松支所 1977
法勲寺村史編集委員会編『法勲寺村史』 綾歌郡飯山町法勲寺支所 1957
堀川碧星『琴南村誌』 琴南保勝会 1960
本田忠雄『新香西史』 香西町公民館 1965
前田郷土誌編集協議会編『前田郷土誌』 前田郷土誌編集協議会 1989
丸亀市史編さん委員会編『新編丸亀市史』自然・原始・古代・中世編，近世編，近代・現代編，史料編，年表編 丸亀市 1994-96
満濃町史編集委員会編『満濃町史』 仲多度郡満濃町 1984
三島中『沙弥島誌』 坂出史談会 1975
三木町史編集委員会編『三木町史』 木田郡三木町 1988
三谷郷土史編集委員会編『三谷郷土史』 三谷郷土史編集委員会 1988
三豊郡役所編『三豊郡史』 三豊郡役所 1921
三野町誌編集委員会編『三野町誌』 三豊郡三野町 1980
牟礼町史編集委員会編『牟礼町史』 木田郡牟礼町 1993
山田町史編集委員会編『山田町史』 山田町史編集委員会 1968
山田弥三吉編『木田郡誌』 木田郡役所 1940
山本町誌編集委員会編『山本町誌』 三豊郡山本町 1967
吉津村役場編『吉津村史』 三豊郡吉津村 1953
誉水村史編集委員会編『誉水村史』 誉水村史編集委員会 1972
綾南町史編集委員会編『綾南町史』 綾歌郡綾南町 1978

綾南町誌編集委員会編『綾南町誌』 綾歌郡綾南町　1986

【原始・古代】
京都大学文学部考古学研究室編『椿井大塚山古墳と三角縁神獣鏡』 1989
木原溥幸編『古代の讃岐』 美巧社　1988
近藤義郎『前方後円墳の時代』 岩波書店　1983
近藤喬一編『図説発掘が語る日本史5　中国・四国編』 新人物往来社　1986
西田正規『縄文の生態史観』 東京大学出版会　1995
森浩一企画・廣瀬常雄『日本古代遺跡8香川』 保育社　1983
安田喜憲『環境考古学事始』 日本放送出版協会　1980

【中　世】
今谷明『室町幕府解体過程の研究』 岩波書店　1985
今谷明『守護領国支配機構の研究』 法政大学出版局　1986
小川信『足利一門守護発展史の研究』 吉川弘文館　1980
五味文彦『平家物語，史と説話』 平凡社　1987
佐伯有清『古代氏族の系譜』 塙書房　1975
坂本賞三『藤原頼通の時代』 平凡社　1991
林屋辰三郎編『兵庫北関入船納帳』 中央公論美術出版　1981
松原弘宣『古代の地方豪族』 吉川弘文館　1988
森田恭二『戦国期歴代細川氏の研究』 和泉書院　1994
義江明子『日本古代の氏の構造』 吉川弘文館　1986

【近　世】
相原言三郎『日柳燕石研究』5冊　私家版　1967–69
青葉翰於『青葉士弘とその門流』 香川県立図書館　1981
阿河準三『後藤芝山』 後藤芝山先生顕彰会　1983
姉崎岩蔵『生駒藩史－讃岐・出羽－』 秋田県由利郡矢島町公民館　1976
天川雅文『藤川三渓　人と業績』 私家版　1982
井下香泉『讃岐幕末群像』 丸山学芸図書　1996
江戸時代人づくり風土記編纂室編『江戸時代人づくり風土記・香川』 農山漁村文化協会　1996
岡田唯吉『讃岐偉人久米栄左衛門』 鎌田共済会郷土博物館　1964・3版
越智繁杉編『高松城主とその時代』 高松市歴史民俗協会　1996
川野正雄『近世小豆島社会経済史話』 未来社　1973
川野正雄『近世小豆島の百姓一揆』 小豆島新聞社　1982
川野正雄『瀬戸内　小豆島』 名著出版　1987
草薙金四郎『松崎渋右衛門伝とその史料』 高松ブックセンター　1981
黒木典行『幕末の象頭山麓－維新派の人々－』 雀鳴軒　1978
近藤喜博『金毘羅信仰研究』 塙書房　1987
坂口友太郎『讃岐糖業の始祖向山周慶翁伝』 向山周慶翁顕彰会　1995

佐々栄三郎『西讃百姓一揆始末』 讃文社 1976
佐々栄三郎『讃州百姓一揆史』 新人物往来社 1982
沢井静彦『天保五年中讃打こわし事件とその歴史的背景－坂出村を中心として－』 坂出史談会 1972
四国民家博物館研究所編『讃岐及び周辺地域の砂糖製造用具と砂糖しめ小屋・釜屋(調査報告書)』 四国民家博物館 1987
城福勇『平賀源内』 吉川弘文館 1971
城福勇『平賀源内の研究』 創元社 1971
杉村重信『偉人久保太郎左衛門－萱原掛井手由来－』 萱原用水土地改良区 1979
日本観光文化研究所編『金毘羅庶民信仰資料集』第1巻－第3巻・年表編 金刀比羅宮社務所 1982-88
芳賀徹『平賀源内』 朝日新聞社 1981
馬場栄一『中山城山の生涯』 私家版 1993
福家惣衛『義民小村田之助－讃岐百姓一揆史－』 香川県文化同好会 1954
藤田勝重『西島八兵衛と栗林公園』 大禹謨顕彰会 1962
真木信夫『瀬戸内海に於ける塩飽海賊史』 宮脇書店 1972(1934年の同名出版の改訂版)
松浦正一『高松藩祖松平頼重伝』 松平公益会 1964
松原秀明『徳川時代の善通寺』 総本山善通寺 1989
丸亀市民俗文化財研究会編『金毘羅参詣丸亀街道調査報告書』 丸亀市教育委員会 1988
溝渕利博『讃岐キリシタン史』 日進堂 1996
村上稔『東讃産業史』 東讃産業史料保存会 1983
三好昭一郎『幕末の多度津藩』 教育出版センター 1978
守屋毅編『金毘羅信仰』 雄山閣出版 1987
矢野義雄・馬場健二『柴野栗山』 栗山顕彰会 1966

【近代・現代】
朝日新聞高松支局『なんのための学力か－いま香川の学校で－』 藤原政雄(明治図書出版) 1973
石井雍大『あしたの教育』 あゆみ出版 1977
石井雍大『香川の戦後史発掘』 香川歴史教育協議会 1987
石井雍大『青い目の人形』 共同ビデオ出版 1994
伊丹正博『四国地方電気事業史』 四国電力株式会社 1984
伊藤悟『大久保諶之丞の世界』 私家版 1987
梅谷徹哉『蒼天に架ける－フロンティア諶之丞－』 美巧社 1988
小野蒙古風『大興安嶺を耕す』 讃文社 1972
香教組四十年史編集委員会編『香教組四十年史』 香川県教職員組合 1987
香川県興行環境衛生同業組合編集委員会編『思い出の香川映画史』 香川県興行環境衛生同業組合 1992
「香川の文学散歩」編集委員会編『香川の文学散歩』 香川県高等学校国語教育研

究会　1992
桂孝二『彩趐・琴山・不抱』(桂孝二著作集)　私家版　1989
佐々栄三郎『讃州竹槍騒動』　海流社　1980
佐々木正夫『讃岐の文学散歩』　毎日新聞社　1970
四国新聞社『昭和五十年史』　美巧社　1975
島木健作『国書版島木健作全集』　国書刊行会　1976
瀬戸大橋架橋編纂委員会『瀬戸大橋架橋史』　瀬戸大橋架橋推進香川県協議会　1989
百十四銀行八十年誌編纂室編『百十四銀行八十年誌』　百十四銀行　1959
高松空襲戦災誌編集室編『高松空襲戦災誌』　高松市役所　1983
高松空襲を記録する会編『高松の空襲』　高松空襲を記録する会　1973
高松百年史編集室編『高松百年の歴史』　高松市　1990
辻唯之『戦後香川の農業と漁業』　信山社　1993
辻唯之『戦前香川の農業と漁業』　信山社　1996
寺岡文太郎『伏石事件』　讃文社　1973
中井昭『香川県海外出漁史』　香川県海外漁業協会　1967
日本作文の会編『日本の子どもの詩香川』　岩崎書店　1984
羽原正一『香川農民運動秘史』　私家版　1975
福田勝『紙面に見る香川の水産四方山話』　美巧社　1997
宮井清香『黎明の光にむかって』　宮井映(ひかり書店)　1996
宮田忠彦・多田通夫『香川の産業誌』　高松市役所　1978
村山幸輝『地方から見た近代日本社会の形成』　文真堂　1994
守屋美雄『高松の事始め』　高松市役所　1972
山下性太郎『讃岐の民衆史』　青磁社　1985
弥上秀雄『丸亀学校教育百年史』　丸亀市教育会　1980
吉野孝雄『宮武外骨』　河出書房新社　1980
山本繁『香川の農民運動』　平和書房　1970
山本繁『香川の原水禁運動史』　原水爆禁止香川県協議会　1979
山本繁『大正デモクラシーと香川の農民運動』　青磁社　1988
悠久の今刊行委員会編『悠久の今－前川県政回想録－』　悠久の今刊行委員会　1987
読売新聞社高松支局編『霧笛が消える－宇高連絡船の航跡－』　美巧社　1988
渡辺茂雄『四国開発の先覚者とその偉業　第一集』　四国電力株式会社公共課　1964

■ 図版所蔵・提供者一覧

見返し表　香川県教育委員会
　　裏下　高松市教育委員会
口絵1下右　長尾町教育委員会
　　2下左　善通寺市教育委員会
　　　下右　善通寺
　　3上　善通寺
　　　下　田村神社・高松市歴史資料館
　　4上・5上　金刀比羅宮
　　4下　松平公益会・香川県教育委員会
　　5下　奈良一美・香川県立文書館
　　6右　瀬戸内海歴史民俗資料館・香川県立文書館
　　7上　百十四銀行調査部
　　8下　本州四国連絡橋公団
p.4　後藤幸功
p.21　香川県教育委員会
p.24上　(財)香川県埋蔵文化財調査センター
　　中　香川県教育委員会
　　下　香川県教育委員会
p.29　香川県教育委員会
p.31　(財)香川県埋蔵文化財調査センター
p.36上　国(文化庁)保管・瀬戸内海歴史民俗資料館
p.39　寒川町教育委員会・瀬戸内海歴史民俗資料館
p.41上右　上原文夫・瀬戸内海歴史民俗資料館
　　上左　長尾町教育委員会・瀬戸内海歴史民俗資料館
p.66　園城寺
p.70　香川県教育委員会
p.80　多和文庫
p.87　香川県
p.111　小山寿美子・神奈川大学日本常民文化研究所
p.119　香川県教育委員会
p.122　高徳院・東京大学史料編纂所
p.124　燈心文庫・中央公論美術出版
p.128　丸亀市教育委員会
p.137　生駒道敬・香川県立文書館
p.139　高松市歴史資料館
p.141　山口県文書館（毛利家文庫・他家)
p.144　香川県教育委員会
p.147　笠井亨・香川県立文書館
p.153　香川県立文書館
p.161右　(財)前田育徳会
　　左　国立公文書館
p.164　香川県教育委員会
p.166　香川県立図書館
p.174　瀬戸内海歴史民俗資料館
p.177　木下光三・香川県立文書館
p.179　三谷昌司
p.181　『三州奥郡生活図絵』
p.184　松平頼武・香川県教育委員会保管
p.191上　香川県立図書館
　　下　『高松市史』
p.193　松平頼武・香川県教育委員会保管
p.198　丸亀市教育委員会
p.203　灸まん美術館
p.209　国立公文書館
p.211　丸亀市立資料館
p.215　土庄町商工観光課
p.226　高松市歴史資料館
p.228　塩崎誠司
p.231　高松市立図書館
p.237　安藤辰夫・香川県立文書館
p.240　『讃岐勤王志士遺墨集』
p.244　藤堂久行
p.245　富井潔・香川県立文書館
p.255　『香川県近代史』
p.262　瀬戸内海歴史民俗資料館
p.272　(財)四国民家博物館
p.279　国立公文書館
p.287　『讃岐写真帖』
p.299　『高松全国産業博覧会協賛会誌』
p.301　『香川県教育史』
p.307　『日本農民組合絵はがき』
p.315下　香川県

敬称は略させていただきました。

紙面構成の都合で個々に記載せず，巻末に一括しました。万一，記載洩れなどがありましたら，お手数でも編集部までお申し出下さい。